国家社科基金青年项目"明清西南地区寨堡研究"(批准号：17CZS041)

明清时期
四川寨堡研究

A STUDY ON THE ZHAIBAO
IN SICHUAN PROVINCE DURING
MING AND QING DYNASTIES

罗权 著

社会科学文献出版社
SOCIAL SCIENCES ACADEMIC PRESS (CHINA)

图书在版编目（CIP）数据

明清时期四川寨堡研究/罗权著.--北京：社会
科学文献出版社，2023.3
　ISBN 978-7-5228-1348-6

　Ⅰ.①明… Ⅱ.①罗… Ⅲ.①古城遗址（考古）-研究
-四川-明清时代　Ⅳ.①K878.34

中国版本图书馆 CIP 数据核字（2022）第 254552 号

明清时期四川寨堡研究

著　　者 / 罗　权

出 版 人 / 王利民
组稿编辑 / 刘　荣
责任编辑 / 单远举
责任印制 / 王京美

出　　版 / 社会科学文献出版社（010）59367011
　　　　　　地址：北京市北三环中路甲29号院华龙大厦　邮编：100029
　　　　　　网址：www.ssap.com.cn

发　　行 / 社会科学文献出版社（010）59367028
印　　装 / 三河市尚艺印装有限公司

规　　格 / 开　本：787mm×1092mm　1/16
　　　　　　印　张：18.25　字　数：327千字

版　　次 / 2023年3月第1版　2023年3月第1次印刷
书　　号 / ISBN 978-7-5228-1348-6
定　　价 / 128.00元

读者服务电话：4008918866

版权所有 翻印必究

序

近几十年来,历史军事地理的研究取得了不少成绩,施和金、胡阿祥、辛德勇等人有不少成果面世,长城城防的研究更是较为深入,但总体上看,历史军事地理的研究,在研究成果丰富、学科体系健全等方面,与历史地理研究的其他分支相比起来还是较为薄弱的。

这里存在一个很大的问题,就是历史军事地理与军事史的研究内容、研究方法的交叉问题至今仍然没有很好地解决。从研究内容来看,军事史中的战争史研究属于历史地理的范畴吗?历史军事地理学科建构中的研究内容包括哪些?历史军事地理怎样与战争史区别?怎样解决城市史研究中的城防体系研究的独立性问题?同时,历史军事地理从理论上来讲对空间的关注明显,而空间的关注相当实证,关隘、城防等研究需要大量实地考察支撑才能进入研究领域,时间成本和经济成本都较高。正是由于这种困境,相对而言,历史军事地理的研究很不深入。以历史地理研究讲求的大格局、小生境来看,历史军事地理的一些大格局,施和金先生已经有较好的研究,但很多大格局、小生境的研究都比较薄弱,如城防、寨堡的大格局和小生境的研究都远远不够,所以,我很高兴看到罗权的《明清时期四川寨堡研究》一书即将出版。

《明清时期四川寨堡研究》一书虽然在书名上称明清时期,但实际上对明以前的寨堡研究作了系统回顾,对明代以前四川的寨堡发展起源、进程、特点作了开创的研究。对于明清时期四川的堡寨研究,书中分成明代、清代前期、嘉庆时期、咸同时期来进行研究,充分把握住了四个时期的基本特点。该书对清代中后期四川寨堡的管理模式作了研究,对寨堡的选址和命名规律也作了研究,这都是很具有开创性的工作。随后,该书对明清时期西南塞堡的类型作了分类,也是前人没有系统做过的工作。难能可贵的是,该书最后将明清四川寨堡与陕西寨堡作了比较研究,既充分考量了历史地理学内区域空间的比对,也充分考量了外区域空间的比较,使研究的视角更具有完整性。总的来看,《明清时期四川寨堡研究》是我国历史军事地理领域系统研究寨堡的第一部著作,也是我国第一部系统研究四川寨堡的著作,有填补空白之功,可贺可喜。

罗权的硕士、博士学位论文就是以寨堡研究为题,近十年来他一直潜心于寨堡资料的收集,特别是在经济条件并不好的背景下,自费考察了四川的许多寨堡,使他的研究不仅有较好的大格局的统计分析,也有较为坚实的考察个案支撑,大大增强了研究结论的科学性。文如其人,罗权为人忠厚朴实,其行文、章法尽显朴实憨厚,逻辑推论也较为严谨,如对清代文献中记载的秦汉三国寨堡的年代并不直接肯定。

有关四川寨堡的研究早年主要集中在南宋末年的寨堡研究上,近年来西华师范大学成立了专门的寨堡研究中心,极大地推动了四川寨堡的研究。相信罗权《明清时期四川寨堡研究》一书的出版会极大地促进四川寨堡研究的深入。

历史上四川盆地出现的寨堡数量在全国占有很大比例,唐代防边、南宋防蒙、清代防"匪"形成的寨堡特色也是相当突显。正是研究资源的富集,使寨堡研究的空间仍然很大。如唐代防边的许多寨堡的空间定位还不够精准,南宋末年寨堡的比较研究也还远远不够。明清时期四川寨堡的数量之多在全中国都较为罕见,有的县保留下来的寨堡就多达四五百个,有的县拥有无数寨堡群,整个四川盆地,寨堡可谓繁若星辰,没有人全部踏察统计过,保守估计应该有上万个之多。我近四十年一直在四川盆地考察,踏察过的古代寨堡可能也算多的了,但我能踏察的仅是其中很少的部分。之前,我们曾为重庆垫江县鹤游坪附近的三个镇作了一个寨堡资源调查,见于记载和留有遗迹的就达一百多个。可以说,有关四川寨堡的研究空间还相当大。如果我们将空间放大到全国去,中国寨堡研究可以成为一个重大的研究领域,可以申请一两个国家重大文化工程来研究,更是能申请无数个国家社会科学基金重大项目来研究。

从研究方法来看,由于不同时期不同目的的寨堡内外结构差异相当大,涉及社会的方面也较深入,这自然需要我们在研究方法上多元并用,而一些概念内涵的界定也需要强化。在历史上,城防与寨堡并不完全一样,但关系密切。当然,不论是从历史军事地理还是从历史经济地理、城市史的角度来看,城防体系的研究本身是不够的。如历史上剑门关、瞿塘关、佛图关这些关防本身有较高的行政建置,内部独立为城,甚至有子母城共存。明清时期的一些寨堡往往与家族民居重合,内部结构也较为复杂,防御体系千差万别，如武胜宝箴塞、泸县屈氏庄园、自贡三多寨、江津会龙山庄等。所以，从整体上来看，从寨堡的小生境角度来看，内部结构的研究有待加强。如果从这个角度来看，对于寨堡研究中的实地考察工作既有扩大空间即尽可能踏访更多寨堡的必要，更有对一些重要寨堡的内部空间结构进行深入考察的必要。同时，对于寨堡的分类，怎样在逻辑关系一致的条件下科学划分，也是需要进一步思考的。

近四十年来，我踏访了无数的寨堡城防，感叹良多。传统冷兵器时代的中国，社会动荡，民生相当困苦。巴蜀地区历史上就有"天下未乱蜀先乱，天下已治蜀未治"之说，成千上万寨堡的存在足以印证这种社会动荡之状。传统时代的强盗多在乡村，所以乡村寨堡林立；工业时代的强盗多在城里，所以窗前铁栅密布；信息时代的强盗多在网上，所以防骗宣传布满手机。从寨堡透视一个社会的兴衰成败，从寨堡、铁栅、网络角度关怀芸芸众生的悲欢离合，也是我们下一步需要加强的研究工作。相信罗权《明清时期四川寨堡研究》一书的出版必将推动以上工作的进一步展开。

蓝 勇

2022 年 2 月 26 日

目 录

绪 论 ……………………………………………………………………… 001

第一章 明代以前巴蜀地区寨堡的修筑 …………………………………… 020
  第一节 明代以前巴蜀地区的军堡 ……………………………………… 020
  第二节 明代以前巴蜀地区的民寨 ……………………………………… 049

第二章 明清时期四川寨堡修筑的历史进程 ……………………………… 057
  第一节 明代四川的军事形势与寨堡营造 ……………………………… 057
  第二节 清前期四川的军事形势与寨堡营造 …………………………… 081
  第三节 嘉庆年间白莲教起义与四川寨堡的营造 ……………………… 090
  第四节 咸同时期的四川战乱与寨堡营造 ……………………………… 114

第三章 清代中后期四川寨堡的管理模式 ………………………………… 122
  第一节 清政府对寨堡的控制与管理 …………………………………… 123
  第二节 寨长的选拔及其职责 …………………………………………… 131
  第三节 团练与寨堡的关系 ……………………………………………… 139

第四章 寨堡的选址与命名 ………………………………………………… 146
  第一节 寨堡的选址 ……………………………………………………… 146
  第二节 清代四川寨堡的命名及其文化内涵 …………………………… 156

第五章　明清时期西南地区寨堡的类型 ················· 172

　　第一节　城市与乡村之间：治城寨堡 ················· 172

　　第二节　据山掎角以资拱卫：护城之寨 ················ 182

　　第三节　佐贰分扎以卫地方：属官寨堡 ················ 188

　　第四节　筑寨以全宗亲：家族寨堡 ·················· 191

　　第五节　巨资推动下的大型堡垒：盐商寨堡 ·············· 201

　　第六节　入净土以求安宁：以寺为寨 ················· 216

　　第七节　筑寨以抗官军："反军"之寨 ················· 226

第六章　川、陕寨堡对比研究 ····················· 235

　　第一节　明清陕西省的地理环境 ··················· 235

　　第二节　明清时期陕西省的寨堡 ··················· 239

　　第三节　四川与陕西寨堡之比较 ··················· 257

参考文献 ······························· 272

后　记 ································ 283

绪　论

在人类文明的发展历程中，城市作为政治、经济、军事和文化等要素的聚集地总是受到更多的关注，农村的重要性虽然一再被提及，却往往是次等考虑的对象。基于此，目前学术界在历史聚落地理研究中，更多聚焦于历史城镇聚落，而对乡村聚落研究不足。[1] 但一直以来，中国都是一个农业占据核心地位的国度，乡村聚落不仅在数量上远远多于城镇聚落，重要性也不能等闲视之。在浩如烟海的中国古代聚落中，寨堡作为一种典型的乡村军事聚落，占据着重要地位，对其展开深入系统的研究尤为必要。在古代，战争时常威胁人们的生活，而乡村在战争中的防备兵力、物质资源、指挥系统、防御设施等条件都无法与城市相比。战乱之时，乡村如何组织防御力量、准备粮秣物资、修筑防御载体，是值得关注的问题。

选择四川作为研究区域，主要是因为四川寨堡在中国寨堡发展史中占据特殊地位。[2] 巴蜀地区寨堡出现时间较早，至晚在两汉时期即已出现。此后，据险筑寨进行防御的传统在战乱爆发时多有沿袭。唐宋时期，巴蜀周围多为少数民族区，在族群交界地带修筑了不少寨堡进行防御。南宋末年，为抵抗蒙古锋镝，宋军修筑大量山城自保，取得了显著效果，其中蒙哥汗折戟钓鱼城成为世界战争史上城寨防御的著名战例。明清时期，四川寨堡得到进一步发展，川东地区是最早有规模、有组织筑寨的区域，其经验经总结最终形成"坚壁清野"之策，被嘉庆皇帝采纳并下诏施行，各级官吏组织乡民在川、陕、甘、楚等地广泛筑寨，切断了白莲教武装的粮秣和兵源补给，是清廷取

---

[1] 王晓伟、何小芊、戈大专、龚胜生：《中国历史聚落地理研究综述》，《热带地理》2012年第1期。

[2] 本书中所指的四川，若无特别说明，皆指清代四川省的辖境范围，即包含今四川省、重庆市两个一级行政区。这两个区域，在历史上长期作为一个行政共同体，政治、经济、文化等各方面密不可分。清代为镇压叛乱而建立寨堡体系时，亦将今川、渝两地进行统一筹划，故本书将其作为一个整体进行研究。

得战争胜利的重要手段。然而，目前对四川寨堡的研究主要集中于宋蒙战争时期的山城，对明清时期寨堡仍缺乏系统、深入的研究。故此，本书选取明清时期四川寨堡为研究对象，对寨堡修筑的历史背景、时空分布特征、寨堡修筑及管理中的动员与组织、经费与粮秣的补给、历史作用等问题进行系统探讨，以期抛砖引玉，引起学界重视。

一 选题的意义及价值

（一）立足于进一步推动历史军事地理研究的发展

谭其骧先生在《河山集·四集》序言中曾指出："了解古代的军事地理是更好地认识当代军事地理的重要条件，因此，历史军事地理又是历史地理学，也是军事地理学中不可或缺的一部分。"[①] 史念海先生则以身作则，将历史文献梳理和田野考察的方法相结合，完成了陕西历史军事地理的系统研究（即《河山集·四集》），为后辈学者做出了垂范。然而，虽然学界对于历史军事地理的重要性已经达成共识，但历史军事地理的相关研究在历史地理学中仍是薄弱环节，这是不争的事实。究其原因，主要是历史地理学是一门包含浓郁现实关怀的学科，而随着当今科技的日新月异，军事科技又常常处于科学发展的前沿行列，在许多人看来，古代战争的研究对现代军事的指导作用已不太明显，历史军事地理研究的现实关怀感不强，就转而更多地从事政治、经济、文化、生态环境等方面的研究，而忽视了对历史军事地理的研究。当然，古代军事地理的研究对现代军事学仍有重要意义，这也是许多军事院校依然将军事地理学列为必修课程的重要原因。同时也应看到，古代军事地理的研究能够对军事学以外的领域提供现实关怀，寨堡就是一个很好的切入点。寨堡作为中国古代一种重要的军事聚落，分布广泛，数量众多，我们不仅可以从军事角度对它进行分析，还可以从聚落地理、建筑、社会等多个角度进行深入剖析，从而使历史军事地理的研究更加有血有肉，强化现实意义，并与其他学科进行互动，从而推动历史军事地理研究进一步深入。

（二）立足于采用多学科结合的方式，进一步深化乡村聚落的研究

以往的军事地理研究，着重于宏大叙事，更多从政权争夺的层面理解战

[①] 史念海：《河山集·四集》，陕西师范大学出版社，1991，第1页。

争,在研究中对关乎政权存亡的重大战役尤为重视,重点探讨政权组织、重要人物在战争中发挥的作用,聚焦重要城市的得失对战局的影响,而忽视普通百姓在战争中的遭遇,对更为广阔的乡村在战争中的反应缺乏关注。实际上,冷兵器时代的战争,其发生频率远超我们想象。在王朝更替、国家分裂的时期战争固然不少,在大一统时期战争亦可谓从未停歇。这些战争虽不一定会对政权造成颠覆性威胁,却对当地人民的生活影响较大。西南地区,历史上由于山高谷深、交通不便,官府不能和平原地区一样时刻保持强力控制,战事不断,"匪患"横行的局面一直没有改变。同时,明清时期一些反抗武装常采用在乡村流动作战的方式,先裹挟乡村,再进攻城市,当朝廷调集兵力进攻之时,他们又往往丢弃城市,或分或合,回到乡村中作战,这也使得朝廷往往无法依靠强大的兵力一战定胜负。在这种战争情境中,军队应当如何组织防御和进攻,乡民应当如何组织生产、安排生活,是非常值得研究的课题。明清时期由于留下了丰富的文献资料特别是地方志等资料,让我们得以更加深入地了解这种情形。寨堡具有军事与聚落双重性质,是乡村研究的一个较好的切入点。本书试图综合运用历史地理学、军事学、建筑学、社会史等学科的研究方法,从宏观和微观两个层面对寨堡进行研究,推动乡村聚落研究更加深入。

(三)为推动挖掘寨堡文化及寨堡景观的保护与开发提供借鉴

巴蜀地区现在遗存有大量寨堡,为我们留下了各种类型的寨门、寨墙、民居、祠庙、雕塑等建筑,大处气势如虹,小处雕花细腻,具有较高的历史价值和艺术价值。在考察过程中,我们看到这笔巨大的财富因为没有得到良好利用而逐渐荒废,甚至不少因遭到人为破坏而面目全非,其保护与开发迫在眉睫。目前重庆市忠县石宝寨、四川省武胜县宝箴塞、重庆市合川区涞滩堡等寨堡已经成为当地的旅游名片,重庆市垫江县拟耗资 10 亿打造大型寨堡景观群。2021 年公布的国家"十四五"规划,明确将钓鱼城遗址作为 3 个世界遗产申报预备项目之一[①]。这些都说明寨堡具有较高的文化价值和开发价值。但是,我们也发现在开发过程中对许多寨堡产生的历史背景、修筑年代、产生的作用等问题认识不清,影响了开发的科学性。本书旨在从学术层面探讨寨堡的价值,为相关部门对寨堡进行更为合理的保护与开发

---

① 《国务院办公厅关于印发"十四五"文物保护和科技创新规划的通知》(国办发〔2021〕43 号),2021 年 10 月 28 日。

提供参考。

二 学术史回顾

寨堡是古代先民为抵御外敌侵犯而营建的防御性聚落,具有高墙厚筑、环形设防等特征。作为中国传统时期的重要聚落形态,学界从军事史、社会史、文化史、建筑史等视角出发进行研究,取得了丰硕的成果。

(一) 明清以前寨堡的研究

寨堡之名,在唐宋以后得到广泛应用。在此之前,文献中主要以"营""垒""坞壁""坞保""保壁"等名称之。对于军队屯驻的寨堡,学界在论及战争之时偶有提及,但缺少专门研究。对于带有民间自卫修筑性质的坞堡一类,学界则研究较多,最早可追溯到民国时期陈寅恪先生的《桃花源记旁证》。该文对两晋时期的坞堡进行了初步探讨,涉及坞堡产生的历史背景、选址特征等。他提出了历史上凡百姓据险屯聚,一般都会"选择险阻而又可以耕种,及有水泉之地"的观点,是对汉晋以来民寨选址的高度概括。[1] 中华人民共和国成立后,伴随着农民战争史研究的兴起,诸多学者对这一问题都表现出浓厚兴趣。唐长孺先生在对魏晋南北朝史的研究中,专门对坞壁产生的背景、组织方式、与各政权之间的关系等进行了深入分析,将坞壁研究推向了新的高峰。[2] 此后,对于坞壁的研究不断涌现,重要的有金发根对坞壁的产生及两汉时期坞堡的发展脉络的梳理[3]、欧阳熙对魏晋时期坞壁组织的性质及其作用的探讨[4]、赵克尧对坞堡类型、历史演变和组织形态的研究[5]、刘华祝对寨堡修筑的历史过程、形式、内部组织和历史作用的研究[6]、田昌五、马志冰对十六国时代坞堡垒壁的组织形式的探讨[7]、韩昇对魏晋隋唐时期坞壁和村落关系的研究[8]、黎虎对两汉魏晋北朝时期中原大宅、坞壁

---

[1] 陈寅恪:《桃花源记旁证》,《清华大学学报》(自然科学版) 1936 年第 1 期。
[2] 主要成果参见唐长孺《魏晋南北朝史论丛》,生活·读书·新知三联书店,1955;《魏晋南北朝隋唐史讲义》,中华书局,2012。
[3] 金发根:《坞堡溯源及两汉的坞堡》,《中央研究院史语所集刊》第 37 册上本,1967。
[4] 欧阳熙:《魏晋时期坞壁组织的性质及其作用》,《广州师院学报》1981 年第 4 期。
[5] 赵克尧:《论魏晋南北朝的坞壁》,《历史研究》1980 年第 6 期。
[6] 刘华祝:《试论两汉豪强地主坞壁》,《历史研究》1985 年第 5 期。
[7] 田昌五、马志冰:《论十六国时代坞堡垒壁组织的构成》,《中国史研究》1992 年第 2 期。
[8] 韩昇:《魏晋隋唐的坞壁和村》,《厦门大学学报》(哲学社会科学版) 1997 年第 2 期。

与客家民居关系的研究①，陈琳国对十六国时期的坞堡壁垒与汉人大姓豪族经济的研究②，范兆飞、张明明对十六国北魏时期的坞壁经济的探讨等③。韩国学者具圣姬还对两汉魏晋南北朝的坞壁进行了系统的研究。④

北宋时期寨堡的研究，是目前学术界最关注的领域，且主要聚焦于西北地区，注重对寨堡的地理位置、发展沿革、选址考量、空间布局等方面的研究。程龙的《北宋西北战区粮食补给地理》一书以较大的篇幅对北宋西北堡寨的状况进行了探讨，包括堡寨的选址特点、驻军规模、军事行动、军事功能演化的阶段性特征、外部形态与地理位置等。⑤ 杨文的《试论北宋在河湟区域的堡寨修筑战略》一文，对河湟区域寨堡的修筑时段进行了考证分析，认为寨堡修筑对宋廷在该地区的军事防御、交通安全、茶马贸易等的加强都起到了重要作用。⑥ 刘建丽《北宋的秦州蕃部与堡寨》一文，对北宋秦州吐蕃部族分布与堡寨设置的关系进行了分析，认为堡寨具有沿边藩篱、蕃民屯种与聚集、蕃汉互市三大作用，与蕃部关系极为密切。⑦ 孙伟在《北宋时期黄土高原地区城寨堡体系演变研究》中对北宋时期陕北地区寨堡的兴起原因、时空分布特征、形态和结构、功能与体系演变等进行了研究，注意到了城寨的经济功能及城镇化的趋势。⑧ 杜林渊、张小兵的《陕北宋代堡寨分布的特点》一文，也对宋代陕北堡寨的作用与分布特征进行了分析。⑨

对北宋时期寨堡制度的研究，也是学术界关注的一个焦点。贾启红的《北宋经略安抚使军事职能初探》一文，认为北宋经略安抚使的一个重要任务就是兴修堡寨，并将堡寨作为在宋与西夏交界地区进行人口和土地资源争夺的手段。⑩ 李新贵在《北宋陕西安抚使路协同作战法探析》一文中认为，

---

① 黎虎：《汉魏晋北朝中原大宅、坞堡与客家民居》，《文史哲》2002 年第 3 期。
② 陈琳国：《十六国时期的坞堡壁垒与汉人大姓豪族经济》，《晋阳学刊》2007 年第 3 期。
③ 范兆飞、张明明：《十六国北魏时期的坞壁经济》，《中国社会经济史研究》2011 年第 2 期。
④ 具圣姬：《两汉魏晋南北朝的坞壁》，民族出版社，2004。
⑤ 程龙：《北宋西北战区粮食补给地理》，社会科学文献出版社，2006。
⑥ 杨文：《试论北宋在河湟区域的堡寨修筑战略》，《青海民族大学学报》（社会科学版）2011 年第 2 期。
⑦ 刘建丽：《北宋的秦州蕃部与堡寨》，《西北史地》1995 年第 1 期。
⑧ 孙伟：《北宋时期黄土高原地区城寨堡体系演变研究》，陕西师范大学，硕士学位论文，2005。
⑨ 杜林渊、张小兵：《陕北宋代堡寨分布的特点》，《延安大学学报》（社会科学版）2008 年第 3 期。
⑩ 贾启红：《北宋经略安抚使军事职能初探》，《兰台世界》2013 第 9 期。

"城寨之法"是北宋对付西夏的重要手段,并对"城寨之法"进行了系统分析,指出北宋在陕西五个安抚使路的辖区内划分州、军,各自筑城为治所,其下又筑有堡、寨进行屯军,从而构成一个网状防御结构,这种方法是由陕西体量安抚使王尧臣在庆历元年(1041年)提出的。① 周燕来、刘缙在《北宋西北堡寨职官管理体制初探》一文中对北宋时期西北沿边堡寨官员(包括寨主、知城、都监、监押等)的选拔、俸禄、职责、考核等内容进行了探讨。② 吕卓民在《简论北宋在西北近边地区修筑城寨的历史作用》一文中认为,修筑城寨是北宋与西夏战争中的一项重要战略措施,在当时发挥了却敌、御边、收复失地、安辑边民的作用,促进了宋朝对西北地区的经济开发,并为以后以城寨为中心的居民点的形成产生了重要影响。③ 黄宽重在对宋代军事的研究过程中,也非常重视寨堡在这一时段的特殊作用,其关注点主要集中于南宋寨堡的研究。在《南宋地方武力——地方军与民间自卫武力的探讨》中,黄宽重对宋代两淮山水寨以及宋末山城的组织方式、类型、作用等进行了深入分析。④

对两宋时期巴蜀地区寨堡的研究成果颇为丰富。裴洞毫在《宋代夔州路寨堡地理考》中,对宋代夔州路各府、州、军、监辖地内寨堡的数量、名称、位置、沿革等进行了详密考证。⑤ 南宋末年,面对蒙古骑兵的凌厉攻势,宋廷无法组织直面迎敌,转而利用巴蜀山川险要之地,构筑了大量寨堡进行防御,形成了"山城防御体系"。胡昭曦是较早对此问题进行系统研究的学者。《巴蜀历史文化论集》收录了他对犍为紫云城、富顺虎头城、金堂云顶城等山城的个案研究,包括山城的位置、周围形势、现存遗迹状况、发生的战事、防御效果等内容。⑥《巴蜀历史考察研究》一书,则收录了他对更多山城的田野考察情况,包括合川钓鱼城、广安大良城、万县天生城、合江神臂城、江北多功城、金堂云顶城、犍为紫云城、宜宾登高山城、富顺虎头城、渠县礼义城等。⑦ 此外,胡昭曦《宋蒙(元)关系史》、陈世松等《宋元战

---

① 李新贵:《北宋陕西安抚使路协同作战法探析》,《军事历史研究》2009年第2期。
② 周燕来、刘缙:《北宋西北堡寨职官管理体制初探》,《求索》2009年第8期。
③ 吕卓民:《简论北宋在西北近边地区修筑城寨的历史作用》,《西北大学学报》(哲学社会科学版)1998年第3期。
④ 黄宽重:《南宋地方武力——地方军与民间自卫武力的探讨》,(台北)东大图书公司,2002。
⑤ 裴洞毫:《宋代夔州路寨堡地理考》,西南大学历史地理研究所,硕士学位论文,2009。
⑥ 胡昭曦:《巴蜀历史文化论集》,巴蜀书社,2002。
⑦ 胡昭曦:《巴蜀历史考察研究》,巴蜀书社,2007。

争史》、粟品孝等《南宋军事史》等著作对山城防御体系也作了较为系统的论述。①

对南宋巴蜀山城的个案研究,以钓鱼城的成果最丰。贾大泉认为,钓鱼城作为四川战区的重要据点,对长江上游起到重要的屏障作用。同时,南宋朝廷对钓鱼城的长期抵抗给予了坚定的支持,不仅重新任命地方官员、布置重兵,还提供源源不断的军事和物资援助。② 荀平等对钓鱼城的选址、城池建设等进行了探讨,认为钓鱼城保卫战取得胜利的原因在于钓鱼城因地制宜的区域防御、慧眼独具的城池选址、城池构筑的多层次防御以及军民结合的综合性防御。③ 葛业文对钓鱼城战争的经过、长期坚守的原因、历史启示等进行了研究。④ 谢璇对钓鱼城与山地城池防御体系的关系和钓鱼城的修筑过程进行了探讨,认为它具有以防守为主的城池布局、利用山地优势的城池构筑的特点。⑤ 此外,刘基灿对钓鱼城内所存的碑刻进行了系统探讨⑥;杨钊对钓鱼城相关诗文的文化意义进行了探讨⑦。王毅对重庆旅游文化资源的困境进行了探讨,认为钓鱼城具有很高的知名度,保留了古迹遗存,且距离重庆主城较近,具有开发优势。⑧ 张亮对蒙(元)军队的据险筑城策略及其实践和南宋与蒙(元)双方围绕争夺巴蜀的筑城活动进行了系列探讨,改变了学界认为只有宋军才修筑山城的刻板印象,颇有创新之处。⑨

对其他寨堡的研究成果,近年来也在不断涌现。滕新才《〈天城石壁记〉的文献价值》对天生城内摩崖石刻遗存的内容及价值进行了研究,还论及了

---

① 胡昭曦主编《宋蒙(元)关系史》,四川大学出版社,1992;陈世松等:《宋元战争史》,内蒙古人民出版社,2010;粟品孝等:《南宋军事史》,上海古籍出版社,2008。
② 贾大泉:《钓鱼城与南宋政权》,《中华文化论坛》1994年第2期。
③ 荀平、孙刘涛、吴镝锋、王正刚:《南宋钓鱼城城池防御初探》,《后勤工程学院学报》2012年第3期。
④ 葛业文:《钓鱼城防御战的历史经验及启示》,《军事历史》2012年第5期。
⑤ 谢璇:《钓鱼城山地城池构筑特征》,《广州大学学报》(自然科学版)2007年第3期。
⑥ 刘基灿:《钓鱼城碑刻初探》,《西南师范大学学报》(哲学社会科学版)1997年第4期。
⑦ 杨钊:《合川钓鱼城诗文及其文化意义》,《重庆社会科学》2007年第5期。
⑧ 王毅:《钓鱼城与重庆旅游文化资源》,《重庆建筑大学学报》(社会科学版)2000年第1期。
⑨ 张亮:《钓鱼城军事防御的再考量》,《三峡论坛》(三峡文学·理论版)2014年第1期;张亮:《点防与面控——地缘关系视野下的钓鱼城防御》,《长江文明》2014年第1辑;张亮:《宋蒙战争时期蒙军城寨修筑的军事策略分析——以四川战场为中心的历史考察》,《长江文明》2016年第2辑。

天生城的地理形势及宋蒙天生城之战。①腾新才《宋末万州天生城抗元保卫战》②和裴一璞《宋蒙（元）之战中的万州》③更为全面地对宋蒙战争中的天生城保卫战作了论述。关于白帝城研究，袁东山从考古角度分析了南宋末年白帝城的形制，马剑从文献中梳理出了白帝城作为夔州治所时期的空间布局。④罗权《瞿塘关名称、位置及空间布局的演变——兼及历史时期瞿塘关的军事地理形势》，则对瞿塘关、白帝城及周边寨堡修筑的历史变迁进行了探讨。⑤西华师范大学四川古城堡文化研究中心近年来致力于南宋巴蜀山城的研究，对山城的修筑的历史背景、防御成效、空间布局等方面展开深入分析，取得了一系列高质量成果，涉及泸州神臂城⑥、礼义城⑦、小宁城⑧、云顶城⑨、黄城寨⑩、大良城⑪、青居城⑫、平梁城⑬、虎头城⑭等。

（二）明代寨堡的研究

明代为了加强边疆地区的军事防御，往往在城池以外修筑大量的军堡。

---

① 滕新才：《〈天城石壁记〉的文献价值》，《四川师范大学学报》（社会科学版）2000年第3期。
② 腾新才：《宋末万州天生城抗元保卫战》，《四川文物》1993年第1期。
③ 裴一璞：《宋蒙（元）之战中的万州》，《长江文明》2010年第2辑。
④ 马剑：《夔州城市形态与空间结构的演变》，《中国历史地理论丛》2008年第3期；袁东山：《白帝城遗址：瞿塘天险 战略要地》，《中国三峡》2010年第10期。
⑤ 罗权：《瞿塘关名称、位置及空间布局的演变——兼及历史时期瞿塘关的军事地理形势》，《中国历史地理论丛》2014年第4期。
⑥ 蒋晓春、林邱：《宋代泸州神臂城城防体系分析》，《中国国家博物馆馆刊》2017年第9期；蒋晓春、林邱：《泸州神臂城宋代城防设施调查简报》，《西华师范大学学报》（哲学社会科学版）2017年第4期。
⑦ 蒋晓春：《礼义城与宋蒙战争》，《长江文明》2021年第1辑。
⑧ 刘禄山等：《四川平昌县小宁城遗址调查简报》，《四川文物》2019年第1期。
⑨ 符永利、周南西、付蓉：《云顶城军事遗迹的调查与初步认识》，《长江文明》2021年第1辑。
⑩ 符永利、景俊鑫：《四川大竹县黄城寨遗址调查纪略》，《赤峰学院学报》（汉文哲学社会科学版）2016年第10期。
⑪ 符永利、于瑞琴、蒋九菊：《广安大良城寨堡聚落浅析》，《西华师范大学学报》（哲学社会科学版）2016年第1期。
⑫ 符永利、罗洪彬、唐鹏：《四川南充青居城遗址调查与初步研究》，《西华师范大学学报》（哲学社会科学版）2015年第2期；罗洪彬、王杰：《宋蒙战争中的青居城》，《西华师范大学学报》（哲学社会科学版）2018年第5期。
⑬ 罗洪彬、李修正：《四川巴州平梁城城防设施调查简报》，《西华师范大学学报》（哲学社会科学版）2021年第2期。
⑭ 罗洪彬、赵敏：《四川富顺虎头城遗址调查及初步研究》，《西华师范大学学报》（哲学社会科学版）2019年第4期。

同时，边疆地区乡民为了应对战争威胁，也多筑堡据守。这种情况在北方尤为突出。为了防备北方少数民族，明朝修筑长城，营造数量庞杂的城、寨、堡，形成"九边"体系。关于"九边"寨堡的研究，学术界多有涉及。肖立军[①]、赵现海[②]、刘景纯[③]等在"九边"的专门研究中，就论及了此问题。王杰瑜等在《明代大同镇建设与生态环境变迁》一文中，对大同镇寨堡形成的历史背景、类型、数量、人口等问题进行了初步探讨，指出寨堡是北方防御体系的重要组成部分。[④] 在《明代山西北部聚落变迁》一文中，王杰瑜指出，明代山西北部聚落形态以军事聚落为主，包括以卫、所为形式的高层次军事聚落，以堡寨为形式的中间层次军事聚落和以屯军堡、乡堡和墩台为形式的低层次军事聚落。这些聚落兴起于洪武六年（1373年）徐达备边之时，在成化和嘉靖时期掀起两个高潮。随着清代以后"九边"的撤销，这些寨堡大多朝着城镇聚落或乡村聚落的方向转化。[⑤] 王天强对延绥镇堡寨的分布情况进行了考证，并着重对堡寨周围的屯田兴衰情况、堡寨内外的粮食、马匹、食盐贸易等经济活动及其他贸易活动进行探讨，从而得出明代延绥镇堡寨的修筑不仅体现了其军事上的防御功能，更体现了其对军民经济、生命、安全的保护功能以及堡寨生命、财产保护功能的结论。[⑥] 杨瑾对明代晋北堡寨大量出现的时代背景、堡寨的时空特征、堡寨内民众的生活状况、清初堡寨功能的演化等内容进行了探讨，认为晋北堡寨无论选址、大小、结构和材质都不尽相同，因此防卫功能也有区别。民堡相对于官堡，由于缺乏火器、弓弩等武器，防御功能较为薄弱。[⑦]

九边以外地区的寨堡，学术界也有所涉及。王倩倩对青海省乐都县境内现存的脑庄堡、上衙门堡、祁家堡的遗存状况进行了梳理，并对堡寨与土司制度的关系进行了探讨。[⑧] 陈支平、赵庆华则指出，明代中后期广东、福建等东南沿海地区，由于深受倭寇、海盗、山贼等武装的袭扰，民间修筑寨堡

[①] 肖立军：《明代中后期九边兵制研究》，吉林人民出版社，2001。
[②] 赵现海：《明代九边长城军镇史——中国边疆假说视野下的长城制度史研究》，社会科学文献出版社，2012。
[③] 刘景纯：《明代九边史地研究》，中华书局，2014。
[④] 王杰瑜、王尚义：《明代大同镇建设与生态环境变迁》，《地理研究》2012年第11期。
[⑤] 王杰瑜：《明代山西北部聚落变迁》，《中国历史地理论丛》2006年第1期。
[⑥] 王天强：《明代延绥镇堡寨经济功能研究》，延安大学，硕士学位论文，2010。
[⑦] 杨瑾：《晋北堡寨与明至清初边地社会变迁》，山西大学，硕士学位论文，2010。
[⑧] 王倩倩：《青海乐都境内堡寨与明清土司制度》，《青海师范大学学报》（哲学社会科学版）2010年第1期。

之风相当兴盛，士绅阶层在其中发挥了重要作用。然而，伴随着寨堡营造而来的具有一定自主性的武装力量的形成，导致一些地区民间械斗风气长期延续下来，给地方社会带来了一些不稳定因素，并对后世产生了较为深远的影响。① 丁建伟对明代洮州卫寨堡的分布情况进行了探讨，并对其历史遗迹进行了考察。②

西南地区少数民族众多，特别是新设的贵州省，"一线之外，四顾皆夷"，明廷一边移民实边进行屯田，一边筑堡以卫屯，这些寨堡一般被称为"屯堡"。学术界主要从社会史、文化史、民族学等角度进行研究，对屯堡修筑的历史背景、社会结构、文化遗存和文化价值进行了探讨，取得了可喜的成绩。翁家烈对屯堡的历史背景、建筑形制、文化传统等进行了探讨。③ 孙兆霞等等主要选择九溪村为研究对象，对屯堡村落形成的历史背景、资源与环境、经济与产业结构、社会结构、文化传统、公共空间、现代化建设等方面进行了探讨。④ 罗建平对屯堡的防御性特征、整体布局、聚落形态、民居单体演变等进行探讨，认为它在明代是军事聚落的一种类型。清朝随着卫所制度的消亡，军防转化为民防，屯堡军士转为乡民，住居由"授房安家"的营房保障制度转化到自建方式。⑤ 卢百可（Patrick Lucas）结合历史文献和田野调查，从历史叙述和历史记忆的角度对明代以来屯堡的兴衰、社会结构、经济状况、人口结构等方面进行了探讨。⑥ 此外，还有徐雯等对屯堡服饰的研究⑦、张原对屯堡礼俗生活的人类学考察⑧、朱伟华对屯堡民间文学与传统文化的研究⑨、葛荣玲对屯堡的景观开发的研究⑩等。

（三）明末及清代民寨的研究

明末农民战争的一大特点是农民武装流动性极强，故《明史》以"流

---

① 陈支平、赵庆华：《明代嘉万年间闽粤士大夫的寨堡防倭防盗倡议——以霍韬、林偕春为例》，《史学集刊》2018年第6期。
② 丁建伟：《明代洮州卫军事戍防遗迹调查与研究》，西北师范大学，硕士学位论文，2020。
③ 翁家烈：《夜郎故地上的古汉族群落——屯堡文化》，贵州教育出版社，2002。
④ 孙兆霞等：《屯堡乡民社会》，社会科学文献出版社，2005。
⑤ 罗建平：《安顺屯堡的防御性与地区性》，清华大学出版社，2014。
⑥ 〔美〕卢百可：《屯堡人：起源、记忆、生存在中国的边疆》，民族出版社，2014。
⑦ 徐雯等：《贵州安顺屯堡汉族传统服饰》，光明日报出版社，2011。
⑧ 张原：《在文明与乡野之间——贵州屯堡礼俗生活与历史感的人类学考察》，民族出版社，2008。
⑨ 朱伟华：《黔中屯堡民间文学与传统文化研究》，齐鲁书社，2011。
⑩ 葛荣玲：《景观的生产：一个西南屯堡村落旅游开发的十年》，北京大学出版社，2014。

贼"蔑称之。对于其流动作战、横行乡村的战斗模式，明廷办法不多，乡民则多筑寨自守。清代的系列反清斗争，同样具有流动性强、以攻掠乡村为主的特征，乡民也多筑寨以资防御。

对这一阶段寨堡的军事史考察，源于李文治《明末的寨堡与义军》一文。其对明清之际寨堡产生的背景、组织方式、目的和作用等进行了较为系统的研究。① 张珊指出，圩寨体系在华北地区建立后，使清军构筑了一个有效的防御网络，从而铲除了捻军发展的根基，这是捻军失败的重要原因。② 美国学者孔飞力（Philip A. Kuhn）指出，白莲教起义时期清政府已经无法通过国家军事力量对其进行镇压，转而通过坚壁清野和地方团练结合的方式并获得成功，从而引起地方防御模式的创新，是地方军事化与地方自治兴起的重要原因。③ 西南寨堡方面，吴曦云、谭必友、伍孝成等对嘉庆年间傅鼐倡导修筑的苗疆边墙进行了一些探讨，但对其附属碉卡、寨堡的研究还不够深入。④ 周妮则对宋代至清代的苗疆寨堡进行了系统探讨，涉及寨堡的修筑背景、过程、位置、分布态势、社会状况等，认为这是湖广苗疆军事控御体系的重要内容。⑤

明末及清代民寨的社会史考察，始于傅衣凌对华北圩寨领导权的探讨，他对捻军属于农民反抗武装的说法提出质疑，认为拥有大量土地的地方豪强是圩寨修筑的领导力量，因此在寨堡的组织中拥有绝对的话语权。这些豪强依靠宗族关系，凭借圩寨组织带来的武力，成为对抗官府统治的地方势力。⑥ 日本学者并木赖寿对傅衣凌的说法提出质疑，认为圩寨修筑的时间主要集中于咸丰五年（1855年）华北地区民众遇到战乱的严重威胁之后，而非傅衣凌所说的道光及咸同初年。在咸同大战乱来临之际，乡村富豪多已迁徙到城市避难，故在圩寨筑成之后，一些"光棍无赖"以武力窃取了圩寨的领导权，更多圩寨则处于地方豪强与"光棍无赖"共处、相互争权的情形下，故在顺

---

① 李文治：《明末的寨堡与义军》，《文史杂志》1944年第7、8期合辑。
② 张珊：《清军圩寨清乡政策与捻军失败的关系》，《安徽史学通讯》1958年第2期。
③ 〔美〕Philip A. Kuhn. Rebellion an Its Enemies in Late Imperial China: Militarization and Social Structure, 1796–1864. Harvard University Press, 1970.
④ 吴曦云：《边墙与湘西苗疆》，《中南民族学院学报》（哲学社会科学版）1993年第6期；谭必友：《苗疆边墙与清代湘西民族事务的深层对话》，《中南民族大学学报》（人文社会科学版）2007年第1期；伍孝成：《清代边墙与湘西苗疆开发》，《吉首大学学报》（社会科学版）2009年第1期。
⑤ 周妮：《明清湖广"苗疆"政区与军事地理问题研究》，复旦大学，博士学位论文，2019。
⑥ 傅衣凌：《关于捻变的新解释》，《福建文化》1944年第2期。

清和反清之间首鼠两端。①并木赖寿的研究有一定合理性，厘清了圩寨修筑的时间脉络，也指出了圩寨领导权的复杂性，但他对圩寨组成的复杂性仍认识不足，过分强调了"光棍无赖"的影响，而忽略了地方豪强在乡村社会的中的作用，其结论仍有待商榷。顾建娣认为咸同年间河南圩寨的出现是清廷借鉴了嘉庆年间对付白莲教的经验，她对政府、士绅、民众在堡寨修筑过程中承担的角色进行了探讨，并对河南圩寨的类型进行了详细分析，认为捻平后圩寨的继续存在使绅权得以扩张，对河南社会产生了深远影响，其分析相对更为全面。②此外，陈德鹏对咸同时期河南郏县临洧寨和汝州半扎寨的修筑及兴废过程进行了讨论，认为无论是修筑寨堡还是办团练，经费主要由士绅提供，所以出现了王权衰落和地方势力崛起的现象。③

两湖及与之毗邻地区的寨堡的社会史研究成果也较多。杨国安认为，由于湖北在清代长期处于动荡之中，寨堡的修筑相当盛行，明末清初的"蕲黄四十八寨"闻名天下。清中后期随着白莲教起义的爆发、地方团练的兴起，与之相配的团寨更蓬勃发展，寨堡制度也更加严密规范。他分析了明末清初、清中后期寨堡兴起的原因，认为士绅阶层在寨堡修筑和秩序的管理中起到了非常重要的作用。④张建民认为，社会的剧烈动荡是寨堡出现的直接原因，明清时期川陕楚交边山区的寨堡大概经历了明末清初、嘉庆年间白莲教起义时期、咸同年间等三次修建、利用高潮；他还对寨堡的类型与御敌的功能差异进行了探讨，认为制度因素与环境因素、民间传统与官府的倡督等相互影响是寨堡兴衰出现差异的主要原因。⑤周琳认为，清中期以前大巴山区未建立起有效抵抗外部冲击的地方防御体系，嘉庆时为对付白莲教而大兴寨堡，对乡村防御的加强起到了重要作用。⑥

对于山西、陕西寨堡的社会学研究，成果亦较为丰富。张月琴对清代以来长城沿线堡寨聚落的历史地理环境与民间信仰进行了探讨，其中依据田野

---

① 〔日〕并木赖寿：《捻军起义与圩寨》，《太平天国史译丛》第二辑，中华书局，1983，第350—380页。
② 顾建娣：《咸同年间河南的圩寨》，《近代史研究》2004年第1期。
③ 陈德鹏：《晚清王权的衰落与地方势力的崛起——从郏县临洧寨和汝州半扎寨谈起》，《文史知识》2010年第11期。
④ 杨国安：《社会动荡与清代湖北乡村中的寨堡》，《武汉大学学报》（人文科学版）2001年第5期。
⑤ 张建民：《环境、社会动荡与山区寨堡——明清川陕楚交边山区寨堡研究之一》，《江汉论坛》2008年第12期。
⑥ 周琳：《白莲教起事与巴山老林附近地区乡村防御体系》，《佳木斯大学社会科学学报》2004年第1期。

调查绘制而成的图片，更是形象地展现了清末和民国时期堡寨聚落的风貌。[①] 张传勇认为，陕西村镇城隍庙除了旧治之地外，多与寨堡有关，不仅有官堡，亦有民堡。[②] 邓群对陕西乡村寨堡的历史发展轨迹进行了论述，并选取陕北、关中和陕南三个地区的典型乡村古寨堡为个案，对其修筑原因、发展历程、特点及其功能进行了对比分析，重点探讨了寨堡修筑与管理过程中士绅与普通农民的社会角色。[③] 张祖群对清中后期咸阳堡寨的修筑背景及类型进行了分析。[④] 党旭涛对通渭古寨堡进行了考察，认为该地堡寨的修筑时间从秦代一直持续到1949年，类型分为官堡、族堡、家堡三种，官堡大都筑于陡峭的山巅或险峻的河崖上，族堡、家堡则要顾及长期生活所需，堡门、炮台、女墙是寨堡最关键的防御设施。[⑤]

其他区域寨堡的社会史考察方面，杨国桢、陈支平对福建土堡的修筑主体、修筑过程、经费筹措、建筑结构等进行了分析。[⑥] 日本学者山田贤在对清代四川移民的社会史考察中，特别提到了筑寨对维护乡村社会稳定的重要作用。[⑦] 美国学者裴宜理（Elizabeth Perry）在探究近代华北农民叛乱和革命时，对圩寨的社会结构也进行了深入的分析。[⑧] 凌富亚对清代寨堡修建的历史过程及管理模式进行了探讨。[⑨] 高晓阳对清代嘉陵江流域寨堡修筑的过程、作用、数量进行了探讨。[⑩]

还有一些寨堡的个案研究，不少直接论及明清西南地区。钟利戡对绵阳天生寨遗址的遗存状况、兴修原因、在李蓝起义中所起的作用进行了探讨。[⑪]

[①] 张月琴：《仪式、秩序与边地记忆：民间信仰与清代以来堡寨社会研究》，科学出版社，2012。

[②] 张传勇：《明清陕西城隍考——堡寨与村镇城隍庙的建置》，《中国社会历史评论》2010年总第11辑。

[③] 邓群：《明清陕西乡村寨堡研究》，西北农林科技大学，硕士学位论文，2005。

[④] 张祖群：《清代以来咸阳村落的分布变化和社会之考察》，陕西师范大学，博士学位论文，2009。

[⑤] 党旭涛：《通渭古寨堡》，《中国长城博物馆》2009年第2期。

[⑥] 杨国桢、陈支平：《明清时代福建的土堡》，《中国社会经济史研究》1985年第2期。

[⑦] 〔日〕山田贤：《移民的秩序——清代四川地域社会史研究》，曲建文译，中央编译出版社，2011。

[⑧] 〔美〕Elizabeth Perry. *Rebels and Revolutionaries in North China*, 1845-1945. Stanford University Press, 1980.

[⑨] 凌富亚：《清代四川寨堡的修建与管理》，《西华师范大学学报》（哲学社会科学版）2016年第1期。

[⑩] 高晓阳：《清代嘉陵江流域历史军事地理初步研究》，西南大学，硕士学位论文，2013。

[⑪] 钟利戡：《绵阳天生寨遗址考察记》，《四川文物》1991年第5期。

王德君对剑阁青虚山寨遗存状况进行了介绍。① 洪雅县天生城在清初所筑的石碑，曾经引起学术界争论。伍仕谦、王纲、李振华、骆坤琪都认为这块碑刻为刘耀所立，并依其内容认为刘耀即刘文秀。② 龙腾则认为刘耀并非刘文秀，而是其部将，还对天生城的建立、刘文秀对天生城的经营、天生城在刘文秀经略四川策略中的地位等内容进行了探讨。③ 晨曲在复原了已打碎为50块碑石的内容基础上，亦认为此碑碑文为刘文秀命人撰写，但立碑在碑文撰写三年后，此时刘文秀已死，所立之人为其部下刘耀。④符永利等则对重庆合川龙多山寨的遗存情况进行了考古学分析。⑤

总体而言，史学界在寨堡研究方面取得了丰富的成果，但仍有较大的研究空间，主要体现在以下几个方面。

第一，从时间维度来看，对汉晋坞壁、宋代山水寨的研究丰富，而对明清寨堡的研究相对薄弱，目前主要在探讨其他历史对象时论及，或以单篇论文的形式出现，缺乏系统、全面的专著。

第二，从空间维度来看，明清寨堡的探讨主要集中于长城沿边、华北、江淮、闽赣等地，对西南地区寨堡探讨不足，而云南、贵州作为明清军屯的重要区域，四川作为清代"坚壁清野"政策的发源地，具有重要的研究意义。

第三，从研究内容来看，明清寨堡的研究主要集中于对寨堡的军事功能及社会意义的宏观探讨，对寨堡分布变迁的动态过程、军堡与民寨的对比研究、各类型寨堡的空间形制与防御功能的差异等重要内容均缺乏深入探讨，对寨堡的个案研究也较为缺乏。

三 寨堡概念的界定

商务印书馆1980年出版的《辞源》解释道："寨，防御用的栏栅，也作

---

① 王德君：《剑阁青虚山寨及双松庙》，《四川文物》1991年第3期。
② 伍仕谦：《天生城碑记》，载于《四川大学学报丛刊第五辑：四川地方史研究专集》，四川人民出版社，1980；王纲：《明末农民起义军名号考录》，四川省社会科学院出版社，1984；李振华、骆坤琪：《刘文秀与〈蜀王碑〉》，《四川文物》1989年第1期。
③ 龙腾：《〈蜀王睿制天生城碑记〉探讨》，《四川文物》1992年第5期。
④ 晨曲：《〈天生城碑记〉辨》，《四川大学学报》（哲学社会科学版）1998年第1期。
⑤ 符永利、蒋晓春、罗洪彬、曹建军、熊小洪：《重庆合川龙多山寨遗址调查简报》，《长江文明》2015年第2辑。

'砦'、'柴'";"堡，土筑的小城";"堡砦，筑土城设木栅的防御建筑"。①该书认为，寨是以木质材料环绕包围而成的营垒，堡的材质是土或石，堡寨则是木和土石结合而建成的防御小城。寨、堡、堡寨三者之间是存在区别的。

台湾三民书局编纂的《大辞典》解释道："寨，栏栅或营垒，同砦"；"堡，堆积土石而成的小城"；寨堡，意与"堡寨"同，是"设木栅用以防御的土城"。②可见，它的观点与《辞源》如出一辙。台湾学者编纂的《中文大辞典》解释道："寨，列木成栅以为防御也，与'砦'同"；"堡，高土也"；"堡寨，城堡也，亦作堡塞、堡砦"。③观点亦与前面二者相同。

上海辞书出版社编纂出版的《辞海》解释道："寨"有两种含义：一是"防卫用的木栅，引申为军营"，这与《辞源》相似，只是多列出了"寨"的引申义；二是"宋代设置在边区的军事行政单位，隶属于州或县"，这指出了宋代寨堡的特性，解释更加深入。对于"堡"的定义，它解释道："堡，土筑的小城，现泛指军事上的防御建筑。"④它也认为，古代的"堡"是一种土质材料的建筑，看法与《辞源》相同。

上海汉语大词典编辑委员会编纂出版的《汉语大词典》解释道："寨"有三种含义：一是"防卫用的栅栏。引申为军营"；二是"安营扎寨"；三即"村寨"。"堡"亦有三种含义：一是"土石筑的小城、堡垒"；二是"堡子，有围墙的村镇"；三是"用于地名，如'十里堡'、'二十里堡'等"。"堡寨"，则是"围以土墙木栅的战守据点"。⑤相较之下，它的解释比其他辞书更为全面。从这种解释来看，"寨"的本意是防御的栏栅，"堡"的原意是土筑的小城，其看法与《辞源》相同。此外，"寨"和"堡"不仅是军事名词，有时亦指代一般聚落或地名。但"堡"与"寨"相连在一起，只表达军事含义。

从上可知，辞书的解释大同小异，道出了"寨"与"堡"的基本含义，但并不能成为"寨堡"的确切解释。"寨"，虽然最初指交战双方为了战争需要，临时以木头制作的环绕军营的栏栅，但随着战争频次的增加、时间的增

---

① 商务印书馆编辑部编《辞源》，商务印书馆，1980，第8573、619页。
② 三民书局大辞典编纂委员会：《大辞典》，（台湾）三民书局，1985，第1235、910页。
③ 中文大辞典编纂委员会编纂《中文大辞典》，（台湾）中国文化研究所，1982，第4061、3064页。
④ 辞海编辑委员会编纂《辞海》，上海辞书出版社，1989，第2697、1443页。
⑤ 汉语大词典编辑委员会编纂《汉语大词典》，汉语大词典出版社，1991，第1151、1043页。

长、规模的扩大,这种临时性木质栏栅已经无法满足战争需要,故人们开始用更加坚固耐久的土、石、砖构筑堡垒。与之相应的是出现了异体字"砦",实际上二者并没有绝对区别,经常混用,像明清时期巴蜀地区的"寨",基本都是石质结构为主,但很少写作"砦",故不能单纯从字体上推断寨堡的修筑材料。寨堡修筑的主体,亦从原来的军队扩大到普通百姓,自两汉以后民间筑寨自卫逐渐成为普遍现象,并在明清时达到高峰。"堡",原意为土筑的小城,后来亦以砖、石为材料。"寨"与"堡"的区别,一般是"居山为寨、平地称堡",但并不绝对。因二者皆为军事防御聚落,往往并称,即"寨堡"或"堡寨"。合称之"寨堡",与行军之时临时修筑的营寨有了本质区别,只指代长期据守的防御体。

基于对寨堡作用的认识,学者们也对其进行了界定。王绚等人认为:"堡寨聚落是古代先民抵抗外部冲突为求安全而营建的一种防御性聚落,具有高墙厚筑、环形设防的防御形态。"① 杨国安认为:"寨堡是社会动荡时民间用来自卫的一种防御工事。"② 张建民认为:"寨堡,是冷兵器时代自保、防御的军事化设施。"③

结合以上文献,我们不妨给寨堡下个定义:寨堡,是用土、石、砖等材料垒筑的封闭性军事聚落,是古代军队或百姓为抵御敌人而修筑的军事防御设施。寨堡具有如下特征:

一是军事性。这是寨堡区别于一般聚落的特征。寨堡是为了防御敌人而修筑的军事设施,也是屯驻其中的军队或百姓居住与生活的场所,内部还可能有商业、农业活动,有时甚至作为州县治所,因而可以归结为聚落。但它与普通的聚落又有差异,它有一个能够封闭的防御性墙体,出入其中只能通过寨门,这是一般的生活聚落所没有的特征。可以说,寨堡必然是聚落,但聚落并不全是寨堡。

二是封闭性。这是与长城、边墙、关隘等设施相区别的特征。长城是以土、石、砖垒筑的连续性高城墙,系古代边境御敌的军事防御工程。④ 边墙、

---

① 王绚、侯鑫:《堡寨聚落形态源流研究》,《西北工业大学学报》(社会科学版) 2010 年第 2 期。
② 杨国安:《社会动荡与清代湖北乡村中的寨堡》,《武汉大学学报》(人文科学版) 2001 年第 5 期。
③ 张建民、鲁西奇主编《历史时期长江中游地区人类活动与环境变迁专题研究》,武汉大学出版社,2011,第 272 页。
④ 景爱:《中国长城史》,上海人民出版社,2006,第 25 页。

关隘的作用与之相似,只是长城更长。长城、边墙、关隘与寨堡,都是为了防御敌人入侵而修筑的防御工程,它们的修筑目的有一定相似之处。但是,二者也有明显的区别。一般性的长城、边墙是以直墙横断敌人出入之路,不一定构成封闭性的防御墙体,而寨堡往往构成立体的防御体系。关隘的情况则更加复杂:一些关隘是以直墙横断敌人出入,不能归为寨堡;另一些关隘则与寨堡相似,修筑了封闭性的环形设施,被贯以"关城""关堡""关寨"等名,可以归入寨堡之列。总而言之,寨堡呈现封闭状况,人们通过寨门出入,寨墙内为军队、百姓居住之所。

此外,城、碉作为封闭性的军事聚落,与寨堡有密切联系,又有明显区别。城分为两种,一种是城池、城市,另一种则是要塞设守之处。[①] 称为"城市"者,不仅有城墙等设施产生的军事防御功能,还必须是区域的政治、经济、文化等的中心。[②] 因此,虽然寨堡必然包括防御性墙体,但有防御性墙体的并不都是寨堡,当我们说起北京城、西安城、成都城之时,我们只会将其与城市相联系,而并不会把它们归结为寨堡。一些军事聚落虽然有"城"之名,但并不是城市,而可能是"要塞设守之处"。这种要塞之城,属于寨堡中规模较大者,故有时既可称"城"也可称"寨",如万州天生城又称"天城寨"、通江得汉城又称"安辑寨"、涪陵龟陵城又称"三台寨",等等。可见,这类"城"也可以归为寨堡一类。寨堡与城市的区别是,寨堡是军事职能占支配地位的防御聚落。对于城市而言,军事职能只是其若干职能之一,政治、经济、文化等职能在其中同样占有重要地位。

碉堡也是历史上长期存在的一种重要军事防御设施。对于"碉"的解释,《汉语大词典》最为全面。它指出,"碉"有两种含义,一为石室,二即碉堡。碉堡,俗称"炮楼",即军事上用以防守,便于射击及瞭望的建筑物。[③] 碉堡与寨堡有明显区别,碉堡只是一个用以射击、瞭望的楼体,占地面积一般只有几十平方米,高数层;而寨堡是有防御性墙体的聚落,不是单一建筑。一些寨堡内部,还设有碉堡,如大竹县修筑于嘉庆五年(1800年)的大全寨,寨内即有碉楼1座,长方形,面阔9米,进深7米,高2米。[④] 江津县四面山管委会洪洞村北700米的江家寨,分上、下两寨,上寨内有炮台、

---

① 汉语大词典编辑委员会编纂《汉语大词典》,汉语大词典出版社,1991,第1094页。
② 何一民:《中国城市史》,武汉大学出版社,2012,第6页。
③ 汉语大词典编辑委员会编纂《汉语大词典》,汉语大词典出版社,1991,第1060页。
④ 国家文物局主编《中国文物地图集·四川分册(下)》,文物出版社,2009,第883页。

水池,下寨内有碉堡。① 此外,梁平夏家关寨、石城寨等山寨内部,亦建有碉堡。因此,碉堡可以作为寨堡内的一种防御设施,但它本身与寨堡又有明显的区别。

同时,我们也注意到,不同时段、不同地区的历史文献对寨堡名称的记载不尽相同。汉晋时期很少有"寨堡"这种称谓,一般称"营""垒""堡""壁"等。唐宋文献中"砦"和"寨"有别,一般写作"砦"的为石质,但写作"寨"的材料就比较宽泛了,不仅仅是木质。在明清巴蜀地区文献中,有的仍写作"砦",但大部分直接写作"寨",少数地方志写作"塞",其均是垒石为墙或夯土筑寨,并没有"砦"是石筑、"寨"是木栅、"塞"是土筑的明确区分,其本质是一样的,不能单从字体上去区分,为了论述方便,本书均简化写作"寨"。在少数民族地区,"寨"有时不一定指寨堡,也有可能指"村寨",而将"寨堡"写作"营""堡""囤""屯""坉""垒"等。同时,"屯"也指明清时期的军屯或民屯聚落,这些屯不一定筑有寨墙,无寨墙防御的屯在性质上可以等同于村寨。因此,我们不能直接以聚落名称就判断其是否为寨堡,而是要根据具体情形去区分,只将筑有防御性墙体的聚落列为研究对象,而将普通村寨排除。同样,为了论述方便,我们将"屯""囤""坉""垒"统一简化写作"屯"。

四 创新之处

(一) 在学术思想方面的特色和创新

历史军事地理是历史地理学的重要研究内容。但是,其目前由于研究范围窄、与现实联系不强而陷入了瓶颈。寨堡在中国古代军事史中占据重要地位,并具有数量众多、遗址丰富的特点,有较高研究价值,保护与开发的现实意义突出。但目前该领域研究成果较少,且缺乏学科互动。正基于此,本书以寨堡这一历史上重要的军事聚落为研究对象,以期拓展历史军事地理的研究内容,注入新的活力。

(二) 在学术观点方面的特色和创新

以往对屯堡的研究,多重视其在保存汉族文化、促进民族交流方面的作

---

① 国家文物局主编《中国文物地图集·重庆分册(下)》,文物出版社,2010,第138页。

用，而忽略其作为国家权力向少数民族地区渗透的据点这一基本功用。探讨明清军屯堡寨的时空分布，可以更好地理解国家权力在民族地区的延伸过程。

以往对明清民寨的研究，大多从社会史方面探讨寨堡修筑与管理中士绅阶层的领袖作用，从而达到验证地方精英在乡村社会治理方面发挥主导作用的目的。但这种研究忽略了清政府在无法以军力镇压反叛之时，转而通过"坚壁清野"（核心即筑寨练团）以达到控制乡村的目的，并在此后治乱过程中广泛借鉴，从而使寨堡营造从一种民众自发的行为向朝廷控制地方的手段转变这一历史事实。

（三）在研究方法方面的特色和创新

寨堡是历史军事地理的重要研究内容，本书以历史地理学的文献分析法、田野考察法为基础研究方法，同时参考军事史、社会史、文化史、建筑史等学科方法。

第一章
明代以前巴蜀地区寨堡的修筑

第一节 明代以前巴蜀地区的军堡

一 壕沟、城墙的起源

寨堡作为防御性的军事工程，其主要作用是为军队或民间提供军事防御的屏障，拥有防御性的墙体是其最显著的特征。寨堡的起源，可以从先秦时期的防御性聚落谈起。恩格斯在其名作《家庭、私有制和国家的起源》中对原始部落向私有制过渡时期的战争的特点写道：

> 以前进行的战争，只是为了对侵犯进行报复，或者是为了扩大已经感到不够的领土。现在进行的战争，则纯粹是为了掠夺，战争成为经常的职业了。在新的设防城市的周围屹立着高峻的墙壁并非无敌，他们的壕沟深陷为氏族制度的墓穴，而他们的城楼已经耸入文明时代了。[1]

根据恩格斯的论断，壕沟、城池的产生，是为保卫人类的私有财产和生命安全而产生的。在人类产生早期，"人民少而禽兽众，人民不胜禽兽虫蛇"[2]。各类人群聚居之后，为了防止野兽侵扰及其他部族的侵袭，开始在其聚落周围挖掘壕沟。从考古发现来看，中国境内的人类在其聚落周围挖掘壕

---

[1] 《马克思恩格斯选集》第四卷，人民出版社，1972，第160页。
[2] （战国）韩非子著，王先慎集解《韩非子集解》卷19《五蠹》，中华书局，1998，第339页。

沟，可以追溯到新石器时代。断代为新石器时代文化遗存的兴隆洼遗址，位于内蒙古林西县白音长汗，共发掘清理了房址23座，明显地分成南、北两个聚居区，相距40余米。其中北区保存较好，已发掘17座房址依坡势成三排分布，并有壕沟环绕，布局规则有序。① 姜寨一期遗址，位于山西临潼县城北，为新石器时代仰韶文化遗存，距今6100—5600年。该遗址的居住区面积约20000平方米，周围挖有长数百米，宽、深各2米的护村壕沟，在东边留有通道。② 位于陕西省西安市东郊的半坡遗址，距今已有6000年以上，在其居住区周围，有明显的大围沟存在，残存300余米。③

随着人类的繁衍，单一的壕沟无法应对日益频繁的战争。因此，各聚落开始修筑重壕（即内、外两道壕沟）。如半坡遗址除了外部的大围沟外，其居住区中部偏北处有两条互不相连的小沟，东沟长13.5米，西沟长39米，因而钱耀鹏先生认为半坡聚落已经有了内、外壕的形制。④ 为了加强防御，在聚落四周以夯土筑墙的方式修筑围墙，也开始在各地区出现。从考古发掘来看，在新石器时代晚期，不少聚落已经开始出现筑墙的现象。湖南澧县城头山遗址，距今约4800年，四周发现了周长约1000米的圆形城址。⑤ 湖北省天门县石家河镇的石家河遗址，有个南北长1200米、东西宽1100米的聚落，其四周筑有土墙，墙基宽50米，顶宽8—10米，残高6米。⑥ 一些城池开始出现壕沟与城墙的结合，如河南郑州西山城遗址，位于市区北23公里的西山村西南200余米处，城内总面积达3万平方米，属于仰韶文化晚期的遗址，距今4000年左右。城墙采用小版块夯筑的办法，城墙残存高3米、宽5—6米，城外还有宽5—7.5米的壕沟。⑦ 湖北省石首市焦山河乡走马岭村的走

---

① 郭治中、索秀芬、包青川：《内蒙古林西县白音长汗新石器时代遗址发掘简报》，《考古》1993年第7期。
② 叶万松：《姜寨一期聚落遗址是父系氏族居址——中原地区史前父系氏族社会研究之三》，《黄河科技大学学报》2013年第3期。
③ 钱耀鹏：《关于半坡遗址的环壕与哨所——半坡聚落形态考察之一》，《考古》1998年第2期。
④ 钱耀鹏：《关于半坡遗址的环壕与哨所——半坡聚落形态考察之一》，《考古》1998年第2期。
⑤ 湖南省文物考古研究所：《澧县城头山古城址1997—1998年度发掘简报》，《文物》1999年第6期。
⑥ 北京大学考古系、湖北省文物考古研究所、湖北荆州地区博物馆石家河考古队：《石家河遗址调查报告》，《南方民族考古》第五辑，四川科学技术出版社，1993。
⑦ 杨肇清：《试论郑州西山仰韶文化晚期古城址的性质》，《华夏考古》1997年第1期。

马岭古城，始筑于距今约 5000 年前，也修筑了土筑的城垣，外部挖有壕沟。①

一些地区开始以石筑城。从考古发现来看，内蒙古是史前时代石城最多的地区。位于内蒙古包头市区东 15 公里阿善沟门东的阿善遗址，属新石器时代晚期文化。其第三期遗存发现一段长约 57 米的围墙，墙身皆用石块因地形垒砌而成，有的地段残存高度有 1.7 米，厚度达 1—1.2 米，以黄绿色土泥固定，空隙间塞以碎石。② 三座店遗址位于内蒙古赤峰市松山区初头朗镇三座店村，属于夏家店文化层下层（距今 3500—4000 年）。其大城城址面积约 1000 平方米，已清理出的城墙有 140 米，城墙外侧有 15 个马面。小城紧傍大城，面积近 1600 平方米，其北、东、南三面都有石砌的城墙和马面，西面则仅摆放一道列石作为大、小城之间的界线。③

在巴蜀地区，先秦时期也修筑了不少城池，目前有遗址可考的就有新津宝墩城、郫县古城、温江鱼凫城、都江堰芒城、崇州双河城、崇州紫竹城、大邑盐店城等 7 座先秦古城池。这些古城都属于宝墩文化，距今 4000—4500 年，皆采用泥土夯筑的方式筑成，位于平原临河地区。其中最大的为宝墩城，位于今四川省新津县龙马乡宝墩村西北 300 米处，其处于西河西南、铁溪河东北的台地上，平面呈长方形，面积约 60 万平方米，南北墙各长约 600 米，东、西墙各长约 1000 米，现存墙体最高处高 5 米，最宽处宽 30 米。④ 最小的是崇州双河城，位于今四川省崇州市上元乡芒城村，原名"芒城子"，位于下芒城泊江河与味江交汇的台地上，平面呈长方形，南北长约 480 米，东西宽 230 米，面积约 11 万平方米。城墙用夯土筑成，分内外两层，相距约 10 米。内城的东城墙长 450 米，宽 6 米，高 2 米；南城墙长 180 米，宽 10 米，高 5 米；北城墙长 200 米，宽 10 米，高 2 米。外城的东城墙长 350 米，宽 16—20 米；北城墙长 200 米，宽 12 米，最高处残高 1.8 米。⑤

成都平原地势平旷、土地富饶，是中国文明的发源地之一。以三星堆和古蜀国文化为代表的古蜀文明，已经达到了相当的高度。与此相反，今重庆地区山脉纵横，气候湿润，而平地相对狭窄，不适宜发展农耕，导致在此建立政权的巴国并没有真正营建城垣，可能仅在城市周围树立了木栅。⑥

---

① 陈官涛：《湖北石首市走马岭新石器时代遗址发掘简报》，《考古》1998 年第 4 期。
② 崔璇等：《内蒙古包头市阿善遗址发掘简报》，《考古》1984 年第 2 期。
③ 郭治中等：《内蒙古赤峰市三座店夏家店下层文化石城遗址》，《考古》2007 年第 1 期。
④ 江章华等：《四川新津县宝墩遗址 1996 年发掘简报》，《考古》1998 年第 1 期。
⑤ 蒋成等：《四川崇州市双河史前城址试掘简报》，《考古》2002 年第 11 期。
⑥ 毛曦：《先秦巴蜀城市史研究》，人民出版社，2008，第 236 页。

春秋时期及更远古的时代，中国处于小国寡民的奴隶制时代，社会财富主要集中于奴隶主手中，奴隶主居住于城邑之内，修筑高大的城池保卫自己的财富。居住于城外的人民，多为以渔猎经济为主要生活来源的族群，衣服取之于野兽，食物取之于山林。他们自身并没有多少财产，战争到来之时或避入城内，或逃入荒山，并不需要修筑寨堡自卫，正所谓"春秋列国用兵相斗争，天下骚然。然是时禁防疏阔，凡一切关隘厄塞之处，多不遣兵戍守，敌国之兵平行往来，如入空虚之境，其见于《左传》者，班班可考也"①。因此，当时争夺财富的战争，主要体现在对城池的争夺上。这些城池，虽然兼具军事职能，但其作为区域政治、经济、文化的中心，属于城市的范畴，与寨堡迥然不同。

二 军堡的产生：春秋战国时期的堡、障、垒、壁

军堡，即军队为了满足战争防御需要而修筑的营垒，它的起源，可以追溯到先秦时期的堡、障、垒、壁等军事设施。《诗经·小雅·出车》中就有"王命南仲，往城于方。出车彭彭，旂旐央央。天子命我，城彼朔方。赫赫南仲，玁狁于襄"语，反映了周文王时期周军在其疆域北部与少数民族交界之地建立军事营地的事迹。② 春秋以前，战争规模较小，参与人数较少，持续时间也较短，故双方争夺的主要是城池，而很少需要在野外修筑寨堡相持，故军堡的数量较少。春秋前期，列国相争主要是寻求建立"霸业"，虽然战争次数较前代有了较大上升，但仍以车战为主，大多数战例都是双方列阵后即发动攻击，持续时间一般都较短，没有必要耗费大量物力人力筑寨，故军堡也不多。

到了春秋末至战国时期，各国围绕土地和人口展开激烈争夺，而铁器牛耕的出现，促进了生产力的极大提高，人口规模随之激增，战争规模较前有了大幅提升，持续时间也更长。因此，仅仅建造防御城池，任凭敌国深入腹地的做法，已经无法满足战争的需要，各诸侯国纷纷在边境修筑纯粹为满足军队屯驻需要的寨堡。如《史记》载，战国时期的良将李牧率兵在赵国北境防备匈奴，约束将士说："匈奴即入盗，急入收保，有敢捕虏者斩。"③ 这种

---

① 顾栋高：《春秋大事表》卷9《春秋战国不守关塞论》，景印文渊阁四库全书第179册，第560页。
② 景爱：《中国长城史》，上海人民出版社，2006，第59页。
③ （西汉）司马迁：《史记》卷81《廉颇蔺相如列传》，中华书局，1963，第2449页。

"保",即边境上修筑的防御性军事设施——后世军堡的开端。我们以战国时期著名的长平之战为例,可以了解到军堡在这一时期的长时段战争中已经发挥了重要作用。《史记》记载:

> (秦昭王)四十七年,秦使左庶长王龁攻韩,取上党。上党民走赵。赵军长平,以按据上党民。四月,龁因攻赵。赵使廉颇将。赵军士卒犯秦斥兵,秦斥兵斩赵裨将茄。六月,陷赵军,取二鄣四尉。七月,赵军筑垒壁而守之。秦又攻其垒,取二尉,败其阵,夺西垒壁。廉颇坚壁以待秦,秦数挑战,赵兵不出……赵王既怒廉颇军多失亡,军数败,又反坚壁不敢战,而又闻秦反间之言,因使赵括代廉颇将以击秦。秦闻马服子将,乃阴使武安君白起为上将军,而王龁为尉裨将,令军中有敢泄武安君将者斩。赵括至,则出兵击秦军。秦军详败而走,张二奇兵以劫之。赵军逐胜,追造秦壁,壁坚拒,不得入。而秦奇兵二万五千人绝赵军后,又一军五千骑绝赵壁间,赵军分而为二,粮道绝。而秦出轻兵击之,赵战不利,因筑壁坚守,以待救至。秦王闻赵食道绝,王自之河内,赐民爵各一级,发年十五以上悉诣长平,遮绝赵救及粮食。至九月,赵卒不得食四十六日,皆内阴相杀食。来攻秦垒,欲出。为四队,四五复之,不能出。其将军赵括出锐卒自搏战,秦军射杀赵括。括军败,卒四十万人降武安君。①

这场战争爆发初期,秦军攻势凌厉,杀赵裨将(即副将)、取二鄣四尉。《索隐》称:"鄣,堡城。尉,官也。"此二"鄣",就是赵军修筑的军事堡垒,其形制与"保"相类,故后世以"保障"连称,如《三国志》载:"坚始举事,静纠合乡曲及宗室五六百人以为保障,众咸附焉。"②后世又对"保障"二字引申为保卫、保护之义,如《资治通鉴》载:"保障,谓厚民之生,如筑堡以自障。"③垒壁,与"保"、"鄣"(障)相同,指的都是军堡。在长平之战中,廉颇为了避免与强大的秦军正面交锋,就采用坚壁之策,修筑垒壁以守。秦军虽攻陷赵军西垒,但因赵军主力坚守不出,秦军无法实现与之决战的目的,只好采用反间计,使赵王召回廉颇而使用只会纸上谈兵的赵括,这说明廉颇筑垒壁坚守的做法取得了效果。赵括挂帅后,主动出击,企

---

① 《史记》卷73《白起王翦列传》,第2333—2335页。
② (晋)陈寿:《三国志·吴志》卷6《孙静》,中华书局,1964,第1205页。
③ (宋)司马光等:《资治通鉴》卷1《周纪一》,中华书局,1956,第8页。

图与秦军决战。当时赵军有40余万,若直面与之决战,虽然能够获胜,但伤亡必重。于是,白起也采用筑垒壁之法先守住正面,再出奇兵两万五千人切断赵军后路,又以五千骑兵阻断赵军与其垒壁的联系,从而将赵军包围。赵军被分割包围,主将赵括也只得筑垒壁固守,但此垒壁与廉颇所筑垒壁不可同日而语:廉颇所筑的垒壁可以相互联络,后方随时可以提供粮草、军队等支援,而赵括之垒壁孤绝于秦军包围之中,既无粮草补给,又无兵将支援,其结果只能是坐以待毙。为了断绝赵国的援军和粮草补给,秦王亲自征发15岁以上的男子到长平参与合围。最终,赵军突围失败,赵括被杀,40万降卒被坑杀。当然,秦军也付出了巨大代价,正如白起所言:"秦虽破长平军,而秦卒死者过半,国内空。"①

从这场战争的过程来看,郼、垒、壁等纯军事性的防御设施,皆为两军防御的重要依托,这说明使用寨堡在当时的战争中已经较为普遍。从春秋末期和战国时期的典籍中,可以发现很多类似的记载,这也验证了军堡在列国纷争的过程中已被普遍使用。《周礼》载:"营军之垒舍。"汉代郑氏注曰:"军壁曰垒"。②《周礼》虽题为周公旦所作,但实际上应是战国时人归纳创作而成,因此这一记载说明的是战国时的情况。成书于战国或西汉初期的著名兵书《尉缭子》亦称"军垒成而后舍"③,也就是说行军的过程中,必须先建造壁垒,然后才能在其中修建士兵的居所,这也说明了寨堡在战争中的重要性。《左传》载,文公十二年(公元前615年),秦国讨伐晋国,晋大夫臾骈献策说:"秦不能久,请深垒固军以待之。"孔颖达所作的疏中,对"垒"有解释:"垒,壁也。军营所处,筑土自卫,谓之垒。深者,高也。高其垒以为军之阻固。"④ 这也说明了垒与壁是同一事物,即属于寨堡的范畴。《左传》所载之事,是春秋中期之事,传统说法认为《左传》是春秋末年鲁国史官左丘明著,近人则认为它是战国初期的作品。从文献来看,虽然不能证明垒壁起源于春秋,但战国时期垒壁已经存在是毋庸置疑的。

垒壁在春秋战国时期出现后,秦汉时期使用更加普遍,成语"作壁上观"说的就是秦末巨鹿之战中由军堡而引发的故事。从《史记》中可以发

---

① 《史记》卷73《白起王翦列传》,第2336页。
② (汉)郑氏注《周礼注疏》卷30,(台北)商务印书馆,1982,景印文渊阁四库全书第90册,第550页。
③ (周)尉缭:《尉缭子》卷1《战威第四》,景印文渊阁四库全书726册,第75页。
④ (晋)杜氏注,(唐)孔颖达疏《春秋左传注疏》卷19,景印文渊阁四库全书第143册,第421页。

现，修筑壁垒已经成为战争中的常态，兹择《项羽本纪》中的数条以证之：

(1) 公元前207年，项羽大破秦军于巨鹿，"诸侯军救巨鹿，下者十余壁，莫敢纵兵。及楚击秦，诸将皆从壁上观"。

(2) 公元前204年，项羽大破刘邦于成皋，"是时，彭越渡河击楚东阿，杀楚将军薛公。项王乃自东击彭越。汉王得淮阴侯兵，欲渡河南。郑忠说汉王，乃止，壁河内"。

(3) 公元前204年，楚、汉相持数月未决，"楚挑战三合，楼烦辄射杀之。项王大怒，乃自被甲持戟挑战。楼烦欲射之，项王瞋目叱之，楼烦目不敢视，手不敢发，遂走还入壁，不敢复出"。

(4) 公元前202年，"项王军壁垓下，兵少食尽，汉军及诸侯兵围之数重"。①

公元前207年，章邯率领十余万秦军，大破楚军于定陶，杀楚军大帅项梁，楚军精锐已失，乃渡河围赵军于巨鹿城中。此时秦军强盛，各诸侯虽然出于道义，都派出了军队参与救赵的行动，然而他们的军队皆新组建，惮于秦军兵威，只能修筑壁垒但求自保了。公元前204年，刘邦带领各路诸侯军56万，攻陷楚都彭城，但大胜而骄，没有设防，项羽率三万骑兵急行军而来，将他们逼迫在谷、泗、睢水之间，最终诸侯联军损失20余万。此战之后，各军闻项羽之名而色变。为了避免与项羽正面相争遭到溃败，刘邦采取修筑垒壁与项羽正面相持，而令韩信平定北方诸侯、彭越骚扰楚军后方。项羽的楚军虽然勇猛，面对坚壁不出的汉军却也无可奈何，导致局势越来越被动，并最终失败。公元前202年，当项羽被刘邦、韩信、彭越诸军合围于垓下之时，局势已经逆转，他也只好修筑壁垒以自保，最终在四面楚歌之中失去了对天下的掌控，留下了自刎乌江的悲歌。从这几则材料可以看出，垒壁作为战争双方经常采用的防御工事，所发挥的效果是迥然不同的。诸侯作壁上观，被看作懦弱无能的表现；项羽垓下修壁，其实败局已定，只能坐以待毙；刘邦修筑垒壁，却使楚军强大的战斗力得不到施展，将以逸待劳的方法发挥极致，从而成为扭转战局的关键举措，诚如刘邦谋士随何所言："汉王

---

① 《史记》卷7《项羽本纪》，第307—338页。《项羽本纪》载为"汉之四年"，但《高祖本纪》载："汉王三年……郑忠乃说止汉王，高垒深堑，勿与战。"结合《秦楚之际月表》等材料分析，可知这两条材料都是汉王三年发生之事。只是，汉王三年、四年楚汉在成皋相持甚久，直到四年十月两军划鸿沟为界罢兵，项羽退兵，垒壁在这一时期作为汉军防御工事，长期存在。

收诸侯，还守成皋、荥阳，下蜀、汉之粟，深沟壁垒，分卒守徼乘塞。楚人还兵，间以梁地，深入敌国八九百里，欲战则不得，攻城则力不能，老弱转粮千里之外；楚兵至荥阳、成皋，汉坚守而不动，进则不得攻，退则不得解。故曰楚兵不足恃也。"①

汉武帝以后，随着边疆战事的日趋激烈，为军队长期屯戍而修筑的坞壁登上了历史舞台。许慎《说文解字》云："隖（坞），小障也，一曰庳城。"坞壁产生之初，是汉代边境地区烽燧体系的一个重要组成部分，位于亭台之下，分为内坞、外坞两种，坞垣高一丈四尺以上，其出入口皆置门户，有卒守之，门设关、牡以闭之。② 两晋南北朝时期，随着战争的频繁发生，寨堡作为军事防御的例子，不绝于书，对于其他区域军堡的情形，不再赘述。

三　巴蜀地区军堡的出现：两汉之际至三国时期

战国时期，"楚自巫山起方城，属巫、黔中，设扞关以距秦"③。楚之扞关，在今重庆市奉节县瞿塘峡口的赤甲山上，可能此时也修筑了关城以屯驻军士，以作为楚国西境的重要屏障，故张仪游说楚怀王称："秦西有巴蜀，大船积粟，起于汶山，浮江以下，至楚三千余里。舫船载卒，一舫载五十人与三月之食，下水而浮，一日行三百余里，里数虽多，然而不费牛马之力，不至十日而距扞关。扞关惊，则从境以东尽城守矣，黔中、巫郡非王之有。"④ 但关于楚扞关的形制，文献中没有明确记载，现阶段考古发掘亦没有发现有关线索。楚国善于利用山川之险构筑关隘，方城就是最典型的例子。学术界曾长期认为方城是楚国的长城，并以此推断楚国修筑长城的时间远远早于其他诸侯国，这一观点有臆断之嫌，景爱先生已经做过批判。⑤ 他分析了楚国在叶县、竹山、荆楚的三处方城，认为方城指代险要之山，这与"楚自巫山起方城，设扞关以拒秦"之情形类似。在这些号为"方城"的山上，考古发掘皆没有发现城墙遗址，可能因为这些山本来就十分险峻，不再需要人工修筑城池。同理，设于白帝山上的扞关地势险要，俯瞰夔门，在当时的条件下利用地形之险即可达到控制峡口的目的，并不需要修筑城池，这应当

---

① 《史记》卷91《黥布列传》，第2600页。
② 陈梦家：《汉简缀述》，中华书局，1980，第153页。
③ （汉）桓宽：《盐铁论》卷10《险固第五十》，文渊阁四库全书版。
④ 《史记》卷70《张仪列传》，第2290页。
⑤ 景爱：《中国长城史》，上海人民出版社，2006，第78—92页。

就是通过考古手段不能发现楚扞关遗迹的原因。扞关可能像许多巴国城市一样，仅树木栅而不筑立城垣。①

现在可知西南地区出现的第一个军事寨堡，当是公孙述据蜀时期修筑的赤岬城。公孙述，字子阳，扶风茂陵（今陕西兴平）人。两汉之际天下大乱，公孙述在蜀中豪强的拥戴下自称"蜀王"，割据巴蜀。谋士李熊劝其"北据汉中，杜褒、斜之险；东守巴郡，拒扞关之口"。东汉建武二年（26年），公孙述乃遣任满"东据扞关，于是尽有益州之地"。② 扞关（当时又称"江关"）位于瞿塘峡西口，自古为巴蜀的东面门户。公孙述为了强化这个东大门的防御，除修葺原已存在的白帝城外，还在其北建造了规模更大的赤岬城。《水经注》载：

> 江水又东迳赤岬城西，是公孙述所造，因山据势，周回七里一百四十步，东高二百丈，西北高千丈，南连基白帝山。山甚高大，不生树木，其石悉赤，土人云"如人袒胛"，故谓之"赤岬山"。③

赤岬城并非州郡治所，是公孙述为了控制巴蜀东大门而建造的纯军事堡垒。公孙述还在距其不远的东瀼溪两岸实行军屯，号"东屯"，《方舆胜览》载："东屯乃公孙述留屯之所，距白帝五里……东屯之田可得百许顷，稻米为蜀第一。"④ 古赤岬山（亦作"赤甲山"）不是今赤甲山，而是今鸡公山。⑤ 现在鸡公山上还残存有古城遗址，2000年重庆市文物考古所对其进行了考古发掘，发现这座城池的城墙主体虽为南宋抗元的城池遗存，但宋城下还叠压着唐城和汉城。⑥ 西南山城的建造受地形影响很大，南宋白帝城的上部地基与唐夔州城、汉赤岬城相吻合也在情理之中。赤岬城东南低西北高，正是依鸡公山地形而建，自马岭直达山顶，故高差较大。从城池遗存来看，汉代赤岬山城的城墙以石块垒砌，中间灌以沙石、泥土和鹅卵石，与后世川渝地区寨堡的墙体结构有明显差异。

公元221年，刘备于成都称帝，重建汉政权，史称"蜀汉"。蜀汉的疆

---

① 毛曦：《巴国城市发展及其特点初论》，《西南师范大学学报》（人文社会科学版）2005年第3期。
② （刘宋）范晔：《后汉书》卷13《公孙述传》，中华书局，1965，第536页。
③ （北魏）郦道元撰，陈桥驿译注《水经注》卷33《江水》，中华书局，2009，第777页。
④ 现该地仍是重要的水稻产地。（南宋）祝穆著，祝洙增订，施和金点校《方舆胜览》卷57《夔州》，中华书局，2003，第1016页。
⑤ 蓝勇主编《长江三峡历史地理》，四川人民出版社，2003，第420—421页。
⑥ 袁东山：《白帝城遗址：瞿塘天险　战略要地》，《中国三峡》2010年第10期。

域，包括今川渝大部以及陕西汉中等地。蜀汉政权自建立起就面临巨大的军事压力，北有强大的魏国，东有貌合神离的吴国，战争伴其始终。在交界地区修筑寨堡，是魏、蜀、吴三国常用的防御手段。在蜀汉政权的南面，以孟获为首的少数民族一直对其进行袭扰，迫使诸葛亮率主力亲征。平定孟获之后，为防止他们再度侵扰，诸葛亮也在与南中接壤地区修筑寨堡以资控扼。因此，后世多有关于蜀汉时期筑寨的记载（见表1-1）。

表1-1 蜀汉相关寨堡记载

名称	位置	记载内容	出处
诸葛寨	南江县西100里	高五十余丈，四壁峻拔，惟一面有鸟道可上，顶有泉，四时不竭。相传孔明曾驻兵于此，可容万人	《读史方舆纪要》卷68《南江县》；《大清一统志》卷298《保宁府》
铁柜山城	涪州北5里	横亘江北，与州治相望，俯临长江，屹立如柜。相传诸葛武侯曾屯兵于此，旧城犹存	《读史方舆纪要》卷72《涪州》
保子寨	纳溪县西10里	《旧志》：相传武侯南征，尝驻兵于此	《大清一统志》卷311《泸州》
安远寨	江安县南70里	世传诸葛武侯征蛮，于此屯驻	《读史方舆纪要》卷69《江安县》
梅岭堡	江安县西南120里	相传亦诸葛武侯屯兵处	《读史方舆纪要》卷69《江安县》
僰道寨	泸州南20里	《志》云：东汉征南夷，尝屯军于此	《读史方舆纪要》卷72《泸州》
古城	荥经县西5里	相传诸葛武侯征南时，屯兵处也	《读史方舆纪要》卷72《荥经县》
武侯城	黎州守御千户所东南	相传诸葛武侯筑濠堑，故垒存焉	《读史方舆纪要》卷73《黎州守御千户所》
武侯城	建昌卫南30里泸水东	相传诸葛武侯所筑，所谓五月渡泸处也	《读史方舆纪要》卷74《建昌卫军民指挥使司》
孟获城	建昌卫东2里	俗传孟获所筑	《读史方舆纪要》卷74《建昌卫军民指挥使司》
诸葛寨	城口县葛城镇北	寨居赤龙山至第一重山，上俯视厅城，相传武侯屯兵时，分扎此寨以为巡视烽烟之所	道光《城口县志》卷3《寨洞》
宜军山寨	三台县建中乡东北6里	诸葛武侯曾屯兵于此	民国《三台县志》

从表1-1来看，关于蜀汉时期修筑寨堡的记载主要集中于明清文献中，似不足信。三国时期各政权互相攻伐，据险置寨十分常见，在《三国志》等文献中常有记载。因此，我们虽然难以认定这些寨堡在蜀汉时期就已存在，但也不能否认蜀汉在其统治范围内已经开始修筑寨堡。

四 巴蜀地区寨堡的兴盛：唐五代时期

公元618年，唐朝建立，定都长安。唐高祖、唐太宗吸取隋王朝短祚的教训，政治上重用直臣贤相，经济上实行轻徭薄赋、与民休息的政策，经过二十余年的努力，帝国内部呈现出一片繁荣景象，"斗米三四钱，故行千里者不赍粮"[①]，继西汉后再次出现治世，即"贞观之治"。在对外扩张上，唐王朝也表现出了开疆拓土的强烈欲望，灭东西突厥、远征高丽就是明证。今巴蜀地区，在唐代主要属于剑南道和山南西道，因与唐朝的政治中心——关中地区相连，中央政权对这一地区非常重视，将其作为"西抗吐蕃，南抚蛮獠"[②]的战略要地，建造了大量的城、寨、堡，作为巩固防御的重要手段。

唐朝在川渝地区面临最大的威胁来自西部，这里聚居的羌、藏等游牧民族民风尚武，剽悍难制，但朝廷还是积极向这些地区发展势力，以图稳定巴蜀后方，拱卫关中腹地。武德元年（618年），白苟羌降附，唐朝于姜维故城置维州。武德四年（621年），设益州总管府于成都，并陆续设置松、茂、雅、黎、嶲、戎、泸、姚等都督府，下辖若干羁縻州，并于军事要地建造城、寨、堡以资控扼。与唐朝建立几乎同时，吐蕃也崛起于青藏高原，并积极向东、向南扩张。唐太宗贞观十二年（638年），吐蕃赞普松赞干布率二十余万军队进入松州（治今松潘）西部，成为唐与吐蕃二百年战争之肇始。唐高宗龙朔三年（663年），吐蕃灭吐谷浑夺取青海后，北可攻西域、河陇，南可略川、滇，成为唐王朝最大的威胁。为了防止吐蕃由横断山走廊南下，唐朝修筑一系列城寨，双方围绕这些城寨展开了激励的争夺。唐仪凤二年（677年），吐蕃北攻西域鄯、廓等州，并于青海境内大破中书令李敬玄所率唐军，工部尚书刘审礼战殁。为了阻止吐蕃进一步扩张，朝廷命益州长史李孝逸率剑南兵于茂州西南筑安戎城。吐蕃利用"生羌"为向导，攻破安戎城。此后，吐蕃沿横断山走廊南下，势力大增："时吐蕃尽收羊同、党项及

[①] （宋）程大昌：《考古编》卷10《贵粟》，景印文渊阁四库全书第852册，第63页。
[②] （唐）杜佑：《通典》卷127《州郡二》，中华书局，1988，第4482页。

诸羌之地，东与凉、松、茂、嶲等州相接，南至婆罗门，西又攻陷龟兹、疏勒等四镇，北抵突厥，地方万余里，自汉、魏已来，西戎之盛，未之有也"①。

唐玄宗即位后，唐朝进入了统治的巅峰，史称"开元盛世"，内政安稳、经济繁荣，为唐王朝进一步开边拓土打下良好经济基础。安戎城被吐蕃占据后，成为唐朝的大患，"伏以吐蕃此城，正当冲要，凭险自固，恃以窥边。积年以来，蚁聚为患，纵有百万之众，难以施功"②。欲破吐蕃，必先取安戎城。开元二十六年（738年），益州长史王昱率剑南兵围攻安戎城，于其左右筑两城，以为攻防之所，顿兵于蓬婆岭下，从剑南道运粮以资长期相持。其年九月，吐蕃悉锐以救安戎城，唐军大败，损失严重。③ 开元二十七年，益州司马章仇兼琼上奏攻取安戎城之计，朝廷命其为益州长史，规划取城之策。开元二十八年春，章仇兼琼与安戎城中的敌将翟都局通谋，都局等引唐军入城，尽杀吐蕃将士，以重兵守之。十月，吐蕃聚众合围安戎城，但无法攻破，唐遂改安戎城为平戎城。

在与吐蕃的战争中逐渐占据主动之时，割据云南的南诏日渐成为唐朝在剑南道统治的最大威胁。南诏本是在唐、吐蕃对抗的背景下依靠唐朝的扶持而统一六诏的，但随着实力的加强，已经不满足于对唐朝卑躬屈膝。唐天宝九年（750年），南诏攻陷姚州，夺羁縻州32个。此后，唐朝在天宝十年、十三年两次派大军进攻南诏，南诏依靠与吐蕃联合，将唐军重创。安史之乱后，唐玄宗幸蜀，剑南道的地位显得更为重要。但此时在吐蕃与南诏的双重压力下，成都也变得不太安全。广德元年（763年），为了加强巴蜀地区的防御，以严武为成都尹兼御史大夫，充剑南节度使。严武就任后，发动对吐蕃、羌的西线攻势，攻占当狗、盐川、望汉等城，"拓地数百里，下城寨数四"④。此后，吐蕃、南诏又对西川发动攻势，双方互有胜败。

贞元元年（785年），唐德宗委任其心腹韦皋为户部尚书兼成都尹、御史大夫、剑南西川节度使，力图强化对西川的统治。⑤ 韦皋分化南诏与吐蕃的

---

① （后晋）刘昫等：《旧唐书》卷196上《吐蕃列传上》，中华书局，1975，第5224页。
② 《旧唐书》卷196上《吐蕃列传上》，第5235页。
③ 《旧唐书》卷9《玄宗本纪下》记为"益州长史王昱"，战斗结果是"官军大败，昱弃甲而遁，兵士死者数千人"；《旧唐书》卷207《吐蕃列传上》却记为"益州长史王昊"，战斗结果是"昊脱身走免，将士以下数万人及军粮资仗等并没于贼"。
④ 《旧唐书》卷117《崔宁列传》，第3398页。
⑤ 剑南道始设于唐贞观元年（627年），唐肃宗至德二年（757年）分为剑南东川、剑南西川，广德元年（763年）年复合为一，大历二年（767年）又分为东、西两川。

联盟，使南诏重新朝贡，并对吐蕃发动一系列攻势，将其势力逐出川西地区。为了巩固这一地区的统治，韦皋除了加固原有城池外，还修筑了一些新的城寨，如在黎州"州北故武侯城迆逦置堡三所，为州城屏障"①，同时修筑了廓清城、铜山城、定蕃城、冲要城、大定城等五座城寨。他的这一系列举措，是导致吐蕃在公元9世纪中叶衰落的原因之一，为巩固唐王朝统治立下奇功。②其时，唐、南诏与吐蕃在川西地区征战频繁，各方设置的城池、堡寨数量都非常多。如贞元十七年（801年）春，韦皋为了牵制吐蕃对灵、朔地区的攻势，联合南诏攻击川西地区的吐蕃城寨，"克城七，焚堡百五十所"③。

韦皋卸任后，唐朝采取任用文官、削减军费等手段以图加强对剑南西川的控制，但这也造成了西川边备的严重削弱。唐文宗大和三年（829年），南诏王嵯巅悉众攻陷邛、戎、巂三州，随之攻入成都西郭十日，"将还，乃掠子女、工技数万引而南，人惧，自杀者不胜计……南诏自是工文织，与中国埒"④。为了挽回西川防御的颓势，唐朝命李德裕为剑南西川节度使。李德裕乃唐朝名相李吉甫之子，当时被称为能臣，就任后招募壮勇、组织"雄边子弟"（民兵），加强军队战斗力，还大力整饬边防，在沿边险要之处修筑大量城寨、边楼，"筑杖义城，以制大渡、青溪关之阻；作御侮城，以控荣经犄角之势；作柔远城，以扼西山吐蕃"⑤。其建立的城寨体系，一是修复前代修筑的寨堡，如贞元元年韦皋在黎州城附近设堡三所作为州城之援，后废弃，太和中李德裕复增筑之；其二是增修，如前文所说之杖义城、御侮城、柔远城等，皆为新筑，此外还有琉璃城，"在大渡河南，太和五年，节度使李德裕筑"⑥。城寨的建立有效阻止了南诏的深入，"数年之内，夜犬不惊。疮痏之民，粗以完复"⑦。李德裕卸任后，继任者皆以修筑城寨作为西川防务的重点，如咸通六年（865年）四月，"西川节度使牛丛奏于蛮界筑新城、安城、遏戎州功毕。时南诏蛮入寇姚、巂，陈许大将颜复戍巂州，新筑二城。其年秋，六姓蛮攻遏戎州，为复所败，退去"⑧。

---

① （唐）李吉甫：《元和郡县志》卷32《剑南道中》，商务印书馆，1983，第821页。
② 王永兴：《论韦皋在唐和吐蕃、南诏关系中的作用》，《北京大学学报》（哲学社会科学版）1988年第2期。
③ （宋）欧阳修等：《新唐书》卷222上《南蛮上》，中华书局，1975，第6278页。
④ 《新唐书》卷222中《南蛮中》，第6282页。
⑤ 《新唐书》卷180《李德裕传》，第5332页。
⑥ （宋）乐史：《太平寰宇记》卷77《通望县》，中华书局，2007，第1561页。
⑦ 《旧唐书》卷174《李德裕传》，第4519页。
⑧ 《旧唐书》卷19上《懿宗本纪》，第659页。

第一章 明代以前巴蜀地区寨堡的修筑

从表1-2可以看出，唐代在巴蜀地区修筑的城寨，主要集中于成都平原西部；从各州郡城寨的分布情况，又明显集中于维、翼、雅、黎、嶲等地，这一地区的州郡与吐蕃、南诏接壤，战事频繁，城寨修筑的目的也是占据险要地形，争取地利。

表1-2 唐代剑南道寨堡分布情况

府州名	数量（座）	城寨堡名
彭州	10	七盘城、安远城、龙溪城、木瓜戍、三奇戍、白沙守捉城、羊灌田守捉城、朋筝守捉城、绳桥守捉城、当风戍
嶲州越嶲郡	17	新安城、三阜城、沙野城、苏祁城、保塞城、罗山城、西泸城、蛇勇城、遏戎城、永安城、达仕城、台登城、河子镇城、会川镇城、昆明城、诸济城、盐城
茂州通化郡	5	北岸城、安戎城、龙涸城、汶江城、羊溪城
黎州	11	武侯城、廓清城、铜山城、肃宁城、大定城、冲要城、潘仓城、三碉城、定蕃城、和孤城、琉璃城
雅州庐山郡	14	杖义城、御侮城、柔远城、晏山城、边临城、统塞城、集重城、伐谋城、制胜城、龙游城、尼阳城、逋租城、偏松城、诸葛城
翼州临翼郡	8	峨和城、白岸城、都护城、柞鼎城、石白城、合江城、谷塠城、三谷城
戎州南溪郡	1	奋戎城
维州维川郡	23	安戎城、盐川城、笼山城、当狗城、定广城、柔远城、无忧城、苻坚城；乾溪、白望、暗恭、赤鼓溪、石梯、达节、鸦口、质台、骆它、通耳、瓜平、乾溪、侏儒、箭上、谷口等守捉城
剑州普安郡	2	大剑城、小剑城
绵州巴西郡	1	威蕃栅
利州益昌郡	2	白坝镇城、鱼老镇城
成都府蜀郡	1	蛮子城

资料来源：王现平《唐代四川军镇地理考》，西南大学历史地理学，硕士学位论文，2009。并以《元和郡县志》《新唐书》《太平寰宇记》进行补充校正。

需要说明的是，南诏、吐蕃在这一地区亦修筑了不少城寨，如新繁县东十五里的蛮子城，即"唐咸通中南诏蛮寇成都，尝筑城于此，以拒官军，因名"①。

---

① （清）和珅等：乾隆《大清一统志》卷292《成都府》，景印文渊阁四库全书第481册，第54页。

当然，这些城寨并不是当时川西地区城寨系统的全部，而仅仅是很小一部分。许多因险修筑的堡、寨等都因资料的缺失而无法考证，如上文提到的吐蕃修筑的寨堡"百五十所"。唐代修筑的规模较大的城堡中，有一部分在后代仍得到修缮沿用，有的甚至保留至今。

从表1—3可以看出，唐代在川西地区修筑的城堡以夯土为主，仅要冲城为卵石修砌，城墙较少用块石、条石等材料修砌。金船山城虽以块石砌基，其上部依然以夯土筑成。城寨规模一般为6000—8000平方米，仅王家屯城因有两层城墙而规模较大。这些城寨较为注重城墙的高度与厚度，如九龙山城遗址的城墙现存最高处达7.5米，底部厚度达8米；无忧城残高达8.6米，厚6米以上；维城高度则高达16米，底宽达8米。冲要城用卵石修砌城墙，硬度较高，所以厚度仅2.7米；金船山城由于易守难攻，且战略位置并不重要，所以城墙厚度并不大。在军城以下，唐代还出现了大量的中小型堡寨，但因文献记载的缺失，具体情形已无法得知。

表1—3 现存川西地区唐代寨堡遗存情况

名称	位置	规模	城墙状态	其他遗存
王家屯城	越西县新民乡新市村北200米	南北长697米，东西宽623米，面积约43.4万平方米	夯筑土墙两重，城墙高3.2米	"开元通宝"、铁兵器、板瓦、筒瓦、陶罐、塔砖等遗物，以及汉墓、塔基等遗迹
无忧城	理县杂谷脑镇东200米		夯筑土城，东墙残长6米，南墙残长12米、高8.6米、厚6—7.2米	
维城	茂县维城乡前村东150米	东西长约70米，南北宽约120米，面积约8400平方米	城墙用夯土筑成，高16米，顶宽3.4米，底宽8米，现存马面6座，高13—16米，顶部长8米、宽4米	城西北发现有输水石槽，长达1500米，城北部有石砌水井1口
九龙山城	茂县维城乡九龙村东北1.5公里	东西长约200米，南北宽约30米，面积约6000平方米	城墙为夯土筑成，残长200米、高4—7.5米，顶宽6米，底宽8米	

第一章 明代以前巴蜀地区寨堡的修筑

续表

名称	位置	规模	城墙状态	其他遗存
冲要城	越西县南箐乡团河村东北20米	南北长约120米，东西宽约58米，面积约6960平方米	卵石砌墙，残长267米，残高3.2米、厚2.7米。城门已毁。城内有南北向街道	
金船山城	荥经县龙苍乡金船村南2.5公里	城墙残长约3500米，宽0.9米，高1.7米	城墙顺山脊修筑，用石块砌基，上部用板夯筑成	

资料来源：《中国文物地图集·四川分册（中）》

自黄巢举兵后，各藩镇势力愈加强大，天子已经成了摆设。东、西两川节度使各自割据，不服朝廷约束，相互攻伐不休。唐中和二年（882年），韩秀升阻断峡江，切断了寓居成都的唐中央王朝的生命线，并多次重创唐军，唐僖宗令高仁厚前往讨伐，并许诺平定后"以东川相赏"[1]。次年，高仁厚平定韩秀升之乱，诏拜为剑南东川节度使。高仁厚本是西川节度使陈敬瑄的部将，后双方因争夺地盘而兵戎相见。唐光启二年（886年），陈敬瑄"发维、茂州羌军击仁厚，斩之"[2]。不久，王建率军入蜀，联合东川节度使顾彦朗攻取西川，杀陈敬瑄。顾彦朗死后，王建又出兵东川，杀其弟顾彦晖（继任东川节度使），兼并两川。但是，巴渝地区的战事一直没有停息，北面，与秦王李茂贞常年征战；东面，与荆南高季昌在峡江地区的争夺也十分激烈。后唐同光三年（925年），后唐定蜀；不久，又发生李绍琛叛乱。后唐长兴三年（932年），西川节度使孟知祥与东川节度使董璋联军抗命，后唐命石敬瑭率军入蜀平乱，一度攻陷剑门关，逼近剑州，次年无功而还。不久，孟、董反目，孟知祥击败董璋，称蜀王。后唐清泰元年（934年），孟知祥称帝，史称"后蜀"，继续保持在东、北两线与其他政权对抗的局势。

在唐末至五代十国战祸纷扰的大背景下，频繁的战事促进了寨堡数量的增加。如川北即有木马寨、秋林寨、庐塘寨、梓州南寨、张杷寨等。关于梓州南寨与张杷寨，《资治通鉴》载："（乾宁四年六月）王建克梓州南寨，执其将李继宁。丙寅，宣谕使李洵至梓州。己巳，见建于张杷寨，建指执旗者曰：'战士之情不可夺也。'"此战为唐乾宁四年（897年）王建攻东川节度

---

[1] 《资治通鉴》卷255，第8301页。
[2] 《新唐书》卷189《高仁厚传》，第5473页。

使顾彦晖之役，梓州治今四川三台县，时为东川节度使驻地，南寨当为顾彦晖为拱卫梓州而设立的寨堡，张杷寨则是当时王建的大营驻地。秋林寨，《潼川府志》载："在（三台）县东，唐乾宁二年王建攻东川帅顾彦晖，拔秋林寨。宋时为镇，明置驿于此。"① 木马寨，《资治通鉴》载"董璋自阆州将两川兵屯木马寨"，胡三省注云："木马寨，在阆州西北，剑州东南，宋白曰：'梁大同中，于巴岭侧近立东巴州，治木马。'按：木马，地名，在今洋州界，无复遗址。"② 而《蜀鉴》认为："木马寨，距剑州十里。"③ 庐塘寨，《大清一统志》载："（剑）州东北大剑山顶，险不可登，即董璋所置七寨之一。"④

后蜀末期，为防备宋军入蜀，乃"聚刍粟于剑门、白帝为守御之备"，并"遣兵屯峡路，增置水军"⑤，修筑寨堡亦是后蜀防线的重要组成部分。乾德二年（964年）十一月，宋军借口后蜀联合北汉抗宋，大举伐蜀，命王全斌、崔彦进等率军三万自凤州道南攻剑阁，又令刘光义、曹彬率军两万自秭归而上西攻夔州。自三峡而上的刘光义军水陆并进，"连破松木、三会、巫山等寨，获蜀将南光海等五千余人"⑥。寨堡是后蜀东线防御的重要组成部分，占据松木等三寨，使得后蜀的东大门——夔门暴露于宋军前面。北线是后蜀重兵布置的防线，其寨堡的数量更多，《宋史·王全斌传》载：

> 乾德二年冬，又（以王全斌）为忠武军节度。即日下诏伐蜀，命全斌为西川行营前军都部署，率禁军步骑二万、诸州兵万人由凤州路进讨。召示川峡地图，授以方略。
>
> 十二月，率兵拔乾渠渡、万仞燕子二寨，遂下兴州，蜀刺史蓝思绾退保西县，败蜀军七千人，获军粮四十余万斛，进拔石圌、鱼关、白水二十余寨。先锋史延德进军三泉，败蜀军数万，擒招讨使韩保正、副使李进，获粮三十余万斛。既而崔彦进、康延泽等逐蜀军过三泉，遂至嘉陵，杀虏甚众。蜀人断阁道，军不能进，全斌议取罗川路以入，延泽潜谓彦进曰："罗川路险，军难并进，不如分兵治阁道，与大军会于深渡。"彦进以白全斌，全斌然之。命彦进、延泽督治阁道，数日成，遂

---

① 光绪《新修潼川府志》卷4《关隘》，第75页。
② 《资治通鉴》卷277，9051页。
③ （宋）郭允蹈：《蜀鉴》卷8《孟知祥、董璋连兵拒命》，景印文渊阁四库全书第352册，第562页。
④ 乾隆《大清一统志》卷298《保宁府》，第150页。
⑤ （清）吴任臣：《十国春秋》卷49《蜀后主本纪》，景印文渊阁四库全书第465册，第452页。
⑥ （元）脱脱等：《宋史》卷259《刘廷让传》，中华书局，1977，第9002页。

进击金山寨，破小漫天寨。全斌由罗川趣深渡，与彦进会。蜀人依江列阵以待，彦进遣张万友等夺其桥。会暮夜，蜀人退保大漫天寨。诘朝，彦进、延泽、万友分三道击之，蜀人悉其精锐来逆战，又大破之，乘胜拔其寨。蜀将王审超、监军崇渥遁去，复与三泉监军刘延祚、大将王昭远、赵崇韬引兵来战，三战三败，追至利州北。昭远遁去，渡桔柏江，焚梁，退守剑门。遂克利州，得军粮八十万斛。

自利州趋剑门，次益光。全斌会诸将议曰："剑门天险，古称一夫荷戈，万夫莫前，诸君宜各陈进取之策。"待卫军头向韬曰："降卒牟进言：'益光江东，越大山数重，有狭径名来苏，蜀人于江西置寨，对岸有渡，自此出剑关南二十里，至清强店，与大路合'。可于此进兵，即剑门不足恃也。"全斌等即欲卷甲赴之，康延泽曰："来苏细径，不须主帅亲往。且人屡败，并兵退守剑门，若诸帅协力进攻，命一偏将趋来苏，若达清强，北击剑关与大军夹攻，破之必矣。"全斌纳其策，命史延德分兵趋来苏，造浮梁于江上，蜀人见梁成，弃寨而遁。昭远闻延德兵趋来苏，至清强，即引兵退，阵于汉源坡，留其偏将守剑门。全斌等击破之，昭远、崇韬皆遁走，遣轻骑进获，传送阙下，遂克剑州，杀蜀军万余人。①

从上文来看，后蜀在北线设置的寨堡多达数十个，其中在巴蜀境内的就包括金山、小漫天、大漫天、来苏等寨。这些寨皆位于利州（治今四川广元市）、剑州（治今四川剑阁县）境内，如来苏寨，位于"（剑）州东八十里，宋乾德二年伐蜀，别将史延德由此克剑门"②。

五　北宋及南宋前中期的巴蜀寨堡

北宋建立后，北面有辽国的强大压力，西北与西夏亦战火不断。为了应付边境不断爆发的战争，宋廷常于一些险要之处修筑堡寨进行防御，形成了一套较为完备的堡寨制度，"寨置于险扼控御去处，设寨官招收土军，阅习武艺，以防盗贼"③。这些沿边堡寨，设有堡寨主、知城、都监、监押等官员负责管理，一些寨堡还设有主簿以示该寨堡的重要性，其官员品级为八品、

---

① 《宋史》卷255《王全斌传》，第8920页。
② 道光《保宁府志》卷8《关隘》，第76页。
③ 《宋史》卷167《职官志》，第3979页。

九品，由熟悉本路状况的帅臣荐举"曾历边任，有方略或战功人"充任，其考核权则归于侍郎右选掌握。① 巴蜀西连吐蕃，西南接大理，其南部的戎州、泸州、南平军、黔州与少数民族地区接壤，也修筑了不少寨堡进行防御（表1-4）。②

表1-4　宋代巴蜀地区寨堡分布情况

路名	州县名	寨堡数量（座）	寨堡名称
成都府路（益州路）	邛州	1	平乐寨
	雅州	5	碉门寨、灵门镇寨、荥经县寨、鱼泉戍、璃璃戍
	彭州	1	鹿角寨
	安仁县	1	延贡寨
	大邑县	1	思安寨
	蒲江县	7	盐井寨、博望寨、僰道寨、绥远寨、羊羝寨、白苏寨、大洞寨
	卢山县	1	灵关寨
	茂州	5	镇羌寨、寿宁寨、敷文堡、延宁寨、寿宁堡
	威州	2	嘉会寨、通化军城
	神泉县	1	石关寨
	龙安军	10	三盘寨、会同堡、靖安堡、嘉平堡、通津堡、横望堡、平陇堡、凌霄堡、耸翠堡、连云堡
	汉源县	1	安靖寨
	犍为县	8	利古寨、沐川寨、威宁寨、三赖寨、平戎旧堡、平戎新堡、笼鸠堡、永开堡
利州路	利州	4	金山寨、小漫天寨、大漫天寨、来苏寨
	剑门县	7	小剑寨、白绵寨、巴砍寨、粮谷寨、龙聚寨、托溪寨、研石寨
	通江县	2	南较城、城子崖

---

① 周燕来、刘缙：《北宋西北堡寨职官管理体制初探》，《求索》2009年第8期。
② 今川渝地区的称谓在古代多有变动。先秦时因为巴、蜀两国而称"巴蜀"，西汉初因为汉中、巴、蜀三郡之地而称"三蜀"。东汉末刘璋分巴郡，设巴东、巴西二郡，又有"三巴"之名。唐至德二年（757年）分剑南道为剑南东川节度使、剑南西川节度使，故有"两川"之名，又与山南西道合称"三川"。宋设益州路、梓州路、利州路、夔州路，谓之川峡四路，简称"四川"，元代设四川等处行中书省，简称"四川省"，明清因之，四川作为一级行政区至此基本确定下来，直至1997年将重庆划为直辖市，川、渝又一分为二。本书为论述方便，宋以前各代以"川""渝"称呼这一地区，宋以后则统一称"四川"。

续表

路名	州县名	寨堡数量（座）	寨堡名称
梓州路（潼川府路）	庆符县	5	柔远寨、乐从寨、清平寨、石门寨、怀远寨
	戎州	1	南溪县寨
	泸州	28	三江寨、废羊觚寨、白芳寨、平夷堡、安远寨、废大硐寨、武宁寨、遥坝寨、青山寨、安溪寨、小溪寨、带头寨、使君寨、纳溪堡、江门寨、镇溪堡、梅岭堡、大洲堡、九支城、美利城、慈竹寨、武都城、仁怀堡、安远寨、博望寨、板桥堡、政和堡、绥远寨
	长宁军	7	梅洞寨、清平寨、武宁寨、宁远寨、安夷寨、石笋堡、安夷寨
夔州路	夔州	5	苑田寨、黄连寨、土场寨、石门隘寨、支陇呼石磊寨
	施州	11	宁边寨、尖木寨、永宁寨、静边寨、施度寨、永兴寨、歌罗寨、细砂寨、太平寨、罗大寨、支土隘
	大宁监	2	分水寨、芙蓉隘寨
	黔州	29	白石寨、马拦寨、白水寨、佐水寨、永安寨、安乐寨、双洪寨、山村寨、鹿角寨、社营寨、苑田寨、吉水寨、蛮冢寨、木栏寨、洛水寨、潜鱼寨、虎眼寨、木孔寨、六堡寨、相阳寨、土溪寨、东流寨、李昌寨、石柱寨、高望寨、石门寨、万就寨、小溪寨、仆射寨
	彭水县	4	杂溪寨、洪杜寨、小洞寨、界山寨
	云安军	3	思问寨、平南寨、捍技寨
	万州	1	平云寨
	南平军	12	开边寨、通安寨、安稳寨、归正寨、溱溪堡、荣懿寨、扶欢寨、宝山寨、曲崖隘寨、吼滩寨、溱川堡、鹿笛堡
	隆化县	1	七渡水寨
	思州	2	邛水堡、安夷堡
	播州	1	遵义寨
	梁山军	1	赤牛堡
	忠州	1	栢尚寨
	涪州	6	白马寨、安居寨、小溪寨、清溪寨、大中山堡、寠样堡
	开州	1	鲤鱼城

资料来源：《武经总要》《宋史》《宋会要》《舆地纪胜》《续资治通鉴长编》《元丰九域志》《太平寰宇记》等。表中寨堡为宋蒙战争爆发之前所筑的寨堡，宋蒙战争时期城寨下文另论。

从表 1-4 可以看出，宋蒙战争爆发之前，两宋时期修筑的寨堡共 178 个。成都府路的寨堡，主要分布于雅州、浦江等地，梓州路的主要分布于泸州，夔州路的主要分布于黔州、施州、南平军，这些地区都与少数民族地区接壤，防备少数民族掠夺内地的目的明显。在一些扼要之地，亦修筑寨堡以资捍卫，如剑门县寨堡，即属于大小剑门关防御的重要组成部分，利州大小漫天寨、来苏寨，也控制了陕甘入蜀大道。

此外，宋金战争波及下，很多地方也修筑了不少寨堡。12 世纪初，位于中国东北的女真族在完颜阿骨打的领导下崛起，建立金朝，宋宣和七年（1125 年）灭辽，两年后攻克宋廷都城汴京（今河南开封市），俘徽、钦二宗，徽宗第九子赵构即位称帝，重建政权于杭州，史称南宋。赵构称帝不久，金主帅兀术曾率主力南下追击，被韩世忠围困于黄天荡，遭遇失利。于是，金朝将进攻重点放到西部，企图由陕入川，而后东下灭宋。宋廷亦认为"将图恢复，必在川陕"①，宋与金争夺的焦点就由江南转向了川陕地区。南宋建炎四年（1130 年）九月，富平之战爆发，宋军四十万大军被金军击溃，陕西五路皆失，秦岭以北全部被金军占领，宋主帅张浚退保兴州，"命吴玠聚兵扼险于凤翔之和尚原、大散关以断敌来路，关师古等聚熙河兵于岷州大潭，孙渥、贾世方等聚泾原、凤翔兵于阶、成、凤三州以固蜀口"②。此后，宋军集结大量兵力于蜀口，广修堡寨，与金军对峙，双方大战不断。③ 战争频繁亦促使这些地区的人民纷纷结寨自保，如通江县的南较城与城子崖："南较城，在县东五十里，宋人避金人处，山城基址犹存"；"城子崖，在县北五十里，亦宋人避金人处"④。

六 宋蒙（元）战争时期的巴蜀寨堡

公元 13 世纪，在宋、金已渐渐衰亡之际，北方草原上的蒙古在成吉思汗的统领下迅速崛起，在逐渐消灭金朝的同时，川陕地区宋金对峙的格局也悄然改变。南宋朝中对于如何对待蒙古分歧很大，乔行简认为："强鞑渐兴，

---

① 《宋史》卷 404《汪若海传》，第 12218 页。
② 《宋史》卷 361《张浚传》，第 11301 页。
③ 徐规在《南宋绍兴十年前后"内外大军"人数考》（《杭州大学学报》1978 年第 3 期）中指出，绍兴十年（1140 年）南宋兵力在 30 万左右，而川陕驻军就多达 10 万之众，可见宋金在此争夺之激烈。
④ 道光《通江县志》卷 2《古迹》，第 49 页。

其势已足以亡金。昔吾仇也，今吾之蔽也。古人唇亡齿寒之辙可覆，宜姑与币，使得拒鞑。"① 但南宋君臣更多从眼前利益出发，认为应该趁机消灭金朝一雪前耻，于是派使者与蒙古联系，约为同盟，并派兵与金军作战。宋廷对与蒙、金的关系举旗不定，地方官吏对于怎样应对蒙古亦有分歧。绍定四年（1231年）三月，拖雷依照成吉思汗"假道伐金、南北夹击"的战略遗诏，自凤翔渡渭水，过宝鸡，涉宋人之境，沿汉水而下，派遣使者搠不罕诣宋州县假道，且约合兵，但搠不罕竟遭宋地方官杀害，"拖雷大怒，乃分兵攻宋诸城堡，长驱入汉中，进袭四川，陷阆州，过南部而还"②。此次出兵自汉中直达四川南部县，略州县数十，破城寨数百，将南宋自宋金战争以来经营百余年的蜀口城寨体系一举击溃③，为蒙军攻略四川留下严重隐患。

蒙古灭金后，将战争矛头指向南宋，窝阔台表示："先皇帝肇开大业，垂四十年，今中原、西夏、高丽、回鹘诸国，皆已臣附。惟东南一隅，尚阻声教，朕欲躬行天讨。"④端平二年（1235年），蒙古分兵两路进攻南宋，一路由王子阔出等人统率，汉军万户张柔、史天泽等从征，进攻宋京西南路和淮南西路；一支由王子阔端等率领，以金降将汪世显为前锋，进攻四川。由于拖雷灭金时已经摧毁了宋军蜀口城寨，蒙古骑兵得以畅通无阻地进入巴蜀地区，当时名臣吴昌裔在《论救蜀四事疏》中称："端平乙未，虏侵汉、河……屠成都，焚眉州，蹂践邓、蜀、彭、汉、简、池、永康，而西州之人十丧七八矣。毒重庆，下涪陵，扫荡忠、万、云安、梁山、开、达，而夔、达之郡县仅存四五矣。"⑤ 此次蒙古骑兵入蜀，给当地人民带来了极大灾难："会国朝以金始亡，将并力于宋。连兵入蜀，蜀人受祸惨重，死伤殆尽，千百不存一二，谋出峡以逃生。"⑥ 在宋蒙之战最初的十余年里，蒙军在巴蜀地

---

① （宋）叶绍翁：《四朝闻见录》甲集《请斩乔相》，景印文渊阁四库全书第1039册，第659页。
② （明）宋濂等：《元史》卷115《睿宗列传》，中华书局，1976，第2886页。
③ 蒙军能如此轻易击溃蜀口，其中原因不仅是宋军久未经战，战斗力减弱，也与宋廷对川陕战区的兵力调整有关。自南宋初期始吴阶、吴璘、吴挺、吴曦一门三代四人皆为川陕战区大将，最终成尾大不掉之势。吴曦谋反被诛，宋廷亦削弱蜀口军队数量，降低将领职权，导致战斗力急剧下降，城寨亦难以阻止蒙古的进攻。参见何玉红《南宋西北边防行政运行体制》，四川大学历史文化学院，博士学位论文，2006；李瑞川《南宋四川的防御体系——以1132年至1206年为中心》，《史耘》2010年第14期，第20—76页。
④ 《元史》卷119《塔思传》，第2937页。
⑤ （明）杨士奇编《历代名臣奏议》卷100，景印文渊阁四库全书第435册，第776页。
⑥ （元）虞集：《道园学古录》卷20，景印文渊阁四库全书第1207册，第273页。

区横行无忌，宋军疲于奔命。

为了扭转宋蒙战局形势，淳祐三年（1243年），余玠临危受命，以兵部侍郎、四川安抚制置使兼知重庆府兼四川总领兼夔路转运使之职驻防重庆。余玠入蜀后，整饬军政，除掉了跋扈的王夔等将领，又于巴蜀各地屯田以备军粮。更重要的是，余玠接受冉琎、冉璞的建议建立山城防御体系，"卒筑青居、大获、钓鱼、云顶、天生凡十余城，皆因山为垒，棋布星分，为诸郡治所，屯兵聚粮为必守计"①。在余玠之后，南宋军民不断扩大寨堡的数量与规模（见表1-5），使其成为抗蒙（元）的基石。

表1-5　南宋末年宋军于川峡四路修筑城寨情况

名称	别称	修筑时间	作用	今位置
神臂城		淳祐三年（1243年）	泸州府治，"抗蒙八柱"之一	四川省合江县焦滩乡老泸村东100米神臂山
榕山城		嘉熙三年（1239年）	合江县治	四川省合江县榕右乡
安乐山城		嘉熙四年（1240年）	拱卫神臂城	四川省合江县西笔架山
青居城		淳祐九年（1249年）	果州治，"抗蒙八柱"之一	四川省南充市青居镇烟山村东750米
灵泉山寨			扼嘉陵江	四川省遂宁市船山区东岸灵泉山
运山城	燕山寨	淳祐三年（1243年）	蓬州治，"抗蒙八柱"之一	四川省蓬安县河舒镇燕山村
得汉城	安辑寨	淳祐三年（1243年）	"抗蒙八柱"之一	四川省通江县永安镇得汉城村西北
擂鼓城			拱卫得汉城	得汉城东20里
大城寨		淳熙十一年（1184年）	拱卫得汉城	四川省通江县沙溪镇王坪村东400米
五狮城			拱卫得汉城	四川省通江县兴隆乡五狮村
荣城	皇城寨	宝祐三年（1255年）	大竹县治	四川省大竹县城后黄城山
小宁城		淳祐九年（1249年）	扼渠江水道	四川省平昌县江口镇杨柳村
平梁城		淳祐十一年（1251年）	巴州治	四川省巴中市巴州区平梁乡炮台村四组平梁山顶

---

① 《宋史》卷416《余玠传》，第12470页。

第一章 明代以前巴蜀地区寨堡的修筑

续表

名称	别称	修筑时间	作用	今位置
礼义城		宝祐三年（1255年）	渠州治	四川省达州市渠县土溪镇洪溪村渠江东岸
大斌山寨			拱卫礼义城	四川省达州市渠县东安乡斌山村东200米
大良城	大良坪	淳祐三年（1243年）	广安军治	四川省广安市广安区大良乡大良村
小良城	小良坪	淳祐三年（1243年）	大良坪屏障	四川省广安市广安区大良乡小良村
紫金山城		宝祐二年（1254年）		四川省盐亭县北紫金山
圣耳城				达州境内
玛瑙城			大良城屏障	四川省广安市广安区金广乡东1.5公里
多功城		淳祐年间	重庆屏障	重庆市渝北区翠云街道花朝村1公里
天生城		淳祐十一年（1251年）	万州治	重庆市万州区周家坝街道流水村
白帝城		淳祐二年（1242年）	夔州治	重庆市奉节县东瞿塘峡口
天赐城		景定四年（1263年）	屏障夔州	重庆市巫山县龙溪镇天城村
安乐寨			屏障夔州	瞿塘峡口白盐山上，白帝城对岸
三台寨	龟陵城		涪州治	重庆市涪陵区李渡街道东堡寨村西20米
钓鱼城		嘉熙四年（1240年）初建，淳祐三年（1243年）扩建	屏障重庆	重庆市合川区钓鱼山
宜胜城		咸淳八年（1272年）	屏障钓鱼城	重庆市合川区纯阳山
龙崖城		宝祐三年（1255年）	扼川黔要道	重庆市南川区三泉镇马嘴村西3.5公里
皇华城	黄华城	咸淳元年（1265年）	咸淳府治	重庆市忠县忠州镇皇华村
磐石城	磨盘寨		扼小江口，屏障天生、白帝二城	重庆市云阳县青龙街道爱国村东南200米
鸡冠城			拱卫绍庆府	重庆市彭水县走马乡西门村

续表

名称	别称	修筑时间	作用	今位置
绍庆城		咸淳八年（1272年）	绍庆府治	重庆市彭水县城西南、乌江西岸
云顶城		淳祐三年（1243年）始筑，九年（1249年）扩建	利州戎司治	四川省金堂县九龙镇云顶村西1.5公里
大获城		淳祐三年（1243年）	阆州治	四川省苍溪县城东北20公里大获山
大刀寨	虎头寨	宝祐五年（1257年）	荣县治	四川省荣县双古镇白果村南1.5公里
虎头城	大头城	咸淳年间（1265—1274年）	富顺县治	四川省富顺县大城乡虎头村东南400米虎头山
苦竹寨		端平三年（1236年）	隆庆府治，川北门户	四川省剑阁县剑门关镇西北8.5公里
长宁寨	鹅顶堡		扼蜀口	四川省剑阁县鹤鸣乡永兴村东南1公里
长宁山寨			扼蜀口	四川省苍溪县亭子乡双峰村西北1公里
蓬溪寨			遂宁府治	四川省蓬溪县新会镇骡埝村东北200米
苟王寨		嘉熙二年（1238年）		四川省洪雅县将军乡泉石村南3公里
尖峰寨				四川省洪雅县天宫乡尖峰村南5公里
登高山城	东山城	早于咸淳三年（1267年）	叙州府治	四川省宜宾市翠屏区登高山
仙侣城				四川省宜宾市翠屏区真武山
安远寨				四川省江安县夕佳山镇安远村西500米
三江碛		嘉熙三年（1239年）		江安县西绵水口
凌霄城		宝祐五年（1257年）	长宁军治	四川省兴文县两龙乡同光村南3公里凌霄山
牛头城		淳祐二年（1242年）		重庆市梁平县西20里仁贤镇牛头村

续表

名称	别称	修筑时间	作用	今位置
金紫山寨		宝祐二年（1254年）		四川省盐亭县金紫山
三龟寨				四川省乐山市东三龟山
九顶城				四川省乐山市隔江东岸九顶山
紫云城		淳祐年间（1241—1252年）		四川省犍为孝姑镇紫云村

资料来源：《宋史》、明清一统志、古今方志、《中国文物地图集·四川分册》等。

表1-5所列城寨，仅是南宋在四川所立城寨中较大的者，其他中小城寨数量更是无法统计。如至元十二年（1275年）七月杨文安略万、夔，就一次性在云安军辖境招降了石马、铁平、小城、三圣、油木、牟家、下隘等城。[①] 同年，元军自襄阳发动灭宋之战，一路势如破竹。此时，四川地区的元军亦发动猛烈攻势，"泸、叙、长宁、富顺、开、达、巴、渠诸郡，不一月皆下"[②]。年末，元军兵临宋都临安，宋廷出降，但四川地区仍在坚持抗战。四川制置使张珏派张万入夔州，"连忠、涪兵拔石门及巴巫寨，获将士百余人，解大宁围，攻破十八寨"[③]。此大宁十八寨可能一部分为宋军原有寨堡，一部分是元军新修的用以围困大宁监的。张万此次从夔州进军，其线路应是攻占石门寨（位于今重庆市巫山县曲尺乡，地处奉节、巫山陆路孔道）、巴巫（可能即后世之巴雾堡，巫山县巴雾河附近），再沿大宁河北上大宁监，又攻陷寨堡18座，几十平方公里的区域就至少有寨堡20座。

蒙古骑兵入蜀，主要以剽掠为主，虽然攻破城池、掳掠人口、财物甚众，但并没有进行有效管理，旋占旋弃。余玠山城防御体系建立后，这种剽掠也变得艰难。1251年蒙哥汗即位后，除派旭烈兀西征外，逐渐把灭宋作为战争的重点，亲自统筹南下灭宋之局。其谋臣姚枢建言："军将惟利剽杀，子女玉帛，悉归其家，城无军民，野皆榛莽。何若以是秋去春来之兵，分屯要地，寇至则战，寇去则耕，积谷高廪。边备既实，俟时大举，则宋可平。"[④] 蒙哥汗接受其建议，改变蒙古军以烧杀、破坏为主的策略，并制定先

---

① 《元史》卷161《杨文安传》，第3784页。
② 《宋史》卷451《张珏传》，第13282页。
③ 《宋史》卷451《张珏传》，第13282页。
④ （元）姚燧：《牧庵集》卷15《中枢左丞姚文献公神道碑》，景印文渊阁四库全书第1201册，第548页。

占领长江上游的四川,然后顺江而下灭宋的战略。为了达到这一目的,1253年蒙哥汗派忽必烈、兀良合台率军远征大理,对四川形成包围之势;又派遣大将纽璘、刘黑马等经营川西,派大将汪德臣等经营甘南、陕南、川北,为南下四川做准备。川西方面,蒙军重修了因战火遭毁的成都,作为川西之根本,且耕且战以为长久计。此举引起宋军恐慌,宝祐五年(1257年),四川制置使蒲择之奉命进取成都,被蒙古援军打败,蒙军乘势清除川西、川南宋军寨堡,攻取泸州等川南军事重镇。川北方面,巩昌帅汪德臣先后修筑沔州(治今甘肃略阳)、利州(治今四川广元)、益昌(广元市东山)等城池,"漕粮、屯田为长久计"①,宋军山寨相继输款纳降。以这些城寨为据点,汪德臣多次率军出击,使宋军"边寨不敢复出钞掠"。②纽璘、汪德臣等将领的努力,为蒙古亲征巴蜀打下了坚实基础。

1257年,蒙军兵分两路进攻南宋,塔察儿、忽必烈等进攻荆襄,以牵制长江中下游的宋军;蒙哥汗亲率十万大军,沿嘉陵江南下,主攻四川。四川方向,蒙军分兵数路:兀良合台部自大理东出播、思、珍等州(皆今贵州省境内),直抵南平军之龙崖城;莫哥部自汉中南下,攻得汉、小宁、荣城,兵锋直达渠州礼义城;纽璘部自成都顺江而下,于涪州蔺市造浮桥,"驻军桥南北,以杜宋援兵"③;蒙哥则亲率大军自利州顺嘉陵江南下,夺取宋军重兵把守的苦竹、鹅顶、长宁山、大获、运山、青居等城,直抵钓鱼城下。由于钓鱼城防御坚固、兵精粮足,加之蒙军水土不服,大军多患疟疠。焦躁之下,先锋大将汪德臣往城下劝降,被宋军射伤,不治身亡。蒙哥亲自前往督军,但亦受重伤而亡,蒙军被迫撤围退走。钓鱼城之战是中外著名战例,宋军依靠完善的防御体系与坚强的意志最终获胜,改变了蒙古军队"天下无敌"的局面,时人论曰:"向使无钓鱼城,则无蜀久矣;无蜀,则无江南久矣,宋之宗社岂待崖山而后亡哉!"④宋军取胜的关键,就在于余玠所创的山城防御体系。在蒙古攻钓鱼城之前,其大将术速忽里就曾进言道:

> 川蜀之地,三分我有其二,所未附者巴江以下数十州而已,地削势弱,兵粮皆仰给东南,故死守以抗我师。蜀地岩险,重庆、合州又其藩屏,皆新筑之城,依险为固,今顿兵坚城之下,未见其利。曷若城二城

---

① 《元史》卷155《汪德臣传》,第3651页。
② 《元史》卷155《汪良臣传》,第3653页。
③ 《元史》卷129《纽璘传》,第3145页。
④ 万历《合州志》卷1《钓鱼城记》,合川图书馆石印本。

之间，选锐卒五万，命宿将守之，与成都旧兵相出入，不时扰之，以牵制其援师。然后我师乘新集之锐，用降人为乡导，水陆东下，破忠、涪、万、夔诸小郡，平其城，俘其民，俟冬水涸，瞿唐三峡不日可下，出荆楚，与鄂州渡江诸军合势，如此则东南之事一举可定。其上流重庆、合州，孤危无援，不降即走矣。①

这一战略可谓一语中的，但当时蒙军进攻顺利，蒙哥"反以其言为迂，卒不用"。钓鱼城之战中蒙哥身亡，忽必烈即位，将主攻方向转向襄阳，在四川则采取"以城制城"的战略，其核心即"立寨诸山，以扼宋兵"，命汪惟正、杨大渊、张大悦、蒲元圭等在青居、大获、运山、大良四城建立帅府，号"蜀四帅府"。② 因此，蒙（元）军在两军反复争夺地区也修筑了不少城寨（见表 1-6）。

表 1-6　（蒙）元军于四川修筑城寨情况

名称	修筑者	时间	作用	位置
利州城	汪德臣	1253 年	取蜀之根本	今四川省广元市
益昌城	汪德臣	1253 年	利州声援	今广元市东山
虎啸城*	杨大渊	1262 年	元军扼制大良坪	今四川省广安市广安区护安镇渠江村
蟠龙城	杨文安	1262 年	扼夔、达宋军往来	今重庆奉节、四川达州之间
方斗城	杨文安	1264 年	为蟠龙声援	蟠龙城附近
眉州城	赵宝臣	1267 年	扼宋嘉定军北上	今四川眉山市
简州城	张万家奴、刘元礼	1267 年	扼宋嘉定军北上	今四川简阳市
毋德章城	汪良臣	1267 年	扼宋钓鱼城	今四川省武胜县
武胜城	汪良臣	1262 年	扼宋钓鱼城	今重庆市合川区境
蓬溪寨	刘元礼	1265 年	控制潼川府	今重庆市蓬溪县境
章广平山寨	李忽兰	1269 年	扼宋大良坪	今四川广安市境
神仙山城	杨文安	1275 年	扼夔、达宋军往来	今重庆开州区境

注：*参见《元史》卷 161《杨大渊传》。《牧庵集》卷 18《少中大夫叙州等处诸部蛮夷宣抚使张公神道碑》则载，虎啸城为景定四年（1263 年）青居帅府参议张庭瑞筑。

资料来源：《宋史》、《元史》、地方志。

---

① 《元史》卷 129《来阿八赤传》，中华书局，1976，第 3141 页。
② 张亮：《越险之谋与以城制城——蒙（元）军队应对宋军山城防御体系的策略》，《中国地理学会历史地理专业委员会 2014 年年会论文集》。

这些寨堡修筑之后，蒙（元）军"时出攻梁山、忠、万、开、达，民不得耕，兵不得解甲而卧。每饷渠，竭数郡兵相送，死战两城之下始克人"①，使得南宋在四川建立的山城之间的联系变得更加艰难，自保都十分困难，不但难以对蒙（元）军造成威胁，还吸引荆襄战区的宋军不断运送粮草、兵士前来支援，反而为元军攻陷襄阳、统一中国奠定了基础。② 上表所列还只是元军所筑规模较大的城寨，规模较小的寨堡更是难以统计，如咸淳六年（1270 年），蒙古军队进围嘉定，就修筑了平康、太和、怀远诸寨。③

七　小结

军堡的城墙、壕沟等设施，可以追溯到石器时代的考古遗存，是人类为保卫自己的私有财产和生命安全而修筑的。远古时期人口稀少，生产力低下，能够修筑城墙、壕沟的，一般都是大型聚落，这些聚落后来逐渐演变成了城市。在春秋中期以前，人口较为稀少，战争规模小，争夺的对象主要是城池，故乡野间少有修筑寨堡的现象。军堡的产生，可以追溯到春秋战国时期堡、障、垒、壁等设施。战国中后期，随着战争规模越来越大、持续时间越来越长，在乡野构筑寨堡以图持久相抗十分必要，军堡逐渐在战争中发挥越来越重要的作用，即实力较弱的一方可以以之为凭借，与强势一方长期相持，消耗其锐气，再配合其他战略战术，可能反败为胜。这在长平之战等战役中体现得淋漓尽致。自此以后，修筑寨堡与敌人长期相持，成为战争中的常态，即所谓"军垒成而后舍"。楚汉相争之时，刘邦正是修筑了坚固的寨堡，方使得长于野战的项羽之军无可奈何，最终在相持中耗尽锐气，归于失败。

巴蜀地区的军堡，可追溯到两汉之际公孙述所筑的赤岬城，以其控扼三峡之险，作为政权东部的屏障。唐代的剑南道地处唐与吐蕃、南诏毗连之地，随着三者之间战争的爆发及相互之间错综复杂的关系，形成了实力交互

---

① 《宋史》卷 451《张珏传》，第 13281 页。
② 南宋在四川建立的寨堡与蒙（元）军驻地犬牙交错，难以正常进行生产，"地削势弱，兵粮皆仰给东南"，故京湖制置使一般兼任夔路策应使以强化荆襄战区与四川战区的联系。先后担任此职的有贾似道、吴渊、赵葵、吕文德、李庭芝、汪立信、马光祖等人，其职责就包括调遣军队、运输粮食入蜀。如宝祐五年（1257 年），京湖制置大使兼任夔路策应使赵葵即曾调兵三千援蜀，后又增调二千。
③ 《元史》卷 165《张万家奴传》，第 3881 页。

消长、结盟与败盟反复的格局，战争也呈拉锯状态。为了控制这一地区，各方在川西地区修筑了大量城堡，这是巴蜀地区军堡兴起的一个高潮期。目前可知，川西地区唐代所筑的大城就有 97 座，其他未见记载的中小城堡数量应更多。前后蜀先后崛起后，为了对抗周边势力，加快了巴蜀地区寨堡的修筑，其分布地域包括川东、川北、川中等地。北宋时期，筑寨以控制要地是其防御的一贯做法，故而在巴蜀地区也修筑了不少寨堡，成都府路、梓州路、利州路、夔州路等四路皆有分布，川西北、川南地区最为集中，这体现了寨堡主要筑于族群交界地区的特点。南宋末年，面对蒙古骑兵的凌厉攻势，宋军依山据险修筑山城，并将官民、军队移入其中，取得了良好的效果。蒙古大汗蒙哥战死于钓鱼城之下，即寨堡防御最大的胜利。此后，为了在巴蜀与宋军对抗，蒙古军也在降将的主导下，据险修筑山城，双方展开了"以城攻城"的寨堡争夺战。钓鱼城、白帝城等防御力强的宋军寨堡，直至南宋灭亡之后，因失去了坚守的可能性和意义，才相继向元军投降，充分说明了寨堡对于防御一方所能提供的巨大助力。

第二节　明代以前巴蜀地区的民寨

一　民寨的诞生：汉晋南北朝时期的堡、壁

坞壁、营堡原是军队为戍防需要而修筑的防御性设施，至新莽时期，兵戈四起，地方豪强将这种边境御敌之法用来保卫乡里，持戈自卫。绿林军、赤眉军等武装攻略关中之时，由于成分复杂、纪律性较差，烧杀抢掠之事层出不穷，导致"三辅大乱，人相食，城郭皆空，白骨蔽野"，遗民乃"往往聚为营保，各坚守不下"，使得他们"虏掠无所得"。[1] 在华北平原，坞壁的修筑分布较多，"时赵、魏豪右往往屯聚，清河大姓赵纲遂于县界起坞壁，缮甲兵"[2]。经过史料分析，两汉之际北方民间修筑坞堡自卫者十分普遍，其中以长安为中心的三辅地区、以洛阳为中心的中原地区，以及黄河以北地区三个区域最为集中。[3] 此时的营保、坞壁，已经不是各方势力之间为战争而修筑的营垒，而是民间为躲避战乱而修筑的防御设施，被学术界看作民寨的

---

[1]《后汉书》卷 11《刘盆子传》，第 484 页。
[2]《后汉书》卷 77《酷吏传》，第 2492 页。
[3] 刘华祝：《试论两汉豪强地主坞壁》，《历史研究》1985 年第 5 期。

起源。①

东汉桓、灵之后，国力不殆，匈奴、羌等游牧民族纷纷向中原地区进军，民间纷纷保聚自卫，《后汉书》载："会灵帝崩，天下大乱，单于将数千骑与白波贼合兵寇河内诸郡，时民皆保聚，抄掠无利，而兵遂挫伤。"② 黄巾军起义后，群雄混战，华北地区呈现"白骨露于野，千里无鸡鸣"的悲惨景象。一些世家大族依托坞壁，聚众自守，《三国志》载："（常林）依故河间太守陈延壁。陈、冯二姓，旧族冠冕。张杨利其妇女，贪其资货。林率其宗族，为之策谋，见围六十余日，卒全堡壁。"③ 经过西晋短暂统一后，天下又复大乱，各地居民为了躲避战祸，又纷纷修筑坞壁，数量更多，仅《晋书·石勒传》一篇，关于"堡""壁"的记载就有9处，分布于上党、魏郡、顿丘、冀州、黎阳、襄阳、寿春等地，涵盖黄河流域、淮河流域、长江以北等地区。④ 淝水之战后，前秦土崩瓦解，关中亦陷入战乱，百姓兴修了许多堡壁，《晋书·苻坚传》载："关中堡壁三千余所，推平远将军冯翊、赵敖为统主，相率结盟，遣兵粮助坚。"⑤ 江南地区，经侯景之乱，百姓也多筑堡自卫，还出现了劫掠其他村庄的情形："村屯坞壁之豪，郡邑岩穴之长，恣陵侮而为暴，资剽掠以为雄。"⑥ 从文献记载来看，当时寨堡的修筑者不仅包括汉族，还有鲜卑、羯、氐、羌、巴、乌丸、乌桓等少数民族。⑦ 寨堡实际上是各族百姓为抵御外部侵袭而修筑的防御聚落，这在当时是一种常态。

汉晋时期的寨堡有"坞壁""坞堡""营保""堡壁""垒壁"等称谓，其形制亦不一定如边境的坞壁，但凡险峻可守之处，百姓即相约据守自卫。如西晋末庾衮不仅在家乡"峻险厄，杜蹊径，修壁坞，树藩障"⑧，还率众于九州岛绝险之大头山上筑垒自卫，并在山下耕种。这些寨堡，是一种地方豪强领导下的屯聚自保的具有相当独立性的防御性聚落。它限隔了寨堡内外的权力流通，虽然保卫了寨堡内部的百姓，却也成为国家大一统的障碍。东汉

---

① 黄宽重：《从坞壁到山水寨》，杜正胜主编《中国式家庭与社会》，黄山书社，2012，第152页。
② 《后汉书》卷89《南匈奴传》，第2965页。
③ 《三国志·魏书》卷23《常林传》，第659页。
④ （唐）房玄龄、褚遂良等：《晋书》卷104《石勒载记》，中华书局，1974，第2707—2730页。
⑤ 《晋书》卷112《苻坚载记》，第2926页。
⑥ （唐）李延寿：《南史》卷80《贼臣传》，中华书局，1975，第2024页。
⑦ 马志冰：《十六国时代坞堡垒壁组织的社会职能》，《许昌学院学报》（社会科学版）1991年第3期，第16—21页。
⑧ 《晋书》卷88《庾衮传》，第2283页。

在统一天下的过程中，就不断受到坞壁武装的阻碍。东汉建武二年（26年），汉大司徒邓禹率领大军进入关中，但在战事节节胜利之时，因无法取得关中村堡的拥戴，缺乏粮草，士卒溃散。而起兵于汉中的延岑，乘势北入关中，大败赤眉军于杜陵，收降各豪强营堡。[①] 为了统一关中，光武帝刘秀命冯异领兵入关以代邓禹。刘秀总结了邓禹失败的教训，认为"今之征伐，非必略地屠城，要在平定安集之耳"，告诫冯异重视对关中村堡的控制，其办法是"遣其渠帅皆诣京师，散其小民令就农桑，坏其营壁无使复聚"[②]，即铲除民间寨堡内部的军事力量，恢复经济生产。然则东汉一世，依托于坞壁的豪强武装始终在不断发展，成为削弱中央集权的一大势力，也是导致汉末军阀割据的重要因素。

在两晋南北朝战乱频仍的背景下，寨堡武装作为一股独立的力量，对各政权的影响很大。西晋灭亡后，北方的地方行政机构与基层社会组织随之瓦解，地方豪强纷纷以宗族相号召，倚险筑堡，组织自卫武装以保卫自身财产。百姓为免受流离之祸，往往跻身其中以求庇佑。由于政权更迭频繁，地方行政机构一直无法恢复，各政权对地方的统治只能依托民间寨堡，采取任命坞堡主作为地方军政长官的办法，间接对其征兵、纳粮。这些坞堡组织遂成为一种临时的集经济、军事与政治之权于一体的基层社会组织，暂时行使着某些政治职能，发挥了地方行政机构的部分社会作用。[③]

北魏进入中原以后，虽欲消除地方军事力量的影响，广置军府、行台等机构以镇之，实行军事高压政策，但广大的乡村依然掌握在那些遍及原野的坞壁势力手中。面对北魏政权的高压，他们不断掀起反抗斗争，甚至到了"犯者已多，不可悉诛"的程度，迫使北魏政权不得不"大赦以纾之"[④]，实行宗主都护制，承认坞堡豪强的特权。但是，坞堡豪强势力毕竟与王朝强化中央集权的意愿相悖，坞堡主拥有独立的军事力量，对中央直接管控地方形成掣肘，甚至可以说是一大隐患，当中央政权式微之时他们即可叛变甚至反戈相向。同时，坞堡的存在极大阻碍了国家赋税的征收。坞堡之内"民多隐冒，五十、三十家方为一户"[⑤]，使国家掌控的户口数大减。献文帝时以"五

---

① 杜陵，时属京兆尹，即汉宣帝之陵墓，在今陕西省西安市三兆村南。由于西汉重视陵墓之守，以先帝陵墓为中心设置陵邑，形成独特行政区——陵县，成为官宦富豪聚集地，是当时人口最稠密的地区。
② （晋）袁宏：《后汉纪》卷4《光武皇帝纪第四》，景印文渊阁四库全书第303册，第529页。
③ 李凭：《论北魏宗主督护制》，《晋阳学刊》1986年第1期。
④ （北齐）魏收：《魏书》卷24《崔玄伯传》，中华书局，1974，第622页。
⑤ 《魏书》卷53《李冲传》，第1180页。

州民户殷多，编籍不实"，下令检括民户，共"出十余万户"①，查出每州的荫户平均有两万户以上，可见数量之大。这些荫附之民"皆无官役，豪强征敛，倍于公赋"②，实际上是豪强的附庸，并不能够为国家缴纳赋税。故北魏统一北方后，依靠强大实力以三长制取代宗主督护制，削弱地方豪强势力，清查隐匿的户口，将其重新纳入国家的管控，从根本上铲除了坞壁存在的土壤，这种民间自卫的聚落形态也逐渐衰落。③ 随着隋唐大一统时代的到来，坞壁这种战时特有聚落形态随之消亡。

二 巴蜀地区民寨的出现

巴蜀地区民寨的出现，可追溯到西晋末年。西晋短暂统一后，再次陷入动荡。在巴蜀地区，因处置流民失当，以李特为首的流民武装奋起反抗。晋永宁二年（302年）春，李特大败晋军，占领成都小城，益州刺史罗尚退据大城，成都附近的村民纷纷修筑堡寨以自卫，《晋书》载：

> 是时，蜀人危惧，并结村堡，请命于特，特遣人安抚之。益州从事任明说尚曰："特既凶逆，侵暴百姓，又分人散众，在诸村堡，骄怠无备，是天亡之也。可告诸村，密克期日，内外击之，破之必矣。"尚从之。明先伪降特，特问城中虚实，明曰："米谷已欲尽，但有货帛耳。"因求省家，特许之。明潜说诸村，诸村悉听命。还报尚，尚许如期出军，诸村亦许一时赴会。二年，惠帝遣荆州刺史宋岱、建平太守孙阜救尚。阜已次德阳，特遣荡督李璜助任臧距阜。尚遣大众奋袭特营，连战二日，众少不敌，特军大败，收合余卒，引趣新繁。尚军引还，特复追之，转战三十余里，尚出大军逆战，特军败绩，斩特及李辅、李远，皆焚尸，传首洛阳。④

从这则材料可知，成都附近结村堡自卫的乡民数量是很多的，罗尚正是借助这些村堡的力量，转败为胜，一举大败流民军队，斩杀其首领李特。

---

① 《魏书》卷51《韩均传》，第1129页。
② 《魏书》卷110《食货志》，第2285页。
③ 三长制于北魏孝文帝太和十年（486年）开始实行，即以五家为一邻，设邻长，五邻为一里，设里长，五里为一党，设党长。参见严耕望《中国地方行政制度史·魏晋南北朝地方行政制度（下）》，上海古籍出版社，2007，第681—689页。
④ 《晋书》卷120《李特载记》，第3028页。

《李流载记》又载：

> 特之陷成都小城，使六郡流人分口入城，壮勇督领村堡。流言于特曰："殿下神武，已克小城，然山薮未集，粮仗不多，宜录州郡大姓子弟以为质任，送付广汉，系之二营，收集猛锐，严为防卫。"又书与特司马上官惇，深陈纳降若待敌之义。特不纳。①

可见，这些村堡是在那些"州郡大姓"的督率下修筑的。在此后的长期战乱中，各地陆续修筑了更多寨堡，如川北龙州（今平武），"杨、李二姓大豪分据其地"②。这些豪强不仅修筑堡壁自卫，还"攻劫郡县，历政不能治"，俨然已经成为了独立王国。西魏龙州太守陆腾乘夜掩袭攻破堡壁，抓获其首领李广嗣、李武等人后，其党羽任公忻还聚集徒众，围逼州城，说明这些堡壁的势力是相当强大的。③

由于战乱频仍，武陵地区少数民族也乘机北上，"连结二千余里，自称王侯，杀刺史守令等"④。为了在川东地区立足，他们纷纷修筑城寨以自卫，如冉令贤"遣其长子西黎、次子南王领其支属，于江南险要之地置立十城，远结涔阳蛮为其声援。令贤率其精卒，固守水逻城"⑤。另一个首领向五子王则屯聚江北。为了占领这一地区，北周天和元年（566 年），陆腾率军至朐忍汤溪口（今重庆市云阳县小江口），分兵平定江南八城，复破石胜城、水逻城，其将司马裔亦攻破山城 20 余个。此后，陆腾对向氏集团发动进攻，"擒五子王于石默，获宝胜于双城，悉斩诸向首领，生擒万余口"⑥。这次战役主要发生在今重庆万州、云阳、奉节、巫山一带，此处寨堡数量见于记载的就有数十个。

三 唐代巴蜀地区的民寨

隋末战乱又起，百姓又纷纷修筑堡寨以自卫，如瀛州饶阳，"属盗起，闾里依之为堡者数百家，因名为义成堡"⑦。有些寨堡还一度成为州县治所权

---

① 《晋书》卷 120《李流载记》，第 3029 页。
② 《旧唐书》卷 41《地理四》，第 1702 页。
③ 《周书》卷 28《陆腾传》，第 470 页。
④ 《周书》卷 28《陆腾传》，第 472 页。
⑤ 《周书》卷 49《蛮传》，第 889 页。
⑥ 《周书》卷 49《蛮传》，第 890 页。
⑦ 《旧唐书》卷 188《刘君良传》，第 4919 页。

置之地，如汾西县"隋末陷贼，武德初权于今城南五十里申村堡置，贞观六年移于今所"。① 但此时巴蜀地区相对稳定，文献中未见筑寨的记载。唐朝一统江山后，这些村堡退出历史舞台。安史之乱后，北方乡民又复屯聚，"河朔之民，苦贼残暴，所至屯结，多至二万人，少者万人，各为营以拒贼"②。安史之乱平定后，唐王朝面对飞扬跋扈的割据藩镇尚且无力控御，更无法抽身镇压风起云涌的反叛武装，遂"令天下乡村，各置弓刀鼓板，以备群盗"③。面对乡间不宁的居民，地方豪强又纷纷屯聚，今重庆市大足区境的永昌寨，就是其中一个典型。光绪《荣昌县志》载："永昌寨，在昌州北山，唐韦君靖所建。"④《大清一统志》则进一步指出了永昌寨修筑的时间："永昌寨，在荣昌县北，废昌州北三里，唐乾宁二年昌州守韦君靖建。"⑤ 但根据《蜀中名胜记》记载，乾宁二年（895年）是静南令胡密立《唐韦君靖碑》的时间，而此寨修筑的时间应该是景福元年（892年）。⑥ 此碑至今尚存，其碑文曰：

> 顷乾符之际，天下骚然，蝗旱相仍，兵戈四起，公睹兹遐僻，人不聊生，遂合集义兵，招安户口，抑强抚弱，务织劝农，足食足兵，以煞去煞。洎黄巢侵陷京阙，銮舆出幸成都，四海波腾，三川鼎沸。韩秀升悖乱黔峡，侵轶巴渝，公乃统率义军，讨除逆党。值秀升尽挽舟楫，围逼郡城，公乃详度机宜，上下栏截，依山排阵，背水布兵，两面夹攻，从中剪扑，贼势大败，我武维扬。渝牧田公备录奏闻，乃进忠节检校御史大夫，除拜普州刺史。适值川师效逆，将臣专征，公又收复合州，绝其枝蔓，恩旨加右散骑常侍，拜合州刺史。洎君郑雄仆射失律广汉，山行章尚书攻围当川，故府主太尉顾公累降命旨，频招起应，公统领精锐二万余人，虔告蓍龟，申令士卒，并破二十七寨，杀戮五万余人，大振威声。上闻伟绩，特加检校工部尚书，拜当州刺史，充昌、普、渝、合四州都指挥使，加刑部尚书右仆射……公以海涛未息，云阵犹横，常愿驱胁，左绵戴实，庚奔冲遂府，使牒呼逼，边檄征行。然士马虽精，其如栅寨未固。思大易习坎之义，征王公设险之辞，乃于景福元年岁春正月，卜筑当镇西北维龙岗山，建永昌寨。兹山也，上掩霄霭，下抗郊

---

① 《旧唐书》卷39《地理二》，第1473页。
② 《资治通鉴》卷217，第6960页。
③ 《资治通鉴》卷252，第8182页。
④ 光绪《荣昌县志》卷3《关隘》，第48页。
⑤ 乾隆《大清一统志》卷296《重庆府二》，第111页。
⑥ （明）曹学佺：《蜀中广记》卷17《重庆府》，景印文渊阁四库全书第591册，第213页。

原，蠢似长云，萃如断岸，崖巇重叠，磴道崎岖，一夫荷戈，万人莫上。由是芟薙草莱，相度地形，人力孑来，畚锸云至，连甍比屋，万户千门，高亢濬流，深□□沟洫。烟笼粉堞，雾捧珠楼，龙吟笳角之声，雷动鼓鼙之响。而又良工削墨，心匠设规，筑城堡二十余间，建敌楼二十余所。遥瞻天际，非龟城之可伦；高倚云间，岂蜃楼之能拟。其上则飞泉迸出，绿沼滂流，峥嵘一十二峰，周回二十八里，盖造化之凝结，岂金汤之比伦。况乎粮贮十年，兵屯数万，遐迩臻休，军民胥庆，耕织无妨，徭役不缺，可谓一劳永逸，有备无患者矣。……乾宁二年岁次乙卯十二月朔日癸未朔十九日辛丑记。①

此碑宽 2.6 米、高 3.1 米，碑文左起竖刻，上部正文 53 行，共 1440 字，对永昌寨的修筑背景、周边环境、规模、形制等内容进行了详细介绍。除了正文外，下部还有 101 行，共 2866 字，列 145 名节级将校名衔，最下端刻："[金紫光] 禄大夫，检校司空，使持节，都督昌州诸军事，守昌州刺史，充昌、普、渝、合四州都指挥使，[静] 南军使，兼御史大夫，上柱国，扶风县开国男，食邑三百户韦君靖建。军事判官，将仕郎，前守静南令（胡密）撰。"②

自唐僖宗乾符元年（874 年）黄巢起义爆发后，唐朝的统治到了崩溃的边缘，不仅各节度使愈加骄横不可节制，凡带兵之将都想以武力要挟朝廷。故自唐僖宗逃亡成都后，先有韩秀升以武力割据峡江，切断了江淮贡赋以及云安濋井盐运往成都的交通要道，要挟朝廷赐予其黔中观察使之职；后有高仁厚与陈敬瑄的东、西川之战，王建攻取西川之战等。四川战祸连年，广修寨堡以自卫也就成了必然选择。永昌寨就是在川中战乱的背景下，由当地豪族韦君靖主持修筑的。后来，韦君靖还依靠在地方上的实力得到了王建赏识，被收为假子，更名王宗靖，封昌州刺史。③

昌州，唐乾元二年（759 年）设，治静南县，下辖静南、昌元、大足三县。唐光启元年（885 年），昌州由静南迁治大足，直至元至元二十年（1283 年）昌州废，治所都没有再移动。永昌寨位于昌州西北，至今仍有遗迹，与

---

① 大足县志编修委员会编纂《大足县志》，方志出版社，1996，第 867 页。因部分文字不可识读，以《蜀中广记》之碑文及学者研究校正。
② 《大足县志》，第 864 页。
③ 王家祐、徐学书：《大足〈韦君靖碑〉与韦君靖史事考辩》，《四川文物》2003 年第 5 期。按《新唐书》卷 42《地理志》：昌州，乾元二年析资、泸、普、合四州之地置，治昌元，大历六年州县废，其地各还故属。十年，复置。光启元年，徙治大足，辖县四：大足、静南、昌元、永川。

《唐韦君靖碑》一起坐落于今重庆市大足区北山佛湾南端。经过测算，永昌寨占地面积达3.63平方公里，周长约15公里，包括双面石砌寨墙、单面石砌寨墙、城堡、寨门、储粮洞、就岩切壁、就岩凿碓等遗迹多处。① 当然，永昌寨只是当时修筑的诸多寨堡之一。

宋元时期，战乱之时乡民也多筑寨防御，这在全国其他地区的文献中常见记载。② 在巴蜀地区，由于缺乏相关资料，具体情形尚不明确，考虑到宋蒙战争时期巴蜀地区修筑了大量山城，可能有部分中小城寨带有民寨性质。

四 小结

本书中的民寨指的是乡民为应对战争侵袭而修筑的寨堡，其起源可追溯到两汉之际乡民所筑的坞壁。自汉晋以降，每逢乱世，官府无法为乡村提供足够保护之时，乡民每每在地方豪强的带领下，本着守望相助的精神，依山据险，修筑寨堡，组织自卫武装，形成一个个相对独立的军事单元。为了应对敌人的侵袭，这些寨堡有时也会结成较为松散的联盟，在敌人进攻时相互支援。但是，这些寨堡作为相对独立的个体，寨主的组织力和军事能力、寨内兵源粮秣的储备、寨勇的战斗力、寨堡防御设施的险要和坚固程度，决定了这座寨堡在乱世中是否会被敌人攻破。在面对小股部队袭扰之时，寨堡的防卫作用是较为显著的，但面对绝对优势正规军的进攻之时，就显得"力不从心"了。为此，寨堡仍然需要向控制该区域的政权称臣纳贡，而两晋南北朝时期的政权更迭过于频繁，统治者往往也会赋予寨主在寨内的绝对权力，以换取寨主的效忠和支持，这就限隔了寨堡内外的权力流通，朝廷无法掌握寨堡内部人口、田地、物资等资源的实际情形，也就成为大一统的障碍。当朝廷稳固之时，势必不允许这种阻碍官府对乡村进行控制的力量存在。随着隋唐大一统时代的到来，这些寨堡组织也就暂时退出了历史舞台，而当社会再次动荡之时，寨堡又作为乡村防御的利器，再次发挥作用。目前可知巴蜀地区民寨的出现，可追溯到西晋末年李特率领流民攻击成都之时，这与当时全国各地乡民在大乱之中，在地方豪强的率领下修筑寨堡以资守御的情形是一致的。在此后的各个动乱时代，百姓也多筑寨自守。

---

① 《大足县志》，第890页。
② 罗权：《汉晋以来中国寨堡发展轨迹及其阶段特征研究》，《中华文化论坛》2018年第8期。

第二章
明清时期四川寨堡修筑的历史进程

第一节　明代四川的军事形势与寨堡营造

作为西南发展较早的地区，以富庶的成都平原为中心的四川在明代无论是政治、经济抑或文化，都可谓执西南之牛耳，也是明廷经略西南的腹心之地。然而明代的四川地域广大，不仅囊括今四川省、重庆市两大省级行政区，还包括今贵州、云南、青海、甘肃、湖北等省份的部分地区，而这些地区以及川西横断山一带，仍主要为土司的控制区，具有较强的独立性。土司不仅时而袭扰地方官府，甚至会进攻成都平原，危及四川腹地，朝廷对其控制颇为艰难，康熙《四川总志》称：

> 四川形要，剑阁表云栈之固，瞿塘锁巴峡之流，界以番族，阻以蛮部。然松潘以孤城介在番域，而寄咽喉于龙州，千里转运，辄为遮掠，斯则巴西之隐祸也。至建昌以三千余里之鸟道，寄一线于百十番倮寨隘之中，出没无常，可忧孰甚。又如叙、永之土彝，重、夔之险僻，往往衅起变生，鞭长不及，则东南巨测，正复不少。①

为有效控制这些地区，明廷发动多次攻伐，构筑了以城、寨、堡、墩、卡为据点的前哨阵地。

一　明代四川西南部的军事形势与寨堡营造

今四川省攀枝花市及凉山彝族自治州一带，元代为云南行省所辖之建昌

---

① 康熙《四川总志》卷35《筹边》。

路、会川路、德昌路、柏兴府。明廷灭夏占领巴蜀后，这些地区仍为梁王孛儿只斤·把匝剌瓦尔密掌控，他还通过这一地区沿横断山脉北上草原，与北元政权建立联系。洪武十五年（1382年），明军攻入云南，孛儿只斤·把匝剌瓦尔密自杀，这些地区遂得以归入明廷版图。是年冬，明廷将这些地区由云南划归四川。① 明朝最初除了因袭元朝故制，仍在这些地区设立府州外，还新设了建昌卫、苏州卫、会川守御千户所、柏兴千户所，形成府、卫相援之制。

洪武二十五年（1392年）四月，月鲁帖木儿发兵反明，"合德昌、会川、迷易、柏兴、邛部并西番土军万余人，杀官军男女二百余口，掠屯牛，烧营屋，劫军粮"②，进而围攻建昌城，被指挥使安的率所部兵击败。不久，叛军又转攻苏州卫城，指挥金事鲁毅率精骑出西门击之不能胜，只得退回城中，被叛军围困。此后，鲁毅派壮士王旱等潜入敌营杀敌，叛军受到惊吓，撤围而走。这场叛乱引起了明廷的警觉，朱元璋急令在甘肃征讨祁者孙的凉国公蓝玉移兵征讨，并令四川都指挥使瞿能调军先行。瞿能兵至，攻破双狼寨，擒其千户段太平等，又攻破托落等寨，月鲁帖木儿复遁。瞿能率军追击，破水寨关、上匾寨，进至打冲河三里所，与月鲁帖木儿战，大败之，俘其众500余人，获牛马无数，叛军溺水死者千余人。明军进入德昌，投靠月鲁帖木儿的知府安德渡大冲河逃走，被都指挥同知陶凯于普济州抓获。明军架桥于打冲河，令指挥李华率军追托落寨余党，至河西斩月鲁帖木儿所部把事7人，射杀截路寨土目长沙、纳的等。瞿能率军还攻天星、卧漂诸寨，俘杀1800余人，月鲁帖木儿逃往柏兴州。十一月，蓝玉军至柏兴州，派百户毛海以计诱擒月鲁帖木儿及其子，余众相继投降。③

战争之中，月鲁帖木儿为图久据，在该区域修筑了不少寨堡。今会理县鹿厂镇南郊有月鲁山上有月鲁堡，又称"月鲁城"，即月鲁帖木儿所筑。④ 明廷遣蓝玉率师平乱，攻击各处寨堡，其中一寨防御甚严，难以逼近，蓝玉乃点燃羊尾，让山羊在前冲击，兵士随之而入，遂破寨，大捷，战后取名"得

---

① 郭红、靳润成：《中国行政区划通史·明代卷》，复旦大学出版社，2007，第443页。
② （清）张廷玉等：《明史》卷311《土司列传》，中华书局，1974，第8017页。月鲁帖木儿，又写作"裕噜特穆尔"，在元代为平章政事，明廷平定建昌地后，月鲁帖木儿投降明廷，上缴元朝所给符印，还曾到南京朝见朱元璋，被授予地方职位。故后世文献多称其为"故元平章""建昌土官"等。详见蒋邦泽《明初平定建昌月鲁帖木儿叛乱的前前后后》，《西昌师范高等专科学校学报》2001年第4期。
③ （清）谷应泰：《明史纪事本末》卷10《故元遗兵》，中华书局，2015，第146—147页。
④ 同治《会理州志》卷1《古迹》，第44页。

胜寨"，又名"羊打寨"。①

由于原先所设各府在战争中遭到极大破坏，战争结束后，明廷对川西南地区的管理体制进行了调整，将各府废除，建昌卫升为建昌卫军民指挥使司；柏兴千户所升为盐井卫军民指挥使司；苏州卫升为苏州军民指挥使司，寻改称"宁番卫军民指挥使司"；会川守御千户所改为会川军民千户所，寻升会川卫军民指挥使司；在邛部州设越嶲②卫军民指挥使司；迁原设在赤水河流域的层台卫官兵入建昌，设建昌前卫。同时，设立了礼州后守御千户所、礼州中中守御千户所、建昌打冲河中前守御千户所、德昌守御千户所、迷易守御千户所、盐井打冲河中左守御千户所、冕山桥后守御千户所、镇西后守御千户所等8个守御千户所，并设四川行都司于建昌卫（治今西昌市）以管6卫8所之地。③为加强城池以外的防御，明廷还于交通要道之上，设关堡以控要害，各卫共有关堡62处，各由本卫拨军士守卫。建昌卫有纸房堡、泸州堡、高山堡、沙坪堡、德力堡、黄泥堡。建昌前卫有青山堡、松林堡、平蛮堡、镇彝堡。宁番卫有泸沽关、铁厂堡、北山堡、太平关、冕山堡、巡哨堡、李子坪堡、双桥堡、白石堡、三桥关。越嶲卫有青冈堡、蔡叶堡、木瓜堡、镇远堡、坪坝堡、苦菜堡、平彝堡、八里堡、河南堡、晒经关堡、白马堡、镇蛮堡、李子坪堡、临河堡、炒米关、小哨堡、长老坪堡、溜水堡、新添堡、黄泥堡、九盘堡。会川卫有虎头关、甸沙关、迷郎关。盐井卫有箐口堡、双桥堡、凉山堡、鸳鸯堡、新添堡、蚂蟥堡、土功堡、杭州堡、绍兴堡、六马堡、镇南堡、定远堡、镇西堡、新化堡、明远堡、济平堡、康宁堡。④至此，川西南地区的军事防御体系建立起来了。值得注意的是，随着军事形势的发展和战乱的发生，区域内寨堡仍在不断增加。如宁番卫有月落、巨水、妙卫等十九寨夷人常与水外"生番"联合袭扰，明万历十五年（1587年）定番堡，形势才逐渐安全。⑤又如黑骨普雄等常阻截越嶲卫运道，明万历十五年明廷以大军征剿，后置平夷、归化二堡以护卫交通。⑥

---

① 咸丰《邛嶲野录》卷8《古迹》，第112页。
② 越嶲，古郡名，又作越巂郡、越隽郡，古代中国的郡级行政区划之一，汉武帝元鼎六年（公元前111年）开邛都国而置，治所在邛都县（今四川西昌东南）。本书行文中统一使用"越嶲"，引用文字则遵重原貌。
③ 其中，建昌前卫于万历三年（1575年）废，并入建昌卫。《明史》卷90《卫所志》，第2210页。
④ 康熙《四川总志》卷35《筹边》。
⑤ 咸丰《邛嶲野录》卷5《关隘》，第74页。
⑥ 咸丰《邛嶲野录》卷5《关隘》，第76页。

在四川行都司周边的马湖府、雅州府、嘉定州、黎州安抚司、天全六番招讨司一带，也筑有寨堡以卫要道，雅州府有太平堡、黄土堡、雕金堡、消瘴堡、深溪堡、文武堡、香树堡、黑石堡、流沙堡，天全六番招讨司有碉门寨、冷碛等18个寨。① 马湖府有烟峰堡、回龙堡、赵家堡、大竹堡、两河堡、水池堡、憾定堡、王家寨堡、桧溪堡、西宁堡、烟溪堡等。② 尽管如此，明廷在该地区的控制仍举步维艰，故明建昌兵备道邓贵在《善后条议直陈建南地势以便防御》中称，建昌一带"虽有营堡，稀若晨星，岂能保无疏虞？此其无月无日无时无刻而皆当为防"③。

二　明代四川西北部的军事形势与寨堡营造

明代川西北的松潘卫、龙安府、叠溪所、茂州和威州一带，辖地内多藏、羌等族。明灭夏后，主要经营巴蜀腹地，势力不及川西北。洪武十年（1377年），威茂土酋董贴里叛乱，明廷命丁玉为平羌将军率军征讨。丁玉至威州，贴里降，明廷因之设威州千户所，作为经略川西北的前哨。洪武十二年（1379年），丁玉率军讨平松州，设立松潘卫，令指挥高显等筑松潘城④，又于附近各处"开通关堡，设立酋长，诸蛮震服"⑤，将这一地区的军事防御体系初步建立起来。

宣德元年（1426年），明廷因征交趾屡败，调松潘卫军士赴援，千户钱宏害怕远征，乃诈言番民谋叛，率兵掠麦匦诸族，番人震恐而反，杀指挥陈杰等，击败指挥吴玉所部，攻陷松潘卫、叠溪所二城，围威、茂二州。次年，明廷命都指挥韩整、高隆调四川各卫军士5000名征讨，至威州黄土铺遭伏击而溃散，成都震动。明廷又派遣鸿胪丞何敏、指挥吴玮前往招谕，并以陈怀为总兵官，与刘昭、赵安、蒋贵等率数万随其后。吴玮等到松潘后，叛民皆不听命，吴玮乃与龙州知州薛继贤率军进攻，收复松潘城。陈怀率军到后，以吴玮为前锋，收复叠溪城，招降番寨二十余座，战乱平。陈怀在任骄纵不法，侵夺军士屯田，也不能善待番民。宣德六年（1431年），松潘勒都、北定诸寨复叛，击败陈怀派来征剿的军队，杀指挥安宁等300余人。陈怀又

---

① 嘉庆《四川通志》卷29《关隘》，第1257页。
② 嘉庆《四川通志》卷27《关隘》，第1235页。
③ 康熙《四川总志》卷35《筹边》。
④ 《明史》卷134《丁玉传》，第3909页。
⑤ 雍正《四川通志》卷12《武功》。

亲率大军深入，攻破革儿骨寨、空郎乞儿洞等处。此后，巡按御史及按察使等官均奏陈怀僭侈逾分，"且日荒于酒，不饬边备，致城寨失陷"①。宣宗怒，将其召还议罪。宣德八年（1433年），明廷又派遣都督方正调集四川建昌及贵州等处军士进讨，才将叛军平定。

正统四年（1439年），松潘卫都指挥赵谅诱执藏族国师善巴，掠其财物，并与同官赵得诬其谋叛。善巴的弟弟小善巴怒而率众剽掠各处营堡，明廷命右佥都御史王翔、都督李安率军两万征之。巡按御史将善巴的冤屈上奏，明廷令王翔见机行事。王翔到达松潘后，将善巴从狱中释放，遣人招其弟，乱平。②但经过此事，番民不再像以前一样缴纳赋税。

正统十一年（1446年），明廷以寇深为都御史、提督松潘兵备。寇深到任后，"修饬营堡，平治道路，于叠溪迤上添设普安、靖夷、镇番三堡，又于麻答崖、青冈嘴、画佛崖、海螺洞、万江崖沿山凿石，架木悬栈，糜费钱粮巨万，军民胥困，而后人赖其利"③。尽管如此，依然无法扭转明廷在四川西北部军事上的颓势。特别是寇深以后，川西北没有大将镇守，防御更加困难。

天顺五年（1461年），川西北粮道多遭截夺，安县、石泉等处也遭袭扰。成化年间，局势更加严峻，按察司佥事林璧奏称："松、茂囊为大镇，都御史寇深、侍郎罗绮尝假便宜，专制其地，故有功。今惟设两参将，以副使居中调度，事权轻，临敌禀令制府，千里请战，谋泄机缓，未有能获利者。宜别置重臣弹压，或即命瓒兼领，专其责成。"④成化十二年（1476年）七月，明廷以张瓒为右副都御史、四川巡抚，兼督松、茂、安、绵、建昌军务，整理川西北防务。张瓒调集汉土官兵五万，修理道路，分路进攻，才再次将局势稳定住。弘治年间，副总兵韩雄率军出征失败，指挥王商等战死，"番遂纵横，南路梗阻"⑤。正德二年（1507年），副总兵杨宏、兵备高江诱杀绰岭寺国师雪郎三出，"诸番纠合围杀官军甚众，自后本寺、小宛卜等动称报仇，松城之外，不敢昼牧"⑥。至正德十一年（1516年），副总兵张杰、兵备胡澧调兵出击，才稍微平定。嘉靖初，各处番寨再次反明，势力颇盛，《明史·

---

① 《明史》卷155《陈怀传》，第4257页。
② 《明史》卷177《王翔传》，第4700页。
③ 康熙《四川总志》卷35《筹边》。
④ 《明史》卷172《张瓒传》，第4598页。
⑤ 康熙《四川总志》卷35《筹边》。
⑥ 康熙《四川总志》卷35《筹边》。

何卿传》载：

> 黑虎五寨番反，围长安诸堡，乌都、鹁鸽诸番亦继叛。卿皆破平之，就进都督佥事。威、茂番十余寨连兵劫军饷，且攻茂州及长宁诸堡，要抚赏。卿与副使朱纨筑茂州外城以困之。旋以计残其众，战屡捷，遂攻深沟，焚其碉寨。诸番窘，请赎罪。卿责献首恶，番不应。复分剿浅沟、浑水二寨，歼之，诸番乃争献首恶，插血断指耳，誓不复叛。卿乃与刻木为约，分处其曹，画疆守，松潘路复通。①

此次战乱于嘉靖五年（1526年）开始，至嘉靖十五年（1536年）才得以平定。何卿为了加强防御，又广筑寨堡，在松潘卫修筑的有长安堡、马路堡、师家堡、永平堡等，在安县修筑的有叠溪堡、灵鹫堡、曲溪堡、香溪堡、后庄堡、辕门堡、擂鼓坪堡等。② 万历初年，松茂一带"诸寨番人攻堡，戕职官，架飞梢炮，依险为乱"③，明廷调集播州、酉阳、平茶等土兵数万人，在万历十四年（1586年）才将其平定。为加强控制，这一时期也修筑了一些寨堡。明代四川西北部城寨分布情况如表2-1所示。

表2-1　明代四川西北部城寨分布情况

政区名	城寨关墩名
松潘卫	松潘城、小河城、漳腊堡、松林堡、伏羌堡、红岩堡、三舍关、镇远堡、小关子堡、松垭堡、三路堡、师家堡、四望堡、长安堡、马路堡、师家堡、永平堡、御寇墩、靖虏墩、西宁关、熊桢屯堡（熊溪屯）、小屯堡、东胜堡、安化关、云屯堡、镇革堡、新塘关、艾蒿关、百胜堡、龙韬堡、归化关、北定关、浦江关、平夷关（平夷堡）、金瓶堡、镇平关、镇番堡、靖夷堡、平定堡、松林堡、伏羌堡、红岩堡、镇远堡、三舍关堡、小关子堡、松垭堡、流沙关、虹桥关、谭廊屯堡、塘舍屯堡、羊裕屯堡、绝塞墩、高屯堡、谷粟屯堡、镇房堡、天险墩、观化墩
小河守御千户所	小河城、叶堂堡、峰岩堡、马营堡、水进堡、镇夷堡、乾坤堡、铁龙堡
叠溪守御千户所、茂州	叠溪城、雁门关、定远墩、保安墩、三路口墩、青上坪墩、天门石墩、三教湾墩、汶堡、丫子口墩、落潭墩、马原堡、草堂堡、中滩堡、慕义墩、社坛墩、宁江堡、白水寨、永镇堡、长安堡、长宁堡、七星关、鸡宗关、石榴关、宝大关

---

① 《明史》卷211《何卿传》，第5589页。
② 嘉庆《安县志》卷12《关隘》，第43页。
③ 《明神宗实录》卷167，万历十三年十月甲申。

续表

政区名	城寨关墩名
石泉县	石泉城、鱼滩子堡、万安堡、观化墩、振番墩、喜平墩、喜丰墩、喜隆墩、坝底堡、石板关、白印堡、回头岭墩、赤珠古寨、嘉定堡、喜悦墩、喜宁墩、新平墩、喜安墩、通宁墩、石泉堡、青片堡、枇杷墩、船头坪堡、宝珠古寨、罐子堡、擂鼓坪堡、双溪堡、大鱼关堡、镇印墩、茅堆墩、大方墩、四寨墩、奠酒垭堡、复土堡、奠边关堡、烂柴湾堡、徐坪垭堡、吐坛堡、徐塘堡、山茅堡、龙坪墩、大印堡、伏羌堡、绝番墩、平番堡、青冈堡、永平堡
威州	威州城、子关城、保县堡、高沟墩、西顾墩、无敌墩、后山中墩、靖远墩、镇夷关墩、坡底堡、木渣墩、靖夷墩、石灰墩、永宁墩、霸州堡、后山墩、小碉墩、社稷墩、黄茨坝墩、万宁墩、蒲草墩、威夷墩、乾溪堡、乾溪墩、新安堡、新安堡
安县	安县城、擂鼓堡、后庄堡、香溪堡、叠溪堡、曲溪堡、三江堡、灵鹫堡、枧槽堡、马尾堡、白水堡、龙蟒堡
平武县	双溪堡、大鱼关、永平堡、奠边堡

资料来源：《读史方舆纪要》、康熙《四川总志》、道光《茂州志》、同治《直隶理番厅志》、道光《龙安府志》、道光《石泉县志》等。

三 明代四川南部的军事形势与寨堡营造

川南地区原为僰人聚居之地，至唐宋以来，"都掌蛮"逐渐在这一地区发展，至明代成为该地区最有势力的族群，而此时都掌蛮的构成已经趋于多元，包括都掌族群及融入的汉、彝、苗等族群。① 元代叙州路北部设有宜宾县、庆符县、南溪县，南部设有长宁州、高州、珙州、戎州，筠连州则属于永宁路。明洪武六年（1373年），将筠连州、长宁州、高州、珙州、戎州分别改为筠连县、长宁县、高县、珙县、戎县，俱隶属于叙州府，看似由州改县，级别降低，实则是管理更加严密，编户增加。明廷在川南地区积极进取的态势及地方官吏的处置失当，引起了与都掌族群之间的矛盾。

在明廷势力进入川南之初，就与都掌人发生了摩擦。洪武二十七年（1394年）明廷以"戎县夷出没"为由，调叙南卫左千户所于戎县守御。②

---

① 刘复生：《古代"僰国"地区的僰人及其"消亡"》，《四川大学学报》（哲学社会科学版）2020年第5期。
② 康熙《四川总志》卷35《筹边》。

永乐年间，明廷调总兵官梁福征讨川南都掌人，都掌人窜入深箐，无法追讨，乃改为招安。永乐十三年（1415年），又派遣都督李敬率军捉拿反叛的都掌人头目，招抚其党羽。宣德二年（1427年），都掌人入侵筠连，都指挥徐谅到县安抚，遂散去；不久，又攻高、珙、长宁等县，明廷令监察御史杨灿到戎县进行招抚；宣德九年（1434年），再次聚集反抗，明廷调都指挥李荣率领驻扎在戎县的卫所官兵进剿，擒斩39名。正统四年（1439年），都掌人又攻击各县，都指挥王杲前往招抚。景泰元年（1450年）正月，高、珙、筠连、戎等县都掌人不仅自扰地方，还北上进攻庆符、江安、纳溪等县。明廷派遣都御史李匡、监察御史刘瀚等率军征讨，"适时盛暑，多疫疠，士卒死者甚众"①，连刘瀚也病死于川南，师出无功。天顺元年（1457年），都掌人又攻围筠连城九日。

成化元年（1465年），明廷以川南都掌人叛服不常，令都御史汪浩、都督芮成到川南地区处置，因汪浩要在成都处理赵铎的叛乱，就让芮成先到叙州府处理。芮成想招抚诸寨、设立土官以图久安，考虑到戎县的官民大多不支持，就不通过戎县，让邻县土酋带领参议王礼等到都掌诸寨招谕，告诉他们朝廷准备设立土官、准许世袭的情况。都掌人非常高兴，各部酋长纷纷带随从到叙州府拜见芮成，并自备马匹以便进京朝谢。都御史汪浩到后，却将这些酋长及其随从共270余人杀死，并诬称其谋反。于是，都掌人掀起了剧烈的反抗斗争，伏杀贵州都指挥丁实所部5000余人，又北上进攻汪浩所部。汪浩急忙逃往成都，明军夜行迷道，人马坠入溪谷死者不可胜数②，川南乡村百姓也纷纷逃到长江以北地区。明廷派人招抚，都掌人又入京贡马、献铜鼓，并请设土官，但"汪浩等欲实前奏，终不与设官，夷人益恨，复抄掠"③。明廷乃派襄城伯李瑾为总兵官、太监刘恒为监督、兵部尚书程信提督军务，调集大军征讨。

成化三年（1467年）十二月，明廷大军抵达永宁，分兵七路出击：都督芮成由戎县出发，巡抚贵州都御史陈宜、参将吴经由芒部出发，都指挥崔旻由普市冰脑出发，南宁伯毛荣由李子关出发，巡抚四川都御史汪浩、参将宰用由渡船铺出发，左游击将军罗秉忠、右游击将军穆义由金鹅池出发，李瑾、程信居中节制。大军转战六日，破龙背、豹尾诸寨。次年，至大坝，焚

---

① 康熙《四川总志》卷35《筹边》。
② 康熙《四川总志》卷35《筹边》。
③ 康熙《四川总志》卷35《筹边》。

寨千余座，前后斩首4500余人。战后，"于渡船铺增置关堡，改大坝为太平川长官司，分山都掌地，设官建治控制之"①。但是，这次大规模征讨并未给川南地区带来持续的稳定，礼部侍郎周洪谟言：

> 臣叙人也，知叙蛮情。戎、珙、筠、高诸县，在前代皆土官，国朝始代以流，言语性情不相习，用激变。洪、永、宣、正四朝，四命将出征，随服随叛。景泰初，益滋蔓，至今为梗。臣向尝言，仍立土官治之，为久远计，而都御史汪浩徼幸边功，诬杀所保土官及寨主二百余人，诸蛮怨入骨髓，转肆劫掠。及尚书程信统大兵，仅能克之。臣以谓及今顺蛮人之情，择其众所推服者，许为大寨主，俾世袭，庶可相安。②

在一些朝臣看来，与其不断调集大量军队、劳师糜饷与都掌人角逐于狭窄的川南山地，不如实行土司制度，依靠土司力量、沿袭其习俗治理当地百姓，但这种想法在当时并没有付诸实践。正德九年（1514年），普法恶以"弥勒出世"为号召，自称"蛮王"，率军反明。此时都掌人在争地事件中屡次被官府欺压，于是"诸寨俱叛，众几万人，攻城堡"③。正德十一年（1516年），明廷调副都御史马昊、都指挥杜琮等率军征剿，普法恶被杀，余众推阿告为主，仍与明廷对抗，至次年才投降。战乱平定后，马昊没有进一步修建寨堡以加强防御，而是遽然班师，又奏请增加高、珙、筠连等地田租1800石，命令指挥魏武进行度田，夺投降之人的产业给当地军士。同时，珙县知县步梁还诱杀了降人阿尚，杜琮也出钱购买降人谢文义的头颅，"于是文义乘群蛮怨，嗾之，遂大讧。攻高、庆符二县，破其城。琮率兵御之，又败，死伤七百人。自黎雅以西，天全六番皆相继乱"④。明廷将马昊治罪，但川南的军事形势已日趋严峻。在嘉靖、隆庆年间，都掌人多次发动反明抗争，"蛮中杰酋阿大、阿二、方三等俱僭号"⑤，占据九丝、凌霄、都都等城。

万历元年（1573年），四川巡抚曾省吾、总兵刘显等聚集土汉官兵，号称十四万，先攻凌霄城，六月拔都都城，八月进逼九丝城，至重阳节，乘都掌人赛神之际，攻入城内。这次平乱，明军"先后下蛮寨六十有奇，燔营舍

---

① 《明史》卷172《程信传》，第4594页。
② 《明史》卷312《永宁宣抚司》，第8051页。
③ 康熙《四川总志》卷35《筹边》。
④ 《明史》卷187《马昊传》，第4968页。
⑤ 康熙《四川总志》卷35《筹边》。

六千所，擒斩俘获四千六百有奇，擒酋王三十六，招安三千三百，拓地四百里"①。至此，都掌人退出历史舞台，融入其他族群。明廷将戎县改名为"兴文县"，至此才在这一地区建立了较为稳定的统治。在长达200余年的战争里，双方各有攻守，修筑了大量寨堡。明代四川南部寨堡分布情况如表2-2所示。

表2-2　明代四川南部寨堡分布情况

县名	辖境内寨堡
庆符县	靖边堡
长宁县	梅洞堡、三堆山营寨（2处）、盐井坝堡、城西堡、九龙山寨、挂榜岩寨
筠连县	平蛮堡、县西堡
珙县	上罗计堡、老鹰寨、茄子寨、福缘寨、罗家寨、凤烟寨、老虎寨、黑虎寨、卢家寨、下罗寨、余家寨、车家寨、柏杨寨、平寨、夷家寨、古老寨、陈泗寨、高寨、铜鼓寨、何家寨、万家寨、母猪寨、大寨、杜蘮寨、元帅寨、堡子城、明堡、天堂寨、石头大寨
兴文县	凌霄城、九丝城、都都寨、箐前寨、昔乖寨、昧漏寨、大穴塘寨、天井洞寨、石头大寨、老虎寨、牡猪寨、岩底寨、落崖川寨、山洞寨、猫儿崖寨、鸡爪山寨、青山寨、峰崖寨、磨底等寨、落豹寨、阿儿寨、高寨、平寨、洪崖寨、董木寨、两河寨、印坝寨、鸡冠岭寨、内官寨、钓猴山寨、牡猪寨

资料来源：《读史方舆纪要》、康熙《四川总志》、嘉庆《长宁县志》、光绪《叙州府志》、光绪《珙县志》等。

四　明代四川与湖广交界地区的防御形势与寨堡营造

川东重庆、夔州二府，"去会城颇远……所属黔江、武隆、彭水、忠、涪、建始、奉节、巫山、云阳等州县，界与湖广之施州卫所辖之散毛、施南、唐崖、中路等彝司犬牙交错，加之播、酉、石柱等司土汉相杂，争斗劫害，无岁无之"②。这些地区在明代虽未发生较大规模的战乱，但小的争斗在所难免。为了控制这些地区，明朝也在交通要道修筑了寨堡。如嘉靖十年（1531年），朝廷于黔江千户所与散毛宣抚司交界一带设三关五堡，迁黔江千户所军士入关堡守御。

在云阳，明廷修筑了寨堡74座：井木寨、龙洞堡、大龙堡、寺庄堡、柏

---

① 康熙《四川总志》卷35《筹边》。
② 康熙《四川总志》卷35《筹边》。

杨堡、庙基堡、石龟堡、东阳堡、佛图堡、新军堡、宝塔堡、太阳堡、踏江堡、大罗堡、小滩堡、马岭堡、横梁堡、黄土堡、上岩堡、盘缆堡、盘沱堡、仰坪堡、九堆堡、望夫堡、三龙堡、置瑶堡、院庄堡、土门堡、鹞子堡、东桥堡、章井堡、平梁堡、泥溪堡、茅坪堡、上柘堡、下柘堡、新安堡、新郎堡、东平堡、洞泸堡、梅子堡、鸡鸣堡、平天堡、厢坪堡、沙河堡、安渡堡、洞口堡、南溪堡、鱼塘堡、炎渠堡、附马堡、水充堡、净堡、江口堡、茶坪堡、新里堡、大均堡、云兴堡、五溪堡、上蒜堡、黄连堡、大水堡、康天堡、平溪堡、路阳堡、后约堡、鹿头堡、荆竹堡、高阳堡、铜铃堡、洞溪堡、白崖堡、石墙堡、马尿堡。① 因大部分州县在明代或没有修纂方志，或是方志没有保存下来，我们不能了解这些地区修筑塞堡的情况，但仅存的几部明代四川方志之一的嘉靖《云阳县志》中就记载有这么多寨堡，可见其时寨堡之多，其他各州县寨堡的数量应亦不少。建始县在巫山县南30余里处的插花地上设立了指阳、新化、马下、沈溪四屯。由于距离建始较远，难以管理，"明嘉靖隆庆间，常勾引卫地戎角、刁龙等处洞蛮劫掠南境之民"②。巫山县境也有寨堡34座：江东堡、七星堡、左岩堡、汉坪堡、三会堡、平天堡、平南堡、南睢堡、遇渡堡、马踏堡、瀑龙堡、白灰堡、水坪堡、磊头堡、平龙堡、巴雾堡、竹巴堡、龙雾堡、龙溪堡、龙凑堡、起阳堡、小寨堡、官农堡、羊耳堡、洋溪堡、新兴堡、老鸦堡、韩家堡、下田堡、上田堡、水口堡、金灯堡、当阳堡、两路堡。

五　明代四川的流民抗争与寨堡营造

明代的夔州府、保宁府距离省城遥远，辖通江县、南江县、达县、东乡县、大宁县、大昌县等州县，地处大巴山区，与湖广、陕西两省毗连，地广人稀，"山深地旷，流移遁逃，易于啸聚为盗"③。这一时期，原本人烟稀少的秦巴山地，在人口增长的大背景下，大量流民进入山区谋生，众至数百万。这些流民进入山区后，搭盖简易窝棚居住，又称"棚民"。除了少数流民正式入籍或附籍于当地土著外，大部分流民或由于来去无常无法附籍，或由于生活困苦不愿附籍以躲避朝廷赋税徭役，还有已附籍而又逃流往他处谋

---

① 嘉靖《云阳县志》卷上《关堡》。
② 光绪《巫山县志》卷3《疆域志》，第296页。
③ 康熙《四川总志》卷35《筹边》。

生的，这为明廷的管理带来巨大困难。① 这些流民生活困难，喜好抱团以相互帮助，在明廷的高压之下则易举兵相抗。成化元年（1465 年），刘通、石龙等以荆、襄一带为中心发动大规模反明斗争，川东地区也受波及，巫山、大昌等城池被攻陷，至成化十二年（1476 年），都御史原杰改剿为抚，才平定战乱。②

正德三年（1508 年），再次爆发了以流民群体为主的反明斗争。正德四年（1509 年）十二月，蓝廷瑞自称"顺天王"、鄢本恕自称"刮地王"，廖惠自称"扫地王"，此三人皆保宁府人，率众号十万，加上不统属而势力更大的刘烈（也是保宁府人，一说眉州人）所部，反明武装数量很多，依托于大巴山的高山密林，在川、陕、楚交界地区流动作战。明廷任命都御史林俊为巡抚，到四川进剿。这一年，刘烈被乱兵所杀，余众以廖麻子、喻思俸为主，势力仍盛。正德五年（1510 年），明廷又任命刑部尚书洪钟兼左都御史，总督川、陕、湖广、河南四省军务，以整合数省力量征剿流民武装。四月，蓝廷瑞、廖惠攻破通江县。林俊调汉土官兵攻之，斩杀 6000 余人，擒廖惠，蓝廷瑞与鄢本恕则合兵而走。

正德六年（1511 年）正月，江津人曹甫称顺天王，攻江津县，林俊急转军入江津，杀死曹甫，擒斩 3000 余人，余部由方四、任胡子、麻六二等率领，由綦江逃往贵州，而鄢本恕、蓝廷瑞等乘机大掠蓬、剑二州。六月，蓝廷瑞等攻入营山县，洪钟、林俊及陕西巡抚蓝章等合军围攻，令流民到东乡县金宝寺就抚。蓝廷瑞等到东乡县后，请求将营山县或开县临江市让给他们作为驻军之地，洪钟答应了他们的请求。为了拉拢战斗力颇强的土司兵力，蓝廷瑞将女儿嫁给永顺宣慰使彭世麟为妾，并亲自与鄢本恕等 28 名头目到彭世麟处赴宴，被早已在那里埋伏的明军所擒，只有廖麻子逃脱。

八月，方四再次入川，攻南川，杀百户柳芳，扬言要占领重庆、泸州、叙州府，攻成都，明军急忙调集军队来到川南。九月，方四等攻江津，被石柱土兵击败，在合小坪扎营，又被击败，四营尽失。不久，方四等又以 8000 人攻江津，林俊率土汉官兵围攻，杀任胡子，斩首 1800 余级，俘 3400 余人，明军千户田宣、冉廷质等也阵亡了，方四率余部逃往贵州。

此时太监用事，遇有大军征讨，往往让其弟侄私人寄名军籍以冒军功，林俊一概拒绝，又与洪钟在征讨方略上意见不合，遂被迫致仕。乘明廷内部

---

① 张建民：《明代秦巴山区的流民与资源开发》，《人文论丛》1999 年第 1 辑。
② 《明史纪事本末》卷 38《平郧阳盗》，第 561—569 页。

矛盾之际,方四再次率军入川,攻南川,陷綦江。廖麻子、喻思俸以及内江人骆松祥、崇庆人范藻等也分攻各州县,众号二十万,攻破铜梁、荣昌等县城,围中江县城,将要到达成都。① 洪钟无计可施,被御史王伦以"纵祸殃民"的罪名弹劾,被罢职。明廷改命右都御史彭泽、总兵官时源率军征讨。彭泽以在河南平定刘惠、赵鐩而知名,"体干修伟,腰带十二围,大音声,与人语若叱咤"②,很得军心,且颇知行军之道。在他的主持下,正德九年(1514年)四川的反抗武装被基本消灭。后四川按察使司副使张俭奉命巡查川东地区,在险要之地修筑关堡,其《麦子山议》载:

> 为清察贼巢,修备关堡以防后患事。近该本道巡历夔州府,询访民情,土俗俱称麦子山地方重岩复岭,陡涧深箐,非惟山势恶险,兼且地连湖、陕,素为盗贼渊薮。如先年鄢、蓝啸聚于此,酿成大患,全蜀被其荼毒。即今虽云宁靖,但旧穴犹存,难免日后之患。已委夔州府、卫经历文尚纲、陈瀚朝前去踏勘地势,询采居民方略,或焚其林箐,或塞其险阻,或究出没要路,应否设堡把守,务使贼巢扫荡,永保无虞,以为经久之计。去后,今据各官称,遵依亲诣本山访看,得山势延袤数百余里,东抵湖广当阳、房、竹及本省宁、昌等县,北邻陕西平利及本省东、太等县,西南二面与本省奉节、云、开、万等县连界,内有红线岩、筛罗坝、栗子寨、双古坟四处,原有古寨旧基,可容百万余人,壁立万仞,四面俱是悬岩,止有一线之路可通。上有平田、古井,足供衣食。山腰天生石门一座,若被贼把守,再无别路可登。真所谓一夫当关,万夫莫敌者也。山内虽有新旧居民千有余户,但地广居散,力分势寡,难以守御。况北连万顷柴山,常有各省流民一二万在彼砍柴,以供大宁盐井之用。一遇饥荒,即投入山,据险流劫,尤为可虑。本山居民愿乞于石门、双古坟、筛罗坝等处通贼要路,设立关堡,邻近居民情愿编为夫甲,轮流把守,缓急有备,使各贼不得入山据险,民得安生等因,转呈到道。看得麦子山之利害,系全蜀之休戚,历年以来因无先事之备,往往致贼据险流劫,酿成大患,今据所呈,欲于石门、双古坟、筛罗坝通贼要路,设堡编夫把守,则本山居民各以保家为念,不待督责,而严似为有见。合无依其所拟,委官前去估勘设立,并将本山新旧

---

① 《明史》卷187《马昊传》,第4967页。
② 《明史》卷198《彭泽传》,第5235页。

居民量地远近，编立火夫，分属各堡，仍选立千夫长一名，百夫长五名，本道给与粉牌管束，令其轮流守把，杜贼入路。其立堡所费，除本山原有石木不计外，应给工食量于附近县库查支，无碍官银给发，不许侵克冒滥。每月朔、望日，附近县分仍取各堡千百夫长，不致纵贼入寨，卖放真盗，妄拿平人，结状申缴。本道查考各完日，将动支过银两数目，编金过夫甲姓名，各造册缴报，庶几永为御备之规，潜消意外之变矣。①

据《读史方舆纪要》，麦子山在夔州府北200里，"山延袤四百余里，东抵湖广之房、竹，北接陕西之平利，西南则与奉、云、开、万等县相连"②。"麦子山"之名今天已失，据其描述，应即大巴山一段的称谓。红线岩，在今巫溪县境，嘉庆时期白莲教曾在此建立据点。石门，即石门关，宋代时即筑有石门隘寨，在今巫山县曲尺乡之长江北岸，是由巫山自陆路进入奉节的重要通道。③

在正德年间的战斗中，明军"用兵六载，屡成屡衄"④，不仅失陷了一些城市，广大的乡村更是饱受战乱，百姓纷纷筑寨自卫，这在清代方志中仍可找到一些线索。由于明代方志大多未修或遗失，这些寨堡只是极少的一部分。明正德年间四川寨堡分布情况如表2-3所示。

表2-3 明正德年间四川寨堡分布情况

县名	寨名	寨堡简况
江津县	宝鼎山寨	县西120里，上有三石如鼎。明正德中，邓刚率众筑寨，敌不敢犯
江津县	营盘山寨	县西130里，正德六年，方四屯兵于此
江津县	龙登山寨	县东100里，四围石壁高耸，有一路可升。正德七年，盗起，屯义兵于此，为一方保障
中江县	沙尖山寨	县南30里，秀拔俊丽，高出众山。明正德间居民避兵于此
新宁县	方城寨	治东60里，危岩磈磈，高可千寻，状如狮踞，四围石壁削成，上平衍，甘泉出焉，生植皆畅茂。明正德中避寇，得免者数千人

① 康熙《四川总志》卷35《筹边》。
② （清）顾祖禹：《读史方舆纪要》卷69《夔州府》，中华书局，2005，第3250页。
③ 参见裴洞毫《宋代夔州路砦堡地理考》，西南大学，硕士学位论文，2009，第7页。
④ 《明史纪事本末》卷38《平蜀盗》，第686页。

续表

县名	寨名	寨堡简况
渠县	大斌山寨	县东北70里，壁立数十仞，四面峭削，顶平如砥，与礼义山对峙，旧名幞头山。正德中，土人避兵于此。崇祯末，邑人郭荣贵率乡人筑寨，避贼保聚七年，存活万余人
	老鹳寨	县北60里，下即龙林寺，明正德间鄢、蓝贼至，围寨，不克。贼目率众毁寺，追夜忽有若凭贼之子者，反刃向贼言曰：还我庙来！贼大惊，匍匐自言知悔，因率众遁去
通江县	得汉城	县东北百余里，万山中崛起堑崖，四面峭绝，独西、南二径凌险，转折而上，诚有"一夫当关，万夫莫开"之势……明都御使林俊驻军四年于此，平贼蓝廷瑞、鄢本恕
巴州		鹰嘴、高眉等十堡

资料来源：道光《重庆府志》、同治《新宁县志》、同治《渠县志》、道光《巴州志》。

六 明末的反明战争与四川寨堡修筑

万历末年，明王朝的统治已疲态尽显，在北方与蒙古人的作战中屡次败北，东北地区随着女真人的崛起而疆土日缩。在南方，土司势力也蠢蠢欲动。天启元年（1621年），永宁宣抚使奢崇明袭占重庆，"分兵一扼夔州水口，一踞綦江、遵义，一踞泸州，一截川西栈道，全蜀震动"①。随后，永宁军相继攻破遵义、纳溪、泸州、江安、兴文、永川、长宁、荣昌、隆昌、璧山、叙州府等地，围成都，幸得左布政使朱燮元率领军民百计守护，城保未失，又在石柱等土司军队的帮助下，将重庆等城收复，奢崇明率众退往贵州。战乱之下，乡民筑寨守御，如铜梁县南70里的天星寨"践山为城，山高百余丈，可容数百家，明季避奢逆时筑，旧址尚有"。又有天心寨，"近水口场，四围壁立，形如峰腰，旧为明季避兵所，咸丰间里人补修，迭经滇匪，无恙"。② 直至崇祯年间，明廷阵斩奢崇明、安邦彦，招降安位，才将这场战乱平定。③ 而此时，李自成、张献忠等已经揭竿而起，天下大乱，四川则是战祸最惨烈的地区之一。

崇祯六年（1633年）二月，张献忠率军由陕西入川，克大宁、大昌、新宁等县，被明将左良玉追击，不敢驻足，转战入楚。次年，张献忠自郧阳渡

---

① 《明史纪事本末》卷69《平奢安》，第1109页。
② 光绪《铜梁县志》卷1《山川》，第605、607页。
③ 《明史纪事本末》卷69《平奢安》，第1125页。

汉水攻襄阳，又连续攻陷紫阳、平利、白河等县，再次入川，攻陷川东大郡夔州府，"自贼起陕西……未有破大郡者，至是，天下为之震动"①。随后，张献忠由云阳、开县、达州进入川北，"攻广元，逼四川，所在告急"②，后由北进入陕西。

崇祯十年（1637年）十月，李自成、张天琳（过天星）、惠登相（混天星）等率数十万众入四川，在广元击溃川军主力，杀四川总兵侯良柱，攻破南江、通江、广元、昭化、剑州、梓潼、江油、新都、郫县、金堂等36个州县，围困成都十余日而还，"蜀创甚"③。

崇祯十二年（1639年）五月，先前投降明军的张献忠在谷城再次起兵，"十三家降贼一时并叛"④。明廷震动，命大学士、兵部尚书杨嗣昌率大军围剿。崇祯十三年（1640年）二月，明军左良玉、贺人龙等部大败张献忠于四川太平县玛瑙山，斩首1300余级，擒获张献忠的妻妾，又追围之。张献忠通过贿赂左良玉，才得以逃入兴山、归州一带大山中。不久，张献忠招集旧部，又得到罗汝才等部的支持，势力恢复。此时的明军，却已陷入混乱中。作为楚人的杨嗣昌，不愿农民军在湖广，竟提出了"驱贼入川"的策略，企图把农民军赶入四川再聚而围歼，这种以邻为壑的做法遭到四川官员和将领的厌恶和抵制，"自贼再入川，诸将无一邀击者。嗣昌虽屡檄，令不行"⑤。同时，当时其手下最能征战的当属左良玉和贺人龙两部，杨嗣昌曾奏请授予左良玉平贼将军，位居诸将之上，使左良玉日渐骄纵。为了制衡左良玉，杨嗣昌想要提拔贺人龙，但由于玛瑙山之战中左良玉居于头功，杨嗣昌反悔，"人龙愠，反以情告良玉，良玉亦愠"⑥，于是两将开始对其阳奉阴违。杨嗣昌命贺人龙等在奉节土地岭集结阻击，贺人龙经过此前的事件，拖延不进，其他各部士兵多为新招募，战斗力有限。是年八月，张献忠"乃悉众攻楚兵于土地岭，副将汪之凤战死"⑦，至此入川之路一马平川，再无阻隔，明军只有尾随而已。川军在巡抚邵捷春的率领下，在梓潼水（今潼河）沿岸设防，但战斗力有限。

---

① 《明史》卷292《何承光传》，第7484页。
② 《明史》卷309《流贼传》，第7951页。
③ 《明史》卷269《侯良柱传》，第6914页。
④ 《明史》卷309《流贼传》，第7971页。
⑤ 《明史》卷252《杨嗣昌传》，第6518页。
⑥ 《明史》卷252《杨嗣昌传》，第6518页。
⑦ 《明史》卷309《流贼传》，第7972页。

第二章　明清时期四川寨堡修筑的历史进程

十月，张献忠于梓潼水大败川军，向成都进军，明廷逮捕四川巡抚邵捷春，论罪处死，而杨嗣昌未被处罚，进一步加剧了川将与杨嗣昌的矛盾。张献忠由绵州、罗江、德阳、汉州、新都抵达成都郊外，见成都城坚难克，转而攻掠简州、乐至、安岳、内江、富顺，十二月到达泸州，又转入江安、南溪，北上经富顺、内江、资县、资阳到达德阳，转掠潼川州、盐亭、南部、仪陇、巴州而向东去。在这次行军之中，明军只有尾随之力，不能对其造成有效打击，张献忠的士兵唱道："前有邵巡抚，常来团转舞。后有廖参军，不战随我行。好个杨阁部，离我三天路。"① 崇祯十四年（1641年），张献忠到达开县黄陵城下，"（贺）人龙兵噪而西归。召良玉兵合击，九檄皆不至"②，只有猛如虎仍率部尾随，但其所率兵将多为左良玉部兵，骄悍不可制。张献忠乘势率军反击，明军惨败，参将刘士杰、游击郭开、猛如虎的儿子猛先捷等均战死，"旗纛军符尽失"③。此役后，明军畏敌如虎，参军万元吉收残卒驻夔门，"一日登白帝城，见贼掠于山谷间，我军逡巡其后，无一人御之者"④。张献忠又日夜急行突袭襄阳，俘杀襄王朱翊铭和贵阳王朱常法等人，发银十五万两赈济灾民。杨嗣昌"驱贼入川"策略宣告失败，得知消息后，他也畏罪自杀，张献忠益不可制。

崇祯十七年（1644年），张献忠再次沿长江西上，想要"暂取巴蜀为根，然后兴师平定天下"⑤。此时，四川已经难以组织防御，夔州、万县、涪州相继被攻克。六月，张献忠在铜锣峡击败明军，克重庆，杀瑞王宗室及巡抚陈士奇等官员，宣布"但能杀王府官吏，封府库以待，则秋毫无犯"⑥。直到张献忠的军队到达内江、资中之时，蜀王才捐金招募新军，但无人响应，又想逃走，但被城门看守阻拦。九月，张献忠攻破成都，蜀王与妃嫔投井而死，内江王、太平王、四川巡抚龙文光等人也自杀或被杀。张献忠一面派兵分头略地，一面建立政权机构，以蜀王府为宫，以成都为都城，国号大西，年号大顺。⑦ 此时，李自成的部将也从陕西南下攻占保宁府、顺庆府一带，但又被张献忠遣将逐之。但是，张献忠的统治并没有持续太久，重庆及川南

---

① （清）李馥荣：《滟滪囊》卷1《张献忠再寇四川》，道光二十七年梅花书屋刊本。
② 《明史》卷273《左良玉传》，第6994页。
③ 《明史》卷269《猛如虎传》，第6917页。
④ 《滟滪囊》卷1。
⑤ 《滟滪囊》卷2。
⑥ 《明史纪事本末》卷77《张献忠之乱》，第1334页。
⑦ 陈世松主编《四川通史·卷五·元明》，四川人民出版社，2010，第148页。

一带很快被明朝官兵占领，江口一战也大败于明将杨展，被迫将掳掠的金银财宝沉入江中，烧毁成都城，退往川北。①

自明代中期开始，频繁的战争给四川人民造成了严重灾难。特别是清末李自成、张献忠入蜀后，导致巴蜀地区社会秩序崩溃，"自是盗贼蜂起，西路陈麻子、下县蓝、召、周、重庆水贼李鹞子、于大海，嘉定巨贼姚、黄，如蚁战鸡斗无宁"，就连地处四川省腹地的遂宁县，亦出现了"民不满百家"的状况。② 所以在四川的传说中，历来流传有"张献忠屠蜀"的说法。当然，明末清初四川人口锐减，不仅是张献忠一人所致，还有明军、清军、"摇黄十三家""夔东十三家"及各类土匪的原因，但这场大动荡的破坏性，对百姓的伤害是让人不愿回望的。③ 战乱之中，有不少乡民筑寨自卫，流传下来的已不多，但仍遍及巴蜀各处。明代四川寨堡修筑情况如表2-4所示（不含上文提到诸寨）。

表2-4　明代四川寨堡（不含上文提到诸寨）

州县名	寨堡名	寨堡简况
长寿	天台寨	县北40里，平原突起，四面削壁，唯一径可踏，高30余丈，周3里，顶坦平，中有源泉，明末乡人建寨其上
綦江	九盘子堡	县南130里，明刘挺攻杨应龙处
合川	虎头寨	州西南，明玉珍据蜀，州人董孝友以兵抗之，守劫石坪虎头寨，保全一境。后归明太祖，封万户侯，卒，建岁寒亭祀之
璧山	龙洞山寨	县南百里，有洞，可容百余家，明末津、璧两邑民避此，全活者数十家
江北厅	卧龙寨	厅东120里，高四里，山顶有石垣，碑载明闵中珠建寨
江北厅	张关山寨	厅东北180里，上有天池岩峰二洞，高深莫测。元末张坤氏建石寨二，右为杀人沟，明初剪平之，立新兴铺，乾隆中改为复兴铺
巴县	旺笮寨	在蔡家乡，明万历时建
巴县	积福寨	在长生乡，明万历间建
巴县	双寨山寨	石龙、石滩、凉水三乡所属，明末建，有大小二寨

---

① "江口沉银"是四川流传已久的故事，以往被当作野史看待，近年来"江口沉银"遗址中发现了数万件财宝，确定了此传说的真实性。参见四川省文物考古研究院、国家文物局水下文化遗产保护中心、眉山市彭山区文物保护管理所编著《江口沉宝——四川彭山江口明末战场遗址出水文物选粹》，文物出版社，2018。
② 乾隆《遂宁县志》卷12《杂记》，第12页。
③ 学界对"张献忠剿四川"的问题研究较多，可参见以下文献：胡昭曦：《张献忠屠蜀考辨——兼析"湖广填四川"》，四川人民出版社，1980；何锐等校点《张献忠剿四川实录》，巴蜀书社，2002；郑光路：《张献忠剿四川真相》，四川民族出版社，2010。

续表

州县名	寨堡名	寨堡简况
荣县	江家山寨	明末之乱,张氏率众保此,有名市,曰"永兴场"
	平安寨	张献忠之乱,里人保聚于此
	营垠山寨	明末之乱,虞占高、桂高兄弟有材武,以嘉定杨展之委,率乡兵据山御贼,里境以全
	烟墩山寨	张献忠之乱,马氏驻军于此
崇宁	万人洞	在县北36里范家山脚,能容万人。明末乡人曾此避难
邛州	红岩山寨	县北30里,又名挂榜山,相传红土下卸,每主士子登科。明末,乡民聚兵,上结营拒贼
绵州	三姓洞	治东50里,洞深约二丈,高八九尺。洞壁刻有崇祯年号,时闻水声潺潺,相传苏任贾三姓所凿,为避乱地
广元	福禄山寨	县东170里,明张逆之乱,他处多蒙害,惟此山人各无恙,故名
	姜家塞	明时建,张献忠不能破,山高耸特立,深入云霄,一径往来,三面绝壁,洵非易至之所
	尖山寨	界于南江苍溪,山势突兀,高出群峰,四面壁立,惟通一径,有振衣千仞之势,明时建,今毁
射洪	桓侯寨	县东80里,明末乡民王鹞子拒献贼处,其下为马伏垭,相传贼众来攻寨,至山半马伏不行,人以为桓侯著灵云
蓬溪	黄栋寨	县北15里望城山下,明季村人避兵于此,遗址犹存
安岳	张公寨	在治东85里瑞云山,四壁如削,明末张侍御任学筑寨堵贼,俗呼张公寨
江安	城墙口寨	在井口上溪,明季里人于此筑寨守卫
洪雅	天生城	县西南30里,背枕飞仙阁,其前大小关山屏峙溪口,其外限以青衣江,江涛汹涌,急不能渡。昔余飞尝退献贼于此
井研	寨儿山寨	明末结屯之所。山不险峻,殆堡类耳
	南瓜山寨	明末乡人胡璟偕宗人御寇此山。贼来仰攻,一战破之,杀贼十数人。明旦,贼引大队掩击,胡氏举族遂遇害。璟以勇悍得免
仁寿	黑虎寨	在治东60里,山高数仞,黑石如虎,负隅状。明末流贼驻兵所
	牛角寨	在治北110里,献贼乱,修。故址犹存
	扎营山寨	在治南50里,镇场南。高耸,周遭皆石削如壁,明末避寇此,尽被杀

续表

州县名	寨堡名	寨堡简况
犍为	天全寨	在龙孔场，万全寨相掎角，自明至清历遭变乱均无恙
	紫云寨	在幺姑场，明代乡人避乱筑此，今祀杨子云
永川	狮山寨	县东38里，石庙场北八里。周围险峻，墙垣寨门皆前明遗迹。因而成之，防守甚便
璧山	古老寨	在县西北40里，其山至此突起峰峦，峭壁如削成。明季筑土城于其巅
定远	石笋寨	明末里人避兵于此。
	西山寨	明代建，又称"五虎寨"，清代称南禅寨
荣昌	太公寨	县北30里，建自前明，垣墙寨门古迹犹在，后倚悬岩前当孔道，旁建有太公庙，故今名"太公岩"
	蛇盘寨	县北60里，建自前明，形如长蛇，险似天堑，首尾寨门至今尚在，上建杨家庙，故今名杨家山
垫江	中嘴寨	县南8里，山甚险峻。明末张献忠之乱，程征吉纠合义士17人于其上，附者300家，男女千余口，巨寇余大海、李鹞子围之，三月不下，卒保无恙
开县	风云寨	治东20里，明季献贼踩蹋四川省，城寨无不破者，而此寨独完全
	累砌寨	在治西百余里，前明万历修，嘉庆四年重修时更名石辉寨
	秀才洞	在县东240里，明末陈、周、王、罗四秀才避献贼之乱，倚洞架屋而居
城口	桃垭寨	在七保金竹塘，距厅东30里，相传明中叶土寇杨三贼作乱，居民扎寨于此，石砌炮台垛墙，遗迹犹存
	金钱寨	在九保，距厅90里，山自山西大界岭分支绵亘数百里至黄溪河后，山高峰特耸，俯视众山。四面皆悬岩。相传为明左良玉扎营之所
	铜城寨	在九保，距厅西70里，山险峻坚固。相传明季左良玉屯兵之所。嘉庆初居民修寨避贼，往往掘出剑、戟等器，皆前代物
	莲花寨	九保高头坝，距厅西200里，亦古寨也，明末叶土寇孟君明作乱，居民曾此扎寨
	三宝寨	厅西南30里，相传为明时古寨，嘉庆初居民团练堵御，修理墙栅

续表

州县名	寨堡名	寨堡简况
城口	五龙寨	七保，距厅东125里，相传明季流寇张献忠之乱，左良玉屯兵于此，遗有大炮一尊，重数百斤，上有"劈山大将军左良玉铸"等字，至嘉庆初教匪倡乱，居民移此炮于寨坡堵御，炮始遗失。山最险峻，四面皆悬岩，可住数百家
	老鹰洞	九保庙坝，厅西南70里，一名老营洞，相传明季征土寇时曾此扎营
奉节	南平寨	在瞿塘峡口，大江南岸，对羊角山。明洪武四年（1371年）汤和等讨明玉珍，时玉珍用铁索横断江口，又于铁索外凿壁引绳为飞桥以御明师于此
	寂静坝	在县东30里，明末流寇四出，掠治地界，前后俱遭涂炭，唯此地岩立团寨，贼闻遁去，不闻戎马之声，故名
	方家洞	在县南150里，深不可测，容数百人，明末流贼扰夔，土人方姓者避此得免，因名
云阳	磐石城	明末为谭谊所据
阆中	廖家寨	在五区，距城约70里，相传明末之乱，七姓扼守是寨，流寇张献忠屠阆，此寨未经破者
仪陇	无敌洞	在治南25里香炉山右，洞路盘曲，伏行可入，内容数十人，有"无敌洞"三字，明崇祯丙戌年书
广安	玛瑙城	州北10里，明吴伯通诗"玛瑙古城北"指此
	石鼓寨	明旧筑。山形圆如鼓，下即宝珠岩。顺治初旧任州判易为歃落家于此
	禹山寨	距花桥10里，明旧寨，崇祯癸未陷于贼……北接蓬州界
	青云寨	明旧寨，顺治八年知州徐世振示民居寨结伴耕种，里人张天麟复筑此寨。四面皆山，有田12亩，东有水从深沟溪来，回绕如带，地本古青云山，下有林家庵，今里人直曰"林家寨"，在州北70里
	金花寨	近枫木凹北10里，明崇祯时筑
	古城寨	明旧寨，上有田数百亩，明末摇黄、嘉庆教匪至皆屡攻之，寨人力拒，杀贼甚众
	牛尾寨	州北45里，明时筑
	凤宜寨	州西，明崇祯四年明月寺碑记其名
	石泉寨	州东20里，濒渠江，旧曰"石船"，明末欧阳女史有诗
	荣禄城	州北80里，误为黄禄，明以此城名其乡
	月山城	州北110里，四面险峻，隐然长城。上游田数亩，池一顷，明末庠生张天麟避难筑此，小红旗贼来攻，力却之

续表

州县名	寨堡名	寨堡简况
广安	甘棠堡	州东郭10里，明成化末吴伯通建书院于此
	观澜堡	州东北100里，明嘉靖壬子知州伍思韶石刻尚存
	赵岳堡	州北王家桥，上有明督察院碑
	大黄寨	州北50里，明末摇黄之乱，寨民受祸最酷，西有小黄寨，亦坚固
	烛山寨	今作竹山，明旧寨。顺治八年知州徐世振来任，广安城中荆棘，驻此寨为治所，历任马士鲲、李云锦，学正王来熊均驻此，康熙二年知州黄标始移驻州城
定远	石笋寨	城北仁化里，即石笋寺。明季之乱，里人避兵于此，为贼攻毁，今复修
	姚家寨	城西德清里，即四角岩，明嘉靖时里人避贼于此
	南禅寨	即西山寨，明嘉靖李姓弟兄五人率里人避贼于此，又名"五虎寨"
达县	小城寨	明末清初，杨秉应踞东乡小城寨，荼毒一方。顺治丁酉年（1657年），马宁奉川抚李公国英调遣，进剿，统兵直抵城下，杨贼投诚，达境以靖
太平	红岩洞	二区城东北90里黄溪河右岸，危岩壁立，高百丈。洞分上中下三层，均一排五洞，上洞有天然城门，可以固守，中下皆人为之；中洞成于明末；下洞成于清末，最险要莫如中洞。又上洞最后处复有天然之洞，名曰"救命洞"，乡人避乱于此，多获保全
	大石潭	在母猪洞之下，岩隙高竖，隙口仅通人，内甚宽敞，明末清初土人建楼三座避难于此
	卧龙洞	四区城西140里三溪口马鞍山灵官殿下，明季张献忠之乱，人民潜伏其中，得保全者众
	高鼻寨	西南220里，亦属石人坝，峭壁撑挂，四面如削，彳亍而登，其上可容千户，明末张姓据此，悉获保全
	马鞍寨	西120里，四区三溪口天台山，又名马鞍山，高十余里，四面壁立一径，盘曲而上，顶上可容万人，足称天险。众人倚为长城。相传明季张献忠围攻，百计未破
新宁	泰山寨	治东南60里，旧名杨马寨，嘉庆三年（1798年）刘闻试、曾承忠等重修，更今名。村人云明时杨、马二将军驻兵于此，其断碣注姓氏，故老犹及见之，唯名不可考
	广福寨	治东南80里，岩险固，势极峭危，有石穴在岩下，中竖一碑，镌石室二字，用笔颇高古，侧有小兰若石刻，碑记载"前明万历年岁半"，模糊不清

续表

州县名	寨堡名	寨堡简况
东乡	小城寨	在南坝场15里东溪沟内，相传樊哙屯兵于此。明末流贼杨秉应盘踞十余年，与万县三谭互为声援。康熙八年始归版图，因改其山为平伏山云
	天台观寨	在赤溪场后十里山巅，明贡生冉璘尽节于此
	张飞洞 黑湾洞 秧鸡洞 燕窝洞	均双河口场属，明末流贼屠川，数洞保全者甚众
	唐家寨	东安场属，堤坂之上怪石林立，若蹲若踞，若负若承，若龈若腭，若堑若闟，难以名状，穴窦纷纭，幽邃莫测，里人周而城之，愈坚固。明季流贼屠川，向、唐二姓于此逃出，称为古老户云
	老君洞	在明月场西南5里许，上下皆绝壁也。洞于其中，宽数丈，长倍之，以石门分内外，人可由洞口匍匐人。崖前巨石人立，肢体略具，故以老君名
	方斗寨	方斗场属。大砠特立，方正如斗。寨广约40方丈，清顺治十年（1653年），明永历帝遣巡抚胡世亨驻此，并带州县官招降各地，清总兵吴之茂攻破之，缚世亨等13人至汉中，斩于市
	皇城寨	沿山场属，形椭圆，东属我邑，西属太平，以寨中最高处为天然接线。（原属巴州，清道光六年奏拨归太平）前明常为盗窟，万历戊寅设云程关其上以控制之，始渐弭平
邻水	中城寨	四达之冲，与垫江接壤，高八里许，悬崖峭壁左右两涧围绕，只一径可通，周围七八里，有树木、田地、寺院，可容数百家，寺中有池，四时不涸，崖畔遥望长、垫、梁山诸邑暸如指掌。明末流寇之变，居民筑砌固守，贼不敢犯
	石老寨	治东80里，当邻竹之冲，悬崖如削，高十余丈，前后两关逼窄，后关两石突立如人，俗呼之曰石老公石老婆。明末避乱，相传张鹏翮生此，后归遂宁
大竹	石泉寨	即长官坪。石河场南10里，明末流寇乱邑，庠生陈现奇合族保此，贼不能破
	柳城寨	二郎桥西南8里，东西二门雄镇北方。清初知县山前行署住此
	黄城寨	童家场东5里，元以前为荣城山，今之里名本此。明初为明玉珍所据，聚众成寨，称皇城。后讳"皇"，讹为"黄"，地势高峻，壁立数十仞，雄冠诸寨，上绝平敞，可住数千家

续表

州县名	寨堡名	寨堡简况
渠县	周家寨	县北80里，明末献逆乱后，城邑圯废，官吏皆倚此寨安居，历18年历三官至清康熙初始还故城，其考试岭公馆坡诸地至今犹存
	梭罗寨	县北100里，上有旧学基址，明邑举人曾镒讲学于此
	三台寨	在县南50里卷硐场侧，三峰齐峙，山形初无异同，其中峰下有前明万历朝传明经嘉行墓
	天台寨	在县南2里卷硐场侧，一名茅城寨，明万历时建
	石城寨	县西60里，寨前溪水围成弧线，形为宝城场保障。明洪武中建
南江	罗台寨	县西南130里，长池侧，形圆，可容数百人。上有古佛殿，明万历时建修，钟鼓之声闻数十里
	鼓楼寨	在县南130里，长池侧，形势同罗台。上有文昌宫，鼓声宏远，与罗台钟相接，亦万历年间制
	九龙寨	县西290里，明嘉靖间居民扎寨于此，寨下有碑刻"明敕封杨将军彦昭"字
巴州	九品山寨	在州东150里，山小而顶圩，四壁悬岩陡峭，仅一径可通步行，上可容千余人，周围皆大山环绕而不相连。明末献贼之乱，及嘉庆中教匪之乱，乡人避其上者皆获保全
	谢家洞	在州东120里，山上高险难登，明末献贼之乱，山下居民谢氏奔此避匿，俱得保全，故以为名
	刁家寨	在州东150里，相传以为明末刁氏所扎。寨形如蕉叶而平阔，一面连山如蕉干，立石为门，足以阻险

注：因资料主要来源于清代文献，所以州县名以清代政区名为主。上文已提及的寨堡不再重复列入。

资料来源：道光《重庆府志》、民国《巴县志》、民国《长寿县志》、民国《荣县志》、民国《崇宁县志》、嘉庆《邛州直隶州志》、民国《绵阳县志》、民国《重修广元县志稿》、光绪《射洪县志》、道光《安岳县志》、民国《江安县志》、嘉庆《洪雅县志》、光绪《井研县志》、同治《仁寿县志》、民国《犍为县志》、光绪《永川县志》、同治《璧山县志》、光绪《荣昌县志》、光绪《垫江县志》、咸丰《开县志》、道光《城口厅志》、光绪《奉节县志》、民国《云阳县志》、民国《阆中县志》、同治《仪陇县志》、宣统《广安州新志》、光绪《续纂定远县志》、嘉庆《达县志》、民国《万源县志》、同治《新宁县志》、民国《宣汉县志》、道光《邻水县志》、民国《大竹县志》、同治《渠县志》、民国《渠县志》、道光《南江县志》、道光《巴州志》等。

七 小结

明代的四川省辖域广大，其四周多为土司地区，叛服无常，川西南的四川行都司、川西北的松茂地区的防御形势最为严峻。为控制这一地区，明廷构筑了城、堡、关、寨、墩作为据点，以控制交通要道，连而为网状防御格局。在川南地区，明廷积极向"都掌蛮"地区渗透，多次以武力开边，双方修筑大量城寨以相攻伐，相持200余年，直至万历年间才尘埃落定。与湖广交界的重庆、夔州两府，为防止土司进军巴蜀腹地，也修筑了不少寨堡。正德年间，蓝廷瑞、鄢本恕、廖惠、曹甫等起兵反明，攻劫州县，在乡村之中流动作战，历时6年才被平定，受战祸袭扰的乡民纷纷筑寨屯聚。天启年间奢崇明发起反明斗争，引起全蜀震动，也促使一些地区修筑寨堡。明末张献忠、李自成等农民军相继入川作战，当地武装"摇黄十三家"随之而起，各路势力纷扰数十年，造成巴蜀人口急剧下降。动乱之中，乡民筑寨屯聚者数量更多，见于记载的有数十处，多为能够成功防守保全百姓者，其在乱世中被攻破者更是不可胜数。

第二节 清前期四川的军事形势与寨堡营造

一 清初四川的战乱与寨堡营造

1644年，李自成率大顺军攻入北京，崇祯帝自缢于煤山，明亡。不久，清军入关，击败大顺军，进入北京。同年十月初一，清顺治皇帝福临于北京举行登基大典，宣告清朝作为中央王朝的诞生。

同年，张献忠再次率领十余万大军，自江西西窥巴蜀，破夔门，屠重庆，一路所向披靡，攻占成都，建立大西政权。张献忠虽建立政权，然其统治并不牢固，地方武装、南明势力以及已经攻入陕西的清军都对他造成严重威胁。张献忠西上成都之后不久，南明巡抚马乾就夺取重庆，张献忠急派大将刘文秀顺江而下展开争夺。① 明副将曾英与参政刘麟长等自遵义北上增援马乾，与部将于大海、李占春、张天相等夹击刘文秀，杀其兵数万，南明军势力复振，兵众二十余万。曾英与马乾以重兵驻防重庆，并派其部将李占春、于大海夺取忠州、涪州，谭弘、谭诣攻占夔州府、万州。同时，吕大器、樊一蘅、杨展、马应试等亦攻占川南泸州、叙州、嘉定府等地，与大西军展开拉锯。

顺治三年（1646 年）三月，杨展、马应试等再次攻克嘉定，败大西抚南大将军刘文秀，军势颇胜。张献忠亲率十万大军南下，双方激战于江口。张献忠大败，急沉银江中，焚成都而走川北。由于川中人士对张献忠采取敌视态度，组织兵力与之对抗，张献忠以血腥屠杀的方式进行还击，造成其阵营中川将的恐慌。十一月，镇守朝天关的川将刘进忠投降清朝，引清军直抵西充凤凰山，张献忠猝不及防被射死，孙可望等率大西余部南下云贵。此后，清军以保宁（治今四川省南充市）为根据地，与南明军队、夔东十三家等势力展开拉锯，战事一直持续到康熙三年（1664 年）。② 在短暂的和平后，康熙十三年（1674 年）三藩之乱又起，吴三桂部将王屏藩率军三万进入四川，一时"三桂传檄所至，反者四起"③，战祸一直持续至康熙二十年（1681 年）。

川中长期战乱，导致社会秩序崩溃，各地土匪蜂起，号"土暴子"：

> 又各州县乱民，号土暴子，以打衙蠹为名，凡胥吏之有声者，纠众

---

① 南明即指明朝灭亡后，明宗室于南方建立的四个政权，包括弘光政权、鲁王监国、隆武政权、永历政权。明朝灭亡后，故明宗室及官员纷纷南下，于公元1644年5月拥立福王朱由崧于南京，以次年为弘光元年，史称"弘光政权"。顺治二年（1645 年）五月清军攻入南京，并执弘光帝于芜湖，弘光政权覆灭。次月，鲁王朱以海监国于绍兴，不到一年又覆灭。顺治二年六月，唐王朱聿键称帝于福州，以是年为隆武元年，于次年八月为清军所灭。顺治二年十一月，桂王朱由榔称帝于肇庆，以次年为永历元年。永历六年（1652 年），永历帝迁都贵州安龙，对四川、湖光地区发动猛烈攻势，但随后因内斗而分崩离析。永历十年（1656 年），迁都昆明，于永历十二年（1658 年）被清军所灭。参见谢国桢《南明史略》，上海人民出版社，1957；〔美〕司徒琳：《南明史》，上海古籍出版社，1992；钱海岳：《南明史》，中华书局，2006；顾诚：《南明史》，光明日报出版社，2011。

② 夔东十三家指明清之际于川东、鄂西、陕西南对抗清军的各部总称，主要由李自成、张献忠的余部及当地武装构成。其组成各部史籍记载有一定差异，大体包括袁宗弟、赫摇旗、贺珍、党守素、李本营、李来亨、谭文、谭弘、谭诣、刘体纯、王光兴、胡明道、姚玉麟等部。

③ （民国）赵尔巽等：《清史稿》卷474《吴三桂传》，中华书局，1977，第12845页。

擒之，或投之水，或畀诸火，甚则啇食其肉。官司束手，无可如何。而一时绅士家豪奴悍仆，戕灭其主，起而相应，深山大谷中，竖寨栅，标旗帜，攻劫乡里，以人为粮。其恶殆与献等。其时，川南、川北畏土暴子甚于流贼也。①

土匪横行，加剧了社会的动荡，最终导致人口凋敝，社会经济全面衰退。在全国局势趋于稳定的康熙十年（1671 年），四川仍是"蜀省有可耕之田，而无耕田之民"②。在三藩之乱平定后的康熙二十四年（1685 年），四川巡抚姚缔虞上疏言："四川迭经兵火，荒残已极。官户乡绅，多流寓外省。"③ 同年，四川松威道王骘亦称："四川祸变相踵，荒烟百里。臣当年运粮行间，满目疮痍。"④ 研究表明，清初四川的人口数量仅为 60 万左右，仅相当于现在四川一个中等县的人口数，而册载垦殖面积仅相当于明万历六年（1578 年）的 8.8%。⑤ 少量遗存下来的百姓为了尽量避免再遭杀害，只得修筑寨堡以为栖身之所，南充县之二郎寨，巴县之德星寨、太平寨、观斗寨等都属于这种情形。⑥

战争还使城镇遭到严重破坏，就连一直被称为"天府"的成都，也出现了"城中草木蔽寒，麋鹿豺虎纵横，民舍、官署不可复识，中官栖于城楼，兵则射猎于城内，蜀王府野兽聚集，二三年捕获不尽"的破败景象。⑦ 成都作为历史上长江上游最为富庶的城市尚且残破如此，其他州县城市的衰败更是难以明状，重庆"当流贼残杀之后几无遗民……姚黄余党以人为粮，斗米三十金无售者，群虎白日出游"⑧。曾经繁华的汉州、新都一带，战乱后"茅屋数十家，余皆茂草，虎迹遍街巷"⑨。潼川府地区"沃野千里尽荒弃，田中树木如拱"⑩。遂宁县"凋残特甚，至壬寅岁满城枸林，麋鹿游其中，复设县

---

① （清）彭遵泗：《蜀碧》卷 4，续修四库全书第 442 册，第 461 页。
② 《圣祖仁皇帝实录》卷 36，《清实录》第 3 册，中华书局，1986，第 485 页。
③ 《清史稿》卷 274《姚缔虞传》，第 10049 页。
④ 《清史稿》卷 274《王骘传》，第 10051 页。
⑤ 蓝勇：《乾嘉垦殖对四川农业生态和社会发展影响初探》，《中国农史》1993 年第 1 期。
⑥ 民国《巴县志》卷 2《扼塞》，第 88 页。
⑦ （清）王培荀著，魏尧西点校《听雨楼随笔》卷 1，巴蜀书社，1987，第 60 页。
⑧ 道光《重庆府志》卷 9《祥异》，第 434 页。
⑨ （清）方象瑛：《使蜀日记》，《丛书集成续编》第 65 册，上海书店出版社，1994，第 198 页。
⑩ 《使蜀日记》，第 198 页。

令到任，栖止百福寺"①。一方面，城市在战争中遭到摧毁；另一方面，当时四川的社会经济状况又使官府无法在短期内组织财力和人力进行城池的重建，一些州县官员只得寓居于百姓修建的寨堡之中办公，川东北达州、广安一带尤其如此。

清顺治十年（1653年），明永历帝遣巡抚胡世亨招抚四川，活动于川东北地区，由于没有城池，只得寓居于东乡县之方斗寨，并带领州县官十二员招降各地。此寨"大砠特立，方正如斗，寨广约四十方丈"②，由于规模不大，防御能力较差。不久清总兵吴之茂将其攻破，并缚胡世亨等13人至汉中，斩于市。渠县之周家寨，是明清之交渠县的治所："周家寨，县北八十余里，有胡清旧建顶灵寺连成两寨，故有大小寨之称。明清之交，知县事毛公避张献忠乱，徙治于此，历十八年易三官至清康熙初始还故城，其考试岭、公馆坡诸地至今犹存。"③广安州的军政官员也大多寓居于寨堡，其中包括来苏寨、金花寨、青云寨、烛山寨、石鼓寨等。来苏寨，"花桥西十五里，旧名独峰寨，因东坡来游，改名。顺治二年，州庠张天麟重筑。四年，将军委知州苟有用苴治广安，以城为贼踞，驻此寨为治所。五年冬，为李登甲所袭据。七年，大兵马化豹破之，斩其将梁士义，始平"。烛山寨，"今作竹山，明旧寨。顺治八年知州徐世振来任，广安城中荆棘，驻此寨为治所，历任马士鲲、李云锦，学正王来熊均驻此。康熙二年，知州黄标始移驻州城"。金花寨，"近枫木凹北十里，明崇祯筑。顺治六年，千总李登甲据来苏，与总统陈嘉业、本郡军张蜀奋至寨，诱与张天麟请盟，盛设筵宴，忽伏兵百余，执天麟归，索饷三百金以赎，始释"④。青云寨，"明旧寨。顺治八年，知州徐世振示民居寨结伴耕种，里人张天麟复筑此寨。四面皆山，有田十二亩，东有水从深沟溪来，回绕如带，地本古青云山，下有林家庵，今里人直曰林家寨，在州北七十里"⑤。石鼓寨，"明旧筑。山形圆如鼓，下即宝珠岩。顺治初，旧任州判易为歉落家于此"⑥。大竹县地形多山，清初盗匪横行，县令在山前、山后皆建行署以镇之，山前行署驻于柳城寨，"雄峙北方"⑦。山

---

① 乾隆《遂宁县志》卷12《杂记》。
② 民国《宣汉县志》卷10《寨洞》，第336页。
③ 民国《渠县志》卷1《关塞》，第380页。
④ 宣统《广安州新志》卷6《岩险志》，第673页。
⑤ 宣统《广安州新志》卷6《岩险志》，第673页。
⑥ 宣统《广安州新志》卷6《岩险志》，第673页。
⑦ 民国《大竹县志》卷6《寨堡》，第133页。

后行署建于月城寨，其地处于周家场北十五里处，"奇险不亚黄城"①。一些军队还利用天然洞穴作为驻兵治所，如开县温汤井旁之洞，又称"总兵洞"，"洞开岩半，俯临清江绿壁，凿路攀援而上，可容四五百人，传为国初向化侯谭谊标下总兵官罗宗贵驻兵之所"②。

一些土匪、流贼等各种势力，也往往修筑寨堡作为栖息之所，凭借寨堡的武力进行掠夺。如宣汉西乡之流贼宁秉文，就于香炉山寨之绝顶筑寨，以为巢穴。③ 杨秉应也盘踞于南坝场东溪沟之小城寨，一直与清军对抗，直到康熙八年（1669年）才投降。④ 随着康乾时期四川社会秩序渐趋稳定，这些寨堡也逐渐被废弃。

二 川西的平定与军寨群体的形成

经过康熙、雍正两朝的励精图治，清朝在社会经济上达到了古代中国新的巅峰。乾隆在接管这一盛世皇朝之时，也企图像他的祖辈一样大展文韬武略，积极开疆拓土。在西南地区，他已经无法忍受川西土司的阳奉阴违，一改前代的防御、绥靖政策，命令川边各督抚积极筹边，力图用武力使这些半独立状态的土司彻底臣服，将其土地、百姓纳入朝廷的直接管辖。

雍正时期，清政府就已经在土司地区大规模推行改土归流。除去土家族地区的改流过程较为和平外，其他土司的改土归流更多依靠的是武力。⑤ 但川西杂谷、巴旺、木坪、沃日、明正、革布什咱、绰斯甲布、巴旺、瓦寺、丹坝、鄂克什、小金川、大金川等众土司，辖境山高林深，天气变幻莫测，自然环境恶劣，且各土司广筑寨堡、碉卡，易守难攻，并未被改流浪潮波及。川西土司之中，势力最强的土司当属杂谷与金川。川陕总督公庆复就曾奏道："川西地少山多，番蛮杂处，就中顽梗者，杂谷、金川为最。"⑥ 该地

---

① 黄城即黄城寨，明初明玉珍筑，"地势高峻，壁立数十仞，雄冠诸寨，上绝平敞，可住数千家"。民国《大竹县志》卷6《寨堡》，第133页。
② 咸丰《开县志》卷21《寨洞》，第493页。
③ 民国《宣汉县志》卷10《寨洞》，第335页。
④ 民国《宣汉县志》卷10《寨洞》，第335页。
⑤ 土家族地区范围为今湘西、鄂西、渝东南、黔东一带，参见朱圣钟《历史时期土家族地区的经济开发与环境变迁》，陕西师范大学，博士学位论文，2002。改土归流，参见龚荫《中国土司制度》，云南民族出版社，1992；张中奎《改土归流与苗疆再造》，中国社会科学出版社，2012。
⑥ 《高宗纯皇帝实录》卷280，《清实录》第12册，中华书局，1986，第647页。

民风剽悍，各土司之间常常为争夺土地、人口相互开战，难以形成统一力量对抗清廷。清廷也就利用这一点，采取"以夷制夷"的策略，挑拨各土司内斗以相互制衡，达到使边境安定的目的，四川巡抚方显曾奏道：

> 惟查杂谷、梭磨，吐蕃后裔，其巢穴即李德裕既取之维州，户口约十余万。金川紧接杂谷，户口不过数万。杂谷素惮金川之强，金川则畏杂谷之众，彼此钳制，边境颇宁。固不可任其竞争，亦不必强其和协也。况沿边多生番，留之可资捍卫。且从前川省有进剿之役，调取士兵，莫不如数遣发，著有微劳，又宜留之，以供调遣。至其同类操戈，原未敢干扰内地，化诲亦尚凛遵，是以姑缓参究。乃议者谓当乘机将金川参革，改土归流，非惟弹丸土司，无裨尺寸，且所给印信号纸，一经追取，即成无管生番，稍有违抗，又费经营，特密奏。[①]

从方显的奏折可以看出，他并不赞成乘金川与杂谷相争之际强行用兵，推行改土归流，其原因有二：一是川西地狭民少，自然环境恶劣，且多"生番"，民风剽悍，难以治理；二是两土司平时虽多争斗，但对清廷较为恭顺。这种思想，是康熙、雍正以来治理川边的主要指导思想。但雍正年间大力推行改土归流后，将川西地区改土设流的思想也逐渐抬头。大金川自雍正元年（1723年）取得朝廷颁发的土司印信后，虽有向清廷进贡的义务，但因道途遥远、交通不便，仍然形同化外。同时，大金川强盛之后，不断出兵攻夺其他土司之地，其他土司（诸如杂谷、鄂克什、革布什咱等）亦不甘忍受侵凌，起兵相抗，川西战事不断。清廷在强盛之后，也开始不满金川不听调遣，决定以武力征服之。乾隆十一年（1746年），大金川土司莎罗奔夺小金川土司泽旺印信，在清廷的干涉下退还，清廷尚未治罪。次年正月，莎罗奔又攻革布什咱正地寨。二月，又攻明正土司鲁密、章谷等地，清朝乃决定出兵弹压。次月，金川兵围攻霍耳、章谷，杀千总向朝选，兵锋直指打箭炉（今四川康定）。乾隆乃决议出动大军征讨金川，任命在苗疆改土归流中经验丰富的张广泗为川陕总督，率满汉兵3万余人赴川西平乱，第一次金川之战爆发。张广泗入川西后，分兵数路大举进攻，虽夺碉卡50余座，但不久就陷入攻坚战，行进十分艰难：

> 臣自入番境，经由各地，所见尺寸皆山，陡峻无比。隘口处所，则

---

① 《高宗纯皇帝实录》卷105，《清实录》第10册，中华书局，1986，第580页。

设有碉楼，累石如小城，中峙一最高者，状如浮图，或八九丈、十余丈，甚至有十五六丈者，四围高下皆有小孔，以施枪炮。险要尤甚之处，设碉倍加坚固，名曰战碉。此凡属番境皆然，而金川地势尤险，碉楼更多。至于攻碉之法，或穴地道，以轰地雷，或挖墙孔，以施火炮，或围绝水道，以坐困之，种种设法，本皆易于防范，可一用而不可再施。且上年进攻瞻对，已尽为番夷所悉，逆首皆早为准备，或于碉外掘壕，或于碉内积水，或护碉加筑护墙。地势本居至险，防御又极周密。营中向有子母、劈山等炮，仅可御敌，不足攻碉。抚臣纪山制有九节劈山大炮二十余位，每位重三百余斤，马骡不能驮载，雇觅长夫抬运，以之攻碉，若击中碉墙腰腹，仍屹立不动，惟击中碉顶，则可去石数块，或竟有击穿者，贼虽颇怀震怯，然却鳌补如故。①

这名在平定苗疆过程中屡立战功的大将，面对金川的严密防御也变得急躁起来，对部下督责过严，导致将士心怀怨恨。其用兵之法，以分兵进攻为主，导致兵力分散。他又重用与大金川关系密切的小金川土舍良尔吉、汉人谋士王秋等人，赏罚不明，导致将士离心，互相推诿，唯求不败，不思进攻。乾隆十二年（1747 年）十一月，金川兵围攻清副将张兴的营垒，张广泗不但不予救援，反责张兴懦弱。最终，张兴在绝望之下以重金向金川兵买路，却被引入谷底，3000 余名兵将除 300 余人逃出外，大部分被歼。张兴败后，与之成掎角之势的参将郎建业、守备徐克猷、总兵马良柱等也只得各自逃窜。马良柱还将大量军装、枪炮遗弃，被金川所得。接到前线败报，乾隆大为震怒。乾隆十三年（1748 年）春，乾隆任命大学生讷亲为经略，率满汉大员入川西军营，复启用赋闲的名将岳钟琪以提督职衔入川西辅佐之。讷亲本不知兵，入军营之后，亦无良策。九月，乾隆下令将张广泗押解至京城审问，判处斩首之刑，讷亲亦被革职，并于次年被斩。乾隆改命傅恒为经略兼四川总督，督率 35000 名满汉兵前往川西支援。傅恒到达军营后，对川西碉堡亦无计可施，乃向乾隆帝建议议和。金川土司在长期战乱后亦难以支持，故双方罢兵，金川承诺与其他土司一样履行各种义务，退还所掠之人口、土地。第一次金川之战结束。此役中，金川兵只数千，而清军前后调动士兵不下 8 万人，耗费军饷 1000 万两以上。② 清廷虽得到了金川土司的臣服，但并

---

① （清）阿桂等：《钦定平定两金川方略》卷 3，（台湾）商务印书馆，1986，第 21 页。
② 庄吉发：《清高宗十全武功研究》，中华书局，1987，第 128 页。

没有达到将其改土归流的目的，金川更加跋扈。清廷为了遏制金川势力的扩张，决定对与之毗连、人口众多的杂谷土司下手。乾隆十七年（1752年），清廷以杂谷土司苍旺狂悖不法为由，将其处斩，并将杂谷厅改土归流，广筑寨堡以图金川，《直隶理番厅志》载：

> 乾隆十七年，诛戮土司苍旺，酌定善后事宜，案内于该土司原管之杂谷脑、乾堡、上下孟董、九子五寨内择其倾心投诚之头人，每寨设立屯总土守备一名，总旗土千总三名，大旗土把总六名，小旗土外委十二名，各归本寨管束，屯兵以备派遣，共土守备、千把总、外委一百一十名。又杂、乾二屯外设土守备各一名，共一百一十二名。乾隆二十三年，裁土千把外委三十五名，实剩土守备千把外委七十七名。
>
> 蒙四川总督部堂公策、提督军门公岳择五寨头人内拣选拔补，奏请赏给养赡。屯守备七员，每员岁给养赡银二十四两；屯千总十员，每员岁给养赡银十五两；屯把总二十员，每员岁给养赡银九两。屯外委四十员，每员岁给养赡银八两。乾隆五十一年，奏请添设屯守备三员，屯千总五员，把总五员、屯外委十员，名为新增，养赡银与额设同。统计屯弁共一百员，又屯兵三千名。奏请安设每岁秋末冬初，犒赏牛、酒、盐、茶一次。
>
> 乾隆五十二年内，调派该屯兵一千五百名赴闽省剿捕台匪，打仗出力。蒙统帅公中堂福奏请，屯兵三千名，以一千五百名作正额，每名岁给月饷银六两，以一千五百名作为备挑屯兵，余丁不食月饷。至五十九年，蒙四川督部堂福奏恳，余丁屯兵一千五百名，每名每岁请赏给减半月饷银三两，以资衣食等因，奉准在案。其屯兵三千名内，杂谷脑屯兵七百五十名，乾堡屯兵六百五十名，上孟董屯兵五百三十名，下孟董屯兵五百七十名，九子屯兵五百名，俱半为正额，半为余丁。①

由上可知，清乾隆十七年（1752年）平定土司苍旺的叛乱后，为了强化对这一地区的管理，清廷选择在势力较大的杂谷寨、乾堡寨、上孟董寨、下孟董寨、九子寨等五寨中任命朝廷信任的头人担任守备、千总、把总、外委等军职。这些寨堡的军职人员，朝廷给予相应俸禄，使其纳入朝廷的直接管辖，成为朝廷军官。其属下士兵亦直接转为朝廷士兵，按月发放饷银。各寨堡军官数量分布如表2-5所示。

---

① 同治《直隶理番厅志》卷5《屯制》，第756页。

表2-5 清代理番厅各寨军官分布情况

寨名	性质	军官数量
杂谷寨	额设	守备二员，千总二员，把总四员，外委八员
	增设	千总一员，把总一员，外委二员
乾堡寨	额设	守备二员，千总二员，把总四员，外委八员
	增设	千总一员，把总一员，外委二员
上孟董寨	额设	守备二员，千总二员，把总四员，外委八员
	增设	守备一员，千总一员，把总一员，外委二员
下孟董寨	额设	守备二员，千总二员，把总四员，外委 八员
	增设	守备一员，千总一员，把总一员，外委二员
九子寨	额设	守备一员，千总二员，把总四员，外委八员
	增设	守备一员，千总一员，把总一员，外委二员

资料来源：同治《直隶理番厅志》卷4《屯制》。

五寨所辖兵士，并非全部居于五寨之内，而是分驻各小寨，分归五寨管辖。这些寨堡的长官、士兵也领取清廷的饷银，直接受朝廷控制，寨堡已经成为朝廷的军屯之寨，成为清朝控制川边的重要据点。

乾隆四十年（1775年）平定大小金川后，清廷设懋功、章谷、抚边、绥靖、崇化五屯，以绿营兵三千人驻军屯垦，因该地风雪较大，若参照内地建房则不能持久，故令分建大小碉寨以资官兵居住。[①] 此后，为了维持川西的稳定，还不断于茂州、越嶲、盐源、马边等地修筑寨堡。茂州汶川县，有乾溪堡、曲尺寨、雁门堡等。乾溪堡，距汶川城100里，在水田坝西，始设于唐代，清初置塘汛。曲尺寨，距县城130里，民国后属灌县。雁门堡，明正统十年（1445年）设，清嘉庆十一年（1806年）重修，"内提督一员驻扎，掌堡官一员，军兵六十九名，村堡□□六十名，番兵三十二名"[②]。汉源县治北60里有黄泥堡，"明初置黄土堡，属大渡河官军戍守，又拨太平堡兵戍之。清乾隆四十七年，设外委一汛，宣统中裁，今时有兵驻守"[③]。此外，越嶲、盐源等地亦修筑了不少寨堡，《越嶲厅志》载："咸丰四年间夷匪乘势倡乱，率众啸聚越属之跑马坪，时承平日久，防御单薄，汛地失守……咸丰六

---

① 庄吉发：《清高宗十全武功研究》，中华书局，1987，第170页。
② 民国《汶川县志》卷4《关隘》，第500页。
③ 民国《汉源县志》卷1《关隘》，第44页。

年正月又破于小哨,自是劝修碉堡,举行团练。"①《盐源县志》亦载:"地多古寨,或因壁垒之遗,或度山河之险,类皆得地利,聚人烟。前者滇氛未靖,邑令徐以战为守,谓有寨则御于边者不力。及陆公署任,始教民遍筑垣墉,分之为坚壁之屯,合之即连营之应,人心愈固,贼焰亦衰。"②

三 小结

清初,张献忠、"摇黄十三家"、"夔东十三家"、永历政权、清军、吴三桂等武装在四川展开长期拉锯,导致大量百姓死于战祸,少数遗存者则大多寄居于寨堡中。城池也大多被毁,清廷任命的州县官员也只得暂时居于寨堡之中,直至康熙年间清廷平定各方武装后,才逐渐修筑城池、迁回原治,这在清廷与南明军交错的川东北一带较为普遍。同时,各路武装纷纷占据山川险要,筑寨堡以居止。随着战乱的平息,这些寨堡被逐步废弃。清廷在四川的统治稳固后,又开始积极向川西地区经营,以寨堡碉卡作为控制该区域的军事据点,其方法如下:一是利用或重修明代遗存的寨堡;二是通过给予当地土酋军衔和俸禄的方式,使其为清廷所用,作为进攻川西的前哨;三是效仿川西碉楼营寨的形制,筑之以便军士驻防。

第三节　嘉庆年间白莲教起义与四川寨堡的营造

一　白莲教起义的背景

在康乾盛世的外表下,隐藏着深厚的内部矛盾。嘉庆初年纵横五省的白莲教起义,则是矛盾的总爆发,导致川、陕、楚、甘、豫五省地方秩序几近崩溃,劳师縻饷近十年。一些学者因此认为,白莲教起义是清由盛转衰的标志。③另一些学者指出,嘉庆亲政后,通过团练寨堡之法消弭战乱,加强对这些地区统治,"实际发生的王朝复兴的种种迹象,至少持续了数十年,可能一直到道光萧条和鸦片战争全新的种种威胁的到来"④。在这场战斗中,四

---

① 光绪《越巂厅全志》卷6《边防》,第539页。
② 光绪《盐源县志》卷2《寨》,第697页。
③ 吕思勉:《白话本国史》第三编,商务印书馆,1964,第287—290页。
④ 罗威廉:《乾嘉变革在清史上的重要性》,《清史研究》2012年第3期。

川战场无疑是决定战争双方最终结局的主战场。战斗中白莲教武装中四川籍人员占据了重要比重，涌现出徐天德、王三槐、罗其清、冉天元等著名教首。清军方面，达州乡勇桂涵、罗思举皆因军功以地痞之身官至一省提督，四川籍将领杨遇春则成为经略大臣额勒登保最为倚重的汉族将领。更为重要的是，从四川兴起的坚壁清野之法，最终成为扼住白莲教武装咽喉的夺命索，是导致白莲教失利的重要因素，并为清廷此后在对付太平军、捻军、李蓝等叛军方面提供了重要借鉴。

白莲教起义的爆发，和川、甘、陕、楚四省交界之秦巴地区特殊的地理环境有重要关系。这一地区横亘有秦岭、巴山两大山脉，高山长林绵亘数千里，四省辖域犬牙交错。"界以汉、沔，夹以南山、巴山，襟带背负，据秦、陇、楚、蜀之交，磅礴二千余里，多材木、竹箭、五金、百谷。流亡奸仇之所托命，天下有事，常先叛而后服。由四省犬牙相错，出此入彼，且建官少，距都会远，声教所不暨，控驭所不周也。"①

明末清初的战争，导致四川人口大量锐减，土地荒芜，这吸引了大量流民涌入，"扶老携幼，千百为群，到处络绎不绝"②。到了乾隆末年，流民成为该地区人口的多数，"川陕边徼，土著之民，十无一二，湖广客籍约有五分，广东、安徽、江西各省约有三四分，五方杂处"③。流民大量涌入开荒，造成区域人口迅速膨胀，"江、广、黔、楚、川、陕之无业者，侨寓其中，数以百万计"④。

这些背井离乡的流民，居住在简陋草棚之中，租种土著之地以为生计，被称为"棚民"。由于秦巴地区"地土硗瘠"，农业收成微薄，棚民在农耕之余还得去木厂、盐井、铁厂、纸厂、煤厂充当佣工，时有"岁薄不收则徙去"的现象发生。⑤ 流动人口多、成分复杂是这一地区人口的最大特点。棚民散居于山内，村落规模都很小，管理困难。由于经济落后，山内州县范围又往往过大，"大者周围一二千里，小亦常五六百里"，加之交通落后，朝廷对边远乡村不能顾及，主要依靠地方差役进行管理，差役则肆意压榨，"山内差役多客民充当，无风生浪，遇棚民有事，敲骨吸髓，弁兵附和为奸。地

---

① （清）魏源：《圣武记》卷10《嘉庆川湖陕靖寇记八》，中华书局，1984，第451页。
② （清）严如熤：《三省边防备览》卷11《策略》，蓝勇主编《稀见重庆地方文献汇点》（上），重庆大学出版社，2013，第371页。
③ 《三省边防备览》卷11《策略》，第371页。
④ 《三省边防备览》卷14《艺文下》，第404页。
⑤ 《三省边防备览》卷14《艺文下》，第403页。

方窎远,山民受其凌虐,无可告诉,无为申理,嚣然无复有生之乐"①。对流民管理不力导致冲突不断,如秦巴腹地的兴安州"自乾隆三十七、八年以后……五方杂处,良莠错居,迩来风俗刁悍,讼狱繁兴,命盗案件,甲于通省"②。为加强对山内的控制,清廷也尝试增设一些州县,如湖北即割竹山之地置竹溪、割郧县置郧西,但依然不能解决这些地区的管理问题。

天高皇帝远,下情难以上达,流民作为弱势群体,受到土著、土匪、贪官污吏的多方欺压。为了自保,他们"往往于未辟老林之中,斫木架棚,操习技艺,各有徒长,什百为群,拜把之后,不许擅散,有散去者,辄追杀之"③,即以乡党相联络,多认盟兄干亲,结为生死同盟。生活在窘境中的流民,迫切需要精神信仰以获得活下去的勇气,为白莲教的迅速传播提供了土壤。白莲教认为信教即可往升极乐,在现实中主张互助,"不携资粮,穿衣吃饭不分尔我","习其教者,有患相救,有难相死,不持一钱可以周行天下"④,这些教义对食不果腹的流民具有极大号召力。加之教义与当地民间信仰相契合,浅显易懂,容易为贫苦人民接受,得以迅速传播。这些生活在困境中的人民,在生产生活中养成了剽悍的性格,加之有一定的组织和信仰,很容易就形成了一股巨大的力量。

这样的状况,让明代曾经发生的流民问题再度显现出来。明中叶秦巴地区流民数量膨胀,民不聊生,最终导致几次战乱。其中正德年间蓝廷瑞、鄢本恕等人的反明斗争就曾席卷川、陕、楚、黔数省,前后有数十万流民参与,持续六年有余,对明朝的统治给予了沉重打击。在康乾盛世到来之时,这种问题再次出现,但清廷不察,最终导致了白莲教起义的爆发。

二 白莲教起义的爆发

乾隆时期的大小金川之战、苗疆之战、回疆之战、平定准部等战争都发生在西部地区,朝廷常征调四川军民参战或充当民夫,并加征赋税徭役,进一步加剧了四川人民的重负。乾隆六十年(1795年),苗疆战争再起,清廷再次向四川、湖广征兵征粮,民不堪命。同时,两省地方官又以查办白莲教

---

① 《三省边防备览》卷11《策略》,第373页。
② 《三省边防备览》卷11《策略》,第399页。
③ 《三省边防备览》卷11《策略》,第372页。
④ (清)周凯:《内自讼斋文纪》卷2《纪邪匪齐二寡妇之乱》,《清中期五省白莲教起义资料》第5册,第315页。

首刘之协为名，不断扩大打击面以谋取私利，"以查拿邪教为名，四处搜求，听任胥吏多方勒索，不论习教不习教，但论给钱不给钱"①，"有司奉行不善，挨户搜查，奸胥蠹役乘势攫取财贿。不遂所欲，即诬以邪教治罪。"② 武昌府同知常丹葵在宜昌府"诛连罗织数千人，富破家贫陷死无算"③；达州知州戴如煌私设衙役五千名，"凡有习教之人，无不遭其索诈，以致不能安身，遂萌异志"。清廷的处置不当，使积蓄已久的矛盾迅速激化，"以致含恨之人与习教者表里勾结，借无可容身之名，纷纷蠢动"④。

嘉庆元年（1796年），宜都白莲教聂杰人不堪官吏勒索，率众揭竿而起。不久，襄阳王聪儿、姚之富响应，旬日间聚众至数万。湖北白莲教武装的活动也很快影响到四川，同年九月，徐天德起于达州亭子铺。次月，王三槐起兵于东乡。十二月，罗其清起兵于巴州方山坪，冉文俦起兵于通江王家寨，龙绍周起兵于太平南津关，聚众各数万，白莲教起义在四川遂成燎原之势。

在起义爆发的最初三年里，清廷出动正规军十余万，耗费巨额军费。⑤与之不相称的是，白莲教教徒却越剿越多，涉及区域越来越广，出现了"贼以胁从而日增……多者数万，少者数千，其不知首逆姓名者，尚不知凡几，新起之贼实多于剿除之数。地方之伤残更甚，黎庶之疾苦更深。贼愈剿而愈炽，饷徒糜而罔益"的场面。⑥此次起义参与人员达百万，涉及川、陕、楚、甘、豫等省，其人员构成以下层贫困大众为主，"盖缘教匪起事之初，百姓猝不及防，贼得肆其裹胁，动辄盈千累万……此等民人，本非甘心从贼……至于目下真正贼匪，臣留心访询，其中习教者不过十之二三，其余多系川省啯匪，及盐枭私铸，并游手好闲之人"⑦。白莲教组织中的名目，分掌柜、元帅、先锋、探马、排头、战手等，与其他称王称帝、建立年号者还有一定差异。因此，大部分起事者仅仅是对生活现状不满意，所痛恨的是贪官污吏和不合理的制度，并没有将朝廷推翻的决心，对朝廷所任命的一些清官甚至还

---

① （清）曹振镛等：《仁宗睿皇帝实录》卷72，《清实录》第28册，中华书局，1986，第969页。
② （清）贺长龄编《皇朝经世文编》卷89《梁上国〈论川陕教匪事宜疏〉》，《中国近代史料丛刊》第731册，第3184页。
③ 《圣武记》卷9《嘉庆川湖陕靖寇记一》，第376页。
④ 《仁宗睿皇帝实录》卷72，第969页。
⑤ 此军队数量不包括乡勇，据《清仁宗实录》卷39记载，前三年仅国库支出之军费就达七千余万两，还不包括地方的配套支出。
⑥ 《圣武记》卷9《嘉庆川湖陕靖寇记四》，第405页。
⑦ 《湖广总督吴熊光奏》，《清中期五省白莲教起义资料》第2册，第137页。

心存好感，很是敬重。

当时，四川官吏贪污者较多，达州知州戴如煌就是其中的代表。他私设衙役达五千名之多，经常罗织罪名压榨百姓，致使百姓富者破家、贫者惨死之事罄竹难书。乾隆五十九年（1794年），清廷下令缉拿白莲教首刘之协，再次成为戴如煌鱼肉百姓的机会。他对习白莲教之人，无论是否反叛，皆罗织罪名进行讹诈，徐天德、王学礼等都曾被拘拿，被讹银数千两后放行。东乡教首领王三槐亦有同样遭遇，他在供词中谈到起义原因时说道："止因我父母无罪被官监禁，又查拿邪教，我实在无处逃生……我系愚民，止想为父母报仇，并无别的意思。"①他的供词甚至引起了嘉庆皇帝的恻隐之心："教匪聚众滋事，皆以'官逼民反'为词。昨冬贼首王三槐解到审讯时，供词内亦有此语。朕闻之殊为恻然，是以暂停正法。"②白莲教举起反清旗帜，为苛政及贪官污吏的压榨所致，所以教众对官吏士绅特别痛恨，"贼尤疾绅士，嗣获衣冠者，必痛加惨毒"③。如东乡县城被攻破之后，白莲武装立即"戕害文武各员"④。但是，对刘清、王赞武等一些名声较好的清廉官吏，他们非常信任。

刘清一生性格坦荡，不善官场钻营，多次因得罪上级而遭到贬斥，"清性坦率，厌苛礼，不合于上官"⑤。但对于下级，对于普通百姓，刘清是另一种面貌。他断案公允，为官清廉、体恤民情，处处为百姓着想。也许正因为此，他才不合于清代官场。刘清于乾隆四十二年（1777年）拔贡后，长期在四川为官，先后在大竹、巴州、嘉定府、冕宁、南充、崇庆、广元等地任职，宽政爱民，"政声为川省之冠"⑥。他虽然为官多年，由于不事钻营，一直没有得到重用，一直在知县的职位上原地踏步。清廉的作风也使其家中始终清贫，甚至连寻常的婚丧嫁娶都没有能力置办。为此，百姓"间闻公婚嫁事，虑公贫不能具装，争献薪米酒脯，虽贫者铢锦龠米，必求受乃肯去"⑦，其受百姓爱戴如此。在白莲教叛乱中，反清武装对其崇敬之至，不忍与之为敌："刘清官声甚好，每率众御敌，贼以其廉吏，往往退避引去。"⑧清朝利

---

① 《王三槐续供》，《清中期五省白莲教起义资料》第5册，第68页。
② 《仁宗睿皇帝实录》卷38，第439页。
③ （清）石香居士：《勘靖教匪述编》卷7《蜀述》，京都琉璃厂刊行本。
④ 《仁宗睿皇帝实录》卷13，第194页。
⑤ 《清史稿》卷361《刘清传》，第11386页。
⑥ 《清史稿》卷361《刘清传》，第11386页。
⑦ 蒋维明编《川湖陕白莲教起义资料辑录》，四川人民出版社，1980，第152页。
⑧ 《清史稿》卷361《刘清传》，第11386页。

用反清武装对刘清的好感，多次让他赴敌营中劝降："宜绵以贼德知县刘清，使清诣冉文俦贼巢谕降，复遍入王、徐、罗、孙各寨。"① 嘉庆三年（1798年），勒保围攻王三槐于云阳安乐坪，久攻不克，仍令刘清前往劝降。王三槐在刘清的劝说下前往勒保营中，却被勒保押解赴京。尽管如此，王三槐在审讯中不仅没有埋怨他，还声称"刘清官声很好，百姓都感激他"②。自王三槐被诱，白莲教对清廷始有戒心，但依然对前来劝降的刘清毕恭毕敬，"然感清无他，不忍加害，每至贼营，必留宿尽礼"，导致被刘清劝降两万余人，刘清也因功多次受到嘉庆帝褒奖，多次升官。南部知县王赞武亦素有"青天"之名，多次前往罗其清等营中劝降。罗其清虽深知投降必将遇害，但亦做出"但公在南部，某等不敢以一失相加"的许诺，并约束部下"不可伤南部一民，违者斩"。③ 嘉庆五年（1800年），冉天元等越嘉陵江而西，所过地方辄告人："为我语王青天：不敢犯父母，聊借一过耳。"④ 但王赞武仍亲自领兵攻击白莲教武装，杀300余人，后死于乱军之中。

　　清朝将白莲教定为邪教，只要习教者无论是否反叛皆要查拿，但清政府忽略了一个事实：白莲教这一民间宗教已经深入川、陕、楚各地乡村，习教之人数量太多，仓促查拿只会逼其造反。同时，白莲教的反清举动，并不是一种理智的反贪官污吏、建立廉洁政府的举动，而是主要源于其宗教信仰与生活所迫，行动也具有盲动性。

　　《太平县志》载："（嘉庆元年）九月二十四日，七保奸民殷成富、冯升、萧汉章等纠众二千余人，各将房屋自行焚毁，揭竿于石溪河之鸽子山。"⑤ 在白莲教的活动中，虽然有少数白莲教将领约束其部队不准劫掠，但大多数情况是这些将领所无法控制的。白莲教的这种盲动性，不仅不能使普通民众从被贪官污吏的压迫中得到解救，反而导致了无辜民众的家园遭到毁灭、亲人遭到杀戮、财产受到掠夺。这些民众，一部分被迫逃亡深山，或远赴他乡逃难；另一部分则被强制加入白莲教武装，开始颠沛流离、四处劫掠的生活，这部分人的跟随并非出于诚心，有随时逃跑的可能。而作为反叛者仇视的地方士绅，自然不会加入叛军的阵营，而是设法保全家族，保卫家园。白莲教零散作战、各部互不统属的特点，决定了他们无法形成与清军相

---

① 《圣武记》卷9《川湖陕靖寇记二》，第387页。
② 《王三槐又供》，《清中期五省白莲教起义资料》第5册，第74页。
③ 道光《南部县志》卷28《艺文志》，第631页。
④ 道光《南部县志》卷28《艺文志》，第631页。
⑤ 光绪《太平县志》卷5《太平县教匪纪事本末》。

抗衡的统治核心。

白莲教虽对社会造成严重破坏,对清政府的统治造成沉重打击,但始终没有形成统一的力量,各部互不统属,"各贼不过往来掠食,并无僭号据城之事"①。其人数虽众,但战斗力不强,难以攻破有城池的州县,主要往来于乡村之间。白莲教的战斗方式,没有摆脱"流寇"作战的思想,"不整队、不迎战,不走平原,惟数百成群,忽分忽合,忽南忽北"②。同时,白莲教组织自始至终都没有形成强有力的合力,而是各自为战,遇到危险各自奔逃是阻碍其发展的一大隐患。学界所谓的"东乡会盟""八路元帅王聪儿"之说,都是子虚乌有。③ 王三槐在供词中说道:

> 从前齐王氏、姚之富,也是逃命到四川来的。他们曾差人来说要合伙,我们还恐怕是官兵假充,设计诱我们的。我们也差人去探听,与之对话。后来大家商量,我们四川地方不犯着叫他们湖北的人来糟蹋,不肯与之合伙。所以他们又回陕西去了,是实。④

在王三槐看来,他不仅不认同王聪儿所谓"八路兵马总指挥"的地位,甚至也不愿意他们在四川停留。故此,"东乡会盟"中各部虽然立了蓝、白、黄、青等号,看似有了一定的组织名号,实际上却是划分势力范围,相互区分,并非推举盟主,更谈不上统一组织,无法改变白莲教各部各自为战的局面。故此,王聪儿在"东乡会盟"后不久,就率部东下入楚,此后就主要活动在陕西、湖北一带。而川中各部仍然处于时而联合、时而分散的状态。同时,他们敌视作为"富民"的士绅阶层的行为,从而失去了为其规划战斗纲领、出谋划策的人选。古语云,"得民心者得天下",白莲教没有得到广大士绅和民众的诚心支持,又不能形成强有力的领导集团,这就是白莲教在这场席卷六省(川、陕、甘、豫、楚、湘)百余州县的声势浩大的反清运动中,没能获得稳定的根基,无从建立自己的政权,更无法推翻清军统治的根本原因。白莲教武装的先天不足,决定了其覆灭的结局。

---

① 《圣武记》卷9《嘉庆川湖陕靖寇记四》,第400页。
② 《圣武记》卷9《嘉庆川湖陕靖寇记二》,第379页。
③ 王聪儿,即齐王氏,因其丈夫为白莲教首齐林,故文献多称"齐王氏"。王聪儿是八路兵马总指挥上的说法,参见石立《八路兵马总指挥王聪儿(农民起义女英雄小传)》,《历史研究》1975年第4期。这种说法已受驳斥,见冯佐哲《王聪儿是"八路兵马总指挥"吗?》,《历史研究》1978年第1期。
④ 《王三槐续供》,《清中期五省白莲教起义资料》第5册,第70页。

但为何在起义初期，白莲教武装能够迅速壮大呢？八旗、绿营战斗力的减弱是其中的一大原因。前线不仅缺少深谙兵法的将领，士兵也多懦弱无能，只要白莲教不进攻，大多不会主动出击。道光《邻水县志》载：

> 太平已久，未见兵革，故见贼先已胆落，闻贼裹人，有用一绳而捆手一双，牵系至十余人者，有此贼所系之十余人交与同伙代为挽牵，而以一贼竟系数十人者，有数人被一贼追赶奔走，力竭坐地受死者，有逃难数百人被数十贼匪追赶而投崖投河死者……行军者亦有之，往往望见贼匪，即施放火枪，相隔既远，不能中伤一人，而贼众反冒烟突入，肆行掩杀，此一失也。又连营掎角，此营被攻，如彼营出救，则必先被贼踏，盖用明供暗取之法，乘其动摇也。不知定谋而出，以战为救，而反畏贼如虎，宁可坐视，一任彼营竟被并力攻破，此一失也。迨后贼知我甚畏彼，亦不攻营，任意劫掠，而数营皆熟视若无睹矣。又贼匪多用疑阵，或用妇女插花抹粉，摇扇拜礼，嬉笑歌舞，令官兵疑其有谋。或用掳掠之人，驱之出战，令官兵畏其敢死，而实则无后继。又贼匪每多设伏，或于市肆居人逃散之后，假作居人，开设酒馆、饭店，或扮作农人，男耕女织，兵至询问，则曰："贼去久矣。"或扮作夫役，兵至则代为负荷，赚得刀枪在手。或扮作乡勇，途间跪迎，指引路径，至于林莽，俱俟兵过将半，从中横截，致官兵前后不能相顾，奔溃被杀，此又一失也。于是尾随其后，借以塞责，所以当时目为贼之跟班，而"贼来兵不见，兵至贼无踪，可怜兵与贼，何日得相逢"之谣，亦自此起也。时又有"泥塑木雕官自在"之谣，盖时有某三人，皆统兵而不知兵。抑以贼势正盛，驱被裹之人先与兵斗，退则诛戮，肯尽死力。故兵反畏避其锋。即如某总兵，后以勇著，而当贼匪围城，与某某两总兵皆驻兵于距城四十里之仰天窝，无敢往救者迨阅七昼夜。王三槐是日平旦解围而去，三镇乃于晌午至城住扎。守城乡勇求给军功执照，至有用贿者。而王三槐仍从容焚掠，向南而走，欲往长寿，适有领兵官自长邑而来，行至距县七十里之天华山，猝与之遇，忙倚山以交战，贼乃败北而去。[①]

从以上记载可知，白莲教武装并非不可战胜，只因承平日久，百姓未见

---

① 道光《邻水县志》卷2《兵燹》，第622页。

兵戈，故临战慌张，不知所措。而清军只知一味避战保全，不敢主动进攻，故而白莲教得以在广阔的乡村转战游走，人数越来越多。

同时，秦巴山地特殊的地理环境，为白莲教的游动作战提供了良好的活动场所。川、陕、楚三省犬牙相错，崇山峻岭绵亘数千里，路径纷繁，利于流动作战，"及官兵择隘堵御，贼又向无兵处滋扰，以致有贼之地无兵，有兵之地无贼，并有贼过而兵犹未来，有兵到而贼已先去者"①。且白莲教往来掠食，军粮随处而取，不存在粮食补给问题，为摆脱清军追捕，往往日行百里。清军在老林中军粮转运十分困难，加上军队不认真作战，每日仅行四五十里，出现了"贼至兵无影，兵来贼没踪；可怜兵与贼，何日得相逢""贼来不见官兵面，贼去官兵才出现"的情况。② 正如严如熤所言："军兴数载，师老财匮。以数万罢惫之众，与猾贼追逐数千里长林深谷中。投诚之贼，无地安置，则已降复乱；流离之民，生活无资，则良亦从乱。乡勇戍卒，多游手募充。虑一旦兵撤饷停，则反思延乱。如此，则乱何由弭？臣愚以为莫若仿古屯田之法。三省自遭蹂躏，叛亡各产不下亿万亩，举流民降贼之无归、乡勇戍卒之无业者，悉编入屯，团练捍卫，计可养胜兵数十万。饷省而兵增，化盗为民，计无逾此。"③ 要重新恢复川陕楚地区的秩序，单纯依靠军队的镇压很难奏效。

嘉庆四年（1799年），乾隆皇帝驾崩，嘉庆帝亲政，采取了几项重要举措以改变战争的不利局面。一是面对"统领之有名无实，勒保虽为统领，而统兵大员名位相等，人人得专折奏事，于是贼至则畏避不前，贼去则捏称得胜"的局面④，下诏"勒保著授为经略大臣，赐予印信，所有各路带兵大臣，及总督宜绵、景安，巡抚倭什布、秦承恩、高杞等，俱受节制，明亮、额勒登保……授为参赞大臣"⑤，命经略大臣勒保总领前线各部，明亮、额勒登保为参赞大臣加以辅佐，理顺了前线将领的隶属关系，使事有专责。二是面对白莲教武装人数众多但鱼龙混杂的局面，主张"诛首恶而赦胁从"，令各处招谕"被贼裹挟之难民"，择其强壮者加入军队，对老弱者则给予路费遣散，并令州县长官不得追究其罪过，还要给予田地耕种，将其妥善安置，以瓦解反清武装。三是广筑寨堡，使百姓有所依托，不至于被裹挟并配合清军镇压

---

① 《仁宗睿皇帝实录》卷25，第311页。
② 《仁宗睿皇帝实录》卷37，第426页。
③ 《清史稿》卷361《严如熤传》，第11391页。
④ 《清史稿》卷340《王杰传》，第11086页。
⑤ 《仁宗睿皇帝实录》卷38，第438页。

白莲教武装。于是，各省寨堡体系相继建立起来，而四川是寨堡数量最多的省份。

三　重建社会秩序的尝试——寨堡体系的建立过程

白莲教武装人数众多，但始终没有形成统一的力量，各部互不统属，无法跟朝廷军队正面抗衡，故只能转战于乡村。但清廷对秦巴乡村缺乏有力控制，使白莲教武装"越剿越多"，乡村秩序愈发崩塌。因此，只有将流散的人民组织起来，让他们在官府的组织下能够自食其力，并强化对他们的管理，才能够从根源上消弭战乱，这种方法就是团练筑寨。

川陕楚地区山脉纵横，每逢乱世，人们多结寨堡以自卫。湖北西部地区最迟在东汉年间就修筑了寨堡。① 川东的寨堡，亦可追溯到汉代。特别是宋代以来，寨堡成为这些地区在战争中重要的防御力量。宋廷南渡后面对金兵南下的压力，在秦岭—淮河线修筑了许多山寨、水寨。② 宋蒙战争爆发后，山城防御体系成为南宋维系四川战区统治最重要的手段。因此，在嘉庆白莲教战乱伊始，一些有见识的地方官绅就自发组织力量修筑寨堡以维系乡村秩序。

乾隆六十年（1795年）战争山雨欲来之际，襄阳吕堰驿巡检王翼孙鉴于兵力不足，就对巡检司所辖村寨酌立"防守八条"，包括将单弱之村暂时搬入大村，平时团练乡勇、囤积粮草，设头目对寨中人士进行管理等，已经可以看出团练寨堡的雏形。③ 但准备尚未就绪之时，白莲教已经攻入吕堰驿，王翼孙战死，其法不得实施。与之毗邻的竹山、竹溪、郧西、白河一带，山险民少，县城多无城垣，难以固守，故山民在官绅的带领下纷纷筑山寨、兴团练。其中尤以郧西为最，"团练民勇，据险拒守，贼魁齐王氏等为其民勇所戮，故郧西乡兵，冠于楚北"④。

嘉庆元年（1796年）九月，川北白莲教起义。梁山县令方积查阅古籍，

---

① 张建民：《环境、社会动荡与山区寨堡——明清川陕楚交边山区寨堡研究之一》，《江汉论坛》2008年第12期。
② 黄宽重：《南宋地方武力——地方军与民间自卫武力的探讨》，（台北）东大图书公司，2002，第203页。
③ （清）王翼孙：《波余遗稿·吕堰备贼规条》，《清中期五省白莲教起义资料》第4册，第244—245页。
④ 《三省边防备览》卷11《策略》，第369页。

获悉四川百姓在历年的战乱中，往往于山巅平旷而四面险绝之地修筑寨堡以自卫，便亲自考察南宋抗蒙（元）的牛头城，认为寨堡可恃，于是带领士绅毕钟望、吴承汉等数十人遍访梁山各地形势，于险要之地修筑寨堡。所筑寨堡中，以七斗寨最大，这也是方积在梁山建立的堡寨体系的核心，由他本人亲自督建，可容居民十余万。① 各寨堡修筑仆就，王三槐等已率白莲教大队攻破长寿县城，进入垫江，前锋直逼梁山。方积复以乡勇严守诸关隘，王三槐等因梁山县有备，乃北走新宁、达州，梁山得以避免遭到战祸，"民于是始知筑寨之利"②。在四川的其他区域，部分民众也开始对前代寨堡进行修缮，用以自卫。一些被白莲教攻克的城池，官员也纷纷组织修筑大寨作为临时驻所，如东乡令刘清修筑的大成寨、通江令徐廷珏修筑的得汉城等。合州知州龚际美，亦"尽以所领谷价万八千金付团长，筹补不足。为之申戒令，峙刍粮，备器械，严津渡，谨斥堠，要隘村落垒寨森立，联络声气，互相应援"③，建立了寨堡体系。

在湖北沙市，人们也已经开始自发筹资修建土堡。沙市位于荆州城外，为水陆辐辏之地，人烟稠密。嘉庆元年（1796 年），沙市被白莲教洗劫，市镇被毁。次年重建后，士民集资于南面临江之处树立木栅，在东、西、北三面则筑堡环壕以捍卫，使得敌人再不敢窥视，成为平原地区寨堡的典范。鉴于此，朝廷下令"冲要市镇一律仿修"④，于是集镇筑堡开始在鄂西、陕南、豫南一带兴起，如襄阳之樊城、宝丰之翟家集等。翟家集位于河南中西部的宝丰县，"旧有土垣，周围约计七八里，不知创自何年。嘉庆元二年间，楚匪逼近豫境，居民复加修葺，寨墙坚实高厚，四门寨楼俱系砖石砌成"⑤，其城池规模已经与同时期的一些县城规模相当。

明亮、德楞泰等八旗将领在与白莲教武装作战的过程中，也认识到村庄、市镇居民散布，山内路径纷繁，仅恃在一二隘口置乡勇保护难以防卫，所以百姓即使不参加白莲教武装，往往听闻其至即仓皇躲避，粮食衣物任其所取，为白莲教武装补充粮食、兵员提供便利。他们认为，单纯的围追堵截

---

① 七斗寨位于今重庆市梁平县荫平镇，横跨七斗、乐英、大坪三个行政村。其地周围 80 余里，有 7 座山峰，其上分别建造了鄢家寨、石虎寨、饼子寨、杨家寨、天子寨、古城寨、太平寨等 7 个寨堡，七寨势相联络，犹如北斗七星，故合称"七斗寨"。
② 光绪《梁山县志》卷 6《寨堡》，第 203 页。
③ （清）左辅：《念宛斋文补·四川合州知州姊婿龚稼堂先生八十寿序》，《清中期五省白莲教起义资料》第 4 册，第 449 页。
④ 《圣武记》卷 9《嘉庆川湖陕靖寇记二》，第 383 页。
⑤ 《河南布政使马慧裕奏》，《清中期五省白莲教起义资料》第 2 册，第 56 页。

难以奏效，必须修筑土堡才能加以防御，故于嘉庆二年（1797年）十月联名上奏：

> 查各州县在城之民，有城池足以保障。其村庄市镇之散处者，仅恃有一二临口乡勇防护，或相离较远，猝然遇警不及应援；或山路分歧，设堵未遍，贼已阑入。年余以来，百姓往往一闻贼至，仓皇避匿，粮食衣物，即为贼有；其奔避稍后者，则既劫其物，并掳其人。甚至备卫之火药器械，反以借寇而资贼。而各贼每至一处，有房屋以供栖止，有衣食以接济，有勾结逼胁之人为之引道路而供负戴。是以两载用兵以来，各省劫杀无虑千万，而贼党不加少。且兵力以保城为急，则村市已被焚掠；以保荆襄为急，则房、竹、安康已难兼顾。往往官兵探贼所向，穷日追及；而贼一见即走，旁分四窜。本欲迎头，反成击尾。皆由前无阻截，是以任其所之。
>
> 为今之计，欲筹恤难民而困贼匪，莫若饬近贼州县，于大市镇处所，劝民修筑土堡，环以深濠。其余散处村落，酌量户口多寡，以一堡集居民三四万为率，因地之宜，就民之便，或十余村为一堡，或数十村联为一堡。更有山村窎远，不能合并做堡者，即移入附近堡内。所有粮食牛彖什物一并收入，被难民人，即于其中安置，搭盖草棚。贼近则更番守御，贼远则出入耕作。该壮丁各保身家，巡防自必奋勇。壮丁不足，更于难民中择其骁健者，充当乡勇，酌给口粮，即以代赈。每堡派文武妥员二三人，绅耆数人，为之董率弹压。如此防范，未被难之户，得有捍御；已被难之民，得谋食息。且收养堡内之人，户口有稽，不特可免流离，抑且赈无冒滥。又其中有一二曾经入教、首鼠两端者，亦皆有所拘束，不致附和勾结。则贼匪所至之地，皆沟垒森严，难以冲突。各堡以逸待劳，并力御剿，使贼处处受敌，而人们不为逼掳，粮食牲畜不为劫夺，火药器械不为掠取，贼必饥饿，日就穷蹙。加以劲兵云集，并力兜擒，而后杀一贼即少一贼，灭一股复除一股。即如近日绅士梁友谷等，筑寨团练，贼不能犯，保护乡里十余万人，实有明验。是以现饬湖北之郧阳、房县、竹山、竹溪，陕西之兴安、白河、洵阳、平利、安东、石泉等处，一律相地修筑，并移咨汪新、秦承恩，选派能员，及时筹办。此外或有须设防修筑之处，亦属该抚臣暨地方官，随时酌量情形，一体办理。至于川东一带，每多险峻山寨，为各贼负隅走险之所，只须令附近居民，预先移住其中，一如守堡之法，自相捍

卫。其大村镇市，不便移入者，则令仿照筑堡。似于御贼、安民之道，均有裨益。①

在上奏的同时，明亮、德楞泰等下令各州县"刻即示谕村庄民人，并力通信，各筑土堡，挖掘深壕，群聚防守，并选派文武绅士耆老为之董率，断不可如虚设卡隘者仍遭焚掠。先将如何遵办缘由，飞禀通报"②。但是，朝廷对这场战争盲目乐观，认为几股"跳梁小丑"很快就能平定，土堡之法只能是劳民伤财，"筑堡烦民，不如专擒首逆"③，斥责明亮等人的做法实乃"舍其急而图缓，于军务未免分心"④，故寨堡之法并不未推行。

但是，凭单纯军事打击的办法，实难剿灭白莲教。此前对付白莲教的过程中，将领往往以兵少为借口，征调邻省新兵，并广泛招募乡勇。按照清朝的传统，军事力量布局之所"非番回错集之区，则形势要害之地"⑤，过度调邻省之兵只会导致防御空虚，战乱之区尚未平定，平安之所烽烟又起，故苗疆之役征兵川、楚，而白莲教于这两地乘虚而动。且仓促招募之兵，往往为无业的市井无赖之徒、穷苦无聊之辈，"纪律不习，技艺不精，心志不齐、胆气不壮"⑥，以偷混军饷为目的，平时约束尚且困难，战时更不可能指望他们冲锋陷阵。带兵将领平日又不以操习军事为务，对军事"全不认真剿办，惟知苟延岁月，军中宴乐"⑦。"诸臣酿衅于先，藏身于后，止以重兵自卫，裨弁奋勇者，无调度接应，由是兵无斗志。"⑧且军中冒饷之事十分普遍，嘉庆帝曾对此愤愤谈道："即如在京谙达、侍卫、章京等，遇有军务，无不营求前往。其自军营回京者，即平日穷乏之员，家计顿臻饶裕，往往托词请假，并非实有祭祖省亲墓之事，不过以所蓄之资，回籍置产，此皆朕

---

① （清）明亮、德楞泰等：《筹令民筑堡御贼疏》，《清中期五省白莲教起义资料》第5册，第224页。
② （清）严一青修，朱斗南纂：嘉庆《白河县志》卷2《建置》，国家图书馆清嘉庆六年刻本，第3页。
③ 《圣武记》卷9《嘉庆川湖陕靖寇记二》，第385页。
④ 《仁宗睿皇帝实录》卷23，第287页。
⑤ （清）龚景瀚：《澹静斋文钞》外篇卷1《坚壁清野议》，续修四库全书第1474册，第629页。
⑥ 《澹静斋文钞》外篇卷1《坚壁清野议》，第629页。
⑦ 《仁宗睿皇帝实录》卷39，第451页。
⑧ 《清史稿》356《谷际岐传》，第11316页。

所深知。"① 因此，增兵之举只会加大军费开销，加重百姓负担，"民间之疲于挽输、困于差徭者不知凡几矣"②。军官又不能约束兵丁，作战不足，而扰民有余，乡勇从而效尤，导致富民失业、贫者破产，"逼上梁山"之事层出不穷。

此时，不仅四川省官员、百姓开始建造寨堡，白莲教人员也多因山修筑营垒，如林亮功据开县白岩山、王三槐据云阳安乐坪、罗其清与冉文俦连兵方山坪，皆因险筑寨、遍立关卡，且耕且战。清军若想攻克这些寨堡，动辄经年累月，耗费诸多钱粮，还要付出无数兵士死伤的代价。攻克之时，白莲教已远窜，清军又不得不尾追之。川、陕、楚交界地带山脉纵横，道路纷繁，处处可通。白莲教多土著，长于山内行路，惯于爬山涉水，行动迅速。三省交界地区多产老毛竹，"节密而坚，柔而劲，贼匪砍作矛杆，长一丈七八尺，拒抗时千矛攒刺、短兵砍拨、软不受刀，前矛甫开，后矛已至。贼势不支，则拔出矛头，弃杆翻山"③。白莲教以此作为兵器，又多因粮于民，转移之时不需要负重，日行百里。清军则不同，身披铠甲，背刀矛、鸟枪、弓箭、火器、铅弹，重达二三十斤，行走不易，且多为从他省外调而来，不熟悉山地作战，登山半日汗流气喘，行军十分迟缓。山内交通不便，军粮转运非常费力，官兵还要时常坐等粮秣，故每日只能行进二三十里，根本无法追击到敌人。即使侥幸相遇，士兵已疲，不堪战斗，多半虚张声势，不敢与之相抗；即便有勇猛之军队，对敌时所杀敌人也多为后队老弱病残，难以真正消灭其主力部队。清军疲于奔命，白莲教武装却愈发壮大，一年间连陷通江、东乡、太平、巴州、长寿等州县城池。

嘉庆二年（1797年），襄阳白莲教首王聪儿、姚之富等由通江竹峪关入川，进入东乡与王三槐、徐天德等会合，立青、黄、蓝、白、线等号，分设掌柜、元帅、先锋、总兵等名目。其中四川系白莲教包括达州青号徐天德、东乡白号王三槐、通江蓝号冉文俦、巴州白号罗其清、太平黄号龙绍周、云阳月蓝号林亮功、奉节线号龚文玉等，势力愈发壮大。④ 随后，王三槐与徐天德自达州南下，掠渠县、大竹、广安、邻水、江北厅，陷长寿，分兵两路，徐天德自涪州北掠酆都，围忠州，由万县入开县；王三槐围垫江，掠梁

---

① 《仁宗睿皇帝实录》卷37，第413页。
② 《澹静斋文钞》外篇卷1《坚壁清野议》，第629页。
③ 《三省边防备览》卷11《策略》，第376页。
④ 道光《南部县志》卷10《武功》，第457页。

山，入开县与徐天德会合。此时王聪儿率襄阳白莲教主力也到达开县，但此时开县官民在县城城墙外又筑大城，军民合十余万共同坚守。白莲教见防御严密，遂西取临江市，进行休整。临江市是川东地区一大集镇，商贾辐辏，财货云集。时值春节，白莲教在此安度新年，筑台演戏，尾追的清军却避之遥遥，不敢对敌。① 对于战场上的节节失利，清廷大为恼火，先后撤换总统诸军的永保、惠龄、宜绵等人，命在苗疆屡立奇功的勒保接任。嘉庆三年（1798年）正月，勒保达到云阳，准备首先进攻盘踞安乐坪的王三槐。此时，梁山令方积以其在梁山的成功经验向勒保禀报，乃由勒保向嘉庆转呈他所写的《倡议练兵修寨四事疏》，概括了平定白莲教的四个要点，即"操练乡兵以备堵截""修凿城池以定民志""设法储粮以备缓急""广修山寨合力守御"，其中"修寨"条载：

  查贼匪自去秋起事迄于今日，所入之处必先以虚声恐吓，俟居民逃窜时，彼则乘乱而入。地方官虽欲禁止逃民，而逃民终不可禁，以故民心愈恐而贼势愈张。小民无识，贵坚其志，必置之于必不可死之地而后有不肯轻去之心。民有不肯轻去之心，而后贼无可以拦入之势。梁山境内周围数百余里，四面俱有古寨，已令各路约保指名禀出大小不下三十余处，有周围三四十里者，有周围十余里及七八里者各不等，大抵皆峭壁悬崖中通一径，见已亲赴各寨逐加阅视，普劝居民，令其各加休整，大约不过一月之内即可一律修齐。其附近城郭之牛头、金城、七十层、子岩等寨，日内即可竣工。并闻贼众行不裹粮，待掠而食，倘能绝其粮路，势不能枵腹持戈。是以傍寨居民俱令其将存积谷石全数先行运寨，寨上多备滚木礌石，并按照寨之大小分给过山、鸟枪等件。如果贼至，各路居民自可就近登寨而守，或十余团守一寨，或数团守一寨，并预嘱该居民等于贼至之时勿与贼战，但坚守不动，使我四境之中路路可通，寨寨相望，不必互相策应而实有互相策应之势。贼仰攻不能，掠食无所，左梗右塞，步步防人，似有不待驱逐而自退之理。②

与此同时，长期在宜绵军营内任职的龚景瀚也深切认识到修寨筑堡是平

---

① 咸丰《开县志》卷23《杂事》，第502页。
② 咸丰《云阳县志》卷6《武备志》。

定白莲教的唯一可行办法。① 经过总结刘清、方积等人的经验及他自己的实践，他提出了著名的《坚壁清野议》，总结了白莲教日益壮大的原因，指出修建寨堡、坚壁清野是战胜白莲教的唯一办法，并提出了具体的操作方法，其与寨堡的相关部分载：

> 今必先安民然后能杀贼，民志固则贼势衰，使之无所裹胁，多一民即少一贼矣。民居莫则贼食绝，使之无所掳掠，民存一日之粮，即贼少一日之食矣。为今之计，必行坚壁清野之法，责成地方官巡行乡邑，晓谕居民，团练壮丁，建立堡寨，使百姓自相保聚，并小村入大村，移平地就险处，深沟高垒，积谷缮兵，移百姓所有积聚实于其中。贼未至则力农贸易，各安其生；贼既至则闭栅登陴，相与为守。民有所恃而无恐，自不至于逃亡。别选精锐之兵二三千名以牵制贼势，不与争锋，但尾其后，贼攻则救，贼退则追，使之进不得战，退无所食，不过旬余非溃则死，此不战而屈人策之上者也。
>
> 其要先慎简良吏。一省之中贤而能者道府岂无数人，牧令岂无二十余人？其奔走趋事明白勤干者佐贰岂无数十人？今川省贼所往来，川东惟夔州一府、达州一州，川北惟保宁、顺庆二府而已；陕西惟兴安、汉中二府，商州一州；河南惟南阳一府；湖北惟荆州、宜昌、施南、襄阳、郧阳五府而已。所属牧令贤者留之，不肖者易之，每处各派佐杂数人分任其事。以道府董局事，佐以正佐数员，讲明利弊，议定章程，总其大纲，其余道府分路经理稽查，不过三月可以毕事。
>
> 其次则相度形势，天成之险如大成寨、太平寨等处者加卑因高，使之可守，移附近居民于其中。先藏积谷，贫者官贷其资，茅屋、草棚听其自便，其故居仍留勿毁，贼未至时仍可照常安业也。其村庄市镇人烟辏集如临江市、普安场等处者，随其所居，因山临水筑城堡，外挖沟壕，务令高广，民居零星在外者移入之，砖石木料匠役之费皆给于官，

---

① 一些文献把龚景瀚之职错写为"合州知州"，实际上，龚景瀚并未署合州知州之职。根据《清史稿·龚景瀚传》以及陈寿祺所撰《龚景瀚传》（见《澹静斋文钞》）的记载，龚景瀚字海峰，福建闽县人，乾隆三十二年（1767年）进士。嘉庆元年（1796年）宜绵署陕甘总督，招其为幕僚，先后署庆阳知府、兰州知府等衔，但都在宜绵军中效力，往返于陕、甘、川、楚之境，直到嘉庆五年（1800年）宜绵被褫职后才到兰州就任。因其以兰州知府之职长期于川境督军，故一些文献将其与时任合州知州的龚际美相混。龚际美，江苏阳湖人，乾隆五十五年（1790年）进士，嘉庆元年（1796年）署合州知州，也是筑寨团练的早期践行者之一。

惟丁夫取于民，有贫乏者量给口粮，以代赈恤。

其次则选择头人。山上之寨、平地之堡，人户既多，一切事宜需人经理。择其身价殷实，品行端方，明白晓事者，或绅监，或耆民，举为寨长、堡长，给以顶带，予以铃记，使总一寨一堡之事。其清查户口、董视工程、经管银粮、稽查出入、训练丁壮、修饬守备，别择数人为之副，各就所长，分任其事，以专责成。

其次则清查保甲。户口繁多，奸良莫辨，外至者虞其为间谍也。即久居者亦虑其有匪党也。行保甲之法，十家联保，互出甘结，始准移居。匪类送官究治，其踪迹可疑尚无确据者另附册尾，听其另居自便，毋使混入以滋后累。其余良民悉使团聚，家有几人、大小几口、所操何业，田土若干、详注册内以备稽核。

其次则训练壮丁。每户抽壮丁一人，或二三人编为部伍，鸟枪刀矛各习一技，官为给价制备器械。每一堡寨择营中千把或外委一员，兵三四名，使之教导，勤加训练。有事则登陴守御，自保乡里，毋令出征，惟本州县有警或临堡告急，许以其半救援。

其次则积贮粮谷。堡寨之中建仓数间，豪家屯户有粮难以尽移者，官给银悉行收买入仓，无者买于临近各乡，官兵经过即以此供支。贼至闭寨，壮丁守陴，按名给粮，毋令家食。其鳏寡孤独贫乏残疾及家稍充而实无粮者，准其照册分别赈借，贼平之后即为本乡社仓分贮常平，一遇灾歉亦可就近赈粜。

其次则筹度经费。所有筑堡、挖壕、建仓、买粮、置备军械，一切守御器具及搭棚盖屋之费，银皆官给，交堡寨长司其出入，惟仓粮之数主于官，赈借、供支，官为报销。其余银匀摊于堡寨居民，所有田地分十年或八年随地丁征还。如此者，有十利焉。①

采取坚壁清野之法后，白莲教想要获取粮食、兵员，就必须进攻寨堡。只要寨堡足够坚固，防御能力够强，就能够使白莲教不得不顿兵寨下，清兵则可以乘势夹击，可有事半功倍之效。坚壁清野之法最先为四川总督勒保采纳，"（勒保）因采坚壁清野之议，通行各属，令百姓扎寨屯粮，团练乡勇，以期自卫"②。川东、川北的寨堡体系建成后，白莲教在这一地区的生存遇到

---

① 《澹静斋文钞》外篇卷1《坚壁清野议》，第629—633页。
② （清）石香居士：《勘靖教匪述编》卷3《蜀述》，京都琉璃厂道光六年本。

严重危机，粮食补给、兵员补充等都成了问题，出现了"川东、川北各贼每思窜往他境"的状况。①嘉庆四年（1799年），嘉庆亲政后，正式下诏广修寨堡，"著勒保、松筠、吴熊广等，饬令所属地方，晓谕居民，相度地形，或可做照办理，令乡勇人等加意防护，坚壁清野"②。嘉庆对团练寨堡之法十分重视，将其作为考核地方官员的重要手段，"其团练防守有效者保奏，违者罪之……自后各县练勇，各守堡寨，不许调往军营，致村庄反遭荼毒。其乡勇固守卡寨，以堵为剿。及州县实心倡率者，与军功同赏；督抚能力行坚壁清野者，与经略、参赞同一酬庸"③。寨堡体系建成后，切断了白莲教武装与百姓的联系，白莲教武装的粮食物资供应与人员补充变得困难起来，原来越裹挟越多的局面得以控制。

政策上，清廷也做了一些调整，最重要的是下诏招抚叛军："今惟一二渠魁杀无赦，凡胁从者准其投诚罔治。"同时，不再以加入白莲教而治罪，"但治从逆，不治从教"④。这样，许多参加反清斗争的人纷纷投诚。如云阳县立即出现"解甲听命，归乡为良民者数千人"的局面。⑤同时，清军调整了军事部署，任命额勒登保为川、楚、陕、甘、豫五省经略大臣，分军协防各区域。额勒登保专办甘陕地区，构筑栈道防线；都统德楞泰协助四川总督魁伦防御四川，构筑嘉陵江防线；将军明亮与湖广总督倭布升办湖北，构筑楚东防线。嘉庆四年四月，明亮自湖北追击白莲教，败之于开县擂鼓山。六月，德楞泰在云阳大败月蓝号，于谢家坝杀其首领包正洪。同时，清军进军夔州，杀襄阳黄号首领王光祖，降其众五千余人。七月，德楞泰进攻屯扎在大宁、巫山交界一带的白莲教，杀奉节线号教首龚文玉等人。达州、东乡的白莲教自梁山、垫江南下，但不久即在云阳、开县等地遭到重创。

在此情况下，白莲教武装多次试图突破封锁，意欲逃离寨堡严密的川东、川北地区。襄阳白莲教余部在张汉潮、高均德等人的率领下分数股东下两湖，但遭到湖广总督倭布升的分头截击，只得退回四川。嘉庆五年（1800年），额勒登保、德楞泰等率主力先后赴陕，清廷让四川总督魁伦专办四川军务。魁伦屯重兵于达州狮象山，导致嘉陵江防线削弱。正月十五，通江蓝

---

① 《圣武记》卷9《嘉庆川湖陕靖寇记五》，第419页。
② 时保任四川总督，松筠任陕甘总督，吴熊光任湖北巡抚。（清）曹振镛等：《清仁宗实录》卷46。
③ 《圣武记》卷10《嘉庆川湖陕靖寇记六》，第420页。
④ 《圣武记》卷10《嘉庆川湖陕靖寇记六》，第423页。
⑤ 咸丰《云阳县志》卷11《高赭园先生传》。

号元帅冉天元、东乡白号元帅张子聪、奉节线号先锋陈得俸、太平黄号徐万富、达州青号赵麻花、汪瀛等乘机率众由定远县石板沱突破清军嘉陵江防线，向没有修筑寨堡的嘉陵江以西地区挺进，其兵力迅速发展到五万余人，西掠蓬溪、南攻璧山，成都、重庆两大重镇同时震动。清廷急调德楞泰等回援，令魁伦迅速进剿。魁伦得知冉天元等已渡嘉陵江后，绕道梁山、大竹而来，畏缩不前，令总兵朱射斗、阿哈保、百祥等以三千兵力进击，约定自己率四千兵力续进。朱射斗急率所部两千余人自顺庆渡嘉陵江，击敌于西充文井场，初战获胜。冉天元是白莲教武装中最善于用伏击战的将领，以节节败退之势诱使清军深入。朱射斗低估了敌人的实力，率军一路追杀，在蓬溪高院场遇到白莲教主力，被围数重。约好前来救援的魁伦不仅拥兵不救，反而屯兵城内，导致朱射斗力战而死。百祥以千余兵救援，亦寡不敌众，单骑逃脱。"射斗骁勇敢战，屡立功，贼所惮者经略、参赞外，惟杨遇春及射斗两镇之兵。至是以无援败死，官军夺气。"① 此后，白莲教武装继续进攻，掠盐亭、射洪、三台、梓潼、绵州、江油，于江油马蹄岗再次将追击的参赞大臣德楞泰部包围："（白莲教）八路来攻，人持束竹、湿絮御箭铳，鏖斗三昼夜，贼更番迭进，（清军）数路皆挫败。"② 冉天元亲率主力对德楞泰大营发动总攻，清军抵挡不住，纷纷后退，德楞泰退据山丘，下马以示必死，激励将士死战。冉天元骑着缴获的朱射斗的战马亲自率军冲锋，却不幸陷入泥泞，被清军擒获。此时乡勇也赶到支援，清军大举反击，反败为胜，擒陈得俸。此战之后，白莲教武装精锐尽失，再难直面清军。白莲教武装残部欲北上陕甘，但受到清军的阻击，加上地方寨堡团练的威胁，损失惨重，教首杨开甲等战死。四月，冉学胜、张士龙、高天升、马学礼等率数万白莲教武装突破栈道防线，直逼秦州。清军由额勒登保亲自指挥，调集多路人马会剿秦州，双方互有胜负。白莲教武装未能突破清军防线，不得已折回陕南。此后，栈道以西、汉水以北完全被清军控制，白莲教武装的活动范围更小了。额勒登保并未给白莲教武装喘息的机会，加强汉水和栈道防线后，便率军进攻屯驻紫阳、安康一带的白莲教武装，一直追击至湖北竹溪一带。白莲教武装遭到陕西、湖北清军两路夹击，被迫又折回陕西，遁入巴山老林。

嘉庆六年（1801年），清军加大了攻势，加上此时寨堡团练网已成，使白莲教武装多次受到重创，损失惨重。著名教首徐天德、冉学胜、伍怀志、

---

① 《圣武记》卷10《嘉庆川湖陕靖寇记六》，第412页。
② 《清史稿》卷344《德楞泰》，第11158页。

高天升、张天伦、马学礼等或战死，或被俘，余部均遁入巴山深处老林。嘉庆七年（1802年）十二月，大股白莲教已经基本被消灭，额勒登保、德楞泰、勒保、惠龄、吴熊光等会奏"川、陕、楚剿捕逆匪，大功勘定"①。此后，清军继续大规模深入大巴山深处搜剿白莲教。嘉庆十年（1805年），白莲教余部被清军彻底消灭。

四　嘉庆时期寨堡体系的作用及影响

嘉庆初年爆发的白莲教起义历时十年，波及川、鄂、湘、豫、陕、甘六省140多个州县，牵动清朝正规军超过12万，乡勇数倍之，数百万人口受到直接波及，耗费清朝库银至少2亿两，对地方造成的损失更是难以估量，进一步加剧了清朝的统治危机。清廷能够在这场声势浩大的战争中获得胜利，重新确立三省地区的统治，并进一步加强对乡村的控制，寨堡体系的建立起到了至关重要的作用。从这一点来看，战争对清廷也有一定的积极意义。严如熤在《三省边防备览》中对坚壁清野之谋论道：

> 坚壁、清野，均制寇良策。山内之野难清，已论于前。至坚壁之谋，则行之确有成效。五年以前，贼势之炽者，以其到处裹人，胁从日众，抢掠民食，因粮于我也。自寨堡之议行，民尽倚险结寨，平原之中亦挖濠作堡，牲畜粮米尽皆收藏其中。探有贼信，民归寨堡，凭险拒守。贼至无人可裹，无粮可掠，贼势自衰矣。
>
> 寨堡之设固足保民，于剿贼机宜亦大有裨益。贼匪奔窜山谷，不由路径，官兵尽力穷追，相距总隔一二日程，以其前无阻截之者也。寨堡既成，加以团练，贼至据险以拒，大兵跟击得及，鲜不获大胜者。参赞德侯追樊人杰、徐添德两贼首，贼匪踩浅渡汉，因前途有马鞍寨之险，少为逗留，而德侯亲督健旅，追及之张家坪，斩俘数千。樊、徐二贼势遂穷蹙，不旬日均皆歼灭。又老贼张添伦等合七股大贼万余人，攻打大平寨、神仙洞二处者两日，杨提军领兵至神河口，闻之，连夜前进，天甫明而至贼营寨，民扼之于后，官兵剿之于前，七股贼匪一战荡平，此尤彰彰在人耳目者。②

---

① 《仁宗睿皇帝实录》卷106，第420页。
② 《三省边防备览》卷11《策略》，第375页。

广修寨堡，平日散而务农，战时入寨防御，不仅能够达到"坚壁"之功，还能收到"清野"之效，故在与白莲教的战斗中作为双方胜负手的"坚壁清野"之策，其核心就是令民筑寨自卫。自寨堡体系逐渐建成后，"居民遵坚壁清野之示，各就近择险筑寨自保，谷米悉聚于寨，贼退则耕，贼来则守。既已熟悉贼情，贼攻寨必与斗，或率众邀截其尾，贼于是无所为，地方亦稍有安帖之象"①，战场的形势逐渐为清军掌握，"所至俱有堡寨，星罗棋布，而官兵鼓行随其后，遇贼即迎截夹击"②。以堵为剿之策，确实达到事半功倍的效果："川民自结寨守御以来，贼难掠食，日剿日减，即溃窜数队，每队亦止千百，未尝有新增之贼。"③ 新宁县修寨之后，"人心既固，（敌人）无从觊觎，即偶然窜入，亦鲜能肆志，官军得以陆续蒇功"④。大竹县"城郭有金汤之固，乡野有岩寨之险，（白莲教）冲突数日不得逞，仍窜他处"⑤。到了嘉庆六年（1801年）六月，据额勒登保奏："（白莲教武装）合计不过二万四千余，此时堡寨完固，即有耕耘贸易猝被掳掠之人，皆能乘间逃出，不为贼用。而各路兵勇十倍于贼，屡次斩获，自必有减无增，业已逼贼入川，为一举扫荡之计"⑥。可见寨堡体系的建成，极大地限制了白莲教的活动，地方秩序也逐渐恢复到可控范围，战乱得以逐渐被平定。

寨堡作为乡民自卫的依托，不仅能避免被叛军掳掠，还能阻止兵勇的抢劫。自乾隆中期以后，军营的贪腐问题已经非常严重。嘉庆白莲教起义爆发后，满、汉大员贪腐成风，对军事"全不认真剿办，惟知苟延岁月，军中宴乐"⑦。上阵交锋之时，乡勇往往成为"替死鬼"，《圣武记》载：

> 是时各路官军临阵辄令乡勇居前，绿营兵次之，满兵、吉林、索伦又次之。而贼营亦先驱难民抗我颜行，其真贼皆在后观望。故乡勇日与难民交锋，而兵贼常不相值。又乡勇伤亡无庸注册报部，可掩败为功，至京师禁旅伤亡，必当具奏，更非如绿营兵止须咨部之比，是以不令前敌。及战胜，则后队弃兵又攘以为功，而冲锋陷阵之乡勇反不得与。是

---

① 光绪《垫江县志》卷6《纪乱》，第322页。
② 《圣武记》卷9《嘉庆川湖陕靖寇记五》，第409页。
③ 《圣武记》卷9《嘉庆川湖陕靖寇记五》，第419页。
④ 同治《新宁县志》卷5《兵防志》，第739页。
⑤ 民国《大竹县志》卷6《武备志》，第136页。
⑥ 《圣武记》卷10《嘉庆川湖陕靖寇记七》，第437页。
⑦ 《仁宗睿皇帝实录》卷39，第451页。

以保奏皆满兵居多,绿营兵间有之,而乡勇见章奏者百无一二。①

以此观之,在镇压白莲教起义时,为清朝出力最多、伤亡最大的,莫过于乡勇。乡勇作为临时招募之兵,平时冲锋陷阵,军功被军官抹杀不说,还经常遭到歧视,待遇更无法保障。八旗、绿营之兵有朝廷正规俸禄可领,乡勇粮饷则需地方筹措,又经常遭到上级官员克扣,其"支发盐菜等项,未免过于严密。将帅大员,则仍前多支,而兵丁乡勇分内应得之项,有迟至数月未领者"②。四川总督勒保"保奏之人大半亲随之人,而兵勇钱粮并不按期给发,以致枵腹跣行,冻馁山谷,几同乞丐"③,其他如宜绵、永保、毕沅等重臣,因贪污军饷而被处分者比比皆是。由于军饷克扣严重,乡勇常有"衣敝履穿,并用牛皮裹足"的惨遇。④ 作为最著名、战功最显赫的乡勇领袖,罗思举所部居然"皆衣狗皮,蹑草履,人笑为丐兵"⑤。每天过着刀口舔血的日子,却时常要忍饥挨饿,这种情形下乡勇自然难守纪律,劫掠乡民之事也就随时可能发生。湖北巡抚吴熊光《伊江笔录》载:

> 乡勇,惟楚省郧西自相团结,最为得力,首逆姚之富、齐王氏皆系该乡勇剿灭,然迁地弗良也。此外乡勇俱属乌合,予在房县时,乡勇有纠众携械围抢民寨者,经该寨缚送三十余人。解到县,天已晚。粮员请分别讯办,予云:"汝等但问他们是同去抢掠否?"次日,粮员禀:"讯得纠抢属实,但罚不及众,请将为首者斩。"予即派员将三十余人概行斩枭,各乡勇始不滋事。此为军令宜严起见,不得已也。撤兵后,川、陕多将乡勇拨改新兵。予定见,给赏散归。幸值稔收,全行分散。嗣川、陕新兵滋事,楚省独免此患。再建寨实避兵勇滋扰,未能制贼死命。盖寨中无水,被围辄困,往往暗资贼。且防异日奸民占寨抗拒,近日粤东潮州即患此。故予在豫、楚,不主筑寨也。⑥

吴熊光对寨堡的非议,虽有失偏颇,却道出了寨堡对于防范乡勇的作用。寨堡在清廷对付白莲教的战争中起到了重要作用,也为中央对地方的控

---

① 《圣武记》卷9《嘉庆川湖陕靖寇记四》,第400页。
② 《仁宗睿皇帝实录》卷39,第458页。
③ 《圣武记》卷9《嘉庆川湖陕靖寇记四》,第405页。
④ 蒋维明:《川湖陕白莲教起义辑录》,四川人民出版社,1980,第81页。
⑤ 《清史稿》卷347《罗思举传》,第11204页。
⑥ (清)吴熊光:《伊江笔录》上编,《清中期五省白莲教起义资料》第5册,第321页。

制带来了一些隐患，因此战后是否保留，成为了争论的焦点。陕甘总督长麟、湖广总督吴熊光等人就明确提出要废除寨堡。长麟，在嘉庆五年（1800年）就任陕甘总督之时，对寨堡对战争的作用认识是很深刻的，也是筑寨的力行者之一。战争结束后，他认为寨堡继续存在会滋生叛乱，故主张将其全部拆毁。吴熊光则认为，楚、豫在白莲教起义末期没有遭到滋扰，是因为没有推广寨堡，故他在战时也一直不主张修筑寨堡。实际上，在吴熊光就任之前，郧阳府属竹山、竹溪等地，已是寨堡体系最成熟的地区之一，其论点并不足信。与之相反，勒保、龚景瀚、严如熤等人则认为修筑寨堡不仅是战时限制白莲教武装流动作战的临时举措，在平时亦可以作为维护地方秩序的手段。勒保奏言：

> 川民庐舍与田亩相连，多散少聚。自贼氛日炽，民皆团筑高险大寨，以自守卫，而别分小寨于平地，以便耕作贸易，皆迫不得已。自戡定以来，争还平地故居，并无恋据险阻之人，不俟官为散遣。间有近田亩成村落者，原可听其安聚。即如东乡、太平各县，皆前明古寨，即昔人避流寇之所。若虑其藏垢纳污，悉勒除毁，非特势所难行，亦可不必。惟有设立寨首，仿保甲之法，约束民户禁习邪教，则守望可以相助，于诘奸与教两益。①

不久，嘉庆帝颁发上谕对勒保进行褒奖，其大略言：

> 嘉庆四年三月间，勒保奏《通饬川东、川北各州县悉令百姓等依山附险各结寨落章程》，井井有条。彼时贼匪正被官兵四路兜剿，以穷奔铤走为能，往往于所过乡村，掳人掠食，肆其凶残，久而滋蔓。自结寨以后，不特百姓自保身家，而贼匪亦无由焚劫。且居民等凭依险固，心胆既壮，贼至即合力攻击，斩获甚多。其后陕楚一律仿行，贼势日形穷蹙，始能将无数雄渠，以次扫荡。今三省全境肃清，闾阎安堵如常。揆厥所由，实得力于坚壁清野之策……勒保著加太子太保衔，并赏双眼花翎。②

与之相似，龚景瀚死后，"其后续编皇清文颖，仁宗特出其坚壁清野议，

---

① 《圣武记》卷10《嘉庆川湖陕靖寇记八》，第451页。
② 《仁宗睿皇帝实录》卷144，《清实录》第29册，第972页。

付馆臣载入"①，可见嘉庆帝对寨堡的重视。而在战后负责秦巴地区社会重建事宜的严如熤，亦得到朝廷嘉奖："宣宗每论疆吏才，必首及之。"② 这说明，朝廷对寨堡在战乱及战乱后稳定地方秩序的作用，是持肯定态度的。地方上的有识之士亦对寨堡的作用赞不绝口，同治《永川县志》中论道：

> 按治乱循环，古今不易之理。川省自献孽肃清，天下晏然，罕见兵革。至嘉庆初教匪倡变，蹂躏数省。当国家全盛之物力，勘定阅八九年。区区小丑，蔓草难图，此无他，民无捍卫故也。盖寇本乌合，而随在可裹胁，随处可掠食，猝遇大军，转得以所掳之众为前驱，斩首虽多，半皆良善，而贼首乘间啸聚，凶焰愈横。且地无防守，兵疾至而先窜，兵甫过而倏来，飚忽不常，如猱升木。以累重之兵剿轻便之贼，旷日持久，几至莫可收拾，而民之颠连惨戮，已不勘言状也。五年，仁宗廑念民恫，诏各州坚壁清野，保卫闾阎，使民得以堵为剿。至是贼无可掳之人，无可掠之食，不旋踵而大功奏定。寨堡之明效昭然矣。后此庚申之变，有寨者多获保全，逋逃者几无完卵。剥肤之痛尤所亲历，近计吾永附寨不过十之一二，小民昧于远识，可与乐成，难与图始。倡率善导，非守土责欤。③

在清末民国时期川、陕、楚三省相关州县所修纂的方志中，都将"寨堡"作为军事防御的重要组成部分，予以记载、论说，这说明它得到了地方的广泛认可。

五 小结

嘉庆年间爆发的白莲教起义，波及六省，影响数百万人，是清中期规模最大的战争之一。战争初期，清军精锐正在苗疆地区作战，白莲教活动区的清军腐败无能，不敢与白莲教武装正面交锋，任凭白莲教壮大。而白莲教武装没有严密的组织机构，缺乏明确的斗争纲领，区域有别，各自为战，从而难有敢于正面与清军决战的勇气。在局势占优之时，白莲教武装既没能主动进攻，打击敌人的有生力量，也没能收拾民心，建立可靠的根据地，而是一味在乡村地区掳掠、滋扰。其虽然看似在掳掠之中所部人数越来越多、财富

---

① 《清史稿》卷478《龚景瀚传》，第13042页。
② 《清史稿》卷361《严如熤传》，第11391页。
③ 光绪《永川县志》卷3《寨堡》，第94页。

越来越丰厚，但实际上多是乌合之众，并不具备攻坚能力。相反，他们仇视士绅、掳掠乡村的行为，也使其既遭到社会中上层人士的仇视，又难以真正得到底层人士的支持。其之所以能够不断壮大，只是得益于乡村没有防护，清军又无法追赶上他们而已。当清廷中的有识之士意识到可以修筑寨堡，让乡村的百姓在防御中有所依托之时，白莲教武装的活动也就显得越发困难了，进而慢慢被清军逼得走向失败。在这场战争之中，寨堡作为"坚壁清野"策略的关键，其作用是不言而喻的。

寨堡本是在战乱爆发而朝廷无力平乱之时，百姓自发组织营建以守望相助的乡村防御性聚落，自汉晋以来历代多有兴修。由于多出于自发性质，这些寨堡多为个体而存在，其存在的关键在于寨长的能力。白莲教起义爆发的嘉庆朝，清廷实力尚强，励精图治的嘉庆皇帝采取雷霆手段惩治以和珅为代表的贪腐势力，将平叛不力的前线大将、地方督抚或降职或逮捕，而刘清、杨芳、罗思举、桂涵等一批出身卑微而能力出众的官员将领得以破格提拔，又及时采纳"坚壁清野"的建议，使朝廷重新走向正轨。正是在此背景下，清朝才有能力从整体上对寨堡进行谋划布局，通过一系列手段和规范加强对寨堡的控制，使其成为扭转局势、平定叛乱、重塑乡村秩序的有力"武器"，这在前代历史上是没有出现过的。这体现了寨堡作为个体难以发挥好防御功能，成为整体则可稳定地方的特性。基于嘉庆年间的成功经验，咸同年间各地反清斗争风起云涌之时，清廷再次将寨堡修筑提上日程，在平叛过程中寨堡同样发挥了重要作用。因此，在清中后期帝国内乱及其消弭的历史研究中，寨堡是不容忽视的重要因素。

第四节　咸同时期的四川战乱与寨堡营造

一　道咸年间的四川社会危机

1840 年，中英鸦片战争爆发。在英军坚船利炮的猛烈攻击下，清军惨败。总督、提督、总兵等高级军官亦成为敌人的"活靶子"，就连在镇压白莲教、平定河南天理教、俘获张格儿等战争中素以智勇双全而名噪一时的果勇侯杨芳，在陌生的敌人面前也手足无措，闹出了不少笑话。[1] 但是，清廷

---

[1] 茅海建：《天朝的崩溃——鸦片战争再研究》，生活・读书・新知三联书店，2005，第 259 页。

上下依然沉浸于天朝上国的美梦中，吏治腐败，苛捐杂税不断，民不聊生。

1951年，太平天国运动爆发，自广西而上席卷湘、鄂、赣，定都南京，夺取江南富庶之地。为了筹集军饷镇压太平军，清廷决定增加那些没有受到战乱波及的区域的赋税，而"寇兴几十载，四川犹未被兵"①，正属于这种地区，成为军饷筹集的重要来源。"自东南军起，四川独称完富，是以调饷恒仰于蜀"②，"湘军兴，而其饷最绌，恒仰羡于越、蜀"③。湖北巡抚胡林翼亦"常欲联川督、资蜀饷以自助"，认为"蜀中财富险固，宜以时镇抚，系天下根本"④。咸丰二年（1852年），清廷开始巧立名目对四川人民加征赋税，"时饷用支绌，因国初有'永不加赋'之令，故于正赋外，另立名目，以济急需"⑤。筹饷之法，其一是收取"津贴"，"咸丰二年，洪杨之役，军需孔殷，始有借地丁之名。布政使杨培奏议，请免借征，改行按粮津贴法"，其法为"每条粮一两，征收津贴银一两，遇闰照加，一如正赋交纳"，如此一来，四川农民的税务负担实际上就增加了一倍多。其二是捐输之法，"因军饷支绌，又于津贴之外，每两加派银五两，名为按亩捐输"⑥，四川百姓的负担实际上就增加了六倍多。此外，还有协济银、厘捐、火耗等各项名目，极大地加重了百姓的负担。

太平天国运动所造成的川盐济楚，则是四川省反清运动爆发的另一个导火索。太平军攻占定都南京，控制长江下游后，淮盐不畅。两湖地区素不产盐，一时间盐价飙升。为了稳定局势，清政府决定调川盐入楚，规定"凡川、粤盐斤入楚，无论商民，均许自行贩鬻，不必由官借运"⑦。据统计，运销楚省的川盐年销售量在8640万斤左右，这还不包括数量更多的私盐。⑧川盐济楚不仅缓和了两湖地区乏盐的状况，还为清廷增加了不少经费。四川拥有数量庞大的流民群体，入川后由于生计无着，以私自贩运为生，其中贩盐者占据很大比重。为了避免遭到政府官吏及大商人的迫害，他们经常结为团体（如哥老会），"既已结伙而行，时存格斗之心，若再加之严法，结怨愈

---

① （清）王定安著，朱纯点校《湘军记》卷13《援川陕篇》，岳麓书社，1983，第191页。
② （清）祝介：《蜀乱述闻》，国家图书馆藏昌福公司民国六年铅印本。
③ （清）王闿运：《湘军志》卷13《川陕篇》，齐豫生、夏于全主编《中国古典文学宝库》第四十三辑，延边人民出版社，1999，第121页。
④ （清）王定安著，朱纯点校《湘军记》卷13《援川陕篇》，第192页。
⑤ 民国《眉山县志》卷3《食货志》。
⑥ 鲁子健：《清代四川财政史料》上册，四川社会科学出版社，1984，第314页。
⑦ （清）左宗棠：《左宗棠全集》第9册，岳麓书社，2009，第397页。
⑧ 张学君、冉光荣：《明清四川井盐史稿》，四川人民出版社，1984，第120页。

深,势必拒捕"①。因此,朝廷一直以来对这些小贩采取默认态度。太平军兴后,为了增加军饷,朝廷加强对小商贩的管理,强迫其纳税。这群规模庞大的小贩子,平时本就食不果腹,自然无法承担赋税,只得铤而走险。例如嘉陵江小三峡一带(今重庆市北碚区与合川区、渝北区交界地区)就爆发了张大童领导的盐商反清斗争,四处打砸盐店,兼行不法之事,"有过往客船估借估索,或在单村独户肆行抢劫"②。这些生活在社会底层的贫民,在政府的压榨下愈发感觉生活无望,纷纷铤而走险,在李永和、蓝朝鼎的率领下举兵反清。

二 李、蓝反清战争的历史进程

李永和、蓝朝鼎皆是云南昭通府大关县人。该地毗邻四川省叙州府,两地经济往来密切,李蓝等人即常结为团伙,贩鸦片到四川叙州府一带进行贸易。道光十三年(1833年)四川总督宝兴曾在其奏折中对他们这一职业如此描述:

> 近闻川东、南地方领属安静,惟川西、北州县有两种匪徒,其一种,从雅州等处前往云南贩卖鸦片者,谓之烟客。其一种,身带刀械,好勇斗狠,以抢烟为利者,谓之刀客。皆各千百成群,制有抬炮、鸟枪,彼此路遇互相仇杀,横尸草野,无人过问,亦无报官讼情事。然烟客只系道过,不致扰害居人。刀客于抢烟之外,又择乡中殷实民□□□□□□□□,勒令出钱取赎,始为专掳男口,继则兼捉妇口。③

李、蓝等人即属宝兴所谓之"烟客"。他们为了免受"刀客"的抢劫,经常结为团伙武装押运鸦片赴川,大部分人加入哥老会组织。由于他们并不为害地方治安,地方官吏除了收取一些"孝敬"银两外,对他们的行为采取默许态度。但太平天国运动爆发后,四川各地巧立名目横征暴敛,于各地设关卡以征税,最终导致李、蓝等人揭竿而起,《东华续录》载:

> (咸丰九年)九月间,有川省本地民人数起,自云南购贩烟土,至叙州府筠连县地。因该县征收税银较多,未能如数应付,议留二人为

---

① 《三省边防备览》卷10《山货》,第353页。
② 四川档案馆藏:巴县档案6-18-208。
③ 四川档案馆藏:巴县档案6-7-416。

质，余往措银交纳。该县以获奸细解府，该府将二将骈诛，遂致纠众踞城，分陷高县、庆符二县。①

咸丰九年（1859年）九月八日，由于不堪官府的横征暴敛，李、蓝等在云南省盐津县牛皮寨聚众并焚香结盟，扛起反清旗帜，建顺天旗，自称"顺天军"，以李永和为"顺天王"，提出"打富济贫"的口号，聚千余人。是日，顺天军克筠连县。十一日，克高县。十三日，克庆符县，"至是，裹胁日众，遂窥伺郡城"②。二十日，顺天军直薄叙州城下，并击退来援清军，队伍发展到万人以上。对此，清政府极为恐慌，将四川总督有凤撤职，并派陕、甘、滇等省军队入川围剿。新任四川总督曾望颜吸取镇压白莲教的经验，要求各地绅粮倡捐练团，修筑寨堡。③ 百姓对修筑寨堡之事也颇为踊跃："四乡惩逃徙非策，悉知坚壁清野实保聚良策，遂奉官命相勉，为团练、修寨堡守御。"④ 寨堡的修筑，对李蓝军兵员及粮草的补给造成困难。如咸丰十年（1860年）蓝朝鼎已率军攻入崇庆州圆通场，准备向省城成都进军，但因"知州程熙春令诸团坚壁清野，贼无所掠，遂遁"⑤，计划无法实行。

此时，顺天军决定向富庶的川南盐场进攻。十一月，李永和率军克犍为盐场。次年正月，占领自贡盐场，于犍为、井研、荣县、威远县之间建立铁山根据地，"令纳米者给门帖无犯"⑥，以图久据。次年二月，蓝朝鼎率主力十万余人北上，数月间连陷荣县、威远、彭山、蒲江、邛州、名山、荣经、天全、丹棱、夹江等州县，扰及成都周围之大邑、崇庆、灌县、新都、郫县、双流等地，成都震动。清廷将办事不力的曾望颜革职，命驻藏大臣崇实署四川总督。

咸丰十年九月，李、蓝各部于牛佛渡会师，总人数达20万。⑦ 其商议后决定兵分三路，李永和等留守川南，巩固后方根据地；蓝朝鼎等率部北伐，欲夺富庶的川北重镇绵州，而后南下攻成都；周绍勇等东征，欲利用东川复杂地形与清廷周旋，牵制清廷兵力，接应石达入蜀。十月，蓝朝鼎与周绍勇等联军十余万众，围隆昌，陷荣昌、永川两城，扰及大足、合川、江津等

---

① （清）王先谦：《东华续录》卷61《咸丰第八十九》，续修四库全书第378册，第364页。
② 光绪《叙州府志》卷43《叙事》，第705页。
③ 光绪《叙州府志》卷43《叙事》，第705页。
④ 同治《富顺县志》卷29《城防纪略》。
⑤ 民国《崇庆县志》卷3《事纪》，第259页。
⑥ 民国《犍为县志》卷8《武备志》，第317页。
⑦ 光绪《叙州府志》卷43《叙事》，第708页。

地。此后，蓝军溯涪江北攻遂宁，并于次年三月进围绵州，绵州知州唐炯率军固守。绵州城高墙厚，蓝军缺乏火炮，难以进攻，只得顿兵城下。周绍勇北攻顺庆不克，遂由渠县、大竹入垫江、涪州，于咸丰十一年（1861年）十二月入鹤游坪（清属涪州，今属垫江），"联营二十余里，号称二十余万"①，开辟了第二块根据地。此时，李永和亦派先锋大将卯德兴，率十余万人围眉州，欲由此北上成都。

四川烽火四起，清廷急调湘军干将骆秉章入川督办军务。骆部于咸丰十年启程，次年四月十日才到达夔州，十七日到达万州后就逗留不进了。六月，四川提督占泰率军援绵州，被蓝军全歼，清廷大恐，急令骆部火速驰援。同月，湘军前锋黄淳熙恃勇冒进，于合州二郎场被蓝军伏击，3000余人全部覆灭，黄淳熙被俘身死。骆秉章于顺庆收拾残部，编练乡勇，军势复振，被授予四川总督之职。八月初一，骆秉章令各部对绵州之敌发动进攻。训练有素的部队，加上各种先进的火器，让蓝军难以抵挡。清军面对蓝军的密集扎营，采用火攻，"抛掷火箭、火蛋"，蓝军大营塔山、榜山、十贤堂、东岳庙等营垒均着火，烟焰蔽天，将士夺气，遂大败，"是役，焚贼营三十余座，杀贼万余，焚毙及逼入河者不下数万，救出难民不计其数，州城围立解"②。十一日，蓝朝鼎亲率大军渡过涪江。十四日，清军对蓝军营垒发动总攻，"且焚且杀，血流遍野"③，杀敌4万余人。此时，原本守卫绵州的黔军与新到的湘军发生火并，蓝朝鼎乘清军各部内讧、无暇追击之机，连夜率残部向南退走。

闻知蓝军绵州大败后，李永和急率主力亲攻眉州，并派军师何崇政率万人接应蓝军，攻占丹棱为栖身之所。李永和所部人数比蓝朝鼎多，但战斗力不如蓝部，面对眉州城的坚固城墙，只能以围困为主，于黄中坝、王家场、张家坎、李家碾一带连营百余座，自己于双凤桥立大营，"背山绕河，扼险而踞"④。十月一日，骆秉章率清军数万众进攻李永和军，破其双凤桥大营，杀李永和之妻，"焚毁贼营百余座，杀焚溺毙逆贼近三万余人"⑤。李军大败，退守青神。骆秉章将矛头转向蓝军，围攻丹棱，蓝朝鼎率军突围，亲自断

---

① 同治《重修涪州志》卷13《武备志》。
② （清）骆秉章：《骆秉章先生自叙年谱》，王云五主编《新编中国名人年谱集成》第四辑，台湾商务印书馆，1978，第132页。
③ 《骆秉章先生自叙年谱》，第134页。
④ 《骆秉章先生自叙年谱》，第137页。
⑤ 《骆秉章先生自叙年谱》，第138页。

后，被湘军所杀。① 十二月五日，清军又转向李军，进围青神。李永和突围而走，退入铁山。铁山"地势绝险，山径纷歧，周围百余里，处处可通"②，易守难攻。骆秉章乃严饬嘉定、叙州两府派团严堵各隘口，断其粮道，使之坐困。同治元年（1862年）三月，李永和、卯德兴由于粮草不继，只得放弃铁山，率余部两万余人突围。李永和所部万余人在突围途中遇到重重围困，仅存800余人，入八角寨与卯德兴会合。八月十五日，同样由于粮草缺乏，李永和不得不再次率军突围至犍为龙孔场，再次遭到清军包围。十日后，李永和等再次突围，但没有成功，皆重伤被俘虏，最终被杀死于成都。

蓝朝鼎战死后，余部由蓝朝柱（亦称蓝大顺）、张弟才等率领突围，经德阳、江油，再折而东下，经南部县入达县、东乡，攻破新宁，由梁山、垫江入鹤游坪与周绍勇会师。为了避免遭到合围，蓝朝柱率部南下，经涪州入丰都、石柱、忠州，围万县，转入云阳，向北由开县、达州进入陕西。③ 周绍勇亦率部离开鹤游坪，转战开县、云阳，于大竹兵败被杀，余部北上陕西。同治三年（1864年），活动于陕甘一带的李蓝余部在清军的围剿下也最终陷于失败。

三　石达开入蜀之战

在李蓝军队举兵四川之际，另一股强大的反清势力亦决定西取巴蜀。这股力量的主帅就是著名的太平天国大将——翼王石达开。早在太平天国运动早期的1853年，石达开就提出"先行入川，再图四扰"的主张。④ 咸丰六年（1856年），太平天国内部发生了争权的天京事变，石达开带领属下十余万兵力离开天京，转战江西、广西、贵州、湖南、湖北等省份。

此时，四川境内的李蓝反清斗争正在迅猛开展，清军在四川的统治正处于风雨飘摇之际。此时全国的局势是"西北故寒瘠"，"东南兵兴"，只有"蜀尤完富"⑤，石达开认为占据四川这一富庶之地，可以改变其军队长期转

---

① 关于蓝朝鼎死的时间与地点，史学界争议颇多，具体参见胡汉生《李蓝起义史稿》，重庆出版社，1983，第55—56页。
② 《骆秉章先生自叙年谱》，第146页。
③ 同治《万县志》卷17《防堵粤滇》，第115页。
④ 故宫博物院明清档案部藏：明清档案之革命运动类（第109卷第2号）《德兴阿奏》，咸丰七年九月二十二日。
⑤ （清）王闿运：《湘军志》卷13《川陕篇》，齐豫生、夏于全主编《中国古典文学宝库》第四十三辑，延边人民出版社，1999，第121页。

战的疲乏，获得夺取天下的根基，于是决定率军入蜀。咸丰十一年（1861年），石达开攻陷利川，其兵士"散布七曜山"①，准备自云阳、万县一带入川。同治元年（1862年）正月，石军攻云阳岐阳关不克，转陷万县软耳菁，克石柱，走丰都。二月，石军入涪州、南川、綦江等境。三月五日，石达开主力扎浮桥，自陈家嘴、夏家嘴渡乌江下围涪州城，涪州知州姚宝铭焚近郊民房，让居民全部搬入城内，晏城自守，形势危急。十一日，唐炯、唐友耕率清军大队来援，石达开败退，由冷水关入南川，陷綦江，"拘船只，赶造炮船，为水陆攻渝计"②。由于清军江防严密，攻打重庆的计划无法施展，石达开只得沿江继续西进，由巴县南岸再入綦江而后南下贵州，经仁怀、合江、叙永、兴文，与另一支反清队伍张四所部会师，克长宁，分略川南古宋、庆符、高县、珙县诸地。六月，清军围攻长宁，石达开退走叙永，回师江津、綦江，南下贵州，经遵义府、大定府入滇省镇雄州。九月二十四日，石达开率十余万人由镇雄北上，克筠连、高县，入庆符，但无法渡江。十二月，清军大破石达开于横江，石军被迫南下云南。同治二年（1863年）三月，石达开经宁远府入四川冕宁县的大渡河南岸紫打地，由于贻误战机，陷入清军重围，最终被清军诱捕而遇害，其部下则被清军背信弃义地围歼。

石达开所到之处，引起地方士绅惶恐，皆带头练勇修寨以与之对抗。如南川、綦江、江津、涪州、巴县等处寨堡，不少皆为这一时期修筑，綦江县"共余大小寨不下二百处，军械整齐，粤逆三至不敢逼近"③。江津县南70里的骆駞山寨，"山险峻，最易防守，故里人仅修隘门数处。同治元年发逆叠次攻扑，终不能破"；县南180里红岩山保和寨，"极险峻，能容多人，同治年间发逆攻扑数次，俱无恙"④。南川县小河场厚的石宝寨，"发逆环攻七昼夜，木石毙多人，寨内居民无恙"；小河场上游的四坪寨，"发逆环攻七八日，先登者辄为木石毙，寨中未损一人"⑤。

四 小结

咸丰初年太平军兴，咸丰帝诏令各处乡村筑寨防御，四川的一些地方开

---

① 同治《万县志》卷17《防堵滇逆》，第117页。
② 道光《綦江县志》卷5《武备志》，第506页。
③ 道光《綦江县志》卷5《寨堡》，第479页。
④ 光绪《江津县志》卷5《堡寨》，第8页。
⑤ 光绪《南川县志》卷6《寨堡》，第41页。

始筑寨。咸丰九年（1859年），地方官对小商贩的处置失当，引发了李蓝反清斗争。此时清廷为了筹措军饷，巧立名目加派苛捐杂税，极大地增加了四川人民的负担，促使大量生活无着之人加入反清阵营，遂成蔓延之势。有了嘉庆年间镇压白莲教的经验，四川总督曾望颜立刻示谕各地筑寨练团，在战乱逼近的背景下，各处寨堡体系纷纷建立起来。李蓝军虽然众至数十万，但缺乏攻坚能力，顿兵于绵州、眉州城下。在乡村，虽然他们纪律较好，对顺从者不加侵犯，但由于各处寨堡林立，乡民皆被组织到寨堡之中，他们又不得不陷入与团练武装角逐乡村的困境，从而无法全力进攻城市。待到具有丰富战争经验的骆秉章率湘军入川之后，李蓝军就难免覆灭了。此时，太平天国翼王石达开亦率大军入由湖北入川，在川南地区活动。但由于这些地区修筑了大量寨堡，石达开军队立足不易，加上清军的追击围剿，最终被逼入绝地，兵败被杀。

第三章
清代中后期四川寨堡的管理模式

历代对于军堡的管理，自有一套军事体系，大抵是按级别的高低，进行分层控制。明清时期四川军堡作为军事防御体系的末端，主要由一些中下级将领，如千总、把总、外委千总、外委把总等率兵镇守；少数特别重要的寨堡则由游击、守备等镇守，其管理模式与一般军营的管理模式并无二致，故本章不展开探讨。民寨起源于汉代，此后每当社会动荡之际，百姓本着守望相助的精神筑寨自卫逐渐成为普遍现象，并在明清两代达到高峰。民寨发轫之初，多为百姓守望相助以应对动荡局势，领导权多由地方实力派掌握，其防御之成败主要取决于寨堡的力量和寨主的组织领导能力。唐宋以后，寨堡对维持基层稳定的重要性逐渐得到认可，国家权力开始渗透到民寨之中，将寨堡作为抵御外族入侵的手段，试图将其纳入国防体系，保甲制度的推行也一定程度上加强了对寨堡的控制，但大多数时间，寨堡的领导权主要还是在寨主手中，官府难以染指，故而在战乱之时多因孤立而难以守御。直到嘉庆白莲教起义时期，作为西南地区民间筑寨最为普遍的川东地区，仍有"上了寨，绝了代；沿山走，年年在"之谚。[①]

清嘉庆元年（1796年）白莲教起义爆发，波及湖北、河南、陕西、甘肃、四川、湖南六省之地，持续十年之久，对清王朝造成重大打击。清廷调动数十万八旗、绿营和地方乡勇进行镇压，但面对"不整队、不迎战，不走平原，惟数百成群，忽分忽合，忽南忽北"[②] 的反清武装，历时三年半仍是"新起之贼实多于剿除之数……贼愈剿而愈炽，饷徒縻而罔益"[③] 的状况。嘉庆四年（1799年）六月，亲政后的嘉庆谕令各省督抚厉行"坚壁清野"之

---

① 宣统《广安州新志》卷36《兵戎志》，第828页。
② 《圣武记》卷9《嘉庆川湖陕靖寇记二》，第379页。
③ 《圣武记》卷9《嘉庆川湖陕靖寇记四》，第405页。

策，令各处广修寨堡，迁民其中以资捍卫，才得以扭转局势。修筑寨堡不仅是嘉庆朝平定白莲教的重要手段，也在咸同年间一系列平乱战争中发挥了重要作用，这是中国民间寨堡发展史上的一个重大转变。以往对于清代寨堡的研究，主要集中于从军事史上探讨其发挥的作用，或是从社会史角度探讨士绅阶层与寨堡修筑的关系，而对寨堡的管理模式缺乏深入的论述。[①] 故此，本章拟从政府的管控、寨长的选拔、经费来源等角度对寨堡管理模式进行探讨，并揭示寨堡在这一阶段的转变。

第一节 清政府对寨堡的控制与管理

寨堡是为应对敌人侵袭筑以自卫的防御性聚落，除了军队为屯戍需要修筑的军堡外，还包括乡村百姓在战乱之时发挥守望相助的精神筑以自卫的民寨。民寨自汉晋以来就已成为乡民自保的重要方式，但其修筑主要是民间自发而为，官方较少能对其直接干预。到了嘉庆年间，这种民间自发行为变成了朝廷构建乡村管控网络、借以应对行踪飘忽的游击反抗武装的重要手段。因此，清政府对寨堡的控制力度达到了历代以来的最高峰，主要表现在以下几个方面。

一 战略高度：以皇帝谕令推行

清中期以前的民间寨堡的修筑主要是百姓自发行为，嘉庆以后才以上谕的形式将其提升到国家战略的高度，将筑寨行为由民间自发的行为上升为朝廷控制地方的手段。在白莲教起义的前三年，清廷出动正规军十余万，耗费的巨额军费仅户部所发帑银就多至7000余万两，还包括数量更大的地方协济银[②]，但局势日益失控，其原因正如严如熤所言："军兴数载，师老财匮。以数万罢惫之众，与猾贼追逐数千里长林深谷中。投诚之贼，无地安置，则已

[①] 一些论文虽有涉及，但仅泛谈及某一方面，并不深入系统，主要包括：凌富亚：《清代四川寨堡的修建与管理》，《西华师范大学学报》（哲学社会科学版）2016年第1期；罗权、张亮：《冲突与重建：清中期秦巴地区寨堡体系研究》，《地域研究与开发》2018年第1期；罗权：《汉晋以来中国寨堡发展轨迹及其阶段特征研究》，《中华文化论坛》2018年第8期；罗权：《战争中的乡村防御：清代陕西寨堡的修筑及其特征》，《中华文化论坛》2019年第5期；等等。

[②] 《仁宗睿皇帝实录》卷52。

降复乱；流离之民，生活无资，则良亦从乱。"① 为了改变这一局面，嘉庆四年（1799年）六月，嘉庆正式下诏："著勒保、松筠、吴熊光等，饬令所属地方，晓谕居民，相度地形，或可做照办理，令乡勇人等加意防护，坚壁清野。"② 所谓坚壁清野之法，即"责成地方官巡行乡邑，晓谕居民，团练壮丁，建立堡寨，使百姓自相保聚，并小村入大村，移平地就险处，深沟高垒，积谷缮兵，移百姓所有积聚实于其中。贼未至则力农贸易，各安其生；贼既至则闭栅登陴，相与为守。民有恃而无恐，自不至于逃亡。别选精锐之兵二三千名以牵制贼势，不与争锋，但尾其后，贼攻则救，贼退则追，使之进不得战，退无所食，不过旬余非溃则死，此不战而屈人策之上者也"③。上谕下发后，四川、湖北、陕西、甘肃等地方督抚乃督率各地掀起筑寨浪潮，这与清中期以前寨堡主要为民间自发修建大有不同。

此后，战乱时颁布上谕筑寨平乱成为了清廷的固定模式。咸丰元年（1851年）洪秀全于广西金田村起兵之时，咸丰皇帝谕令钦差大臣李星沅、广西巡抚周天爵（专办军务）、广西提督向荣、摄广西巡抚事劳崇光、广西布政使吴鼎昌等前线带兵大员并地方督抚，"现在广西剿匪，亦惟深沟高垒，人自为兵，各保藩篱，守望相助，俾良民不至胁从，匪徒一无接济。贼势穷蹙，而后捣穴擒渠，算操必胜"④。同治二年（1863年），太平军、捻军、李蓝余部合扰秦巴地区，同治再颁上谕，责成湖广总督官文、四川总督骆秉章、河南巡抚严树森、陕西巡抚瑛棨等，"其各处兴修寨堡，及责成该管州县堵截，并派员分道董劝，复行坚壁清野之法"⑤。

二 明确奖惩：筑寨成效成为赏罚的重要指标

清中期寨堡的重要性得到了自皇帝以下朝野的普遍认可，故筑寨成效成为地方官考核的重要指标。嘉庆皇帝在平定白莲教后指出了清军获胜的根本原因："揆厥所由，实得力于坚壁清野之策。"⑥ 在下诏编纂《皇清文颖续

---

① 《清史稿》卷361《严如熤传》，第11391页。
② 时勒保任四川总督，松筠任陕甘总督，吴熊光任湖北巡抚。《清仁宗实录》卷46，四年六月庚寅。
③ 《澹静斋文钞》外篇卷1《坚壁清野议》，第629页。
④ 《文宗显皇帝实录》卷27，《清实录》第40册，中华书局，1986，第379页。
⑤ 《穆宗毅皇帝实录》卷55，《清实录》第46册，中华书局，1986，第40页。
⑥ 《仁宗睿皇帝实录》卷144，《清实录》第29册，第972页。

编》之时，嘉庆帝又"特出其坚壁清野议，付馆臣载入"①，说明嘉庆帝对"坚壁清野"在平定白莲教起义中发挥的作用有了充分的认识。实际上，"坚壁"与"清野"之间，最关键的就是"坚壁"。长期在秦巴地区担任地方官，对筑寨平乱有深刻认识的严如熤指出："坚壁、清野均制寇良策，山内之野难清，已论于前。至坚壁之谋，则行之确有成效。五年以前，贼势之炽者，以其到处裹人，胁从日众，抢掠民食，因粮于我也。自寨堡之议行，民尽倚险结寨，平原之中亦挖濠作堡，牲畜粮米尽皆收藏其中。探有贼信，民归寨堡，凭险拒守。贼至无人可裹，无粮可掠，贼势自衰矣。"②严如熤的见解得到了清廷的认可，道光皇帝更是"每论疆吏才，必首及之"③。正是基于对寨堡作用的深刻认知，在上谕、带兵大员及地方督抚的奏折，及各方志、档案中，随处可见对寨堡的强调。为了做好寨堡修筑工作，清廷明确将筑寨是否得力作为考核地方官的重要指标。嘉庆帝在上谕中明确指出，要对"团练防守有效者保奏，违者罪之"，州县官员能实心倡率地方筑寨的，给予的赏赐与获得军功者相同；总督、巡抚若能力行坚壁清野取得成效的，与带兵之经略大臣、参赞大臣"同一酬庸"。④将筑寨的成效与行军作战的军功相等，可见其奖励之重。各级官府为了政绩，也通过各种奖励手段，激励士绅修筑寨堡、承担寨堡防御任务。陕西巡抚刘蓉就规定："凡捐修堡寨，照城工例，捐资者奖实职，照筹饷例，不减成虚衔贡监等项，照现行常例，并令将用过工料造册咨部查核。"⑤

百姓因筑寨防卫，也会得到相应赏赐。嘉庆五年（1800年）白莲教首冉天元等趁四川总督魁伦防御不周，冲破清军嘉陵江防线。嘉陵江以西地区此前未有战事，筑寨者寥寥，故白莲教得以大掠盐亭、射洪、三台、梓潼、绵州、江油，大量补充兵源、粮秣而迅速壮大，全歼清总兵朱射斗部三千余人，参赞大臣德楞泰所部亦几乎倾没。为避战祸，一些士绅率众筑寨自卫。绵州士绅李国均等于高观寺山巅修筑了高山寺寨，附近乡民万余人得以保全。为奖励其筑寨之功，新任四川总督勒保赏给李国均军功顶戴，并改寨名为"高官寨"，奖掖并倡导筑寨亦能升高官。诸生秦三元、生员李逢春等于治东60里云峰山巅建香积寨，保全数万人，绵州牧刘印全禀请赏给秦三元、

---

① 《清史稿》卷478《龚景瀚传》，第13042页。
② 《三省边防备览》卷11《策略》，第375页。
③ 《清史稿》卷361《严如熤传》，第11391页。
④ 《圣武记》卷9《嘉庆川湖陕靖寇记五》，第420页。
⑤ 民国《续陕西通志》卷9《堡寨》，第8页。

罗万胜等千总军功牌照以嘉奖之。① 盐亭县东南50里的五城寨,在咸丰十一年(1861年)五月二十日遭到李蓝军队围攻之时,"将朱先锋上寨锄杀之,夜则继以鸟铳、劈山伤贼数百,迨明追贼,夺获旗帜、鸟铳八十余杆"②。县令将其事迹上报,四川总督骆秉章以六品军功嘉奖寨首胥仕典、王信两人,其他有功的十人皆给八品功牌。嘉庆时,广安州副贡郑人康于龙栖桥右倡筑宝篆寨,且耕且战,不仅得到知州刘有宜题词嘉奖,郑人康亦以军功入官,后被提拔为金山县令。③ 生员潘大康一人因独自捐修了山寨10座,得到清廷的多次褒奖。④ 自流井盐商王余照,因创修大安寨、九安寨,击败李蓝军的多次进攻,得以赏加按察使衔。⑤ 而对于一些势力过大的寨堡势力,清廷则在利用的同时加以防范,并随时伺机除之。如淮北寨总苗沛霖以办团筑寨而成为割据一方枭雄,其势力"南通光、汝,西薄归、陈,东逾州来,北尽黄河之浒,连圩数千,众数十万"。他在此区域内自行设卡收税,甚至劫夺过往官商物资,地方官仅"守符玺而已"⑥。清廷奖惩兼施,一方面多次奖赏苗沛霖,利用其镇压捻军、太平军,另一方面谕令各官员多加防范,并最终将苗沛霖集团消灭。王余照此后亦被四川总督丁宝桢以"恃兵豪富,横霸一方,欺陵邻里"之名上奏革职查办,被迫逃亡他乡。⑦

三 建章立制:寨堡修筑的规范化

为了使寨堡能够形成系统,达到控制乡村流动,切断反清武装兵源、粮秣的目的,清廷拟定了严密的寨堡章程,令各处百姓遵照办理。嘉庆三年(1798年)勒保由苗疆调任四川总督后,即拟定了《通饬川东、川北各州县悉令百姓等依山附险各结寨落章程》,令白莲教主要活动区域川东、川北各

---

① 同治《直隶绵州志》卷12《关隘》,第124页。
② 光绪《盐亭县志续编》卷1《寨堡》,第397页。
③ 宣统《广安州新志》卷6《岩险志》,第672页。
④ 《军机大臣字寄陕甘总督长麟、陕西巡抚台布,嘉庆五年正月二十日》,《清中期五省白莲教起义资料》第2册,第293页。
⑤ 《四川总督吴棠折,同治十年十二月十三日》,《军机处全宗:录副奏折》,中国第一历史档案馆藏。
⑥ 张瑞墀:《两淮戡乱记·苗逆叛迹本末》,中国史学会主编《捻军(一)》,上海人民出版社,1957,第289页。
⑦ 张七东:《晚清红顶盐商王余照史事新考——兼论近代盐商史研究中新史料的发掘与利用》,《盐业史研究》2019年第1期。

府县按章程办理筑寨事宜，嘉庆皇帝盛赞该章程"井井有条"。① 嘉庆四年（1799 年）下诏全面筑寨后，龚景瀚奉命编写了《遵旨拟就条款晓谕官民绅士人等告示》，全文共 20 条 2526 字，对每县应筑寨堡数量、寨堡的选址、柴草用水的储备、寨外卡哨的设置、寨长的选拔及其职责、寨内大小首领的设置及其职责、保甲的设立、房屋的营造、器械的制备、丁壮的操练、粮食的储备、寨堡的日常看守与修缮、战时的防御方式、敌人的计谋、侦探的重要性、对假冒人员的防备、防火、平堡的修筑、人员的奖赏等内容进行了细致指导②。此外，各县结合实际，也以该告示为参考制定了一些条款，如仁寿县浓缩版的《结寨六条》③，璧山县令张若泉制定了更为细致的《守寨三十则》等④。此后地方寨堡，多由官府厘定章程进行修筑。同治元年（1862年）陕西巡抚刘蓉修筑寨堡，也先要"严定章程，以为奖劝"。⑤ 同治七年（1868 年）新任陕西巡抚刘典随左宗棠入陕督办寨堡，亦"以坚壁清野为首务，核定章程，通行各属，饬认真修筑堡寨，如能办有成效，准其随时请给奖叙"⑥。

四 行政推动：地方官亲临筑寨现场

由官员亲自督办，以行政命令强制推行寨堡策略，是清中后期的一大特色。白莲教起义之初，一些有识之前线带兵将领、地方官吏即意识到寨堡的重要性，纷纷下令修筑。东乡县曾是白莲教的主要活动区域，著名教首王三槐就是从东乡莲池沟开始举兵，后又与徐天德合兵攻陷东乡县城的。嘉庆二年（1797 年），新任东乡知县刘清面对县城残破、四乡皆警的局面，亲自率众修筑大成寨，"凡近乡积储悉令移运上贮，为之修隘补缺，设楼橹，备矢石，昼夜兼营，数日而守御毕具。由是，贼来野无所掠"⑦。以寨堡稳定地方局势后，刘清还编练了一支强大的乡勇武装，在战斗初期曾是最具战斗力的清军武装之一。东乡乡勇领袖罗思举、桂涵后皆累功升至提督，是为

---

① 《仁宗睿皇帝实录》卷 144，《清实录》第 29 册，第 972 页。
② 罗权：《战争中的乡村防御：清代陕西寨堡的修筑及其特征》，《中华文化论坛》2019 年第 5 期。
③ 同治《仁寿县志》卷 1《属寨》。
④ 同治《璧山县志》卷 5《武备志》，第 376 页。
⑤ 民国《续陕西通志》卷 9《堡寨》，第 6 页。
⑥ 民国《续陕西通志》卷 9《堡寨》，第 3 页。
⑦ 民国《宣汉县志》卷 10《寨洞》，第 338 页。

团练乡兵取代八旗、绿营成为清廷平乱主力的开端，故《清史稿》称："川、楚教匪之役，官兵征讨，而乡兵之功为多。其勋绩最著者，文臣则四川按察使刘清，武臣则四川提督桂涵、湖北提督罗思举，各统乡兵，分路剿寇，大小数百战，遂奏肤功。"① 使一县寨堡成为体系的著名官员，还有梁山县令方积。面对战乱蜂起的局面，方积查阅古籍，获悉四川百姓在历年战乱中，往往于山巅平旷而四面险绝之地修筑寨堡以自卫，便亲自考察南宋抗蒙（元）之牛头城遗址，认为寨堡可恃，于是亲率士绅毕钟望、吴承汉等数十人遍访梁山各地形势，于险要之地修筑寨堡，其中以七斗寨最为典型。七斗寨位于今重庆市梁平县荫平镇，横跨七斗、乐英、大坪三个行政村。其地周围80余里，有7座山峰，其上分别建造了鄢家寨、石虎寨、饼子寨、杨家寨、天子寨、古城寨、太平寨等7个寨堡，七寨势相联络，犹如北斗七星，故合称"七斗寨"。方积对于梁山寨堡的修筑要求近乎苛刻，亲自带人巡查，奖惩兼施，"为之指画，鞭其不用命者"②。此外，通江县令徐廷珏、合州知州龚际美等亦是早期督率筑寨的官员。嘉庆帝诏谕筑寨后，自督抚以下各级官员督率筑寨蔚然成风。陕甘总督长麟认为，"若不亲身劝喻，以为倡导，不惟各州县未必实心任事，即各百姓亦未必一律心齐"③，即亲自前往甘肃平凉、静宁、固原、隆德、会宁、安定、陇西各州县，对当地教职、绅士、乡约、百姓亲加劝喻。长麟又遣兵部额外主事奇明至陕西，令其会同各州县，仿其亲身劝喻之法。一些官员不仅亲加劝谕，寨成后还踏验检查，奖优惩劣。如商南县生龙寨筑成后，"邑令钱公踏验奖励，谓保无虞，遂改生龙为森龙焉"④。

五　区划专责：寨堡的分区管理

清廷对于寨堡的办理，具有一定的谋划布局，并实行分区管理以专责成。嘉庆四年（1799年），钦差大臣那彦成针对秦岭山高林密、防御困难的局面，亲自在蓝田县、郿县、鄠县、宝鸡县、商州、镇安县、商南县、孝义厅、五郎厅等地规划筑寨541处。为了确保这些寨堡能够如期完成，他还对

---

① 《清史稿》卷133《乡兵志》，第3950页。
② 光绪《梁山县志》卷6《寨堡》，第203页。
③ 《陕甘总督长麟奏，嘉庆五年二月十八日》，《清中期五省白莲教起义资料》第2册，第16页。
④ 民国《续陕西通志》卷9《堡寨》，第35页。

其中93处给予拨款支持。① 随后，陕西巡抚台布又以汉中二栈为军饷要道，规划于宝鸡县、凤县、留坝厅、褒城县、宁羌州各驿筑堡，以周三里为度，徙民屯粮。次年，继任陕西巡抚陆有仁仔细分析了南山棚民区与其他土著区筑寨情形的不同，作出"分区责成各道，刻期完竣"的安排。② 四川总督勒保，亦将四川划分为若干区域进行分区办理，其做法是：对于地处秦巴山地州县，地形复杂，敌情较重的区域，其中以广元、苍溪、南江、通江为一段，派候补道刘清总理，以宁远府知府德福辅佐，并派正印官二员、佐杂二十员分路经理；以太平、大宁为一段，派候补道郑成基总理，以同知衔候补通判李在文辅助，并派正印官二员、佐杂二十员分路经理；以奉节、巫山为一段，派雅州府知府周景福总理，并派正印官一员、佐杂八员分路经理；以云阳、万县为一段，派知府衔候补同知直隶州刘大经总理，并派正印官一员、佐杂八员分路经理；地处腹地，敌情较轻的忠州、垫江、酆都、涪州、长寿、江北、合州、定远、岳池、邻水、大竹、广安、渠县、营山、仪陇、蓬州、南部、南充、阆中、昭化、剑州等州县，则由州县长官直接负责，各派佐杂二员帮办。分定区域后，由每一寨洞挑选团练若干名，由寨长负责管理，若干寨洞隶于一名佐杂，若干佐杂归于一名正印官管理。各大小正印官、佐杂负责本区域内寨洞的团练事宜，分路查点寨洞团勇，造具花名清册，刊立告示条规，颁发赏格。③ 为了避免官员、佐杂向各寨勒索，清廷还决定按月给予一定银两作为这些官吏及其丁役的食、用之需，计牧令每员每月给银34两，佐杂每员月给银24两。④

六　规范管理：对寨堡管理的深入

前代的民寨作为民间自卫的场所，官府一般委托寨主进行管理，而对寨内事务较少干涉，官府无从插手其寨内人员，故而寨堡常常形成一个相对独立的单元，严重削弱了官府对基层的控制。清中期为适应寨堡作为国家战略

---

① 《军机大臣字寄陕甘总督长麟、陕西巡抚台布》，《清中期五省白莲教起义资料》第2册，第293页。
② 《清史稿》卷358《陆有仁》，第11340页。
③ 《四川总督勒保奏，嘉庆六年十二月二十六日》，《清中期五省白莲教起义资料》第2册，第126页。
④ 《四川总督勒保奏，嘉庆七年四月十九日》，《清中期五省白莲教起义资料》第2册，第146页。

的新形势，防止寨堡独立于政权管控之外，对寨堡的管理形成一定规范，加强了对寨堡组织的规范指导及对寨民的控制。寨堡修成后，寨长的人选须向州县呈报，获批后方能正式就职。为了避免寨堡内部鱼龙混杂，寨长必须将寨内人口情况向州县汇报，州县将其登记在册，寨内的副寨长、总旗、大小首领等名册，也要向衙门汇报，方便随时监管。寨长、副寨长若能够认真办理寨内事务，州县长官可以为其上奏朝廷，酌赏五六品顶戴；其总领、大小首领、寨内丁壮等如能认真出力，著有劳绩，亦可随时禀请优奖以示鼓励。官府还会向寨堡提供粮食、武器等物资，并向一些重要寨堡派驻军队以资捍卫。

为了强化对寨堡的控制，各州县会在辖区内相邻的十余个寨堡之中，选拔一人为寨总，作为州县与寨堡联系的纽带，其人选是"绅士之有才干为众所服者"。①这些士绅阶层，一部分为因故离职、告老还乡的朝廷官吏，另一部分则是在家待官的进士、举人，或尚未中举的各种生员等，这些人虽不是正式的朝廷官吏，但与官府有着千丝万缕的联系。在地方上，士绅一般作为地主或富商，拥有一定社会财富，在其家族具有较强话语权，在地方上有较大影响力。他们既是社会精英，又是民众领袖，承担着以儒家学说对地方进行教化的职责，并有"以实力维护社会秩序与公共利益的双重任务"。② 于公，充当寨总可以满足他们为国效力的理想；于私，平乱可以保卫其家族人口和财富，所以他们能够认真为朝廷办事，使得清廷不需向其发放饷银津贴，即可让其承担管理的责任。

需指出的是，修筑寨堡虽然作为清朝控制地方的一个重要手段，但鉴于清政府的"极精简政府构架"模式，难以有精力规范控制所有寨堡，而是依托于士绅阶层，政府只承担督导、监护的任务。从个体研究中可以发现，大多数山寨从兴修到日常管理，政府并没有直接参与进来，甚至许多寨堡由于各种原因，既没有如州县所要求的那样先递交申请，完全按照州县制定的章程进行营建，事后也未必要向州县禀明所有情况。这种情形之下，只要是大致符合清廷筑寨自卫的精神，官府一般都会采取默许的态度。但对于一些横行乡里、敢与官府作对的寨堡，则给予坚决镇压。

---

① 《三省边防备览》卷11《策略》，第376页。
② 徐万民：《刘铭传与台湾士绅》，程必定主编《刘铭传与台湾建省》，黄山书社，2007，第387页。

七 小结

民寨发轫于西汉时期，本为百姓守望相助的自发行为，朝廷很少直接管理。嘉庆年间为了应对白莲教起义，将松散的乡村组织起来，开始将这种自发行为上升为国家行动，通过以皇帝谕令的方式施行，使各级官吏知晓筑寨的重要性，体现了筑寨堡以卫乡野的战略高度。将筑寨作为地方长官的一项重要任务，明确视筑寨的成效来奖惩官员，使地方官对这项任务更加重视。颁布一系列规章制度，对寨堡修筑和管理的各项注意事项进行明确，使得寨堡的修筑和管理更加规范，提高了寨堡的防御力。地方官亲临筑寨现场，巡视寨堡修筑的情况，可以使民众更加重视寨堡的营造。划区域派员督促，可以使各区域寨堡营造行动更加有效，也更利于形成一个整体。让各寨将寨长以下各头目的情况、寨内人员的信息造册呈报，可以降低寨堡的独立性，方便政府的控制。同时应注意到，这一套管理规范建立在清中期政权相对稳固、对地方控制力强的基础上，及至清后期中央控制力的减弱，对寨堡的管理就不如前期那样严格和有效了，这也是清后期不少寨堡首鼠两端甚至举兵反清的一个重要原因。

第二节　寨长的选拔及其职责

一　寨长的选拔

寨长（又称"寨首"）是一寨之核心，是寨堡成败的关键。清廷规定，寨长的人选应是"家道殷实、平行端方、明白晓事、众所信从之人，或绅士，或耆老"[①]。寨长虽然为民众自选，但需要报州县确认，由州县衙门发予钤记，使其总管一寨之事。一个寨堡之中，寨长的数量一般是一名，必要时可设两名至三名。这些寨长一般为寨堡中财富、名望较著者。在寨堡筹建过程中，他们就是倡议人；在募集修寨资金之时，他们捐助不少钱粮，并在寨堡建设过程中起到重要作用。因此，在选拔寨长之时他们自然具备了先天优势。以岳池县为例，可以看出寨长在寨堡修筑过程中的作用（见表3-1）。

---

① 《澹静斋文钞》外篇卷2《遵旨拟就条款晓谕官民绅士人等告示》，第657页。

表3-1　岳池县嘉庆年间寨堡修筑情况

寨名	修筑情况	寨名	修筑情况
联升寨	寨首彭正贤、姚大容倡众捐修	合兴寨	寨首童二栋、吴秀魁倡众捐修
金龙寨	寨首游光梅、吴仕山倡众捐修	天保寨	寨首杨文林、杨昌槐倡众捐修
大福寨	寨首杨通演、吴明修倡众捐修	安乐寨	寨首蒲文林、李士炤倡众捐修
青龙寨	寨首杨如安、吴正品倡众捐修	志成寨	寨首周光成、杨昌鳌倡众捐修
黑胥寨	寨首姚昌绪、李汝南倡众捐修	顺天寨	寨首杨廷辉、胡芳倡众捐修
青云寨	龙朝聘、文光斗、严永朝倡众捐修	天保寨	寨首何正纪、陆景福倡众捐修
吴家寨	寨首吴昌烈、吴昌祖倡众捐修	万顺寨	寨首杨昌龙、杨昌先倡众捐修
三合寨	寨首胡一兰、杨昌远倡众捐修	观音寨	寨首杨胜元、杨胜礼倡众捐修
双和寨	寨首王运科、蒋祖贵倡众捐修	苏家寨	寨首周朝栋、张朝先倡众捐修
袁家寨	寨首唐文周、袁德润倡众捐修	清平寨	寨首蒋德芝、唐文逊倡众捐修
龙藏寨	寨首王楚玉、张世忠倡众捐修	万顺寨	寨首蒋仁举、杨昌贵倡众捐修
保城寨	知县朱泰茹率阖邑乡绅倡修	大羊山寨	寨首蒋万光、彭永高倡众捐修
羊山寨	寨首李景阳、唐自忠倡众捐修	文昌寨	寨首熊国升、李彩国倡众捐修
三合寨	寨首任覆远、李必栋倡众捐修	仁寿寨	寨首吴希明、黄万选倡众捐修
普安寨	寨首龚朝朋、陈芳桂倡众捐修	太和寨	寨首吴钟秀、董正达倡众捐修
朝阳寨	寨首王大受、魏仁祖倡众捐修	观音寨	寨首胡琳先、唐万顺倡众捐修
永安寨	寨首周朝品、李子学倡众捐修	平安寨	寨首蔡明先、熊仕泰倡众捐修
永昌寨	寨首余文俊、蓝远臣倡众捐修	永宁寨	寨首尹尚德、高健倡众等捐修
清平寨	寨首陈达、杨胜远倡众捐修	玉印寨	寨首唐正昭、唐正隆倡众捐修
复兴寨	寨首陈洪、伍时倡众捐修	福寿寨	寨首黄世桢、杜正华倡众捐修
安乐寨	寨首于宏儒、张朝玉倡众捐修	凤凰寨	寨首刘荣凯、黄文杰倡众捐修
金城寨	寨首粟世超、傅有常倡众捐修	清平寨	寨首熊世兴倡众捐修
石门寨	寨首龙起敬倡众捐修	仁义寨	寨首尹正一、李国祥倡众捐修
红胜寨	寨首杨百里、刘斌倡众捐修	三圣寨	寨首丁光明、李大斌倡众捐修
虎头寨	寨首粟明韬、胡化祥倡众捐修	义和寨	寨首廖忠美、周朝凤倡众捐修
学堂寨	寨首胡来宗倡众捐修	玉屏寨	寨首唐元标、张天允倡众捐修
乐福寨	寨首诸一合、陈国华倡众捐修	熊家寨	寨首熊一斌、唐忠科倡众捐修
石马寨	寨首姚刚、张一远倡众捐修	禹成寨	寨首郑天儒、雷大亮倡众捐修
金城寨	寨首粟世超、沈明刚倡众捐修	竹筜寨	寨首唐天贵、彭大用倡众捐修
荣升寨	寨首黄文学、张仕位倡众捐修	泰和寨	寨首李登第、谯光宗倡众捐修

续表

寨名	修筑情况	寨名	修筑情况
双龙寨	寨首杨秀馥、方廷科倡众捐修	波罗寨	寨首林大茂、廖斗星倡众捐修
泰安寨	寨首杨光廷、邓崇倡众捐修	龙山寨	寨首廖世全、秦文廷倡众捐修
永安寨	寨首杨昌述倡众捐修	仁寿寨	寨首杨大朝倡众捐修
太平寨	寨首邓文斌倡众捐修	黑虎寨	寨首董开朝倡众捐修
观音寨	寨首艾以清、秦廷辉倡众捐修	文昌寨	寨首罗定宏、田朝佐倡众捐修
安宁寨	寨首杨贤俸、王明德倡众捐修	永宁寨	寨首邓大斌、刘天贵倡众捐修
观音寨	寨首张从龙、陈再显倡众捐修	永清寨	寨首贺正科、贺正敏倡众捐修
香山寨	寨首贺一品、罗远模倡众捐修	双宝寨	寨首孙荣汉、童光宗倡众捐修
佛胜寨	寨首杨子亮、岳元倡众捐修	太平寨	寨首丁公奇、孙化龙倡众捐修
合兴寨	寨首唐伯位、赵云先倡众捐修	普安寨	寨首杨伯超、杨胜儒倡众捐修
三星寨	寨首杨文升、陈公荣倡众捐修	东关寨	寨首王礼安倡众捐修
永兴寨	寨首陈超贵、刘朝训倡众捐修	三教寨	寨首刘大贤倡众捐修
长乐寨	寨首屈升盛、沈俊廷倡众捐修	狮子寨	寨首王泽周、周朝孝倡众捐修
仁和寨	寨首万升倡众捐修	三星寨	寨首刘光斗、谢天爵倡众捐修
高坪寨	寨首胡朝连、刘廷鉴倡众捐修	顺天寨	寨首莫庆钊倡众捐修
麒麟寨	寨首田国相倡众捐修	文星寨	寨首左廷益倡众捐修
柳邑寨	寨首尹义若倡众捐修	双宝寨	寨首陈仕瑞倡众捐修
太平寨	寨首周国从倡众捐修	人和寨	寨首田德奇倡众捐修
允宁寨	寨首蒋昌华倡众捐修	观音寨	寨首莫大刚倡众捐修
石佛寨	寨首封有祝、伍凤楼倡众捐修	田家寨	寨首田泰宗倡众捐修
广山寨	寨首王再高倡众捐修	啸马寨	监生王畅和倡众捐修
保定寨	生员张元亨、冯相书倡众捐修	天星寨	寨首朱亮先、陈天寿倡众捐修
永清寨	寨首严克显、乔化然倡众捐修	天一寨	寨首郭廷玠、朱占元倡众捐修
天全寨	寨首王学愚、段有贵倡众捐修	中和寨	寨首刘声远、刘大勋倡众捐修
双和寨	寨首左联魁倡众捐修	全福寨	寨首吴伯佐倡众捐修
平安寨	首事吴如琢、江天元倡众捐修	金城寨	寨首杨君胜、韩富臣倡众捐修
三元寨	寨首梁大化倡众捐修	凤凰寨	寨首贺正常倡众捐修
乐天寨	寨首王文亮、祝邦飚倡众捐修	太平寨	寨首周世从倡众捐修
天保寨	寨首唐德廉、谭应表倡众捐修	云龙寨	寨首张德辉、冯大斌倡众捐修
清平寨	寨首贺连章、李作栋倡众捐修	齐福寨	寨首唐化琏、曾槐儒倡众捐修

资料来源：光绪《岳池县志》卷3《寨堡》。

从表3-1可以看出，除了保城寨作为县城的保障，由知县朱泰茹率阖邑乡绅倡修，尚有保定寨、啸马寨、青云寨三寨的倡建者不确定是寨长之外，其他倡建者皆为寨长。其他州县，也多见相似例子，如自流井厂绅王余照作为修筑大安寨的主要主持者，寨成后就任大安寨长。此后，为了增强大安寨的防御，王余照又会同陈南、陈大彰、黄怀瓛等筑寨于大安寨东门对山，取名九安寨，陈南为寨长。[1] 可见，这些倡建者在修筑寨堡中累积的资历，是其当选寨长的重要砝码。但是，寨长与倡修者并不是绝对一致的，这一点从富顺县其他寨堡的情况可见一斑（见表3-2）。

表3-2 富顺县清中后期寨堡倡修者与寨长名单一览

寨名	倡（募）建者	寨长
葛仙寨	郭纯孝创建，太平门外寨郭洪兴建	郭正明、杨太丰
清平寨	萧永昇建	萧镛
中和寨	里人邓学咏、聂赞廷、宋腾光、何嘉猷、管乐等募建	宋长泰、管乐
安和寨	邑人张鸿举、简治三等建	张鸿举、张福兴、简祥顺
普安寨	里人许梧冈等建	廖福川、许梧岗
大成寨	里人易五美建	易正言
鳌山寨	高宗和及子应顺倡建	高宗和、陈开选、陈开运
龙翔寨	高宗和及子应顺倡建	高应彬、高应顺
万全寨	易、韦等姓建	周美堂
永清寨	里人吴、张、叶三姓倡建	吴映忠
吉安寨	邑人王怀忠、陈长栋等合资创建	陈长栋、王怀忠
保和寨	周五福、雷升卫等集众建	聂相继、傅联芳、梁福兴
公和寨	里人范长猷、范鹏飞、周绍和集众建	范四朋、周怀熹
天保寨	里人程圆恩、刘华书、王乾阳、唐维霖等倡建	唐维霖、何敬修、刘应文
天佑寨	王敬中、刘树崇等重修	王敬中、刘树棠

资料来源：同治《富顺县志》卷29《寨堡》，民国《富顺县志》卷8《寨堡》。

从表3-2可以看出，寨堡的倡修者与寨长并不一定一致，如葛仙寨寨

---

[1] 民国《富顺县志》卷8《寨堡》，第356页。

长杨太丰与创建者郭纯孝、郭洪兴,天保寨的寨长何敬修与创修者程圆恩、刘华书、王乾阳、唐维霖诸人,保和寨寨长聂相继、傅联芳、梁福兴与倡修者周五福、雷升卫,皆不能看出有何联系。但大多数情况下,创修者虽不亲自担任寨长,而由其家族之人担任,如富顺童寺场的清平寨、人和寨、栗寨合称"萧氏三寨",皆由萧永昇创建。萧永昇组织的童市团练在与李蓝起义军作战中屡立战功,曾多次赴宜宾县等地配合清军作战。萧永昇常年不在乡里,故由其孙萧镛担任清平寨寨长。此外,中和寨寨长宋长泰与倡修者宋腾光,大成寨寨长易正言与修建者易五美,龙翔寨寨长高应彬与倡修者兼寨长高应顺,公和寨寨长范四朋与倡修者范长猷,安和寨寨长简祥顺与倡修者简治三,天保寨寨长刘应文与倡修者刘华书,天佑寨寨长刘树棠与倡修者刘树崇,从姓名来看,都极有可能是一个家族。

二 寨长的日常职责

寨长作为一寨之领袖,全权负责寨内事务。寨长责任重大,事务繁多,一人可能难以应付。因此清廷规定,寨长之下应设副寨长数人,其职责分别是:一人掌管册藉,负责寨内人口的统计;一人负责工程,寨墙、寨门、民居、炮台、敌楼等营建与维护的工作,皆由其负责管理;一人负责掌管兵器,统计寨内各寨勇的兵器数量并登记在册,且统一管理火药、铅弹等重要物资;一人负责稽查,排除寨内奸细,派遣侦探搜集军情等;一人负责守备,平时召集大家操练,划定战时各人的责任范围等,战时则负责指挥防守。所有这些副寨长,行事皆需与寨长商议,不得擅做决定。当然,在具体的寨务管理中,多数寨堡的副寨长往往一人身兼几项事务。有的则只有寨长,没有副寨长,所有事务由寨长一人负责。对于寨长的职责,《遵旨拟就条款晓谕官民绅士人等告示》有明确的规定。①

寨长的首要工作,是做好寨堡的户口管理工作,并向官府按时汇报寨内情况。一个寨堡多由原先多个村庄合并而成,不少寨堡人口多至数千,多有寨长不认识的人,寨中之人在入寨之前也未必全部相识,故而易起争执,且易混入奸细,管理就必须严密。百姓要入寨居住,必须由寨长验明正身、登记造册。寨内人口籍册须一式两份,一份由寨长亲自留存以便随时稽查,另一份则上交州县衙门保管。同时,刻信牌一块,一分为二,寨内藏一半,另

---

① 《澹静斋文钞》外篇卷2《遵旨拟就条款晓谕官民绅士人等告示》,第657页。

一半交县衙。当敌人攻击某寨之时,州县署令可按寨堡名册,要求其他哪些寨的某些人参与救援该寨的行动。寨长接到命令后,要与来人仔细检查信牌,防止中敌奸计,使寨勇出寨而陷入敌人埋伏,或被敌人乘寨勇出寨之际趁虚劫寨。为了避免敌人假冒官兵进入寨堡,所有人员在入寨之前还必须验明正身,未得到寨长许可,即使是文武员弁也不得入内。得到许可入寨后,临时入住者由寨长发给临时出入牌照。常住者以户为单位,于寨长指定之区域修建房屋,并由寨长颁发门牌,作为居住凭证。相邻各户之间,必须互相认保,互相监督,厉行保甲制度。寨民在营建房屋之时,寨长须监督他们将房屋建造在寨墙内侧数丈之外,与城墙留有一定距离,这样能保证少量敌人爬入寨内时还能组织下一轮防御,并防止敌人攻寨之时向寨内抛掷火弹,引燃房屋从而引起火灾。房屋的修筑,务使比屋而居,便于守望相助。同时,不得搭架草棚,以防火患,每户还须修建蓄水池以便利用,随时准备灭火。房屋之外最好筑墙,开一个仅容一人出入的缺口,这样当敌人攻入寨内之时,只要有一人持短刀即可于缺口处守卫,实现纵深防御。

寨长须于平日储备粮食。寨内人口繁多,若不预先储备粮食,当寨堡被敌人围困,或因年荒谷歉,寨民无粮可食时,必定引发内乱。因此,寨长须于寨内建立公仓,入寨之人若是在三五十里以外的,必须交纳若干粮食给公仓,以足够本人两三年食用为宜。交纳之后若还有余谷,可以寄存于公仓,也可以藏于私仓,以便有备无患。若入寨之人所居之地在三五十里之内,除了富有人家以前法积谷外,贫民若不能积谷的,只要其有正当职业,也可获准临时各备口粮而来。①

平日无警之时,寨民可下寨耕作、营生,但老弱妇孺须留于寨内。为方便耕作营生,下寨之人可住在寨下,但寨内不能无人看防。寨长须选择一些丁壮常驻寨内,由每家摊派若干钱文作为其看守的费用,也可组织寨民轮流看守,防止山寨无人之时被破坏,或遭敌人洗劫。

寨长须组织寨内团丁武装。寨长须将寨民结为团练,将所有寨内丁壮编为寨勇,十人为一小旗,五十人为一中旗,每旗各为一队,选首领一名。每一队取一锣、一鼓以壮士气,寨内则制大旗一面,大书寨名,以便指挥之时耳目不乱。平日里,寨长须率领团勇操习枪炮、刀矛、滚木礌石等,养成战斗习惯和战斗纪律。因使用刀、茅等武器与敌近身搏斗武器危险性大,所以最好选择少壮之人操习,务必使其击刺之法纯熟,并令其跳沟跑冈,使其手

---

① 同治《仁寿县志》卷1《属寨》。

足灵活。枪、炮、火药、铅弹等火器，在清代是不允许民间自行制造的，须由寨长从州县衙门领取，并明白造册，每次操练耗费若干、战斗耗费若干，都要按时向州县汇报，待战斗结束后，全部上交州县，违者按律论处。①

寨长须严令寨内人员，不得向敌军提供粮食，也不得收留敌人，违者以通敌罪论处，知情不报亦要受罚。在寨堡建立之初，清廷即令经略大臣额勒登保"晓谕民人等，各宜固守本寨，悉力御贼，不可畏惧，轻易粮米掷给贼匪"②。在四川，嘉庆五年（1800年）六月，总督勒保令各寨堡"不得于贼至之时，虑其攻扑堡寨，竟将粮食等物掷给贼人。此后如有私自助贼者，查出即以私通贼匪，按律治罪"③。在陕甘，总督惠龄还令官兵改扮为寨民，"散入各硐寨，帮同守御，俟贼匪索粮时，诱令入内，突出掩击。若访系有人接济，则当随处截拿，严行惩创"④。对于通敌之人，无论是一般民众还是寨长，皆严惩不贷。嘉庆七年（1802年）六月二十六日，终南山东磨沟硐人余贵将食物、布鞋等物卖给白莲教武装，并留养带伤者马高。清廷将二人正法后，还对知情不报的附近百姓温建、李发等分别予以枷刑，出示晓谕，目的就是让远近百姓知道忌惮，不敢效尤。⑤ 同年七月五日，刘家湾三元寨寨长收留白莲教总兵袁奉在寨养伤，清廷发现后将袁奉凌迟处死，并将寨长正法。⑥

三 寨长的战时职责

寨长不仅要在平时维持寨堡秩序，战时还要组织寨堡的防御。敌人欲进攻某寨，往往派人假扮商人、僧人、差役、官兵、难民、乞丐等，入寨刺探。围攻不得手之时，会佯装撤退，再假扮尾追的官兵、乡勇混入寨栅，或令寨长下寨讲话。这些状况，寨长都须严密防备，如有外人来寨，须盘问来

---

① 同治《璧山县志》卷5《武备志》，第378页。
② 《军机大臣寄经略大臣额勒登保，嘉庆四年十二月二十七日》，《清中期五省白莲教起义资料》第2册，第289页。
③ 《四川总督勒保奏，嘉庆五年六月二十六日》，《清中期五省白莲教起义资料》第2册，第50页。
④ 《陕甘总督惠龄奏，嘉庆七年六月初六》，《清中期五省白莲教起义资料》第2册，第153页。
⑤ 《经略大臣额勒登保奏，嘉庆七年六月初十》，《清中期五省白莲教起义资料》第2册，第155页。
⑥ 《陕甘总督惠龄奏，嘉庆七年七月初五》，《清中期五省白莲教起义资料》第2册，第157页。

历，验明切实凭据，若确系官兵、乡勇方可准其入寨，其他身份不明者等一概免入。当敌人逼近之时，寨长须派精明人士若干，为探子、信使等差，刺探军情、联络友军。

敌人近寨之时，寨长要预先派寨勇于附近山路崎岖处设好埋伏，若能击退敌人，迫使敌人不敢近寨固然最好；若不能击退敌人，能稍稍挫敌锐气也必定会对寨堡防御起到积极的作用。即使不能获胜，寨民熟悉路径，也方便绕道退回。而敌人不识地形，且生怕中埋伏，必不敢狂追。若敌人攻击附近寨堡，寨长要组织救援。救援之法，或是派大队明张旗鼓以壮声势，或暗派壮勇偷袭敌人营垒，或截敌之粮草，或与被围之寨相约内外夹攻，其情形可依实际情况而定。

敌人往往于四五更寨兵疲倦之时或早雾朦胧之时发动偷袭。寨长须严谕大小首领及丁壮人等，日间更番歇息，夜间各执器械，不得暂离派定所在，不许任意酣睡。寨墙内多挂号灯以备伺察，另拨更夫数十名击柝鸣锣以为号令。寨长及副寨长等要亲自督率巡警，毋稍疏懈。同时，雨夜、节日等时，敌人也会乘寨堡无备之际发动进攻，寨长必须组织相关人等加强防御不得松懈。

敌人行将围寨之时，寨长必须严谕妇孩不许喧哗，以免影响"军心"，并组织人员不分昼夜轮流巡逻，督令守阵之人执定器械，不得慌张。敌人逼近之时，寨长须令寨勇不可胡乱施放枪炮，先让三五人于高阜处侦查敌情，其他人则伏于墙下，或假装惊慌失措之状诱导敌人靠近。一旦敌人到了枪炮射击范围之内，则大炮、鸟枪、滚木礌石同时施放。若寨内丁壮不足以守御，则要组织妇女着男装，登陴守御。敌人攻寨之法，一般会组织数次攻击波，故寨内枪炮施放之时也须有序，以枪炮、木石等轮番攻击，敌人攻一次，施放一次，再攻再放，以有序之防御打退敌人进攻。敌人攻寨之时，往往向一面攻扑，等到寨兵齐赴此面堵御之时，又分从他面乘间而入。若让敌人乘虚入寨点火，势必导致寨内混乱。因此，寨长须严谕受到敌人攻击的那一面的丁壮悉力堵御，其他三面丁壮则不得妄动，这样才不会导致顾此失彼。敌人退却之时，寨长须派灵活之人数名赴各处侦探，如果敌人真的已经远去，方可稍稍休息，否则敌人乘寨堡防御松懈之时回马杀来，必然无法招架。对于那些在打仗中立功，或平时对寨堡有贡献的人员，寨长须随时给予相应奖励，有重大功劳的，可以代行向衙门禀报，以求朝廷嘉奖，如此才能凝聚人心、鼓舞士气。

四　小结

清代为了加强对寨堡的控制，对寨长的选拔及其职责有较为明确的规定。寨长一般由寨内民众自选，然后报到州县备案。寨长一般是当地的实力派，在寨堡的筹备和修建过程中发挥了倡率作用，故寨成之后，也会成为寨长的人选。大部分寨堡的倡建者，后来都成为寨长，一些虽未成为寨长，其亲属也担任了寨长，只有少部分寨堡看不出倡建者与寨长之间的必然联系。寨长作为一寨之领袖，全权负责寨内事务，责任重大，事务繁多，故一般分设副寨长和其他头目。寨长的日常职责主要体现在五个方面：一是户口管理及上报，严密控制寨内人员，防止奸细混入。二是预先储备粮食，以便荒年或被困时食用。三是做好寨堡内丁壮轮流守御工作，不可使全部丁壮下山。四是组织团勇，置办武器，指导训练。五是不收留敌人，也不能向其提供粮食。战乱来临时，寨长要负责组织寨堡的防御，包括查拿奸细，派遣探子、信使，派人埋伏，救援被攻寨堡，组织好轮流值班，安定人心，分派防御兵力，组织战斗，等等。

第三节　团练与寨堡的关系

办理团练与修筑寨堡，是清代进行乡村防御最重要的两个措施，两者之间既有区别，也有非常紧密的联系。

一　兴团练和筑寨堡的区别

团练，即"团而练之"之意，本意为将相关人员集结起来加以训练，故又包括团练军队和团练乡兵。如唐宋之"团练使"，即主要指的是对地方武装加以统率并训练的官员，团练的对象主要是军队。乡兵的产生可追溯到两汉时期，与寨堡的起源基本同期，但其当时主要是在寨主的率领下各自为战，朝廷不易控制。对乡兵进行团练，则要到唐末以后。面对王仙芝、黄巢等"草贼"的四处攻掠，唐朝正规军并不能战胜，于是下令各处团练乡兵。如《旧唐书·李福传》载，乾符四年（877年），"草贼王仙芝徒党数万寇掠山南，福团练乡兵，屯集要路，贼不敢犯"[①]。次年，高骈率军大破黄巢后，

[①] 《旧唐书》卷172《李福传》，第4487页。

得加诸道行营都统、盐铁转运等使,并奉诏"料官军、义营、乡团,归其老弱伤夷"①。由此二则史料,可见当时的乡兵已由唐朝官员开始组织训练,又以"团"为单位,在本质上已与后世的团练相同了。到了明代中后期,随着乡村社会的进一步动荡,明廷开始下令各地组织乡兵。此时的乡兵与保甲、团练有着密切的联系,乡兵的头目称"团长",由官府给予正式的"团练札付"。一些官员还提出了系统的"团练之法",对如何组织乡兵进行归纳总结,作为行动的指导。②清前期,每当地方发生战乱之时,不少地方也会组织团练武装进行平乱。③

但这些时期组织的团练,主要的职责还是防堵隘口、出征叛军,而不是筑堡自卫,故团练与寨堡还有一定的区别。故而在清前期,团练武装又称为"乡勇",作为地方自卫武装,一般需要自行筹措武器装备及粮食饷银,朝廷虽有时会给予一定的奖励,但并无定制。发展到清中后期,随着清廷在平乱过程中对乡兵的日益依赖,乡勇开始分流为两种。一种是由官方组织招募训练的正规乡勇,他们的武器装备和军粮由官府组织供应,而不再自行筹措,出现伤亡也可以得到抚恤。如嘉庆年间刘清、罗思举、桂涵所率之乡勇,后皆列入正规军行列,罗思举、桂涵应募乡勇后,因军功逐步升官,竟得位列提督。咸丰年间曾国藩作为团练大臣,其组织的湘勇也无疑已是正规军。这些乡勇武装组建的目的是与敌作战,所以常常远离家乡,故而这类团练武装就不需要筑寨守卫,即使有筑寨行为也是为了短期相持。另一种,则由当地士绅自行筹办,其职责主要是守卫乡里,所以军装粮秣不仅需要自备,还要与其他百姓一样从事生产,承担赋税和徭役。这类团练武装就需要修筑寨堡来保卫家园,清廷还明文规定这类乡勇不能调集远征,使寨堡的防御空虚,反而被敌人攻占。当然,清朝并不是按照团练的首领是否为官员来界定这两类乡勇的性质,而是以其是否离开家园作战来定,如果只在乡里作战,则一切开支主要是自行解决或由当地乡绅、州县官员筹措;如果离开家乡作战,就由作战之地解决,或由官府调度,在外作战有军功则可逐级升迁,出现伤残也会得到相应抚恤。

二 团练与寨堡的结合

在嘉庆年间以前,团练更加注重杀敌,对于筑堡守卫地方并不重视。在

---

① 《新唐书》卷224下《叛臣传》,第6394页。
② 陈宝良:《明代的民兵与乡兵》,《中国史研究》1994年第1期。
③ 陈骏:《清前期团练问题研究》,《清史研究》2021年第5期。

嘉庆元年（1796年）白莲教战乱爆发之际，南充知县曾自柏即拟定了《办理团练章程》，通行于县境，其做法是"亲诣各乡，面谕衿约，激以大义，令其各保各甲，选出丁壮，自备器械口粮，互相联络，协力堵防"①。不久，这种办理团练之法被四川总督宜绵推行于四川省各地。当时，团练的组织并不是以寨堡之寨勇为单位，而是以保甲之内的丁壮人口为根据。团练之法，于州县设团练总局，于各场镇设团练分局，场镇以下再划分若干团。② 团练的目的，也主要是守御关隘、交通要道，防备敌人入侵。在白莲教起义的前几年里，眼见八旗、绿营之兵已不足恃，一些地方官只得举办团练，令各地乡绅集民练团，以乡兵之力与之相抗。但是，大部分乡兵没有经过训练，统率之人也多没有带兵打仗的经验，故在早期也并没有发挥"御敌平寇"的作用，甚至还适得其反，道光《邻水县志》载：

  贼未入境之先，邑人议立三十六团，遍守四境，使贼不能入，以武举甘王为总团首。而旷日持久，运粮难继，乃各分守近地。有据山垭者，有倚河桥者，有恃山间林莽者，有云贼来则躲贼去则归者，议筑寨则哗然嗤之，其他州县大概如是。讵知贼之来也，如鱼贯，如蜂屯排列拥挤，毫无断续。倚垭倚桥所杀几何，手力绵而不及杀者已跟踪直过，转为所杀矣。其伏于林莽者，贼或从山下，或从山后兜住掩杀。遇有茅丛，则见其动摇，以有人藏匿之言恐吓，非闻吓不动，则不得免焉。至于来躲去归，习以为常，贼匪知之，每于已去八九十里之遥，忽然折回，疾驰掩杀，谓之回马枪，鲜得免者。夫然后知其皆不足恃，而筑寨之议以行。③

乡团扼守要隘，白莲教武装大举入境不能相抗，往往望风而遁，平时却以刁难难民为能事："遇经过之人擅行杀戮，有火炎昆冈之势，盖团首之权不能自专，人数既众，良莠不一，其间泄愤图财，何所不有，无辜被戮，又不知凡几。"④ 通过隘口的难民，看到守隘团众凶恶，只得忍气吞声，婉言恳求，"其心甚愿贼来，迨贼来而团散矣"⑤。这些乡勇在防御本州县之时，都呈现战斗力不足、容易溃散的特点，如果被带领到外地作战，更容易失败。

---

① 同治《璧山县志》卷5《武备志》，第380页。
② 光绪《铜梁县志》卷7《团规》，第697页。
③ 道光《邻水县志》卷2《兵燹》，第621页。
④ 道光《邻水县志》卷2《兵燹》，第621页。
⑤ 道光《邻水县志》卷2《兵燹》，第621页。

如城口厅乡勇曾多次调赴外地作战，"皆于各处打仗阵亡，淹没无考，生还者仅数十人"①。究其原因，主要是因为这些乡勇大多未经过训练，只是临时拼凑而成，作为普通百姓，组织力和执行力有限，战斗力也就大打折扣，"百姓非兵勇，难以法治，可胜不可败。如伤数人，则余皆奔散，锐气挫矣"②。故此，当时严如熤、龚景瀚等人都曾明确指出，地方上自行组织的乡勇，其职责主要是保卫乡里，不能调动远行，只有修筑寨堡，让他们在防御时有所凭借，才不易于溃散。

在清中后期的乡村防御中，练团和筑寨皆为其中的重要部分，即"练团与筑寨相辅而行，皆奉上宪札饬办也"③。前人对寨堡与团练的关系认识透彻，《武胜县志》载："盖地方不靖，寨堡如林。考其用意，无非此以卫身家。然而未练乡兵，第恃寨堡，亦非善策。大凡民力能自固，利立堡。而股匪据寨亦大患，非徒无益，而又害之。为今日计，惟整饬团练，乃可收寨堡之效，以团练作战士，以寨堡作守地，两相资，自两相辅。如斯行之，有备无患，则寨堡之筑，诚多多益善矣。"④长安县绅柏景伟《劝办修筑堡寨启》亦指出："堡寨筑而团练兴，团练兴而声威壮。逆匪不敢近扰，大军即可远征。"⑤

因此，要实行坚壁清野之策，以寨堡对抗敌人，必须将其与团练有机结合起来。白莲教之役，"乡民各聚其邻，多或千人，少亦数百人不等，推衿耆有才识者为首，警则鸣钲相聚，分派守隘，大众萃于一山，垒土石为垣"⑥，形成了严密的寨堡体系。四川总督勒保又奉旨拟定团练章程，将白莲教武装活动范围内的各州县划定区域，抽取每寨洞的壮丁进行团练，团勇则由寨长亲自指挥，大寨一寨为一团，小寨若干寨为一团，大寨的寨长即可担任团总，小寨则由若干寨共同推举一人为团总，从而将团练与寨堡进行了有机结合。⑦

这种团寨结合的办法，是嘉庆以后寨堡的重要形式，在全国各地都普遍

---

① 道光《城口厅志》卷12《武功》，第720页。
② 同治《仁寿县志》卷6《武备志》。
③ 光绪《威远县志》卷2《团练寨堡》，第943页。
④ 民国《新修武胜县志》，第477页。
⑤ 民国《续陕西通志》卷9《堡寨》，第4页。
⑥ （清）石香居士：《堪靖教匪述编》，清道光京都琉璃厂刊本。
⑦ 《四川总督勒保奏，嘉庆六年十二月二十六日》，《清中期五省白莲教起义资料》第2册，第126页。

存在，因此被学术界称为"团寨"。① 四川地区各州县，团寨结合的情况很多，如新宁县的广福寨，是白莲教战乱期间该县四十八团的领袖。② 合川的土城寨，"向为汇沔乡团练驻扎处"③。广安的三台寨，在李蓝之役时"团练防堵，独严整，日则金鼓习战，夜则火光达旦，贼不敢近"④。

嘉庆时期推行的是以寨练团之法，规定寨内的成年丁壮皆为团勇，于其中十人择一小领、百人择一大领、五百人设一总领以为统率，皆统于寨长。严如熤指出："寨勇曾经团练，究系百姓，未食兵粮，只可就寨堵截，不能于数千里强之防剿，且就近堵御，亦必少借官力，心胆方壮。"⑤ 龚景瀚也指出，寨勇"止许防守本境及城池，不许调赴他邑"⑥。因此，寨中团勇的职责是保卫寨堡，虽可就近互相救援，但不可长途追击敌人。

寨中团勇在没有战争之时，也要按时操练武器，以期技艺纯熟。由寨长及执事副寨长、大小首领，于每月之中选择固定日期，率领寨勇操练2—3次，寨勇若迟到或不到，将要受到寨长的责处。没有敌人之时，不必所有人守于寨中而导致废时失业，但寨上房屋、粮食不可不留人看守，墙垒壕堑亦应随时修砌，寨勇须留数人轮班代换，寨长、副寨长等首领也要不时前往稽查。在敌军逼近之时，须于寨堡之外紧要路口设立卡房，以寨勇若干名按日轮换驻守，以防奸细混入，并方便发现敌情。敌人攻寨之时，寨勇主要以火铳、弓箭、石块等远程武器与之相抗，不到万不得已不得出寨以刀、剑、矛等武器与敌人展开近身搏斗。

这些团勇，平时各安生业，食用自筹，"若贼匪窜近，出寨剿捕，势难令其枵腹效命"⑦，当由官府给口粮，自出寨之日每名发给口粮一升，可照时价折算成银子给付，回寨之后，则停止给付。团勇所需的食用盐菜，则一律由其自筹。在战斗过程中，如遇伤亡，由官府酌给恤赏以示矜恤，其数额参照官府招募的乡勇伤亡之例酌减给付，计阵亡每名给埋葬银10两，受伤重

---

① 杨国安：《社会动荡与清代湖北乡村中的寨堡》，《武汉大学学报》（人文科学版）2001年第5期。
② 同治《新宁县志》卷2《寨》，第645页。
③ 民国《新修合川县志》卷1《形势上》，第38页。
④ 宣统《广安州新志》卷6《岩险志》，第671页。
⑤ （清）严如熤：《乐园文钞》卷7《定远事宜第二禀》，《清中期五省白莲教资料》第5册，第291页。
⑥ 《澹静斋文钞》外篇卷2《遵旨拟就条款晓谕官民绅士人等告示》，第657页。
⑦ 《四川总督勒保奏，嘉庆七年四月十九日》，《清中期五省白莲教起义资料》第2册，第145页。

者每名酌给养伤银4两，受伤轻者每名酌给养伤银2两，均由总理之员查实给发，随时报告团练局查考。团勇若能擒杀敌人，应酌定赏格，以资鼓励。凡寨勇擒贼一名，赏银2两；杀贼一名，赏银1两；擒献贼中小头目一名，审讯得实，赏银50两；如能擒获著名头目，则另行遵照朝廷颁布的赏格给发。

咸同时期，团寨合一之法继续得到重视，如咸丰李蓝起义爆发后，铜梁县一名士绅还提出了寨团合一的具体办法：

> 每大团共修一寨，团大寨小则寨分，寨大团小则团合，总以附近处所为定。寨费团资并为一款，团总寨长责之一人，团局即设寨中，团事不离寨，所以团籍为寨籍，户口可稽。因寨名为团名，标准不混。绅董分任其事，有司总持其成，乡里人家不许越团入寨，官司简阅即可按寨点团务，务使团中无不入寨之家，并无一搀入别寨之家。有警不务远战，先图近守，搬运势便，清野不难。土著情亲，查奸更易。团众无室家之虑，以之战则势不可摇。境内有屏摄之形，纵遇贼而野无所掠，可以制贼死命，岂仅各保身家。是办团莫急于修寨，而修寨正所以办团矣。或虑团寨既合，不免恃众抗官之弊，此在化外之地容亦有之，非所论于县境也。且民既敢于抗官，何论有无寨堡。官以团寨保民，民又何至于抗。①

在这一时期，团练与寨堡相结合的例子比比皆是。以威远县为例，练团的过程，也是筑寨的过程：咸丰九年（1859年）十月，吴大亨等奉知县王兆俊谕，练团于西乡，筑观音山古寨；十二月，王国宣等奉知县王兆俊谕，练团于新乡蓝家捆，筑凤凰古寨。咸丰十年（1860年）四月，陈良聪等奉知县王兆俊谕，练团于新乡游丝岩，又筑白牛寨；十月，范昭等奉知县王兆俊谕，练团于西乡吕仙岩，筑集生寨；十一月，宋永钧等奉知县王兆俊谕，于东乡黄连山练团筑寨。咸丰十一年（1861年）三月，刘毓棠等奉知县王兆俊谕，练团于新乡五堡墩，筑登云寨；五月，邹承宠等奉新任县令葆谦谕，练团于南乡岩口，筑同安寨；七月，周绍斌等奉县令葆谦谕，奉练团于西乡天保山，筑天保寨；同月，曾天禄等奉县令葆谦谕，练团于新乡手攀岩，筑古寨；九月，刘维翰等奉县令葆谦谕，练团于东乡佛神岩，筑六合寨；九月，曾昌信等奉县令葆谦谕，练团于北乡白家寺，筑禄安寨；十月，叶三庆等奉

---

① 光绪《铜梁县志》卷7《团寨》，第697页。

县令葆谦谕，练团于西乡郭家洞，筑志诚寨；十一月，颜怀珍等奉县令葆谦谕，练团于南乡八股山，筑众生寨；十二月，甘四宣等奉县令葆谦谕，练团于东乡石关门，筑万全寨；十二月，周大勋等奉县令葆谦谕，练团于北乡柏林寺，筑仙鹤寨。[①]

三 小结

　　修寨堡与办团练，是乡村防御的两种重要方式，但其最初并不是合为一体的。修筑寨堡一般为民间自发行为，将附近乡民无论富有贫苦、年长年幼、巾帼须眉，皆收入寨中以资防卫，而如何组织寨内武力，是否需要对其进行操练、如何操练等问题，都由寨主决定，朝廷较少干涉。团练则不同，顾名思义，团练注重的一是"团"，即将乡间主要战力集结起来，其人员主要是成年精壮男子，老弱妇孺一般不入其列；二是"练"，即需要对其进行系统化训练，基本任务是由州县调动防堵隘口，防止敌人入境，进而率领出击，向敌人发动进攻，甚至逐敌于千里之外。嘉庆白莲教起义爆发后，随着乡兵力量逐渐成为国家平乱的主力，清廷对其也有了更为细致的考量，一是认为如果单纯修筑寨堡而不团练其寨勇，则寨堡在敌人进攻时难以组织防御。二是认为临时组织的乡勇，若训练不足则作战无力、扰民有余，需要筑寨使其有所凭借。故对乡勇进行分化，选其精锐以正规军编练，加入正规军战斗序列，主要任务是与敌人展开正面争锋；一般乡勇则留守本地，由士绅统率，筑寨防守，其主要任务是固守乡里、抵御敌人进攻，非必要不远行。从这些变化也可以看出，清中后期以后，乡村武力已经得到较大扩张，在这一时期的军事斗争中起到了举足轻重的作用。

---

① 光绪《威远县志》卷2《团练寨堡》，第943页。

第四章
寨堡的选址与命名

第一节 寨堡的选址

一 地扼山险——山寨的选址考量

于山形扼险处筑寨，是四川寨堡选址的主要方式。汉晋时期四川地区修筑的赤甲城，地扼瞿塘峡口，据赤甲山，"因山据势，周回七里一百四十步，东高二百丈，西北高千丈，南连基白帝山。山甚高大，不生树木，其石悉赤"[1]；唐末韦君靖修筑的永昌寨，居大足北山之巅，"上掩霄霭，下抗郊原，蠢似长云，萃如断岸，崖巘重叠，磴道崎岖，一夫荷戈，万人莫上"[2]，皆是因山筑寨的典范。至宋末，余玠以山城防御蒙古骑兵，所筑山城如钓鱼城、天生城、白帝城、得汉城等，"皆因山为垒，棋布星分，为诸郡治所，屯兵聚粮为必守计"[3]。明中期后社会动荡，乡民多据山防御。嘉庆白莲教起义爆发后，川东、川北各地多依故垒筑寨。清廷遂提出"山地则扼险结寨，平地则掘壕筑堡"[4] 的修寨原则。于是，山寨在四川"遍地开花"，在在有之。

因山筑寨，首先需要选择险峻之处，清廷拟定的筑寨告示中明确指出："修寨须极险峻，以凭固守也。查寨栅不险，防守甚难，徒恃人力，亦多糜

---

[1]《水经注校证》卷33《江水》，第777页。
[2]《大足县志》，第867页。
[3]《宋史》卷416《余玠传》，第12470页。
[4]《圣武记》卷9《嘉庆川湖陕靖寇记五》，第420页。

费。须择天险,三面陡峻、一面可通行人之处。"① 这种地方,多为四周皆悬崖的山巅,这样可以增加进攻一方的攻击难度,也使防御一方能够以逸待劳,故成为山寨基址的首选。如垫江的钟成寨,"四面斗绝,中通一线,蹑其上豁然开朗";松林寨,"嵯峨而特出……距平地数十仞"。② 万县青龙寨、黄龙寨皆"四面峭壁",白岩寨"其山孑然独立,高数百丈,巉岩三面"③。开县上方寨,"壁立万仞,土人依为长城,贼不能扰";毁基寨,"山形如城寨,实天地造设,非筑成者。孤峰高矗,下临万仞,周围刀削,无基可阶,故名毁基";金城寨,"四围险峻,惟正南一径可通,其逼窄处仅容一人"。④ 江北仁里三家的狮子寨,"四围高耸,壁垒精岩";仁里二甲的万峰寨,"四面悬岩陡峭,高不可攀",嘉庆三年(1798 年)白莲教临境,德楞泰曾于此屯兵防御,此后白莲教几次经过,皆叹其险而不敢攻。⑤ 道光《江北厅志》对嘉庆年间修筑的 62 个辖域内寨堡的描述中,形容山寨形势高耸、险峻的就有 40 个,占比 64.52%。江北厅地势稍缓,其他如开县、城口、巫溪等地更是无寨不山,无山不险。咸同李蓝之役中,绵州等地就因为地势较平,许多寨堡不够险要,遭到攻破而溃散的寨堡数量较多。

据山险筑寨的另一个好处是,可以利用山峰的悬崖峭壁作为天然寨墙,仅需在缓坡处以石头垒砌即可,可节约大量修寨成本,达到事半功倍的效果。如重庆府江津县南 70 里的骆驼山,四面悬崖,乡民在此筑寨,根本不需要修筑寨墙,仅在隘口修筑寨门数个即可。同治元年(1862 年)石达开入蜀攻打此寨,连续多次冲杀无功而返。⑥ 江津县西南 150 里的天成寨则更为险要,其山顶豁然开阔,可容数百家,而四面陡绝,仅有一条狭窄的道路可通,半山有一处还需要用木板接引才能攀登,若将木板抽去就无路可上了。同治元年石达开军队过此,叹为天险,不敢进攻。⑦

选择在山顶筑寨,还需山顶处有面积足够大的平地,以满足寨民居住、生活所需。正如陈寅恪先生所言:"凡聚众据险者,欲久支岁月,及给养能自足之故,必择险阻而又可以耕种,及有水源之地。其具备此二者之地,必

---

① 《澹静斋文钞》外篇卷 2《遵旨拟就条款晓谕官民绅士人等告示》,第 657 页。
② 光绪《垫江县志》卷 2《寨堡》,第 272 页。
③ 同治《万县志》卷 16《寨堡碉洞》,第 106 页。
④ 咸丰《开县志》卷 21《寨洞志》,第 490 页。
⑤ 道光《江北厅志》卷 2《寨》,第 464 页。
⑥ 光绪《江津县志》卷 5《堡寨》,第 8 页。
⑦ 光绪《江津县志》卷 5《堡寨》,第 8 页。

为山顶平原及溪涧水源之地,此又自然之理。"① 坚壁清野是嘉庆时期平定白莲教叛乱的重要手段,其做法就是"衣粮牲畜皆归寨上,贼无所掠,扑灭尤易"②。寨民将寨下粮食搬入储存,可以提供山寨日常所需,但如果战乱频繁影响生产,寨上的补给就会变得艰难。因此,若寨上有良田,就更适宜长期驻守。许多山寨在选址时,也重视对这个因素的考量,尽量选择在山顶平阔,有足够空间供种植的地方。如江北厅仁里二甲香炉山侧的天保寨,"周围悬崖截壁,上有粮田百余亩"③,周围形势险峻而山顶平旷有田可耕之处,是因山筑寨的首选。广安州北110里的月山城,"四面险峻,隐然长城",而其上又有数十亩田,池一顷,水源、粮食俱全,明清以来始终是乡民避难之所。④ 仁寿县东80里的观音岩寨,"八重峦,四围峭削,高八九丈,最低六七丈,上平田三十余亩"⑤。在实地考察过程中,笔者发现梁平牛头寨、富顺三多寨、隆昌云顶寨等大部分山寨内部,都有大片耕地分布,这也验证了能否耕种是山寨选址的重要考量因素。除了耕田,柴薪和水源也是山寨选址必须考量的因素。龚景瀚《遵旨拟就条款晓谕官民绅士人等告示》中写道:

  寨上须有林木、水泉,以备樵、汲也。查寨中柴、水两项最为紧要,须寨上有林木可以砍伐为柴,上有水泉可供合寨食用者修筑。如该处地方并无林木水泉之山,寨中平时当多积柴水,每家备贮水之器,约计柴水足敷数日之用,方可无虞。⑥

四川地区各山寨周边,植被状况都比较好,平日山民也有砍柴存储的习惯,故所需柴薪并不难解决,但水源是一大问题。梁山县令方积组织县内筑寨时,针对"各寨多无水,贼围寨则惧以渴死"的情况,曾晓谕寨民说"贼即来,官兵必尾击其后,寨各贮三日水,安有贼围三日而官兵犹不至者"⑦,认为筑寨不用担心水源问题。但实际上,寨民每日生活都需要用水,牲畜也需饮水。且敌人攻寨时,多用火弹、火箭进行火攻。若无水进行扑救,势必

---

① 陈寅恪:《桃花源记旁证》,《清华大学学报》(自然科学版)1936年第1期。
② 光绪《续修安岳县志》卷2《寺观》,第792页。
③ 道光《江北厅志》卷2《寨》,第464页。
④ 宣统《广安州新志》卷6《岩险志》,第669页。
⑤ 同治《仁寿县志》卷1《属寨》。
⑥ 《澹静斋文钞》外篇卷2《遵旨拟就条款晓谕官民绅士人等告示》,第657页。
⑦ 光绪《梁山县志》卷6《寨堡》,第203页。

引起寨中大乱。因此，水源是守寨者必备的资源。而清军由于行动迟缓、怯战等，时常不能追击敌人，导致寨堡时有被围十余日甚至更久而未能得到解救。嘉庆年间，清廷军事组织力尚强，还能组织大量兵力追击敌人，到了咸同年间，全国大乱，兵力不敷，寨堡被围的时间就更长了。山顶地势较高，水源并不如山下充裕，故选择山寨位置时必须对水源问题予以足够重视。

在山寨选址时，如果寨上有自然山泉可资利用则最佳，如开县的珍珠寨，"上有泉不竭"①。城口厅的石包寨，其四围险峻，且有泉水不竭，当嘉庆初年白莲教滋扰之时，数百家乡民于山顶屯扎，"贼首张汉朝等率众数万围攻，数日不能破"②。营山县二龙寨"四面险峻，泉水亦足"③。广安州天泉寨，"在独佛山上，嘉庆二年教匪入境，里人筑此，以山上有池，源泉不竭，故名"④。阆中县万年寨寨后有观音岩，"倚山作梯，凿石为洞，洞广数席，中有泉滴沥而下，经年不绝"⑤。南江县诸葛寨，"四壁峻拔，惟一面可上。其顶有泉"⑥。仁寿县仁寨，"横亘五六小峦，前溪后壑，左右层崖峭壁，亦高绝，上良田，有深池泉"⑦。新宁县方城寨，"危岩礧磈，高可千寻，状如狮踞，四围石壁削成，上平衍，甘泉出焉。生植皆畅茂"；金城寨，"形势险峻，上有平田及泉水，可供千人汲"⑧。合江县天宝寨，"地势高峻，泉甘土沃"⑨。叙永厅，"嵯峨二三百丈，横亘四五里。三面壁削，中只一径上……有清泉可汲，四围有林木"⑩。

正所谓"水往低处走"，建造于山巅的山寨，受地势影响，水量毕竟有限，且并非所有山顶皆有山泉，不能完全满足守寨所需。故在自然泉水之外，还须凿池塘、深井，多备水桶，平时将塘灌满，以足十数日之用，不可临时取用外水。因为山寨被围之时，取水必然困难。即使能够出寨取水，也易被敌人暗中在水中置毒。山寨凿井、池的例子很多，万县东的卫生寨，

---

① 咸丰《开县志》卷21《寨洞志》，第490页。
② 道光《城口厅志》卷3《寨洞》，第624页。
③ 同治《营山县志》卷3《寨堡》，第264页。
④ 宣统《广安州新志》卷6《岩险志》，第672页。
⑤ 民国《阆中县志》卷6《关隘》，第650页。
⑥ 民国《南江县志》第一编《关隘》，第731页。
⑦ 同治《仁寿县志》卷1《属寨》。
⑧ 同治《新宁县志》卷2《寨》，第647页。
⑨ 民国《合江县志》卷1《寨名》，第349页。
⑩ 民国《叙永厅志》卷1《关隘》，第680页。

"极高峻,周围二十里,四方崭绝,其人力砌成者十一二耳。中有水田可获谷二千余石,泉流十数处,塘百有八口,林木甚盛,寨门八,可容数万家。近城名寨,为县东保障"①。广安州北30里吴家河上的泰山寨,嘉庆七年(1802年)建寨之时,开凿水井八口以汲引。② 巴州北7里的苏山寨,是巴州治北屏障,修寨之时,建有良田深池,以备不虞。③ 东乡县南坝场街后的胜登寨,依山为寨,虽然山顶宽阔,难于固守,但因其上有良田百余亩,水源充沛,也修筑了山寨作为避难之所。④ 万县近郊的万户城寨,山峦雄伟,"中有数百石谷田,塘三十余口,可容万家"⑤。与之毗邻的天城寨,山势雄奇,高数百丈,绝壁凌空,四围无隙,犹如剑削。宋末,吕师愈于此创修天生城,作为抗元的重要据点,元军围攻三次才得以攻破,并将其破坏。咸丰十一年(1861年),李蓝起义军入境,乡民复于此扎寨,于其上新凿池塘四口以储水,并修寨墙以便汲水,使山寨更加险固。仁寿县涂家场南10里的活家寨,上有田地20余亩,建有水塘9个。⑥ 西充县的护城寨,"绅民亦各营房屋于上,并凿井、开塘,俾不渴于饮"⑦。仁寿县治南60里镇子场属的洪福寨,石山横立,四际危岩,乡民于寨内开田30亩,挖池塘10余个,可以满足长期坚守的需要。⑧ 在实地调查过程中,我们也发现池塘、水井等是绝大多数寨堡的必备设施。

　　四川山寨虽多为大寨,但一些山寨限于地形,规模有限,当大股敌人来犯时,则双拳难敌四手,难免顾此失彼、难以招架。为此,这些山寨一般会选择与附近的寨堡互为犄角,方便彼此声援。对于寨堡互为犄角的重要性,前人总结道:"虽发捻之猖狂,往往能攻城而不能攻寨,城孤而寨有犄角故耳。"⑨ 开县治西100里的平安寨,与长寿、天成二寨相近,互为唇齿;浦里的华岩寨,"相近有福星、华峰、华叶、太峰等寨势相联络"⑩。一些山寨则大寨套小寨、上寨连下寨,形成一个复杂的山寨格局。仁寿的向寨(又名清

---

① 同治《万县志》卷16《塞堡碉洞》,第105页。
② 宣统《广安州新志》卷6《岩险志》,第133页。
③ 民国《巴中县志》第一编《关隘》,第828页。
④ 民国《宣汉县志》卷10《寨洞》,第332页。
⑤ 同治《万县志》卷16《塞堡碉洞》,第104页。
⑥ 同治《仁寿县志》卷1《属寨》。
⑦ 光绪《西充县志》卷2《寨堡》,第198页。
⑧ 同治《仁寿县志》卷1《属寨》。
⑨ 光绪《铜梁县志》卷7《团寨》,第697页。
⑩ 咸丰《开县志》卷21《寨洞》,第490页。

平寨）规模较大，有寨门八个，分为上寨、下寨，中间又杂有无数小山峦，建有岩中小寨若干。① 开县西北 100 里的珍珠寨，"寨凡二层，上有泉不竭，可容万余人"；金镛寨，"凡三层，皆险峻"；治西 20 里的大池山寨，四面陡峻，其上纵横五六十里，有稻田数万亩，嘉庆白莲教之役，乡人据此以自卫。咸丰李蓝之役兴，乡民"大寨内复修小寨八，各容千人、二三千人不等"。②

二　因洞设寨——洞寨的选址考量

四川是中国南方喀斯特地貌的主要分布区之一，溶洞数量多、分布广。选择溶洞中内部空间较大之处作为避难之所，是四川百姓的传统。溶洞筑寨还有修寨速度快、防御效果好、成本小的优点，只需要在洞口修筑卡门防御，就可以抵御敌人进犯。"即岩为寨，就岭为堡，绝壁洞之，广坪碉之"，是寨堡选址的几个主要方式。③

以洞为寨的情况在四川地区相对普遍，特别是川东、川北地区，洞寨的数量有近千个，其中不乏著名寨堡。通江县令徐廷珏在《安丰寨志》中言：

> 嘉庆七年正月十六日，余因奉文团练乡勇，至新昌里五甲之楼子庙，假馆于安丰寨。见此寨乃硐也，非寨也，后则依峭壁为金城，前则临清溪为汤池，左则齐山礜石为垣以饮于河，右则急流奔山足，湍激而为洞，中则穴壁结庐邱，望之悬空深奥。炊火之烟，若云出岫，居民数十户，各自为硐。不啻凡同然以是避贼则可耳，而乃名之为"安丰"者何哉？且夫"安"也者，身体安逸也；"丰"也者，食用饶裕也。今硐既陡绝，仄径如鸟道，更有缘索缘木而始达硐门者。登高履危如集于木，惴惴焉无时不凛焉若坠，何以为安？穴居仅容数人，余地无几，不可为仓箱，何以为丰？不丰则饥饿困其身，劳其形，更何以安？原自嘉庆元年教匪起楚北，继起秦川，九月间川匪蠢动，邪氛云扰，波及甘凉。乡民猝遭乱离，而家资尽为贼有，则丰者变而为衰矣。向则室居也，榻卧也，风雨不能侵，燥湿不能害，今则付之一炬，则陋者固不安，而丰者更不安。又况遭掳遭戕之纷纷，安与丰永归无有，而抑知不

---

① 同治《仁寿县志》卷 1《属寨》。
② 咸丰《开县志》卷 21《寨洞》，第 489 页。
③ 同治《万县志》卷 16《塞堡碉洞》，第 100 页。

然。今也，聚数口之家而栖于峒，虽履巉岩，援藤葛，而贼不能害，登降虽劳而心神则逸，"安"乎否耶？三时之所得足以果数口之腹，有余者易金积资而贼不能掠，宁不可谓之"丰"耶？如此而谓之"安丰"也，亦宜。至峒也者，原以避贼者也，寨亦以避贼者也。既均以避贼，均系岩栖，寨又何异乎峒，峒又何异乎寨也哉！而况此寨头人武生张怀南，首先就团督率各寨洞义勇踊跃搜贼，正气盛而余邪自消，吾知贼平而民气舒，天时和登衽席而歌，大有不止此一寨安也丰也，则将胥通邑之民永享安乐之庆丰，享之休于无穷也，岂不美哉！①

从上文可知，通江县新昌里五甲的楼子庙安丰寨其实并非山寨，而是由诸多山洞组成的一个洞寨体系。这些洞，大者能容数十户，小者仅能容数人，但可为掎角，相互救援，共同防御，并由武生张怀南统一领导。从外部看，寨背靠峭壁，前临清溪，其入洞之路，"陡绝仄径如鸟道"，部分路段还要"缘索缘木而始达峒门"。平时要进出洞寨，都"惴惴焉无时不凛焉若坠"，战斗之时要想向它进攻，其艰难不言而喻。洞寨的主要作用是"避兵"，即设法让敌人无法发现，或发现了也无法进攻，故首先考虑的是险要与否，非鸟道羊肠、缘索缘木不得达之处乃为首要考量。

与安丰寨相似的例子很多。太平县东90里黄溪河右岸的硝洞，所处地势极险，"非攀葛附藤系绳不能上"，洞口处又有悬崖，必须架设木桥，并接以三丈高梯才能上去。这样的洞寨，平时入洞都千难万险，要想进攻它难度就更大了，所以并不需要修筑高大寨墙，而只需将粮食屯于洞中，居民入洞躲藏则可保无虞。太平县东北90里的猪头山，其三面为数十丈的悬崖，另一面则需搭三丈高的木桥，其内隐蔽着猪头洞，洞内面积约1000平方米，足以容纳数百人。太平县西南90里的黑洞，位于黄钟堡后小河峡口，两岸石壁夹立，左岩两洞外险立，宽可容数十户，其中右边之洞尤其险峻，需要架设木桥方能进入。② 东乡县明月场西南五里许有老君洞，上下皆绝壁，唯旁有小路可入，洞口则需要匍匐方能入内，过洞口则开阔可居。③ 仪陇县东90里的观音洞，三面绝壁，高百余丈，其周围环绕皆水洞，仅南面有小径可通，成为当地乡民战乱之时的"安乐窝"。④

---

① 道光《通江县志》卷9《艺文志》，第239页。
② 民国《万源县志》卷2《洞寨》，第341页。
③ 民国《宣汉县志》卷10《寨洞》，第335页。
④ 同治《仪陇县志》卷6《关隘》，第189页。

瀑布之中往往藏有溶洞，如同《西游记》中所描述的花果山水帘洞一般，这类洞穴隐蔽性极强，可以作为洞寨选址之所。太平县北120里庙坡场附近的蛤蟆洞，位于三台寺下山腰处，"上有瀑布，下注如帘护口，土人在内建屋三楹，右建石门一道以避兵，可容百余人"①。这类洞寨不能选择在距离山脚太近的地方，那样容易被敌人攻击。如东乡县鲲池磙滩高洞，鲲池之水从上而下，下有深潭，唯旁有小径可通。但此洞虽名高洞，实际上与潭面的距离却不够高，嘉庆时期乡民据此扎寨避难，白莲教以船桄等物漂浮于潭水之上，上面以火熏洞，寨民难耐烟熏，纷纷投水而下，惨遭杀害，其失败的原因就是洞寨的位置"盖险而低下也"。②

一些山丘由于地势过于陡峭，山顶没有平地可供居住，并不具备修筑山寨的条件，乡民就在山腰开凿洞穴作为容身之所，以利用其地形之险作为防御之资。例如，三台县东50里的三姓洞，相传就因是苏、任、贾三姓家族所凿而得名，洞深约二丈，高八九尺。③江津县西150余里的回龙箐，山势险峻，故"修寨凿洞者不胜屈指"④。万县的石鼓岩洞，"岩长四里许，乡人岩半凿入洞，可容三四百人"⑤。江北厅仁里三甲的普安寨，所据之山四围陡峭无法立寨，乡民就于半山腰开凿洞穴九口，作为避难之所。⑥东乡县栗垭绝顶有齐缘寨，前临绝壁，后稍平衍，不易防守，齐缘寨主久升公"更于寨前绝壁上堑崖树屋为仙女洞，举家避难所也"⑦。太平县的红岩洞，位于县东90里的黄溪河右岸山腰，其地距山脚约百丈，危岩壁立，难以攀登。此地原多溶洞，乡民将其改造成为洞寨，分三层，均排五洞，除了上洞为天然洞穴之外，中、下两洞则均是人为开凿，中洞成于明末，下洞则成于清末。⑧

洞寨环境封闭，虽然容易防御，但内部黑暗，影响居住，因此光线也是选址之时必须考虑的问题，须有光透入才方便长期据守。太平县东110里龙潭河右岸的母猪洞，洞口宽长丈许，须匍匐而入，入洞后豁然开朗，有一块可容300余人的空地，然因"洞深乏光线，不能耐久居"⑨，难以长期屯扎，

---

① 民国《万源县志》卷2《洞寨》，第341页。
② 民国《宣汉县志》卷10《寨洞》，第334页。
③ 民国《三台县志》卷1《山川》，第17页。
④ 光绪《江津县志》卷5《堡》，第8页。
⑤ 同治《万县志》卷16《塞堡碉洞》，第107页。
⑥ 道光《江北厅志》卷2《舆地·寨》，第464页。
⑦ 民国《宣汉县志》卷10《寨洞》，第333页。
⑧ 民国《万源县志》卷2《洞寨》，第342页。
⑨ 民国《万源县志》卷2《洞寨》，第342页。

只能作为临时避难之所。与之相反，城口的观音洞则明显更适合作为寨堡。此洞位于厅东南180里的金锁寨山下，洞口宽5尺，高1丈，深数丈，下临大河，地势险要，且"洞顶有孔透光其中"，适宜居住。嘉庆初白莲教之役，居民避难于此数年，"悉获保全"①。城口厅东120里红花梁山的洞寨亦名观音洞，"洞中多石壁，多缝透光"。这些石缝不仅起到通风、透光的作用，在防御之时还可作为射击孔，当敌人路过之时，洞民由石缝中以枪轰之，"后贼竟畏不敢过是路，保全一境"②。

选择洞穴为寨，洞内还要有足够的空间能够满足百姓平时居住、生活、屯集物品等需要。洞寨力主"避兵"，只要有十余人保护洞口，即可避免敌人攻入洞内，故规模并不要求太大，可居住十余户至数十户居民即可。但也有规模大的，城口厅西南50里的黄泥洞，在嘉庆初白莲教战乱时就容纳了数百户居民避难。此洞"后倚厚檐山，前临平坝大河，居悬岩之畔"，形势极险。洞口阔2丈余，中宽数十丈，分上下两洞。下洞有石门数重，将洞穴分为多层；上洞须登石磴十数级而入，高约数丈，亦有石门将其分为数层。洞内不仅开阔，还有天然水源，适宜长期居住。因其地据扼要可守，清军还将此建为关隘，设粮台，屯驻士兵。嘉庆九年（1804年）白莲教战乱结束后，仍有不少百姓居住于此而不愿搬离，后因洞顶时有坠石伤人，才移居平地。③

开县境内洞寨之中包括了许多大寨，如温汤井的总兵洞，"可住五六百人"。雷洞寨的规模更大，"可容二千余人"。与七洞、吴家湾硝洞相比，前面几个洞寨的规模显得小巫见大巫。七洞位于开县西部，"洞口极狭，内特宏敞，教匪逼境，居民数千人挈家裹粮避其中，贼过而不知"，其规模可见一斑。吴家湾硝洞位于开县南150里，"其地巉岩峭壁，突生一洞，洞有石楼数层，执炬攀援而进，内有阴河，积成深潭，可容万余人"④，这等规模则更为罕见。

三 平地设堡——堡寨的选址考量

龚景瀚坚壁清野之策，对于寨堡的要求是"并小村入大村，移平地就险处"。然而一些冲要市镇，地据平夷，居民以经商为主，于其间修筑楼阁、

---

① 道光《城口厅志》卷3《寨洞》，第627页。
② 道光《城口厅志》卷3《寨洞》，第627页。
③ 道光《城口厅志》卷3《寨洞》，第627页。
④ 咸丰《开县志》卷21《寨洞》，第494页。

商铺，若移到山险之寨，不仅成本较高，且商业难以为继。这些市镇的富商财力雄厚，一方面不愿意迁往山寨，另一方面也不能坐视集镇为叛军所陷，就集资于市镇外修筑外墙，挖壕沟，一如城池之制。平地设堡，缘起于最先受到白莲教袭扰的汉水流域。

嘉庆元年（1796年），最大的白莲教支系襄阳教团在王聪儿的率领下举兵反清，兵分两路，王廷诏由宜昌、远安向荆州进攻；王聪儿率主力围攻襄阳。荆、襄两大重镇城高难破，周边的沙市、樊城等没有城池的市镇，则深受其害。当王廷诏率军直指荆州之时，城外15里水陆辐辏的沙市，商民逃散一空，后得知白莲教折而北上后，乃各回营生。由于惧怕白莲教再次来袭，乃捐资集夫役，于南面临江处树木栅，于东、西、北三面筑石墙，周围10余里，并环堡修壕以资捍卫，使得白莲教再不敢窥伺。鉴于它的成功，朝廷视其为平原地区寨堡的典范，下令"冲要市镇一律仿修"①。与襄阳隔河相望的樊城，曾经是汉水流域的重镇，清代虽没有筑城，但俨然一大都会。王聪儿率军围攻襄阳时，襄阳城高池深，难以攻破，遂转而焚掠樊城，这个冲要大都会顿时成为废墟。当地居民亦仿照沙市商民沿江树木栅，并于东、西、北三面循前代旧址筑土堡，当白莲教再次犯境之时，樊城堡内的居民亦赖以无恙。②嘉庆二年（1797年），襄阳白莲教进入河南后，河南一些集镇也开始修筑堡寨，如宝丰县的翟家集。

在作为嘉庆寨堡修筑指导思想的《坚壁清野议》中，龚景瀚指出："其村庄市镇，人烟辏集如临江市、普安场等处者，随其所居，因山临水，为筑城堡，外挖深壕，务令高广。"③此处的临江市、普安场都是四川境内的重要市镇。临江市在今重庆市开州区临江镇，其地在刘宋时期即已有名，明清时期为川东重要市镇。明正德年间蓝鄢之役时，蓝廷瑞、鄢本恕等曾要求明廷割临江市作为其栖身之所；嘉庆白莲教之役中，王三槐、徐天德、王聪儿等湖北、四川白莲教曾合军占据此地，在此欢庆新年，其地位可见一斑。白莲教在四川地区蔓延后，这些冲要市镇，也就地修筑了堡寨，目前可知著名的集市堡寨有合州的涞滩镇堡，射洪的太和镇堡，绵州的丰谷堡、魏城堡、永兴堡、人和堡、石马堡，永川的治平寨、三合寨、生佛寨等。这些平地堡寨，虽然数量较少，在巴蜀地区寨堡中所占比重并不大，但就单个寨堡而

---

① 《圣武记》卷9《嘉庆川湖陕靖寇记二》，第383页。
② 《圣武记》卷9《嘉庆川湖陕靖寇记二》，第383页。
③ 《澹静斋文钞》外篇卷1《坚壁清野议》，第630页。

言,其规模庞大,经济繁荣,人口众多,在寨堡史上占有重要的地位。

相对山寨与洞寨,平堡的选址就没那么灵活。山寨、洞寨的选址,都是与原先居住的村庄相分离,选择的余地较大。平地堡寨则不然,在堡寨修筑之前,市镇已经形成,堡寨并不能够离开市镇重建,而只能就地修筑。这样也就导致了寨堡的选址并不一定在险峻之处,而很可能就在四通八达的冲要之所。这种地方,四面受敌,较因险筑寨而言,防御的难度无疑要大得多。又因其比山寨易攻而更富庶,更容易成为敌人的目标,所以必须有高大而坚固的寨墙、宽阔的壕沟,堡内还必须有数量庞大、足够应付大股敌人的民兵。如涞滩镇堡就修筑了高大城墙,并筑有瓮城、马面等设施。尽管平地堡寨在修筑的过程中耗费了大量的资金、人力,但防御效果往往不够理想。如射洪的太和堡嘉庆五年(1800年)就被冉天元攻破。绵州的魏城堡虽有居民3万余户,仍在咸丰十一年(1861年)被李蓝军队攻破。

四 小结

明清时期,四川寨堡主要分为山寨、洞寨、平堡三大类。山寨的选址主要考量地理形势,包括山势是否陡峭、是否有一定的田地以供长期据守、水源是否充足等要素,并尽量与附近寨堡形成掎角之势,以便遭到进攻时能够相互应援。洞寨突出的是"避",故尽量选择隐蔽之地,让敌人难以发现;还要选取难以到达之地,以便在敌人发现时难以抵近。四川多溶洞,但应选取内部有一定空间之地以便据守,并要考虑光线要素。洞寨不需要修筑太多寨墙,一般只需要防御好洞门即可,但敌人攻洞之法一般采取火烧、烟熏等方法,故通风也至关重要。与山寨、洞寨一般都在原聚落以外重新选址不同,平堡一般都是在原市镇之址修建,故需要修筑高大的寨墙等防御设施,集结足够兵力,置办充足的防御器械。尽管如此,平堡由于未占地利,在战乱之中更有可能被攻破。有鉴于此,平堡在明清四川寨堡中属于数量较少的类型。

第二节 清代四川寨堡的命名及其文化内涵

我国的地名学具有悠久的历史,相关认识在唐宋时期就已经基本成熟。[1]

---

[1] 华林甫:《中国古代地名渊源解释发展原因的分析》,《中国历史地理论丛》2000年第2期。

但地名学长期作为历史学的附庸,缺乏系统科学的专门探讨,并不是一个独立学科。[①] 近代科学思想传入后,地名学作为一个重要的学科开始受到学者重视,相关研究成果斐然。地名往往蕴含丰富的文化内涵,故地名命名方式的探讨是地名学研究的重要内容,不仅可以让人们了解地名的由来,更能让人发现地名的命名规律,揭示隐藏在地名背后的文化内涵。[②] 目前,相关研究主要集中于命名规律的探讨,以及县级以上地名的研究,对乡村聚落地名的研究还略显不足[③],对寨堡命名方式的探讨至今尚未涉及。四川是我国寨堡集中分布区之一,其修筑时代以清代最为集中,故本书以清代四川寨堡为研究对象,探讨其命名方式及蕴含的文化内涵。

本书中清代指的是 1644 年清军入关定鼎北京至 1911 年辛亥革命后清帝逊位的时段;四川省指的是清代四川省,大致包括今四川省、重庆市所辖区域。清代四川的行政区划名与现在有较大不同,为了论述方便,本书行政区划名沿袭清代四川行省之下的府、厅、州、县。寨堡名称的来源,主要以清代、民国时期四川省、府、厅、州、县地方志为基础,以清实录、奏议、文集、笔记、谱牒、碑刻、地名录、调查报告、实地考察等资料加以佐证、补充,建立清代四川寨堡名称数据库。下面笔者将根据寨堡的相关记载及走访调查,运用地名学的分类方法和文化地理学的研究方法,总结寨堡的命名规律及其蕴含的文化内涵。

一 清代四川寨堡产生的背景与时空分布

中国古代的军事防御,以扼守城池、关隘为主,对广袤的乡村控制不足。故自汉晋以降,每当战争爆发而朝廷无力给予地方足够支援之时,乡民就会自发组织起来,依山据险修筑寨堡进行防御。巴蜀的寨堡出现时间较早,最迟在西晋末年战乱之时就有了乡民结寨的记载,时李特等流民武装与

[①] 史念海:《论地名的研究和有关规律的探索》,《中国历史地理论丛》1985 年第 1 期。
[②] 秦超:《山东省古今县名命名方式初探》,《东岳论丛》2007 年第 2 期。
[③] 主要研究成果有:史念海:《以陕西省为例探索古今县的命名的某些规律》,《中国历史地理论丛》1985 年第 1 期;史念海:《论地名的研究和有关规律的探索》,《中国历史地理论丛》1985 年第 1 期;孙冬虎:《华北平原城镇地名群的发展及其地理分布特征》,《地理研究》1990 年第 3 期;华林甫:《中国古代地名渊源解释发展原因的分析》,《中国历史地理论丛》2000 年第 2 期;王彬、黄秀莲、司徒尚纪:《广东政区地名文化景观研究》,《热带地理》2011 年第 5 期;胡鹤年、张力仁:《陕西政区地名文化景观研究》,《地域研究与开发》2013 年第 1 期。

益州刺史罗尚连年鏖战,"蜀人危惧,并结村堡"①。清代,巴蜀战乱迭起。明清之际的战乱,直到康熙二十二年(1683年)平定"三藩之乱"才结束,富庶的天府之国人口锐减到60万左右②,城市陷落,乡村夷平,存活的百姓只能聚众据险于山谷以求免祸。嘉庆元年至嘉庆十年(1796—1805年)的白莲教起义,造成清中期最严重的社会动荡,川、陕、楚、湘、甘、豫六省上百个州县成为战场,数千万人被卷入。这场战争中,清廷一度对"不整队、不迎战,不走平原,惟数百成群,忽分忽合,忽南忽北"③的白莲教武装无能为力,最终采用坚壁清野的策略,四处修造寨堡,才得以平定动乱。四川作为战争核心区域,也是修筑寨堡最多的地区之一。咸丰年间,在第二次鸦片战争与太平天国运动打击下内外交困的清政府,依靠加征赋税维持庞大的开支,又导致四川爆发了声势浩大的李蓝反清斗争,寨堡的修筑数量较嘉庆间成倍增长,范围也更广。据统计,清代四川修筑的寨堡有确切名称可考的就有5854个,这还不包括未载入史册而湮没于历史长河的数量更多的寨堡,这些寨堡的修筑时间主要集中于嘉庆、咸丰两个时期。清代四川修筑的寨堡有修筑年份或时代可考的有1757个,其分布如图4-1所示。

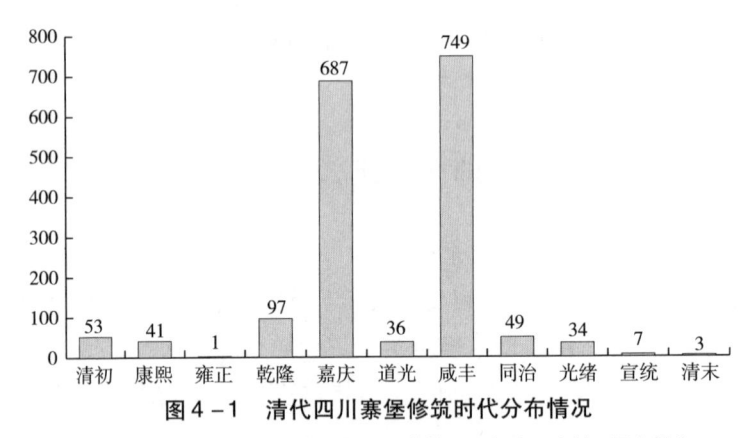

图 4-1 清代四川寨堡修筑时代分布情况

资料来源:方志、实录、奏议、文集、笔记、谱牒、地名录、碑刻、调查报告。

修筑寨堡需要耗费大量的人力物力,且主要由百姓自己承担,故在古代贫苦的乡村,是较难实施的。只有战乱来临,百姓才会被迫出钱出力修筑寨堡。故寨堡的空间分布与战乱的波及区出现较高程度的吻合。嘉庆白莲教起

---

① 《晋书》卷120《李特载记》,第3028页。
② 蓝勇:《乾嘉垦殖对四川农业生态和社会发展影响初探》,《中国农史》1993年第1期。
③ 《圣武记》卷9《嘉庆川湖陕靖寇记二》,第379页。

义初期，战争主要集中于长江以北、嘉陵江以东地区，寨堡也主要集中在川东、川北地区。嘉庆五年（1800年），白莲教首冉天元率数万人越嘉陵江而西，嘉陵江以西的绵州、潼川府等地百姓纷纷筑寨。李蓝反清斗争时期，原本没有修寨的成都府、嘉定府、叙州府各地作为战争核心区，也涌现了修筑寨堡的浪潮。因此，清代四川寨堡主要分布于受到战争冲击的区域。

二 因自然地理环境命名及其文化内涵

（一）因山地地形环境命名

于山形扼险处筑寨，是寨堡选址的最主要方式。四川地形多山，山寨构成了清代四川寨堡的主体。道光《江北厅志》对境内嘉庆年间修筑的62个寨堡的描述中，形容山寨形势高耸、险峻的就有40个，占比达到64.52%。相较之下，江北厅的地势在四川省中算较为平缓的，可见四川山寨选址于山形险要之处的普遍性。因此，以山命名是寨堡的一个重要方式，清代四川寨堡中以山命名的达426处。与"山"类似的还有"岭"，共有20个。

山寨选址除了周围地形要陡峭外，还必须有一定的平地，且平地的面积越大越好，以便能容纳更多百姓营造房屋居住，若能耕种、樵采更佳。四川一般称这种山区平整之地为"坪"，以之命名的寨堡数量不少，达85个。其中最有名的当属嘉庆时白莲教巴州白号教首罗其清拥众数万据守的方山坪寨，清军围困年余而不敢攻。又如东乡白号教首王三槐据守的安乐坪寨，"层峦高耸，周遭壁立，上复平旷"①，"其地高山矗立，三面斗峻，绝顶曰祖师观，雄视百里，诸山寨皆在其下，诚为天险。迤东平田数百亩，农谷岁入丰溢。田尽处，仍绝壁如削，惟线路可上"②。清军围困安乐坪数月而无计可施，四川总督勒保只得让受白莲教敬仰的清官刘清以招安之名诱王三槐入大营，这才得以将其捕获，并以阵前擒拿之名械送京师以邀功。③ 王三槐被

---

① 民国《云阳县志》卷3《山水上》，第23页。
② 民国《云阳县志》卷16《兵团上》，第249页。
③ 据勒保嘉庆三年七月二十五日奏折，王三槐乃清军攻破安乐坪时捕获。然据王三槐自述、《圣武记》《清史稿》等材料，均明确指出王三槐是被诱捕的。通过对战场形势分析可知，清军并未攻破白莲教大营，亦未取得大胜。根据当时白莲教的作战特点，首领是不可能参与一般战斗的，王三槐作为安乐坪之白莲教最高统帅，在未发生大战之前是不可能被抓捕的，勒保此奏实有冒功之嫌。地方文献为了颂扬清军之英勇，也有不少记载言王三槐乃阵前被擒。

捕后，安乐坪被围数月方被攻破。

"坝"的名称在西南也较多见，一般指山间平地，其四围险峻之所也可作为寨堡屯守。清代四川以"坝"命名的寨堡有8个，其中最著名的是白莲教通江蓝号教首冉文俦据守的通江麻坝寨，寨略呈钝角三角形状，仅东、南、西三道陡梯可上，三面悬崖峭壁，壁立80余米，清军围攻数年方攻克。

（二）因水文环境命名

水是寨堡防御的一个关键因素。在清代四川寨堡中，以"水"命名的有34个。这些寨堡一般都与水体相关，如射洪县水头寨、梁山县水口寨、南川县七渡水寨、苍溪方水井寨等。一些寨堡则充满了对水体的崇拜，如资州圣水寨、长寿水源寨等。

正因水源在寨堡防御中有着关键作用，不少寨堡选址在距离河流不远处修筑以便汲水，故以河为名也是四川寨堡命名的一种方式，共有25个，其中又以"双河寨""清河寨"之名最为普遍。"双河"即两河交汇处，其地往往形成聚落，寨名见于合州、广安州、太平厅、城口厅、大竹县、万县、梁山县、酆都县、开县等地。"清河"则指河水清澈，见于合州、万县、忠州、大竹等地。其他与水文有关的命名，还有"塘"（9个）、"溪"（18个）、"潭"（3个）、"湾"（11个）、"源"（7个）、"沟"（11个）等。

（三）以石、土命名

寨堡一般以石、土两种材料修筑。被道光皇帝称为"疆吏才之首"的嘉庆名臣严如熤曾说："作堡者用土不如用石，为工省而坚。"① 四川各地山区多石，故绝大部分寨堡都是以条石垒砌而成，坚固耐久。因此，清代四川寨堡中以"石"为名者数量较多，达178处。

以土所筑之寨虽然坚固性、耐久性皆不如石，但夯土筑寨的成本较条石垒砌要低，故一些石材分布不多的地区，或经费不足的村落，也有夯土筑寨的。四川的土寨较石寨数量要少得多，以"土"命名的寨堡有21处，常见的有土包寨、土堡寨、土城寨等。"土"在汉语中还有另一个意思，即"地方性的"，如珙县的土官寨，因当地曾有少数民族土司而得名；而盐源县的泸土寨、土把村寨，更多的是由少数民族语言音译而来，不能列入此类。

---

① （清）严如熤：《三省山内风土杂识》，《丛书集成新编》第94册，（台北）新文丰出版社，2008，第63页。

（四）因植物命名

清代四川寨堡一般筑于山巅，其地多林木，不少寨堡即以"林"为名。也有不少以林木名为寨名的，其中又以松、柏、竹最多，如柏林堡、柏林沟寨、柏杨寨、柏树寨、松柏寨、松林寨、松林堡、松树寨、五根松寨、松树岭寨、松花寨、松茂寨、苦竹寨、斑竹寨等。还有以其他树木为寨名的，如资州楠木寨、开县楠木洞寨、江北厅黄杨寨、仪陇县杨木寨等。

民以食为天，寨堡防御时粮食的储备非常重要，故清代四川寨堡不少以米、谷等食粮为名，如丰谷堡、金谷寨、包谷湾寨、打谷坪寨、谷山堡、谷本寨、包谷湾寨、漏米寨、米城寨等。

三 因人文条件命名及其文化内涵

（一）因姓氏命名

聚族而居是中国传统社会中的一个普遍现象，家族往往在乡村社会中扮演着非常重要的角色。费孝通先生认为，中国乡土社会与西方的一个重要区别，就是社群往往由家族而非个体家庭构成。这是以父子血缘关系为纽带结合而成的大家族，在生产生活中往往起轴心作用，而西方家庭的轴心是夫妻关系。[①] 乡土社会的家族中，会有族老、族长等角色，遇大事由族长召集族内成年男子会商，其讨论的结果往往比官府法令还有效，甚至连族内男女的生死都能决定。因此，在社会动荡需要修筑寨堡进行自卫之时，往往由族长出面召集族人会商，并共同完成寨堡的修筑。

在清代四川的寨堡中，聚族而建的寨堡数量众多。宣汉县东安场八里的凤头寨，是"唐乐籍同族人建修"[②]。隆昌县云顶寨，也是郭氏族人聚族而建。[③] 这些聚族而建的寨堡，有不少直接冠以"某家寨"的名号。如广安州北冲相寺的苏家寨，即为庠生苏炳宣聚族修筑的寨堡。[④] 今垫江县鹤游镇的刘家寨，"因山寨为刘姓地主所修，故称"[⑤]。同为鹤游镇的范家寨，因范姓

[①] 费孝通：《乡土中国》，人民出版社，2008，第22页。
[②] 民国《宣汉县志》卷10《寨洞》，第333页。
[③] 罗权：《四川隆昌县云顶寨考》，《长江文明》2018年第3辑。
[④] 宣统《广安州新志》卷6《岩险志》，四川集成58，第673页。
[⑤] 垫江县地名领导小组编《四川省垫江县地名录》，1983，第125页。

所修而得名；秦家寨，亦因秦姓所筑而得名。① 在四川5854个有寨名的寨堡中，以"×家寨"命名的就有309个。此外，一些寨堡名字虽然不是"×家寨"，但其命名也与姓氏有关。如绵州东50里有一洞寨，相传为苏、任、贾三姓所凿，故以"三姓洞"为名。②今垫江县严家镇同庆寨，因陈、黎两姓共同修建而得名。③

（二）因嘉名命名

"嘉名"是指人们企盼实现如意吉祥的愿望而命名的方式，是中国地名命名的一种重要方式。这种观念先秦时即已产生，在隋唐时期走向成熟。④寨堡修筑的目的是保卫一方安宁，故命名之时也多取表示祥瑞、祈福的嘉名。如广安州天成寨，四面多竹，其中有一棵竹高五尺许，忽分为二，如连理状，其乡之老庠生夏朝容扶杖往观，口占"嘉竹嘉竹，连理若木。一本同心，超群轶俗"之语，人以为瑞，遂更寨名为"嘉竹寨"。⑤

更多的寨名体现了祈求寨堡长治久安之意，带有"永""长""平""安"等字。以"永"字命名的寨包括永清、永安、永平、永胜、永昌、永宁、永固、永盛、永兴、永和、永庆等，总计79个。以"长"字命名的寨堡包括长生、长安、长寿、长乐、长宁、长兴、长清、长庆、长平、长治、长和、长顺、长春、长盛等，共49个。其中尤以"长生寨"最多，达16个。"长寿"与"长乐"也较多，各为6个。修寨的主要目的是求平安，故以"安"字命名的寨堡数量很多，包括平安、长安、万安、永安、吉安、均安、治安、普安、定安、保安、泰安、靖安、静安、高安、广安、大安、古安、宁安、悦安、九安、尊安、听安、偏安、安顺、安平、安和、安胜、安全、安本、太安、龙安、安和、安合、安集、安福、安居等，总数为299个。其中名为"平安寨"的就有40个，为"永安寨"的有32个。

祈求上天庇佑的寨堡，多以"天"命名，包括天保、天生、天宝、天成、天顺、天申、天星、天佑、天缘、天全、天恩等，共有396个。其中以"天保寨"命名的就有74个，几乎每个州县都有。以"天成""天生"命名的寨堡，虽以形势险要得名，谓寨堡浑然天成，但同时蕴含求上天庇佑的

---

① 《四川省垫江县地名录》，第127页。
② 民国《绵阳县志》卷1《山川》，第17页。
③ 《四川省垫江县地名录》，第125页。
④ 华林甫：《中国古代地名学理论的初步探讨》，《史学理论研究》2002年第4期。
⑤ 宣统《广安州新志》卷6《岩险志》，第671页。

愿望。

寨民平时心存忠义、互相帮助，战时团结抗敌、互相协作，这对寨堡的生存来说至关重要。遂宁县鹿鸣寨即有"忠信为锁匙、山水作城池"的石刻[1]；通江县令徐廷珏认为，"忠义自矢，即茧茧之氓亦能上邀天佑也"[2]；璧山县令张若泉认为，寨中需要"养廉耻以作忠勇之气"[3]。因此，寨堡命名中有不少祈求寨内团结的，其中以"忠""义""仁""和"等字命名的为多，包括人和、仁和、保和、太和、中和、公和、和顺、裕和、协和、义和、和安、仁义、仁寿、三义、菁义、孝义、高义、义成、义安、忠义、忠心、忠孝、忠胜、忠爱、忠和、忠武、忠成、忠盛等。其中含"忠"字的有28个，含"义"字的有43个，含"仁"字的有48个，含"和"字寨名最多，达217个。

（三）因寺观命名

寺庙、道观是出家人修行之所，出家人在战乱中多希望能够置身事外，不与战斗双方发生直接联系，所以较少与具有明显军事性特征的寨堡产生关联。清中期白莲教起义的爆发却改变了这一传统。白莲教虽吸纳了不少佛教净土宗的教义，但有着鲜明的"叛逆"特点，是下层民众试图用来"改变世界"的"法器"[4]，佛道各宗教人士对它持敌视和恐惧的复杂态度。白莲教武装与清军对抗的同时，往往伴随着劫掠乡村、捣毁寺观等行为，从而促使佛道人士与民间百姓联手构筑寨堡与寺观相融合的防御设施以共御敌人。有不少寺庙、道观选择在高山之巅进行营建，这些地带地势险峻，易守难攻，是营建寨堡的优良场所。而寺庙、道观高大的院墙也可以作为防御屏障，故依托寺观营建寨堡以躲避战乱的做法，在清代巴蜀地区也较为普遍。

今重庆市北碚区静观镇塔坪村的塔坪寺，始建于宋绍兴十六年（1146年），明清两代香火不断，与缙云寺齐名。嘉庆三年（1798年），白莲教进入江北厅活动，地属江北厅仁里四甲的静观场一带深受其扰。根据塔坪寺内所刻铭文记载，塔坪寺也在战乱中遭到焚毁，"片瓦无存"。为了防御白莲教再次来袭，保卫寺庙，僧人乃修筑寨堡。塔坪寺现存寨墙长约200米，均用

---

[1] 民国《遂宁县志》卷1《寨堡》，第28页。
[2] 道光《通江县志》卷9《艺文志》，第235页。
[3] 同治《璧山县志》卷5《武备志》，第379页。
[4] 范立舟：《白莲教与佛教净土信仰及摩尼教之关系——以宋元为中心的考察》，《人文杂志》2008年第5期。

长约0.7米、宽约0.2米的条石垒砌，中灌以沙土，墙高2.5—6米，厚约4米。

位于北碚区三圣镇德胜村中峰山上有马脑观（又称"玛瑙观"），《江北厅志》载："中峰山，（礼里）六甲，去厅百三十里，高二里，周三里，脉出大华蓥中支，孤峰峻绝，俯瞰流川，有山羊、苦竹、天眼、走壁、干沥诸洞，上建有玛瑙观，乔松古柏，云林蓊蔚，与凤翅、白云、石岗诸峰对峙。"① 此寺观始建于明朝洪武八年（1375年），静观塔坪寺古钟上有"东有马脑，西有回龙，南有歌乐，北有华蓥"，说明马脑观也是当地有名的寺庙。嘉庆时期为了防御白莲教进攻，也在寺观外围修筑了寨堡，成为远近百姓避乱之所。《江北厅志》载："玛瑙寨，（礼里）四甲，孤峰耸秀，陡险异常。嘉庆年间里人曾避兵于此，旧垒犹存。"② 这些寺寨合一的防御性建筑，一般为百姓与僧道共建。如富顺县葛仙寨，其寨址是崇果寺的产业，修寨的经费则为乡民郭纯孝、郭洪兴等筹备。③

因为这些寨堡依托寺观而建，故不少直接以寺观之名称之。前文论及的塔坪寨、玛瑙寨，就是因塔坪寺、玛瑙观而得名。仁寿县查场西青林寺后山修筑的寨堡，名为青林寨。④ 绵州治东60里云峰山巅有香积古寺，嘉庆五年（1800年）白莲教进犯，百姓以寺庙为依托修筑山寨，名香积寺寨。⑤ 与之类似的还有高县白岩寺寨，长寿县天台寨（天台寺），绵州高官寨（高观寺），安岳县高山寺寨，巴县梅垭寺寨、观音寺寨、清华寺寨，南川云都寺寨、明月寺寨，涪州鹦鹉寺寨、马滩寺寨、游蓝寺寨，定远县高石寺寨、茶盘寺寨、青山寺寨、大通寺寨、到马寺寨、龙兴寺寨，江北厅顺卦寺寨，丰都县高官寺寨、大山寺寨，垫江县高宝寺寨，梁山县三阁寺寨、胡洋寺寨，达县铁山寺寨、小高寺寨、高寺寨、积寺寨、会广寺寨，大竹县观音寺寨、广阔寺寨，渠县青寺寨、高寺寨、白子寺寨，泸州福海寺寨，古宋双全寺寨，蓬州道林寺寨、钟离寺寨、玉掌寺寨、小梁寺寨，遂宁县佛现寺寨，资州倒安寺寨，仁寿县寨子寺寨、青林寺寨等。

---

① 道光《江北厅志》卷1《山川》，第452页。
② 道光《江北厅志》卷2《寨》，第465页。
③ 民国《富顺县志》卷8《寨堡》，第352页。
④ 同治《仁寿县志》卷1《属寨》。
⑤ 同治《直隶绵州志》卷12《关隘》，第124页。

(四) 因神祇命名

在科学知识较为贫乏的清代乡村，为了能够在寨堡防御时凝聚人心，就需要让大家相信寨堡得到了某种神秘力量的庇佑。修寨之前，往往"先创神庙以求福佑"[1]。经过对文献记载的考证及实地考察，笔者发现，供奉神祇在寨堡之中是非常常见的。

巴蜀地区寨堡中经常供奉的神祇，以佛教、道教、川主信仰为主，包括如来佛、观世音菩萨、二郎神、紫薇星君、土地等，其中以观音菩萨、二郎神最为普遍。在佛教众神中，观音菩萨以"救苦救难、普度众生"的形象在民间受到广泛崇拜，观音庙、观音阁、观音像比比皆是。寨堡之中，往往也广建观音造像以求平安。如盐亭县东60里的烟堆寨，是咸丰十年（1860年）由教职马来宝、监生赵金城、贡生赵魁三等修筑，修寨之时郑重修筑了观音阁。[2] 新宁县西的狮子寨，亦建有观音大士石像，"士民祈祷辄应"[3]。因观音崇拜十分广泛，一些寨堡就直接冠以"观音"之名，如仁寿县南70里的观音寨，因其悬崖之下有观音庙而得名。[4] 据统计，巴蜀地区直接以"观音"为寨名的寨堡，达84个。

一些为巴蜀作出贡献的历史人物受到百姓敬仰并被神化，受到祭祀，如李冰父子。秦昭王时，李冰为蜀守，率众兴修都江堰，使一向水旱灾害频发的成都平原成为"水旱从人，不知饥馑，时无荒年"的天府之国。[5] 因此，蜀人多祭祀李冰及其子二郎，李冰还先后被后世君王追封"昭惠灵显王""广佑英惠王"等称号，其子则受封"二郎显圣真君""昭惠显圣仁佑王"等称号，百姓则广建川主庙、二郎庙、二王庙等庙宇供奉之[6]，寨堡中亦是如此。如咸丰十年（1860年）西充县动工修筑的护城寨，"建神祠以祀川主、山神"[7]。一些寨堡，则取名为"川主"或"二郎"。如蓬溪县即有川主寨两个，璧山县有二郎庙寨，江北厅、阆中县、南充县、营山县、仪陇县等地亦有二郎寨。

---

[1] 民国《续陕西通志》卷9《堡寨》，第22页。
[2] 光绪《盐亭县志续编》卷1《寨堡》，第397页。
[3] 同治《新宁县志》卷2《寨》，第646页。
[4] 同治《仁寿县志》卷1《属寨》。
[5] （晋）常璩撰，刘琳校注《华阳国志校注》，巴蜀书社，1984，第202页。
[6] 李远国、田苗苗：《论巴蜀地区的川主、二郎信仰》，《中华文化论坛》2012年第6期。
[7] 光绪《西充县志》卷14《艺文》（下），第198页。

（五）因历史人物命名

我国素来有以历史上的著名人物作为地名的传统。诸葛亮作为中国古代一个极富传奇色彩的人物，其"鞠躬尽瘁，死而后已"的忠臣事迹，以及"多智近乎妖"的智谋，都为川中百姓所津津乐道，关于他的传说遍及全川。一些寨堡为了凸显自身与众不同，将寨堡的源流附会到他身上。涪州州北五里有铁柜山城"横亘江北，与州治相望，俯临长江，屹立如柜。相传诸葛武侯曾屯兵于此，旧城犹存"①。纳溪县西10里有保子寨，"相传武侯南征，尝驻兵于此"②。江安县南70里有安远寨，"世传诸葛武侯征蛮，于此屯驻"，县西南120里有梅岭堡，"相传亦诸葛武侯屯兵处"③。荣经县西5里有古城，"相传诸葛武侯征南时屯兵处也"④。一些寨堡则直接冠以"诸葛"或"武侯"之名。建昌卫军民指挥使司南30里有武侯城，"相传诸葛武侯所筑，所谓五月渡泸处也"⑤。黎州守御千户所也有武侯城，"相传诸葛武侯筑，濠堑、故垒存焉"⑥。南江县西100里有诸葛寨，"高五十余丈，四壁峻拔，惟一面有鸟道可上。顶有泉，四时不竭。相传孔明曾驻兵于此"⑦。城口县葛城镇北有诸葛寨，"寨居赤龙山至第一重山，上俯视厅城，相传武侯屯兵时，分扎此寨以为巡视烽烟之所"⑧。这些传说为诸葛亮屯扎过的寨堡，不一定是历史事实，但无疑可以增强寨堡的荣誉感。

三国时期英雄辈出，由蜀汉其他历史人物传说命名的寨堡也不少。如巴州县东5里有插旗寨，矗立江岸，虽小而完固，相传三国时期张飞曾经过此地，插旗于上而得名。⑨ 万县著名的天生城，当地百姓亦习惯称之为"天子城"，认为刘备伐吴之时曾屯兵于此。

唐章怀太子李贤调露二年（680年）因罪被废为庶人，流放巴中，并于文明元年（684年）被赐死巴州，被历代文人所哀吊，一些山寨的得名与之有关。巴州治东220里的望京山寨，即因"世传章怀太子望京师处"而得

---

① 《读史方舆纪要》卷69《涪州》，第3295页。
② 乾隆《大清一统志》卷311《泸州》。
③ 《读史方舆纪要》卷72《江安县》，第3382页。
④ 《读史方舆纪要》卷72《荣经县》，第3390页。
⑤ 《读史方舆纪要》卷74《建昌卫军民指挥使司》，第3457页。
⑥ 《读史方舆纪要》卷73《黎州守御千户所》，第3425页。
⑦ 《读史方舆纪要》卷68《南江县》，第3231页。
⑧ 道光《城口县志》卷3《寨洞》，第623页。
⑨ 民国《巴中县志》，第827页。

名。章怀太子贤德能文，巴州东 60 里曾口场西的书台寨，也因相传曾为他的读书处而得名。① 靖难之役，建文帝生死成谜，有传说言其进入西南隐居。寨堡中亦有关于此事的传说，如江油县东北的藏王寨，相传曾是建文帝避难之所。②

明嘉定人杨展在明末张献忠割据巴蜀之际起兵于犍为，袭破嘉定城，并数次击败张献忠，迫使其沉银江口、退出成都而撤往川北，先后被永历帝封为广元伯、华阳侯。永历三年（1649 年），驻守重庆的袁韬、武大定所部粮饷不支，杨展在李乾德的劝说下接纳了袁、武二人，并与二人结拜为兄弟。后来，李乾德、袁韬等因所求不遂，乃托言做寿，在席上杀死杨展，袭夺嘉定。川民对此深感惋惜，"蜀士无不切齿乾德者"③。三台县西 50 里处有一山高巉突立，秀出群峰，咸同时期，乡人筑寨于其上，希望得到曾抗击张献忠的杨展的庇佑，乃立塑像于寨内祭祀，并以伯侯寨为寨名。④

战争中寨堡因与某位重要人物有关而得名的情况也不少。万源县西南 180 里的侯家坳的将军寨，因嘉庆时清军将领德楞泰曾屯扎于此而得名。⑤ 城口厅西 190 里的山寨，嘉庆四年（1799 年）寨堡修建之时，恰逢德楞泰与白莲教交战于距寨不远的董家坡，寨民齐下夹攻，大破敌军，德楞泰遂为寨题名为将军寨。⑥ 广安州北大云寨，又名"大营寨"，因白莲教首王三槐曾于此驻营而得名。⑦ 开县东 50 里温汤井的总兵洞寨，因清初曾是谭谊标下总兵官罗宗贵的驻兵之所而得名。⑧ 广安州五宝场上游里许有五宝寨，白莲教之役曾是五宝营驻防之地，故名；州属礛滩场侧的陶成寨，因是清道光间县令陶杏林在任时肇修而得名；州东 90 里的嘉禾寨，是咸丰十年（1860 年）署知州武尚仁督众所修，而武尚仁原被任命为湖南嘉禾令，以战事起而就近署广安，故以此为寨名以作纪念。⑨ 桂涵本为东乡县一市井之徒，后因屡立战功而官至提督，可以说是一个非常励志的故事，一些寨堡的命名与他有关。东乡县有升官寨，因桂涵在此杀敌立功，首次得以升官，故更名以纪念。其旁

---

① 民国《巴中县志》，第 828 页。
② 光绪《江油县志》卷 5《关隘志》，第 24 页。
③ 钱海岳：《南明史》卷 68《杨展传》，中华书局，2006，第 3268 页。
④ 民国《三台县志》卷 2《关隘》，第 439 页。
⑤ 民国《万源县志》卷 2《洞寨》，第 343 页。
⑥ 道光《城口厅志》卷 3《寨洞》，第 625 页。
⑦ 宣统《广安州新志》卷 6《岩险志》，第 672 页。
⑧ 咸丰《开县志》卷 21《寨洞》，第 493 页。
⑨ 宣统《广安州新志》卷 6《岩险志》，第 672 页。

有一寨名将军寨，因桂涵死后归葬于此而得名。①

（六）因神话传说命名

神话传说可以增加寨堡的神秘性，可让寨民坚信寨堡受到某种力量的保护，强化必胜的信念和防御的决心。以神话传说而得名的寨堡大多为某人得道升仙、某仙曾在此修炼。巴中县东八里粉壁场附近的游老寨，因"相传有仙人游憩于其上。其地巉岩巍峨，怪石森立，高出众山"而得名。② 万源县的向家洞寨，相传玉泉真人于洞内得道，故又名玉泉洞寨。③ 万源县东190里的七里沟有老君洞寨，因其洞位于高山之腰，深邃莫测，清泉成渊，曾有人见到有青牛出饮泉水，相传为太上老君之青牛，故名。④ 万源县北140里大竹河场的仙鹅坝，其山腰有一洞，宽三尺余，深二十余里，其内有阴河，水极寒，祈雨亦有所应，相传明代有术士陈化普伏龙于此，故名古龙洞。⑤

（七）因形象命名

以寨堡所在的山体形状酷似某种大家耳熟能详的动物或物品而命名，也是清代寨堡命名的一种重要方式，如马鞍寨、船头寨、玉笔寨、笔架寨、帽子寨、狮子寨、鸡冠寨、猪头寨、牛头寨、羊角寨、猊峰寨等。万县马鞍寨因四周峭壁，寨形狭长，形似马鞍而得名。⑥ 万源县印盒寨"形势险峻，天生笔架印盒，故名"，玉笔寨"一峰高耸，如健笔凌云"，宝鼎寨"其形长方如鼎"，鸡冠寨"石岩雄峙，有似鸡冠"，狮子寨"岩形如狮"，羊角寨"山势岩巉，如羊角对峙"，帽子城"一峰屹立天际，袤十余里，南北稍平衍，东西峭壁悬岩横亘数百丈，有如天生城垣，遥望之如纱帽形，故名"，将军寨"形似将军盔"⑦。广安州猊峰寨，"左右皆山，中耸一峰，如怒猊状"⑧。城口将军寨"山高屹万仞，耸然独峙，故名将军"⑨。南江奶头寨"自下而

---

① 民国《宣汉县志》卷10《寨洞》，第334页。
② 民国《巴中县志》，第828页。
③ 民国《万源县志》卷2《洞寨》，第342页。
④ 民国《万源县志》卷2《洞寨》，第342页。
⑤ 民国《万源县志》卷2《洞寨》，第342页。
⑥ 同治《万县志》卷16《塞堡碉洞》，第102页。
⑦ 民国《万源县志》卷2《洞寨》，第341—345页。
⑧ 宣统《广安州新志》卷6《岩险志》，第671页。
⑨ 道光《城口厅志》卷3《寨洞》，第626页。

上，山苍若锯齿"①。仁寿黑虎寨"山高数仞，黑石如虎负隅状"②。万源县南220里的天瓶寨，因"壁立千仞，四面如削，上有飞泉洒落，如水瓶倒注"而得名。③ 这类寨堡中，以"马鞍"为名的数量较多，共有16个，有的一个州县就有多个，如达县就有3个，巴县、营山县各有2个。一些对峙的寨堡，还以公母动物命名，如邻水有公猪石寨和母猪石寨，相对而立，"去一里，形如公母，左有猪儿形，次第环列。高阜视之，亦觉可人"④。

四川有许多喀斯特地貌分布，其山地多奇石，以寨中奇石命名的寨堡数量也不少。如万源县南130里长坝场的石笋寨，"寨中有石笋二根，高插云表"⑤。三区铁矿坝场的石笋寨，"寨侧有石，高十余丈，独立如笋，故名"⑥。江北厅的顺卦寺寨，"尖峰极高，山顶有二石如顺卦形，故名"⑦。万源东120里的古佛洞寨，"洞内生成佛像甚多，惟妙惟肖"；西南40里的石婆寨，"山上有石，如老妪端坐"；人坝场的石虎寨，"寨上有巨石如虎蹲踞，以此得名"。⑧

（八）因纪事命名

此类寨堡一般是为了纪念某一场胜战。通江县天保寨本名土保寨，原本因山上土多石少而得名。嘉庆四年（1799年），该寨被白莲教苟文明率军围困十余日，寨中水尽，寨民饥渴难耐，几不可支。苟文明又率众加强进攻，在行将攻破之时，忽然浓云密布，大雨如注，只好撤围而去。从此以后，白莲教以"天赐以甘霖者，攻之不祥"为由，路过时也不再进攻。通江县令徐廷珏得知，乃更其名为"天保"，以纪念此次胜利。⑨ 广安州有一个仅容数十家的小山寨，嘉庆初，王三槐率白莲教围寨，双方鏖战数日，眼看山寨将被攻破，突然天降大雨，王三槐遂解围而去。为了纪念这场来之不易的胜利，人们遂取寨名为雨霖寨。⑩

---

① 民国《南江县志》第一编《关隘》，第732页。
② 同治《仁寿县志》卷1《属寨》。
③ 民国《万源县志》卷2《洞寨》，第343页。
④ 道光《邻水县志》卷1《山川》，第573页。
⑤ 民国《万源县志》卷2《洞寨》，第345页。
⑥ 民国《万源县志》卷2《洞寨》，第345页。
⑦ 道光《江北厅志》卷2《寨》，第464页。
⑧ 民国《万源县志》卷2《洞寨》，第340—345页。
⑨ 道光《通江县志》卷9《艺文志》，第235页。
⑩ 宣统《广安州新志》卷6《岩险志》，第572页。

这种纪念胜战而命名的情况，有的直接名为得胜寨（16个，有的取谐音为"德胜寨"）、大胜寨（4个）。如城口厅南190里有一山寨，山势险峻，下临深谷，嘉庆初年居民扎此避难，多次击败白莲教的进攻，故名得胜寨。[①]南江县西南140里处有高鼻寨，嘉庆五年（1800年）清军于此击败白莲教武装，遂更名得胜寨。[②] 盐源县的得胜寨，原是为了纪念明将蓝玉大败帖木儿的故事，故名。[③] 蓬州的德胜寨，本名白马寨，嘉庆三年（1798年）白莲教武装掠蓬州，诸寨皆溃败，独白马寨晏然安堵，经略大臣额勒登保率师来援，赞此寨防御严密，将"德胜寨"之名镌刻于崖石，寨名遂因之而改。[④] 巴州之大胜寨，原因"黑石乱峙，时作风声"而得名"嘶风寨"，初为嘉庆初年白莲教所筑，被清军夺取后，乃改其名为大胜寨。[⑤] 万源县北90里的老鹰寨筑于嘉庆初，后德楞泰率清军于此击败白莲教，更名德胜寨。[⑥] 清代四川寨堡中以"胜"命名的寨堡多达52个，当然有的寨堡并不一定是取得了胜利，而仅是表达对胜利的企盼。

一些因纪事命名的寨堡，则带有一定神秘或迷信色彩。大竹县庙坝场的福成寨，因修寨时掘出石像，刻有"福爷成爷"字样而得名。[⑦]太平县白羊庙的麻雀寨，"相传初成时有麻雀数百翔集，故名"[⑧]。

四 小结

作为我国古代乡村重要的军事防御性聚落，寨堡的命名方式深受自然地理因素和人文社会条件的影响，具有一定的规律性。寨堡名称往往藏有深刻的文化思想和人类智慧。因自然地理条件命名的寨堡，主要受到寨堡选址、修筑材料及坚持防御所必需的物品的影响：为了尽可能地发挥寨堡的防御作用，并留足生存空间，四周陡峭而上部平衍之地就成为营造寨堡的最佳之所，故山、坪、坝等山地地形称谓就成为寨名的一种重要选择；以石为建筑材料可以使寨堡更加坚固而耐久，故以之命名的寨堡分布广泛；而要使寨堡

---

① 道光《城口厅志》卷3《寨洞》，第624页。
② 民国《南江县志》第一编《关隘》，第732页。
③ 咸丰《邛嶲野录》卷5《关隘》，第111页。
④ 光绪《蓬州志》卷2《纪山篇》，第551页。
⑤ 民国《巴中县志》，第829页。
⑥ 民国《万源县志》卷2《洞寨》，第344页。
⑦ 民国《大竹县志》卷6《寨堡》，第133页。
⑧ 民国《万源县志》卷2《洞寨》，第343页。

在遭受敌人进攻时能够固守较长时间，所以水、木材、谷物等名称也得以在寨堡命名中运用。因人文社会因素命名的寨堡，则主要为了凸显寨堡修筑者的功绩，彰显寨堡的文化特殊性，企盼能够得到天地神灵的庇佑，希望寨民能够团结一心共御外辱，故姓氏、寺观、神祇、嘉名、人物、神话、形象、纪事等就成为寨堡命名的主要选择。

第五章
明清时期西南地区寨堡的类型

第一节　城市与乡村之间：治城寨堡

城市与农村是两个截然相对的聚落类型："城市本身表明了人口、生产工具、资本、享乐和需求的集中，而在乡村里所看到的却是完全相反的情况：孤立和分散。"① 但在具体的认知过程中，要将某些聚落认定为城市或是农村，是一个相当困难的命题。关于城市的界定，不同国家、不同时代都有不同的判定标准，不同学科角度不同，所下的定义也难免千差万别，至今尚未达成共识，始终无法提出统一的说法。古代聚落更是如此，由于缺乏细致的统计数据，要以当前各地计量指标的方式进行划分大多难以实现，许多情形下只能采用定性描述的方式，如凡是历史上曾经作为县以上政府驻地的聚落，就可视为历史城市。这种方法无疑是很不合理的，因为有的县城虽符合这种行政标准，经济、人口等却难以达到人们对于"城市"的要求，而某些市镇虽然没有达到这种行政级别，从经济规模、人口数量等因素考量却更符合现代所称的城市。然而由于缺乏足够资料验证，许多时候仍然也不得不采取这种定性描述法。② 治城堡寨即属于难以界定的聚落类型，原为乡村聚落，在战乱背景下成为州县政府驻地，并依靠其政治向心力吸引了一定规模的人口集聚，成为交通枢纽和区域经济中心，发展了一定规模的商业，具备了一些城市的要素。但是，它作为临时性质的州县治所，城市职能并不健全，不应被作为城市看待，但它又与一般乡村有较大差别，对它的聚落形态的界定

---

① 中共中央马克思恩格斯列宁斯大林著作编译局编译《马克思恩格斯选集》第1卷，人民出版社，1972，第56页。

② 马正林：《中国历史城市地理·序言》，山东教育出版社，1998，第10页。

就成了难题。

一 治城寨堡概况

治所，指省、府、州、县等地方行政单位驻地，是区域政治中心，一般也是区域的军事中心、经济中心、文化中心和人口最集中的地方，凭借种种集聚力形成城市。城市拥有大量金银财货，是筹集粮秣的理想之所；又是人口集聚地，是筹集兵源的不二之选。因此，占领其中一个城市所带来的收益远远大于占据乡村的收益。战乱发生之时，交战双方为了增强自身实力，补充兵员和粮秣，往往需要对敌对聚落展开进攻，城市无疑是其觊觎的主要对象。虽然古代城市一般拥有城墙、护城河等防御设施，且拥有更为丰富的防御器械和更多的武装力量，防御能力高于乡村，但当面对很有优势的敌人的进攻时亦难免陷落。仅白莲教之役，四川就有巴州、长寿县、通江县、仪陇县、南江县、东乡县等城池陷入白莲教之手。攻取之后，如果不做长期占领之打算，他们往往将城池的城墙、炮台等防御设施摧毁，使其丧失防御能力。兵燹之余，要修复一座被摧毁的城池，在人力、物力上都是难以实现的。在此情形下，州县官员往往选择辖境内一些适宜防御的地点修筑寨堡作为官府的临时居所，或在已修民寨中选择其一建造衙署，作为临时办公地，这种寨堡即为治城寨堡。

明末清初战乱时期，治所多寓居于寨堡之中，如明永历帝遣巡抚胡世亨招抚四川时寓居于东乡县的方斗寨，明清之交作为渠县治地的周家寨，先后作为广安州治的来苏寨、烛山寨，作为大竹县山前、山后行署的柳城寨、月城寨等。嘉庆白莲教之役中，不少州县城池陷入白莲教之手，但白莲教"忽分忽合，忽南忽北"的游动作战，使其并不能够长期坚守，而是将城池摧毁，转而游动于乡村作战。同时，清廷官吏虽尚可统治地方，却没有能力短期内重修城池，故而产生了不少治城堡寨，包括东乡大成寨、巴州平梁城、通江得汉城和南江惠民寨等，故本书以此为例，尝试探讨治城堡寨的特征。

二 重要治城寨堡举隅

（一）东乡大成寨

清中期治城堡寨中，东乡大成寨最负盛名。嘉庆元年（1796年）正月，宜都白莲教聂杰人、张正谟不堪官吏勒索，率众举兵反清，襄阳王聪儿、姚之富随之响应，揭开了轰轰烈烈的白莲教起义的序幕。湖北白莲教的活动很快影响到四川，同年九月徐天德起事于达州亭子铺，刘学书于东乡县东林河起兵应之，队伍很快发展到数万人。二十日，王三槐、冷天禄、张子聪、庹向瑶、符曰明、刘朝选、汤思蛟、张简等起事于东乡县莲池沟，成为当时四川最大的反清武装之一。十一月，王三槐与徐天德合兵东乡县张家观，大败前来围剿的清军，杀重庆镇总兵袁国璜、兴安镇总兵何元卿，东乡县城遂陷，成都副都统佛住、东乡知县张宁阳等俱死之。次年，湖北白莲教主力王聪儿、姚之富、王光祖、樊人杰等部亦转战至东乡，与徐、王会合，"于是，定以青、黄、蓝、白号为记，又设掌柜、元帅、先锋、总兵、千总等伪号"①，这就是著名的"东乡会盟"，标志着白莲教起义进入新的高潮。为此，清廷急命总统诸军兼陕甘总督宜绵、四川总督英善、成都将军观成、广州将军明亮、内大臣德楞泰等各率大军进入东乡会剿，并任命"政声为川省之冠"的刘清为东乡代理知县。②刘清虽因"性坦率，厌苛礼，不合于上官"而多次被贬，却是当时难得的极有作为的官员。他熟谙两军形势，深知坚壁清野才是平定叛乱的唯一良策，故而成为最早一批倡率兴团练、筑寨堡的官员，是白莲教起义中清军阵营的关键人物之一。③刘清就任伊始，即面对两军决战于境的局面，而县城已是"全城焚毁无存"④，乃决定于县西修筑大成寨，设县治于寨内。嘉庆十九年（1814年），东乡县治才复迁旧治，计治于大成寨18年。

（二）巴州平梁城

巴州地处四川省东北、大巴山南麓，"北走兴元，西达阆、利，江山环峙，僻而实险。说者谓州居三巴之中，有中巴之号。土田沃衍，民物繁阜。有事于利、夔之间，州其衿要之地矣"⑤，历来为兵家必争之地。乾隆年间，白莲教已在巴州广泛传播，拥有较多信徒。嘉庆元年（1796年）十二月，巴州白莲教罗其清、罗其书、苟文明、鲜大川等据方山坪反清，"方山坪周围

---

① 光绪《东乡县志》卷12《武功》。
② 《清史稿》卷361《刘清传》，第11386页。
③ 罗权、张亮：《略论刘清与嘉庆初期的吏治整饬》，《重庆三峡学院学报》2018年第6期。
④ 民国《宣汉县志》卷2《城池》，第45页。
⑤ 《读史方舆纪要》卷68《巴州》，第3225页。

百有余里，深沟立壁，贼匪负隅日久，卡隘准备极严"①，是白莲教最坚固的大营之一。通江教首冉文俦、冉天元、冉天泗等据王家岩，与之互为掎角，后亦入方山坪合军，人数多达七八万。② 由于罗、冉两部势大，清军虽以大军围之而不敢进攻，直至次年八月二十一日，宜绵才奏称"此次官兵涉险进攻，仰仗天威，得以迅克贼巢，痛歼贼党"③，实际上这只是清军前线统帅为堵御罗、冉两部不力，掩败为胜的托词。罗其清在其供词中言："在方山坪屯扎一年，带兵的朱大人、百大人，总没有与我打仗，我就扎住营寨种地。"④ 三年（1798年）十一月罗其清的大鹏寨大营被击溃后，仍欲冲破重围重回方山坪，说明在他看来，方山坪仍是最利于防御的老营。道光《巴州志》对方山坪之役也有不同说法："九月，群贼下方山坪，与襄阳贼合。"⑤《四川通志》亦称："（徐天德、王三槐等）从大宁趋太平……复遣党羽勾结巴州白号罗其清、通江蓝号冉文俦等，下方山坪。"⑥ 这说明罗、冉下方山坪，并非战败，实为与其他部白莲教合军。此后战事的发展也验证了这种观点。罗、冉下山后，即与东乡会盟之白莲教诸部联合，罗其清称巴州白号，冉文俦称通江蓝号。随后，罗其清、冉文俦等由刘坪渡化鱼河，折老关庙，过九官渡，陷通江县城，复与樊人杰、徐天德、王三槐等部联军入巴州，与清军大战于朱垭、尖山坪等地，"官兵溃，游击王相龙死之，遂据州城，屠戮军民六百余人，于严公祠内演戏十日乃去，复陷仪陇县"⑦。面对白莲教的强大攻势，清军无力抵抗，"于是，州属失望，各保一方"，各地士绅纷纷集众修筑寨堡以避之，巴州知州常发祥亦迁民于平梁城扎寨据守。直至嘉庆十年（1805年），才复迁巴州还治旧地，计治于平梁城9年。

（三）通江得汉城

通江位于四川省东北部，北与陕西省接界，境内山势巍峨，"北通兴、

---

① 《总统诸军兼四川总督宜绵奏，嘉庆二年八月二十六日》，《清中期五省白莲教起义资料》第1册，第282页。方山坪在今四川省平昌县岩口乡方山坪村。
② 《王三槐继供，嘉庆三年十月》，《清中期五省白莲教起义资料》第5册，第69页。
③ 《总统诸军兼四川总督宜绵奏，嘉庆二年八月二十六日》，《清中期五省白莲教起义资料》第1册，第282页。
④ 《罗其清续供》，《清中期五省白莲教起义资料》第5册，第74页。
⑤ 道光《巴州志》卷10《杂纪》。
⑥ 嘉庆《四川通志》卷83《平定教匪》。
⑦ 道光《巴州志》卷10《杂纪》。

汉,控巴、梁冲要。东下渝、夔,拒楚、蜀咽喉。万山环列,宕诺潆洄"①。在乾隆年间秦巴地区的山地垦殖浪潮中,通江人口迅速膨胀起来,白莲教在生活艰辛的底层民众中迅速传播,著名教首冉文俦、冉天元、冉天泗、王士虎、陈朝观、李彬、杨步青、蒲天宝、景英等皆是通江县人,后来以"通江蓝号"而闻名。通江县的北部为米仓山、大巴山连接的缺口处,地处川陕要冲。嘉庆时期,白莲教由陕入川、由川入陕,多取道于此,故战乱频仍而稽防困难,"近城无平坝,而四境错出,邻治川、陕边界,稽防不易"②。嘉庆二年(1797年)五月,湖北襄阳白莲教主力王聪儿、姚之富、王光祖、樊人杰等部突破通江竹峪关,遂入川东。九月,白莲教武装攻陷通江县城,知县陈策被杀。嘉庆三年(1798年)四月,奉天府举人徐廷珏署通江令。时四川总督勒保通令川东、川北各州县,组织百姓依山附险修筑山寨,徐廷珏乃"以扎寨修碉为首务"③,将县署迁至得汉城,并取名"安辑寨",至嘉庆十三年(1808年)复迁还旧治,计治于得汉城11年。

(四) 南江惠民寨

南江位于四川东北,东连通江,南接巴州,西抵广元,北界陕西省之汉中府,"群山奔赴,万壑分流,高削难升,实称天险"④,地处大巴山腹地,交通不便,经济落后。县治在明正德间才开始修筑石城,康熙初年重修。嘉庆二年,襄阳白莲教首樊人杰等由陕入川,陷南江县城,知县裘良骏乃迁治于县西120里之李家寨,并更名为"惠民寨"。关于南江何时复还旧治,史书并无明确记载。嘉庆二十三年(1818年)十一月初二日,四川总督蒋攸铦奏请重修南江等州县城池的奏折中言,"嘉庆二年,(南江)因无城可守,猝被贼匪焚掠,士民俱迁居惠民寨。嗣因寨居不便,旋即移回,今已日久安居"⑤,说明在这之前,县治已经移回。卫道凝《李家寨募修夫子庙序》中言,"嘉庆初年,兵燹后徙治李家寨,官署、仓库颇具,独先圣之庙逾二十年未举,春秋有事则寄位于关帝庙中,诚缺典也"⑥,序文未注明写于何时。从文中可看出,在县治迁居李家寨超过20年后,仍准备在李家寨修建文庙,

---

① 道光《通江县志》卷1《形势》,第33页。
② 《三省边防备览》卷7《险要》。
③ 道光《通江县志》卷9《艺文志》,第235页。
④ 道光《南江县志》上卷《形势》。
⑤ 道光《保宁府志》卷7《城池》,第70页。
⑥ 道光《南江县志》下卷《文》。

县治仍未迁回。卫道凝《募修铁佛寺序》又言："嘉庆丁巳，贼破南江。公署及寺并毁于火。县令裘公良骏移驻李家寨，遂因仍相安逾二十年。"南江教谕彭暎《重修南江文庙纪略》亦言："樊掌柜由秦入南江，蹂躏地方，焚掠居民，邑侯裘迁治于惠民寨以保生灵……惠民寨因陋就简，聊为城邑二十余年。迄嘉庆戊寅，制军蒋始勘城垣，饬罗令督修雉堞，衙署焕然一新。"以上都说明了南江县治于惠民寨20余年的情形。道光《南江县志》"公署"条言："嘉庆二年，俱毁于贼。二十二年请修城工，三乡士民捐资新修，衙署县治与学署、厅署、驻防署一时并建。"综上可知，南江县治应是嘉庆二十二年（1817年）县署重修后迁回旧治的，治于惠民寨21年。

三 治城寨堡的特征

（一）地形险要的选址要求

聚落的选址要服务于修筑的目的，治城堡寨的首要目标是便于防御，故地理形势险要是其第一要求，这与其他寨堡的选址基本一致。大成寨"形椭而高，巉岩峭壁如城"[①]，险峻天成。得汉城位于今四川省通江县永安镇得汉城村西北高山上，东、南、北三面皆有溪河环绕，四周皆30余米高的悬崖陡壁，"万山中崛起堑崖，四面峭绝，独西、南二径凌险，转折而上，诚有一夫当关万夫莫开之势"[②]。该寨内部，又分为三层台地，构成三层纵深防御线。平梁城"四围石壁如城，其上平坦，有地数十亩，居民数户，古寺、龙泉二水四时不竭。按山形高大而上平阔，周数十里，俱悬崖峭壁，莫可扳援，惟四隅有小径可通上下，亦崎岖逼仄，不可驰骋"[③]，"山势高大雄阔，实县西第一要隘"[④]。惠民寨"自南山发脉迤折而来，山顶平而四面悬崖，高十余仞，周数里，只西北面可通行人"[⑤]，亦是险要之处。

（二）内部空间较大

寨堡为乡村防御的聚落形态，其规模大小并没有要求，既有数万人居住

---

① 民国《宣汉县志》卷10《寨洞》，第338页。
② 道光《通江县志》卷2《险隘》，第43页。
③ 道光《巴州志》卷1《山川》。
④ 民国《巴中县志》第一编《关隘》，第828页。
⑤ 道光《南江县志》上卷《关隘》。

之大寨，也有不少数百、数十之家为一寨者，山区还有规模更小的寨堡，如秦巴山区"避乱之法，或数家，或一家于附近悬崖危峰之上砌石为寨，或于峭壁之间凿石成洞，皆一夫守之，万夫莫前"①。但是，作为州县治所的寨堡，选址时就需对规模加以考量，寨内必须有足够的平坦空间以构筑房屋，安置官员百姓。陕西巡抚陆有仁谈到四川大寨时称，"四川地居天险，如大成寨、大团包、方山坪等寨，每处可数万人"②。通过对治城堡寨遗存的现场勘察发现，它们均是四川寨堡中规模较大的，惠民寨遗址面积约为40万平方米；平梁城东西长约2000米，南北宽约2000米，面积约400万平方米；得汉城长约2500米，宽约2000米，面积约500万平方米。③

（三）因旧址而建

这些治城堡寨均选址于四周陡峭而山上平阔，又有充足水源之地，这样的地方是山险防御的优良之地，故多在前代就已经成为重要的防御聚落。县治迁入后，只是在前人的基础上加以完善，而非创建。得汉城始建于南宋淳祐九年（1249年）冬，"大使余学士亲临得汉城山视其形势，授都督制张寔躬率将士因险垒形储粮建邑，为归复旧疆之规"④，与钓鱼城、白帝城等合称为"抗蒙八柱"⑤。明正德三年（1508年）保宁府蓝廷瑞、鄢本恕等发动起义，都御使林俊也曾在此设大营平乱。平梁城始建于淳祐十一年（1251年），由宋都统制张实、大使余龙学率诸军创建，"山名取抚平梁州之义，地则坐据要地，壁立万仞，天人助顺，汉中在掌握矣。正月九日兴工，三月既望毕"⑥，也是山城防御体系的重要部分。大成寨"山上有四阙，前人因阙为关，率崩毁，碑碣年代不传，盖古军屯聚处也"，在嘉庆以前已经粗具规模，由于已经有了防御设施，刘清迁县治于内时，只是"为之修隘补缺，设楼

---

① （清）常毓修，李开甲等纂：光绪《孝义厅志》卷4《寨洞》，《中国方志丛书·华北地方》第251册，第171页。
② 《圣武记》卷10《嘉庆川湖陕靖寇记六》，第435页。
③ 国家文物局编《中国文物地图集·四川分册（下）》，文物出版社，2009，第963、910、942页。
④ 道光《通江县志》卷2《险隘》，第43页。
⑤ 元人姚燧在《中书左丞李忠宣公行状》中称："宋臣余玠议弃平土，即云顶、运山、大获、得汉、白帝、钓鱼、青居、苦竹筑垒，移成都、蓬、阆、洋、夔、合、顺庆、隆庆八府州治其上，号为八柱，不战而自守矣。蹙蜀之本，实张于斯。"参见（元）苏天爵编《元文类》卷49《行状》，文渊阁四库全书本。
⑥ 嘉庆《四川通志》卷51《巴州》。

橹，备矢石"①，几天内就完成了寨墙的营造。惠民寨在作为南江县治之前，也已经修建了寨堡，名为李家寨。

（四）建筑设施较为齐全

治城堡寨虽为临时州县治所，但为了发挥治所的职能，也修建了与州县相应的设施，这是一般寨堡所不具备的。民国《宣汉县志》对大成寨描述道：

> 大成寨，双庙场属，四围石壁，西高东下，略似船形。嘉庆元年教匪倡乱，土人随山坡陀略事补葺。二年正月，代理知县刘清以今城残毁，暂移驻此，复谕士庶增楼橹、瓮墙垣，益较完善。更于县署侧置行辕，海船寺设粮台，领兵大员往来川陕者如总督宜绵，将军明亮，公爵勒保，先后莅此憩息。后任知县杨世鳌仍之。自是，以此为县治者凡十八年，官署、书院、监狱、仓厫、街道咸备，居然一大都会也。②

大成寨不仅与一般寨堡一样修筑了城墙、敌楼等防御设施，内部官署、书院、监狱、仓厫、街道等设施也一应俱全，与州县城池无二，完全可以行使县治的全部职能。大城寨规模宏大，设施齐全，在嘉庆白莲教起义时期不仅是东乡县的临时治所，亦是当时清军屯扎的一个重要营地，宜绵、明亮、勒保等高级将领就曾将中军大营扎于寨上，勒保奏折中也曾提到"大成寨军营"③。上文所称之"县署侧置行辕"，应即军帅的衙署。此外，大成寨还营建了亭台景观，如嘉庆十二年（1807年）任东乡知县的张思范在寨西南隅建寄安亭，又于县署后建观德亭。县署移回旧治后，大成寨仍以主簿驻守，设官置兵为备，成为川东一大市镇，直至民国后才没落。南江惠民寨除衙署外，还修建了仓库、监狱等基本设施，现在实地调查仍可清晰地看到寨内的道路景观遗存。祠、庙、寺观类建筑在治城堡寨中也普遍存在，南江惠民寨修建有关帝庙、文庙等祠庙设施，平梁城不仅建有鸿禧寺，嘉庆八年（1803年）巴州知州田文煦又建真武宫，形成寺、观并存的局面。④

---

① 民国《宣汉县志》卷10《寨洞》，第338页。
② 民国《宣汉县志》卷10《寨洞》，第338页。
③ 《总统军务、四川总督勒保奏，嘉庆三年十一月初六日》，《清中期五省白莲教起义资料》第1册，第385页。
④ 道光《巴州志》卷1《山川》。

(五) 军粮供应的重要基地和转运枢纽

治城堡寨大多还修筑了粮台，成为清军军粮供给的重要基地。兵马未动，粮草先行，军粮转运的效率是关系战争成败的重要因素。四川多山，交通不便，战时运粮是一大问题。嘉庆时期，白莲教武装的策略是"不整队、不迎战，不走平原，惟数百成群，忽分忽合，忽南忽北"①，这虽然造成了白莲教武装力量分散，但也对追击的清军的粮秣运输造成了严重困难。严如熤就指出，"贼匪随动随食，不须持粮，官军不能也。贼军日走百数十里，官军亦日追百数十里，而负粮夫马日只能行数十里。往往兵行一日，粮两三日始达，干粮难以多携，不能不住扎等粮"②。这种情况如不改变，必将贻误战机。因此，将粮食预先贮存于坚固堡垒之中以备往来军队食用之需，就成为最为可行的办法。治城堡寨作为区域内最为坚固的聚落，充当存粮基地就成为必然。大成寨修成之时，刘清即令"凡近乡积储悉令移运上贮"③，于寨内海船寺设粮台，解决了大军云集的军粮供应问题。嘉庆三年（1798年），川北道道员李铉奉命整理川北储粮事宜，令巴州知州常发祥在平梁城内设总理粮台，复于州属之宝峰山寨、巾子山寨设粮站，通江知县徐廷珏亦于得汉城设粮台，于县属韩家硐寨设粮站，与巴州之间形成粮食供应线。

(六) 官员在寨堡修筑中起主导地位

嘉庆以前乡村寨堡的修筑，主要是乡民自发组织守望相助的行为，故领导修筑者亦多为有威望之乡绅，经费、物资、人力亦为百姓自发筹措。嘉庆白莲教起义爆发后，地方官员中的有识之士开始有意识地组织乡民修寨。由于川东、川北地区地形以山地为主，战乱时乡民扎寨据守古已有之。特别是南宋末年面对蒙古铁骑的冲击，山寨的营造曾一度发挥很好的防御作用，故四川地方官较早就开始重视寨堡营造的重要性。最早进行扎寨练团、坚壁清野实践的方积、刘清、常发祥、裘良骏等人皆为四川官员，而系统论述坚壁清野策略的龚景瀚，也是基于其于四川的经验。一些文献把龚景瀚之职错写为"合州知州"，实际上龚景瀚并未任过合州知州之职，应是把他与合州知州龚际美混淆了。根据《清史稿·龚景瀚传》以及龚景瀚文集《澹静斋文

---

① 《圣武记》卷9《嘉庆川湖陕靖寇记二》，第379页。
② 《三省边防备览》卷11《策略》，第376页。
③ 民国《宣汉县志》卷10《寨洞》，第338页。

第五章 明清时期西南地区寨堡的类型

钞》中收录的时人陈寿祺为其所写的传记，龚景瀚，字海峰，福建闽县人，乾隆三十二年（1767年）进士，先后任江西瑞州府通判、甘肃靖远知县、宁夏中卫知县、甘肃平凉知府、固原知州、循化厅同知、陕西邠州知州等职，嘉庆元年（1796年）以功擢庆阳知府，嘉庆五年（1800年）任兰州知府。嘉庆元年宜绵以总统诸军兼陕甘总督衔率军平乱，龚景瀚即为其部属随军征战。是年冬，宜绵率军入川，直至两年后回陕甘，这段时间正是四川从川、楚白莲教聚集的战乱核心区，随着寨堡体系一步步成熟，最终向"川东、川北各贼每思窜往他境"转变的历史时期。① 龚景瀚深处这一浪潮中，对此深有感触，故形成系统化的《坚壁清野议》，最终得到嘉庆皇帝认可，自嘉庆四年（1799年）起在陕西、甘肃、四川、湖北等白莲教武装活动各省一律推广，从而使寨堡实现了从民众自发向官府控制发展的质变。因此，四省筑寨浪潮的形成，得益于嘉庆初四川的最早实践，即官员躬亲倡率、参与督修并给予部分经费、武器的支持。②

在嘉庆初四川筑寨的浪潮中，地方官员积极参与其中，治城堡寨作为州县官员的驻地，更离不开这些官员的积极谋划与亲督营建。东乡大成寨的修筑离不开历任知县的经营。刘清移治于大成寨后，即令附近粮秣全部搬入，解决寨内的吃饭问题，随后又着手补隘口、修寨墙、设楼橹、备矢石，建造县署、粮台等设施。继任知县杨世鳌继续督工，使大成寨"衙署台馆焕然一新，居民云连雾列，遂成一大都会"③。嘉庆十二年（1807年），杨世鳌病故于任上，继任者张师范复于寨西南隅作寄安亭，于县署后作观德亭，继续完善寨内设施。南江治迁入惠民寨后，知县裘良骏亲率百姓修筑西北门、衙署、仓、狱等，组织寨堡防御。通江治迁入得汉城后，知县徐廷钰对城寨进一步修缮，屯粮聚兵，以资防御。巴州治迁入平梁城后，巴州知州常发祥于城内建大军粮台，继任知州田文煦于平梁城严公台下修建衙署，并于城中修筑真武宫，完善寨内建筑。

四 小结

寨堡是古代军队或百姓为抵御敌人侵袭，用木、土、石、砖等材料环绕

---

① 《圣武记》卷9《嘉庆川湖陕靖寇记五》，第419页。
② 罗权：《汉晋以来中国寨堡发展轨迹及其阶段特征研究》，《中华文化论坛》2018年第8期。
③ 民国《宣汉县志》卷10《寨洞》，第338页。

修筑而成的封闭性军事防御设施,具有高墙厚筑、环形设防的特点,是重要的军事聚落。从城乡二分法来看,寨堡应归于乡村聚落,而治城堡寨作为寨堡的一种重要类型,也应归于乡村聚落。但是,治城堡寨与一般乡村聚落又有较大差异:一是规模较大,面积为数十万至数百万平方米,其规模与城市无二致。二是人口较多,人口数常至数万人,且有一定数量的官吏、军士、商贾、教职、学生、和尚道士等非农业人口。三是作为州县治所,是区域内各类要素的中心地和汇集地,是地区政治、经济、文化、教育、交通、金融、信息的中心,这些特征与学术界对于城市的定义更为吻合。① 但是,治城堡寨作为临时性的州县治所,其聚落功能并不如正式的州县城市那样完善,即使将州县治于寨堡期间的聚落形态归为城市,也让人难以信服,但它又与乡村聚落存在明显区别。近年来,不少学者开始对这种城乡二分法提出质疑,指出在城市与乡村之外,还存在一种既非乡间聚落,又未能完全具备城市性质的过渡性聚落——"似城聚落",包括传统的工艺聚落和工业聚落、现代工业引起或改造的聚落、中心地聚落、交通聚落、旅游聚落、居住聚落、军事聚落、宗教聚落、文教聚落等类型,它与城市具有一定相似性,但尚不属于真正意义上的城市,与城市具有一定的差异。② 显然,治城堡寨已具备了城市的一些关键要素,但尚未成为真正意义上的城市,将其纳入似城聚落进行讨论更为恰当。

第二节　据山掎角以资拱卫:护城之寨

四川除了成都平原较为平坦外,其他地区多为山地地形。这些地区的城池选址,一般是在河谷地带,且多为河流交汇处的较平坦之地,依山傍水是这些城池的共同特点。这样的区位选址虽然方便城池内官署、民居等建筑的营建,但往往有一个隐患:城池往往为山水环绕,从军事角度而言,河流环绕尚可,可以成为天然的防御屏障,起到与护城河相同的作用;附近的高山,则会成为防御的隐患,敌人占据山巅可以居高临下,城内情形可以尽收眼底,薄弱环节为敌掌握,对防御带来极为不利的影响。从筑城经济成本、防御所需兵力考量,城池又不能修得太大,把高山囊括其中。为此,通行的办法有两种。一种是在城外险要之处修建关卡。这些关卡在和平时期可盘诘

---

① 何一民:《中国城市史》,武汉大学出版社,2012,第1—7页。
② 毛曦:《"似城聚落"及其在历史研究中的理论意义》,《史林》2016年第5期。

过往行人，战时又可作为屏障，如重庆城外的佛图关、涪州城外的望州关等，皆属此类。另一种，则是在城外修筑寨堡，既能够控制制高点，还可成犄角之势，相互应援，白帝城外的天螺寨、南城寨就属此类。① 这种起到保护城池作用的寨堡，文献中一般称为"护城寨"，明清时期巴蜀地区此类寨堡数量不少，兹举其要者以探讨之。

一 云阳护城寨

明初，云阳县城无城郭之防。成化间，鉴于草莽窃发，城内居民安全受到威胁，知县王璧乃于险隘处列木栅、垒石块，作为防御屏资。正德四年（1509年），蓝廷瑞、鄢本恕、廖惠、曹甫等揭竿而起，扰及四川省大部，云阳亦不能免。正德六年（1511年），四川巡抚林俊檄命夔州府通判李相、云阳知县梅宁创筑砖城，万历间甃以石，基本奠定了明清云阳城池的范围。其城南濒岷江（今长江），西邻西瀼河（今汤溪），唯西、北两面为山峰环绕，形成"背山陵，前水泽"的格局。②

云阳县城后山名为五峰山，是五座连绵的山峰，"峻绝丽日"③，高出周围诸山，"五峰晴日"成为云阳八景之首。此处平日里虽是赏日观景的好去处，战时却必须占据作为城池防御的屏障。民国《云阳县志》载：

> 护城寨，在县后山巅，巀嶪高标，峻坂四隤，右俯全城，左瞰汤溪、七曜、汉城，拱揖后先。嘉庆间王三槐之乱，勒保耀兵川东，县人为城守计，筑垒其上，有警则分卒据守，为城声援，内外水陆贼势皆在目中，所谓建瓴之胜者也。山为五峰之一，故俗亦呼曰"五峰楼"。④

由上可知，云阳护城寨位于五峰山上，其修筑背景是嘉庆时王三槐袭扰云阳，勒保率军围剿，当是嘉庆三年（1798年）。寨堡修成后，可以与县城相互应援，还可居高侦查攻城敌人的情况，可谓一举两得。

---

① 罗权：《瞿塘关名称、位置及空间布局的演变——兼及历史时期瞿塘关的军事地理形势》，《中国历史地理论丛》2014年第4期。
② 嘉靖《云阳县志·城池》。
③ 嘉靖《云阳县志·八景》。
④ 民国《云阳县志》卷2《城池》，第13页。

二 西充护城寨

西充县城始建于明天顺年间，其城"东跨化凤山，沿青莲山而南，越仙林山至西，孝廉山转北门上山巅"①，城内还有西充山将城池隔为东、西两部分，城池规模宏大、跨数道山梁，防御时就会导致兵力分散，不利于城池的整体防御。城池周长7里，对于西充这样的小县来说城池太大，筑城成本较高，只能修筑土城。至成化间兵兴，为防止城池被敌攻陷，才易土以石。嘉靖年间，众议改筑，舍西南就东北，重筑城池一座，周长缩小到3里，两水门及西、南两街市都被圈到城外，城后高山更是城池防御的一大隐患。对此，后人多有非议，康熙间李棠等修、李昭治纂的《西充县志》就评议道：

> 前朝嘉靖间，署县事朱公因风水利益之说，谓改筑则本邑科第人文必盛，遂截城一半，别筑城垣，形扁而隘，学宫及两水门、西南两街皆在郭外，方之旧规，远不逮矣。且城西高山，下临城中，设有窥伺，形势不便于守者。崇祯中，李尚书乾德常欲复旧制，包凤台诸山入城内，不惟规模宏大，而有险可守。寻以国乱，未能改筑，然其识见甚高，后之览形势者，扩而大之，是所望也。②

然而，由于西充财力有限，故虽经清康熙、乾隆、嘉庆、道光、同治、光绪等各朝重修，也都只能因循嘉靖故城，无力修筑大城，城池防御每感吃力。李蓝之役兴起后，为保城池不失，清廷不得不修护城寨以资捍卫。县绅杨之亭的《新修护城寨记》载：

> 西充因山为城，四面险峻，尝考诸邑乘，旧城池地宇宏敞，自前明嘉靖间署令朱公以形家言改筑，遂更前制，不特规模狭隘，而城外高阜处得以俯伺全城，为守御忌。然自国朝以来，太平日久，未尝议及也。庚申冬，亭请假回里省亲，适滇匪窜入蜀境，扰川北各属俱为戒备。邑侯徐公以坚壁清野之法督乡里各为守，谓亭宜襄办团务，请之大府，旋报可。其时临邑遂宁及顺庆府城先后被贼围攻，吾乡人心惊惶，各修寨堡。徐公集同城僚佐及邑人士相与筹议，欲复古制，增修外城，而工程

---

① 光绪《西充县志》卷2《城池》，第18页。
② 光绪《西充县志》卷2《城池》，第19页。

繁浩，刻不能竣。因相度形势，于城后九条渠据山修寨，为保护城垣计。经费由本城筹备，即属董事者庀材鸠工，刻期兴作，立南北寨门及水寨门，俱设门楼如城式，筑土墙周之，东北隅地势稍平，乃垒石为墙三十余丈，高丈二尺，设炮台四。寨中建官房三楹，仓房三楹，后建神祠以祀川主、山神。绅民亦各营房屋于上，并凿井开塘，俾不渴于饮。经始于咸丰十年十月，落成于同治三年十二月。寨故王、李二姓地，售以入官给直，钱一百六十三贯。内有李成良叔侄及王永清地各数丈，皆乐输助公，不计直。是役也，邑侯主之，众士民成之，亭从而赞襄其间，敢云劳苦哉！此后缺者补，倾者培，倘有余力复筑外城以备不虞，皆有待于后之君子。[1]

从上文可以看出，李蓝之役波及川北后，清代西充县城的防御问题提上日程，修筑护城寨成为十分紧迫的问题。因系县城安危，护城寨修筑由官府主导，县令委派襄办团务之士绅杨之亭为工程总监，将该区域内土地购买为官地，修筑寨门、寨墙、炮台等防御设施，并建官署、祠庙，居民亦各修筑房屋于其上。整个工程历时五年有余方完工，经费主要由城内居民集资而来。

三 巴州护城九寨

巴州"连四县之边境，当八县之冲衢"[2]，虽僻处川北，然为兵家必争之地，又兼道路纷繁，防御难周。巴州境内虽然多高山峻川，可供防御之地甚多，但县城一带近20里间"稍觉平坦"[3]，城池几无险可守，故南宋末年迁治于平梁城，"移平地就险处"；嘉庆年间白莲教至，又轻松攻陷州城，巴州知州常发祥被迫迁州治于平梁城，直至嘉庆十年（1805年）才迁还旧治。由此观之，巴州城实在是个难以防守的城池，要想保卫此城安全，必须依靠附近寨堡，构筑其外围防线，以成掎角相援的态势。

与云阳、西充背山面水不同，巴州城修筑于山间平坝，四面受敌，故它的防御就不能单单依靠一座护城寨，而是以城池为中心，加之周边重要寨堡组成的城寨体系。这些对治城防御起关键作用的寨堡，故时人称为"治城九

---

[1] 光绪《西充县志》卷14《艺文》，第198页。
[2] 民国《巴中县志》，第824页。
[3] 民国《巴中县志》，第824页。

寨"，包括东面3个（插旗寨、葆封寨、东华寨），东南1个（南斗寨），南面1个（南龛寨），西面2个（西华寨、平梁城寨），北面2个（望王山寨、苏山寨）。民国《巴中县志》载：

> 插旗寨，县东五里，矗立江岸，小而完固，相传汉桓侯行军过巴，插旗于此，故名。后接尖山寨，高插云表，俱为治城外藩。
>
> 葆封寨，在县东二十里，山壁立，设四门，上峙两峰如鸵鞍，为城东保障。
>
> 东华寨，在县东十里，形势险固，足扼东道之冲，前面巉岩千仞，中有东硐，多古迹。
>
> 南斗寨，在县东南十里，前阻巴江，后接东华，互为声援，防守益固。
>
> 南龛寨，在县南四里，方正雄厚，如屏风矗立，登高一望，全城在目，实县中安危所系，故设防甚密，中建营房，前有镇南关，后有青龙寨，首尾相应，可保安全，下多古迹。
>
> 西华寨，在县西十里，与大连、擂鼓二寨鼎足而立，声势相倚，足以捍卫治城。
>
> 平梁城寨，在县西二十里，上平坦，四围石壁如城。宋淳祐中都统张实筑城于此，取平定梁州之义。嘉庆二年，县城被贼焚毁，官民迁居其上。十年，贼平，乃复故治。山势高大雄阔，实县西第一要隘。
>
> 望王山寨，在县北五里，巴江环绕其下，三面峭壁如削，与治城仅隔一水，如遇寇警，防守益严。
>
> 苏山寨，县北七里，山势环江抱郭，上有良田深池，可备不虞。逼近治城，为北门屏捍。①

护城九寨中，插旗寨与治城东门相邻，为东面屏障；不远处有东华寨、南斗寨相呼应，最外则为扼东大路要冲、险峻可守的葆封寨，构成东面的三层屏障。城南有南龛寨，其地占据高峰，前后各有镇南关、青龙关相呼应，确保南路安全。北面隔江有望王山寨、苏山寨相联络，屏蔽北路来敌。西面则为西华寨与始建于南宋的平梁城寨相呼应，不仅可以屏蔽西路，危险时刻还能够将衙署迁过去，起到后备治所的作用。后来，人们在"治城九寨"的

---

① 民国《巴中县志》，第828页。

基础上又分出青龙、大连、擂鼓、仙峰四寨,合称"治城十三寨"。①

四 官绅在护城堡寨修筑中的作用

护城寨的修筑主要起到拱卫城池的作用,故其修筑多为官员倡捐修筑,城内富户绅民也愿意捐资,修筑的资金和人力较易筹集,寨堡的质量和防御力也较一般寨堡为强。如广安州护城寨:

> 安居城,州治后山,形势高耸,东峙大维山,左枕望仙台,西扼仙洞,北控葫芦嘴,为州之最要保障。嘉庆二年,知州阮和劝捐修筑。咸丰十年,知州王兆僖重修,添设营勇厅事、哨楼,制甚宏巨。②

从记载来看,无论是嘉庆年间白莲教起义,还是咸丰年间李蓝反清斗争,广安知州都积极组织修筑作为护城寨的安居城,知州王兆僖还在寨中添筑了供兵士居住的房屋、供瞭望的哨楼、供军官办公的衙署等设施。

其他州县护城寨的修筑中,也体现了官员的倡率和士绅的积极响应。如岳池县保城寨,"在翔凤山后,咸丰二年知县何日愈倡捐重修";护城寨,"在保城寨外,咸丰五年知县武尚仁倡捐重修"。③拱卫州县之寨,因关系城内百姓安危,故士绅阶层也多乐于出力,如垫江县的保城寨,"负郭而高,与东、北门犄角,咸丰十年知县德荫倡修,勷其力者,孔广培、刘怀源、邓述堂、李钟灵之力居多"④。一些护城寨,也会由地方士绅自主修筑,如江津的鹤坪大寨,"城西二十余里,为津城保障,嘉庆初年,李珵、郑赟等募众建修。咸丰九年,韩树型、刘沄、杨含英、李丰泰等募本坪绅粮捐谷补修"⑤。

五 小结

方便、宜居是城市选址的一个重要因素,这样有利于明确设置各类功能区,利于城市的交通建设与外部交流,方便居民日常生活。但这样的选址也有一个缺点,就是不利于防御。故在宋蒙(元)战争中,南宋曾将州县治所

---

① 民国《巴中县志》,第828页。
② 宣统《广安州新志》卷6《岩险志》,第670页。
③ 光绪《岳池县志》卷3《寨堡》,第75页。
④ 光绪《垫江县志》卷2《寨堡》,第270页。
⑤ 光绪《江津县志》卷5《堡寨》。

移到险峻的山岭之上，构筑山城防御体系。但是，山城最大的缺点就是交通不便，给城内居民的生活带来了极大困扰。故而战乱结束以后，迁居山巅的州县绝大多数又迁回原处。如何才能兼顾宜居和军事防御呢？清人的做法就是城池仍因旧址，而在城池周边形要之地修筑护城寨。这样的结果是，百姓免受迁移之扰，而城池得以加强防御，诚为一举两得。

第三节　佐贰分扎以卫地方：属官寨堡

清代的知州和知县是掌管地方的主要长官，职权较重。知县的职责是"掌一县之政令，平赋役，听治讼，兴教化，厉风俗，凡养老、祀神、贡士、读法，皆躬亲厥职而勤理之"。知州作为州级长官，"以县之地大而事繁者升而置之，所统辖一如县制"①，即职责与知县相同，只是管辖的地方更大、事务更繁重。考虑到当时的交通条件，州县长官对广大乡村的控制力较为有限。一些重要之地，或是易于发生叛乱之所，往往修筑寨堡以资守卫，并分州同、县丞等副长官，或千总、把总等军职人员率兵役驻守。

一　分佐贰以守要镇

明清时期，商业贸易快速发展，一些市镇随之繁荣，随之而来的是人口的增长、社会问题的增多，比一般乡村更需要高级别的官员镇守以处理相关事务。为了增强这些市镇的防御力量和治理能力，州县往往派员进入其中镇守。同时，这些富庶的市镇，在动乱时更容易成为叛军觊觎的对象，而此时不少居民已经形成对市镇的依赖，离开这一市镇就意味着失去生计。相比于背井离乡躲避战乱，他们更愿意出资加强市镇的防御力量，固守以待时清。正基于此，清代四川地区形成了一些市镇寨堡。

绵州丰谷堡位于绵州东30里的丰谷井，即今四川省绵阳市丰谷镇。其位于涪江之畔，依山环水，"北达松、维，南通重庆，东走巴、剑，西赴省城，四达通衢，水陆要冲，绵左第一重镇"②。因盛产井盐、烤酒、烧丝而闻名于川西北，且有水路码头以为商品集散。至今，丰谷酒仍是四川著名的企业，丰谷镇内还保存有陕西会馆、广东会馆、福建会馆、大佛寺、华严寺、

---

① 《清朝通典》卷34《职官》，浙江古籍出版社，1988，第2211页。
② 同治《直隶绵州志》卷12《关隘》，第125页。

古码头、古盐井等历史遗存。为了加强这座富庶市镇的守御，清初设有分防丰谷井汛外委把总一员，带领马步战守兵六名驻守。① 雍正七年（1729 年），又新设丰谷井州判入驻其地，修建衙署以治民。② 嘉庆五年（1800 年），冉天元率白莲教联军突破嘉陵江防线，兵锋直指绵州。为了防止市镇被掠，州同、外委等文武官员率领当地百姓，紧急调集人力物力抢修了寨堡。③

魏城是绵州的另一座重要市镇，清代亦筑有寨堡，也是一座佐贰分驻之寨。同治《绵州志》载：

> 魏城堡，治东北六十里，即今魏城驿。额设巡检兼管驿丞暨潼绵营分讯驻防把总衙署在焉。嘉庆五年，教匪焚掠，公私庐舍无存，士民蒲心泰、杨进廷、赵万兴、佟占鳌、涂纯修、卢中和、郭锦芳、寇忠一、胡珩、陈应举、杨天榜、蔡开学、张永和、任有才、三合义与岳万顺等公请捐修石城，州牧刘印全当捐廉二百金为士民劝。于是东北乡粮户，贫者效力其间，富者输财，不三月而垒石脚，筑土城，围五百丈，高一丈五尺。次年正月，偶遇风鹤之警，远近入堡保聚者三万户，人情帖服，咸议改修石堡。嗣缘捐资不给，监工领袖汪广猷恒枵腹巡行版锸间。刘牧访闻，赏银一百两。广猷不敢自私，仍入捐廉项下以充公费。堡成，士民恃以无恐。咸丰十一年，经蓝逆之乱，驿丞把总衙署及公馆皆烧毁无遗。贼平，士民捐资修复。④

魏城堡即今四川省绵阳市游仙区魏城镇，位于绵州东北，地处交通要道之上，在西魏废帝二年（553 年）即分涪县地置魏城县，作为县治长达 730 年。清初，于此设巡检司及把总以镇守之。嘉庆五年（1800 年），白莲教越过嘉陵江防线，攻略绵州一带，魏城堡因未及时组织防御而被焚毁。战乱之后，地方士绅联名请求修筑坚固的石城，知州刘印全亲自捐资 200 两以为倡率，于是各粮户分别出资出力，但因经费不足，仅修筑成了一座土城。次年，听说白莲教武装又要入境，他们才又将土城翻修成了石城。咸丰年间，蓝朝鼎等率军入境，绵州寨堡大多被攻占，魏城堡也未能幸免，房屋再遭焚毁。及至战乱结束，百姓重又捐资修复。在此寨堡修筑的过程中，官府主要

---

① 雍正《四川通志》卷 22 中《兵制》。
② 雍正《四川通志》卷 28 中《公署》。
③ 同治《直隶绵州志》卷 12《关隘》，第 125 页。
④ 同治《直隶绵州志》卷 12《关隘》，第 125 页。

发挥的是监督、倡率的作用，大部分修筑工作则依靠当地百姓，监工的角色由当地士绅承担，资金主要是从各粮户中筹集，具体可能是按资产、收入的多寡而定，若实在贫苦无法捐助，则主要提供劳动力。

二 分佐贰以控险远

一些州县地域辽阔，在只有传统交通工具的背景下，朝廷对边远地区的管理往往有鞭长莫及之感，这些地区很容易为反抗武装盘踞，成为"盗薮"，给地方治安带来严重隐患。要改变这种状况，就需要设置分州、分县等分驻机构，常驻这些地区办公以保卫一方安宁。这些分驻机构多设置于几个州县的交界地区，或筑寨防守，或寄居于寨堡之中。大竹永峰寨，"兴隆场东十里，即天宝寨，与大寨坪相近。清咸丰末之乱，石桥铺分县曾驻此保守"[1]。涪陵的鹤游坪，也是涪州分州屯驻之所：

> 鹤游坪，治北四十里，梁磉磴北干也。一落千丈，下为裴江场，绿野青畴，小山连缀蜿蜒起伏至双碑卡，峕峕高踞者为鹤游坪，高十余里，横四十里，纵一百二十里。《锦里新编》谓形如天船，四周轮廓皆堑岩削壁，路绕羊肠，盘之字而上。居人于扼塞处设卡寨，坪外东西山繚绕曲屈，拱护如莲瓣，坪其南蔺也，分州衙署居中，烟火万家，前明科第簪缨，甲于涪属，为州北第一屏障。然形胜既擅，臂画宜周。我凭之足以散寇，寇扼之亦足以困我。窃揆险则易守，高则易瞭，阔则难攻。遇有警，坪下居民清其刍粮，徙入之，画方隅以守，中屯兵勇、置信炮，官弁率之，往来策应，联合声势以备战守，则主客劳逸之形燎如也。[2]

鹤游坪今属重庆市垫江县，范围包括鹤游镇、坪山镇、白家乡全部和包家乡、砚台镇、永平乡、裴兴乡的一部分，以及长寿区云集镇的一部分，是一块面积约为167平方公里的台地。清时属涪州，为涪州、垫江县、长寿县、丰都县四州县交界之地。白莲教起义爆发后，谭景东、赵勋、袁芳、徐昶、盛万春等士绅曾团集乡勇千余人于坪上组织防御。嘉庆三年（1798年），王三槐等率军围攻鹤游坪，"枪炮震山谷，团勇奔散，坪破"[3]。嘉庆七年

---

[1] 民国《大竹县志》卷6《寨堡》，第133页。
[2] 同治《重修涪州志》卷1《山川》。
[3] 道光《重庆府志》卷8《人物志·忠节》，第336页。

(1802年），为加强管控，清政府决定于鹤游坪设涪州州同知署，修筑保和寨，并于坪之四周修筑大小卡门百余个，其他乡绅亦分别于坪上修筑堡寨十余个。咸丰七年（1857年），刘文澧率花灯教众300余人，攻破保和寨分州衙署，杀州同。李蓝之役，周绍勇于咸丰十一年（1861年）攻占鹤游坪作为基地，"联营二十余里，号称二十余万"①，后因遭团练围攻才退走。数次易手，可见鹤游坪争夺之激烈。作为分州衙署驻所的保和寨，是由政府组织修筑的。但鹤游坪作为一个寨堡群体，还有其他寨堡组成，这些寨堡则多为民筑之寨，与保和寨共同形成官寨与民寨相互交错、互相支援的寨堡体系。

三 小结

属官堡寨设置的目的，是应对州县面积过大、对治城以外地区控制困难的情况。其选址，主要有冲要市镇和边远地区两大类。属官分驻于市镇者，主要是为了就近解决大量人口聚集所带来的复杂问题。这些市镇在战争中也更容易受到叛军的攻击，非筑堡不足以防御，而市镇雄厚的经济实力和丰富的人口资源，使得其寨堡的营造更为快速，丰谷堡仅三月就落成即是明证。同时，这些市镇主要位于地形较为平坦、交通较为便利之地，故而地理上并不占优势，防御起来也就更加困难，防御设施齐全、人口众多的魏城堡在战乱中多次被攻破也是明证。属官分驻于边远地区的，一般是为了应对州县范围过大所产生的管理弊端。属官在选址之时，即可选取一些较为险峻的地形来营造居所，但又不得不考虑交通、宜居等因素，加上毕竟权力有限，能够动员的人力物力也无法与正长官匹敌，故所居之寨也难以和州县城池相比。而这类属官寨堡由于地居险远，为数县交界之区，即所谓"三不管"地带，安全形势严峻，这也是鹤游坪的涪州分寨多次被攻破的原因。

第四节 筑寨以全宗亲：家族寨堡

明清时期四川寨堡中，聚族而建的寨堡数量不在少数，以"×家寨"命名的寨堡，大部分都是聚族筑寨，可以看出家族力量在寨堡修筑过程中的重要作用，云阳磐石寨、隆昌云顶寨、定远宝箴塞等著名寨堡，都是典型的家族寨堡。本节以四川隆昌云顶寨为例，探索家族寨堡之貌。

---

① 同治《重修涪州志》卷13《武备志》。

云顶寨位于四川省隆昌县云顶镇云峰村云顶山,是四川保存较好、规模较大的寨堡之一,今为隆昌县文物保护单位。然而对于如此重要的寨堡,至今学界对它的认识仍存在较大偏差。笔者结合文献考证与实地考察所得,以求教于方家。

一 学界关于云顶寨的修筑者与修筑时间的认识

对于云顶寨的修筑者与修筑时间,现在各种文献莫衷一是,其中最主要的几种观点如下。

《中国文物地图集·四川分册》是根据国家文物局的统一部署,在四川省文物管理局的组织领导下,由四川省文物考古研究院负责编撰的大型文物工具书,其资料来源为1986—1987年四川省组织进行的全省第二次文物普查,此次普查参与人员达15000多人。这本书作为文物考古工作重要的第一手材料,其出版的目的是为国家制定文物保护、管理和研究的长远战略决策与政策法规提供翔实的资料。[1] 因此,这本书在文物界具有权威性。但也正因为参与人数众多,书的各部分良莠不齐,加之当时的考察条件较差,存在瑕疵也就在所难免。这本书对云顶寨的修筑情况描述道:

> 云顶寨,云顶镇云峰村北云顶山上,(年代为)明、清,县文物保护单位。始建于明万历年间,清咸丰九年、光绪二十年曾扩建……云顶寨是湖北麻城郭氏家族来川聚族而居的遗存。[2]

1995年出版的《隆昌县志》,是由隆昌县政府组织成立的四川省隆昌县志编纂委员会编纂出版的新版志书,主要编纂力量为对本县情形熟知的当地文史专家。但他们虽然对当地情形比较熟悉,对文本的梳理却缺乏必要的训练,因此有时难免有错讹。书籍虽聘请国内著名文史学者作为顾问,但顾问并不一定对书中内容进行严谨考究。书中对云顶寨的修筑概况描述道:

> 云顶寨,座落在隆昌与泸县交界的云顶山,距县城20公里。咸丰九年(1859年)由郭人镛主持修建。[3]

---

[1] 《〈中国文物地图集·四川分册〉正式出版》,《四川大学学报》(哲学社会科学版)2009年第6期。
[2] 《中国文物地图集·四川分册(中)》,第470页。
[3] 隆昌县志编纂委员会编《隆昌县志》,巴蜀书社,1995,第587页。

第五章　明清时期西南地区寨堡的类型

由隆昌县地名领导小组1985年编印的《四川省隆昌县地名录》，是在地名调查考证基础上取得的成果，具有较高价值，但也可能存在与县志一样的问题。它对云顶寨的修筑情况也给出了不同描述：

> 修建于咸丰十一年（1861年）的云顶寨，是郭族地主为躲避李永和、蓝朝鼎农民起义而修建的石寨。[1]

四川省隆昌县国土局1998年编印的《隆昌县国土志》记载如下：

> 云顶寨是我国最大的保护最完好的极少数古寨之一，是明朝洪武四年湖北麻城县郭孟四迁蜀之后逐渐兴建起来的。郭氏入川至今已传二十九世，历经明、清、民国时代，在云顶寨居住已有624年历史……郭氏家族为保护财产，长期族居云顶山，于明朝万历年间砌石为墙，筑成山寨，以御虎豹、强人的侵袭。在几百年中，经过三次扩建，于光绪二十年达到最大规模。[2]

由政协内江市委员会文史资料委员会、政协隆昌县委员会文史资料委员会合编的《隆昌云顶寨史料》是目前唯一一本专门研究云顶寨的书籍。该书指出，云顶寨共经历了三次修筑：第一次为永乐年间，"郭廉致仕之后，以山上景色宜人，为养老计，特筑小屋数间于山顶，是为筑寨之始"。第二次为咸丰九年（1859年），"郭人镛奉父命修筑"。第三次为光绪二十年（1894年），"郭氏十九世郭书池，从湖北督粮道致官返乡，认为寨子不够坚固美观，便以宦游所得，并将分家时所得，挪出四百石租谷地变卖成现银，更以金竹林祠产二千多石租的历年积蓄，共二万多两银子，作扩建寨子之资。招用民工约三百人，花两三年时间，升高了墙体，扩大了寨域面积，完善了防备措施，终于成为川南绝无仅有的大庄园式山寨"[3]。

从以上记载可以看到，关于云顶寨的修筑情况存在较大争议，大致存在以下几种观点：①由郭氏修建，始修于明万历年间，清咸丰九年、光绪二十年曾扩建；②咸丰九年由郭人镛主持修建；③咸丰十一年（1861年）由郭氏修建；④明洪武四年开始修建，经过三次扩建，于光绪二十年（1894年）达

---

[1] 四川省隆昌县地名领导小组编印《四川省隆昌县地名录》，1985，第169页。
[2] 四川省隆昌县国土局编《隆昌县国土志》，巴蜀书社，1998，第21页。
[3] 政协内江市委员会文史资料委员会、政协隆昌县委员会文史资料委员会编《隆昌云顶寨史料》，内部资料，1989，第1—13页。

到最大规模;⑤永乐年间由郭廉开始修建,咸丰九年(1859年)郭人镛奉父命重修,光绪二十年郭书池扩建。

为何记载会呈现如此多的差异,哪种观点才是云顶寨修筑的本原?云顶寨是四川聚族而居寨堡的典型,因而要正确了解云顶寨,必须对隆昌郭氏家族的发展有清晰认识。

二 隆昌云顶郭氏概说

云顶山脉属于川东褶皱山地斜向西南的尾闾地带,海拔高度为400—600米。在云顶山西侧有一块地势平衍的坝子,这里气候湿润,土地肥沃,隆昌河、墨溪、石燕河、嘉明河等几条溪流纵横交错,是一块非常适宜农业耕作的地方。经过元末战乱,到明初这里已经荒无人烟。元末明初,跟随"湖广填四川"的移民浪潮,麻城人郭孟四移居入蜀,于隆昌云顶山的西麓插种,经过数代辛苦劳作,逐渐将其改造为连片的水田区,家族得以在这一块富庶之地繁衍。

但是,郭孟四入蜀之时,是否就开始修筑寨堡了呢?明清史料、郭氏家谱都没有记载。时明朝初定西南,四川人口凋敝,地广人稀,入川插占耕种之人只要勤劳即可获得良好收成,因而明初四川除了川西、川南因要防备少数民族而修筑军寨外,其他区域均没有见到修筑寨堡的记载。直到明中期人口增长导致人地矛盾突出,社会开始动荡之后,各地才逐渐修筑寨堡。因而说洪武四年(1371年)即开始修筑云顶寨,明显是不严谨的猜测。

关于郭廉筑寨的说法也不可信。"忠厚传家,耕读为业",是云顶郭氏的祖训。① 在经营农业的同时,他们也非常注重科举入仕之路。永乐九年(1411年),郭孟四之孙郭廉考中进士,官监察御史,是为郭氏发迹之开端。

---

① 四川隆昌云顶郭氏族谱续修委员会编《四川隆昌云顶郭氏族谱》,2007,第5页。至于郭氏是不是麻城人,则只能存疑。元末明初湖广填四川的过程中,虽然有大量湖北籍(包括麻城)民众迁入四川,但皆称"麻城孝感乡",其中"冒籍"之嫌疑颇重。就连《云顶郭氏族谱》也指出,"明末战乱时,举族避难遵黔,老谱片纸无存",其保存最早的族谱乃康熙年间修,前代之事自然附会较多。民国《南溪县志》提出"麻城孝感现象"不足为凭,乃"冒其籍求荫以自庇"。近人针对这一问题,研究较为深入,主要成果参见葛剑雄《中国移民史》(福建人民出版社,1997),张国雄《明清时期两湖的移民》(陕西教育出版社,1995),蓝勇、黄权生《湖广填四川与清代四川社会》(西南师范大学出版社,2009),陈世松《大迁徙:"湖广填四川"历史解读》(四川人民出版社,2010),等等。

第五章 明清时期西南地区寨堡的类型

同治《隆昌县志》载：

>郭廉，字永明，永乐己丑进士，敕授监察御史，正色立朝，风采凛凛。督云南银厂，廉明有声，人不敢干以私。中官有谋害廉者，事觉，自裁，廉上章疏同谋者。历尚书，谏北征，词甚剀切，声闻中外。文祖崩后，中官谋中伤之，即三上章乞休。及归，杜门不出。有中贵至邑，诛求太甚，廉束带见之，既退，中贵曰："郭公在此"，遂敛迹去。平生刚介，以勤俭励子孙，家法严肃。卒年九十八岁，崇祀乡贤祠。①

文献中没有他修筑寨堡的任何记载，且永乐年间没有筑寨的必要，说他在永乐年间修筑云顶寨，也纯属后人主观臆断，可能和民间习惯将重要事件附会于名人身上的传统相关，属于传说之列，并非历史事实。

自郭廉中进士之后，郭氏家族更加注重教育，儒学成为郭氏子弟自幼必修课程，科举入仕者繁，"人文蔚起，遂为蜀南名族"②。万历五年（1577年），云顶郭氏八世孙郭元柱再次考中进士。《隆昌县志》载：

>郭元柱，字直甫，号朝石，万历丁丑进士，历任南礼部员外郎，转兵部郎中，授陕西关南道、云南洱海道、布政使、参议。居家孝友，立朝清直，一以巡按永明祖为法。初南祠部，转北武库郎，草除收教旧弊，分巡关南，捐俸各属，置社仓，复修铁椿堰，灌田数万亩。③

郭元柱作为万历进士，也是郭氏家族的显赫人物。云顶寨筑于万历之说，也可能是将筑寨之事附会于郭元柱身上，无论是家谱还是其他史料，均没有万历间筑寨的记载，这种说法也不足为凭，没有明确的史料证据。郭元柱"一以巡按永明祖为法"，说明郭氏在郭廉中进士之后，逐渐形成以儒学为中心的家学。正是因为这种家学，郭氏在以儒教为正统的明清传统社会才得以门庭显赫。郭元柱之后，郭氏族人在儒学方面继续取得了成功：郭元柱子郭继芳，万历壬午举人，曾任和州知州、曲靖知府、云南按

---

① 同治《隆昌县志》卷28《名宦》，第227页。据朱宝炯、谢沛霖《明清进士题名碑录索引》（上海古籍出版社1980年出版）载：郭廉为永乐九年第三甲进士。其下又有说明：本科为永乐七年（己丑）会试后，因明成祖外出巡狩，至辛卯三月才回京举行廷试，因此本科也称己丑科。
② 《世系图说》，康熙甲辰（1664年）郭宅十世孙运暄谨识，《四川隆昌云顶郭氏族谱》，第3页。
③ 同治《隆昌县志》卷28《名宦》，第228页。

察副使。族人郭时亮，万历乙卯科举人，官贵州平安道参政；郭继芳孙郭孝懿，崇祯壬午副贡，任贵州威宁教谕，著有《桃源文集》。

清初四川残破，郭氏家族亦遭遇重大灾难，幸存者逃亡云贵地区。《四川隆昌云顶郭氏族谱》载："暨遭明季寇难，吾族义不顺贼，屠歼几尽。幸清室定鼎，吾族丁男于兵燹后得存性命，于百死一生中以复故业者，未及十人。"① 虽然遭遇家族变故，但以"耕读为业"为祖训的郭氏儒学之根未灭。康熙二十六年（1687年），郭氏十一世孙郭于蕃中举，三十六年（1697年）又中进士，成为清代隆昌县考中进士的第一人。中进士后，郭于蕃官居广东饶平令，因与惠潮道长官不睦，乃回乡隐居，教授子弟，著书立说，儒学得以在郭氏家族传承。康熙五十三年（1714年），十三世孙郭垣中举，历任巴州学正、夔州教授；郭英，贡生，官昭化训导；郭其铏（族谱作"其钊"，郭垣季子），贡生，官仁寿训导；郭其仲，庠生；郭泳（郭垣孙），官涪州训导，著《柱轩诗草》；郭毓端，中道光辛巳第七名经魁；郭毓冈，官长寿训导。据统计，郭氏明清两代共有生员228人、举人13人、进士4人。及至民国时期，族人已达数千，田产横亘隆昌、泸州、富顺三地，是当之无愧的蜀南望族。而像郭氏这样自明朝到民国数百年间数遭离乱而能够长期保持一方望族地位的，放眼全国也是凤毛麟角。

在李蓝之役爆发之时，郭氏已传至十七世，家族在当地的影响很大，因学入仕者在在有之，如郭人经，弱冠之时即中举人，主讲于莲峰书院，后为西固州州同、代理阶州知州；郭人镛由廪生官广元、龙安、遂宁教谕；郭人镐由增生官龙安府训导；郭人绂由拔贡保国子监监丞，又以军功保举知县，赏戴蓝翎；郭人繡，以军功加知州衔，赏戴蓝翎；郭人绎，湖北候补直隶州知州，加知府衔，等等。② 郭氏资产巨富，家族文武兼修，在社会动荡之时积极主动参与到维护地方秩序的活动中。

三　李蓝之役中的隆昌郭氏与云顶寨的修筑

咸丰九年（1859年）九月，李永和、蓝朝鼎等人于牛皮寨举兵反清，陷高、珙、庆符等县，围叙州府城，各地纷纷响应，众达数十万，分兵四扰，

---

① 《云顶郭氏族谱原序》，康熙丁酉（1717年）仲春吉旦郭氏十一代孙于蕃谨题，《四川隆昌云顶郭氏族谱》，第4页。
② 同治《隆昌县志》卷26《仕进》，第214—216页。

多次挫败清军，四川各州县烽烟四起。清政府此时正集中军力与太平军激战于江南，无力调兵入川，四川兵员稀少，无法与叛军对抗，只得令士绅阶层率领乡民筑寨练团，以图自守。云顶郭氏作为蜀南望族，积极参与到隆昌县的防御中。

时隆昌县属叙州府，知府急令府属各州县严守城池，并调兵入援。此时钱粮一时难集，而战场之事瞬息万变，不能耽误，云顶郭氏族长郭人镛当即决定自己预垫所需之钱，交付予防卫局，之后再慢慢筹集。此外，他又捐银1000两，作为招募练勇之费。①

不久，李蓝军进入隆昌，与隆昌兵勇战于较场坝。练勇刚募不久，未习战阵，被李蓝军打得溃不成军。李蓝军遂乘胜盘踞县城周围之真武、翠屏两山。此时，县令肃庆奉命率兵救援叙州府，将局事托山长王炳森经理，并将所练乡勇带走，县城无兵无官，形势危急，一日数惊。为了稳定形势，郭人镛与其他两位富绅又捐资招募了农丁100名，于学署后操练以助防守。② 咸丰十年（1860年）八月，李蓝军队再次入境。此时正值秋收，为了防止农民遭到掠夺，已经率军回城的县令肃庆决定亲率团勇主动出击。十九日，清军遇敌于响石山，由于轻率冒进而身陷重围，肃庆被杀，兵勇死者400余人，精锐尽失。为了避免敌人乘胜攻陷县城，隆昌士绅共举云顶郭氏族人郭人绂担任总巡一职，率领乡绅巡查各出入口，排查奸细。同时，郭人镛又捐钱数百串，分给守垛之人，凡六昼夜不敢眠息，幸城未遭进攻。

除了散家资以助官军平叛外，郭氏家族还积极组织团练武装以拱卫地方，族人郭光鼎被新任隆昌县令黄兴远任命为团练局副官。郭人镛除协助守城外，亦令子侄于家乡云顶场附近修筑云顶寨，作为聚兵卫家之所。《十七祖人镛公传》载：

> 咸丰末，滇逆扰隆，肃公殉难，防剿无资。公再三倡率捐助，前后数千百缗，昼夜防堵，卒保危城……公尝仿坚壁清野法，创建石寨于云顶山，为族党乡邻保障，计费金钱两万有奇。③

郭氏长房之中，长子出继，二子早故，故由第三子郭人镛继任族长。云顶寨是郭氏聚族筑寨，因郭人镛为族长，故这条家谱资料称郭人镛"创建石

---

① 同治《隆昌县志》卷43《武功》，第447页。
② 同治《隆昌县志》卷43《武功》，第447—456页。
③ 《四川隆昌云顶郭氏族谱》，第351页。

寨"。《隆昌县志》亦载：

> 云顶寨……邑人郭人镛于咸丰十一年六月起工修造，同治元年三月李逆窜扰天洋坪，距寨十余里，号火相望。时前面墙甫立，邑南居民相率避贼，隆勇、隆团出入住扎，相持一月，贼不敢逼。会泸、富、荣团练四面兜剿，李逆仅以身免。此寨为邑南屏障，可容数千人，山名云顶，寨名因之。①

这本《隆昌县志》于咸丰十一年（1861年）开始修纂，同治元年（1862年）初刻，十三年（1874年）续刻，是目前见到的最早的关于云顶寨记载的史料。此方志的编纂时间与云顶寨的修筑时间部分重合，当时人记当时事，可靠性较高。从编纂者来看，该志由时任隆昌县令花映均担任总纂，花映均为防堵盘踞天洋坪的李永和北上隆昌，曾率军屯扎云顶寨长达月余，对云顶寨情形必然熟知。同时，云顶寨创建者之一、时任寨长郭光瀚还在此县志中承担采访一职，关于云顶寨的资料极有可能就是由他提供的，至少内容他是看过的，这进一步证实了这本方志不仅是关于云顶寨的第一手文献，且是得到当事人认可的，因而该文献所言之修筑时间、修筑者与修筑情形，当最为准确。

云顶寨修筑之时郭人镛承担着隆昌县的防御职责不能离开，所以云顶寨的具体施工，实际上是由其第五子光瀚负责。《十八祖光瀚公传》载：

> 庚申滇匪之乱，公父悉眷入城。与兄芳滨留守家园，几陷于贼……明年，遵父命，创修云顶寨，鸠工庀材。工甫半，贼首李逆窜居天洋坪，以守以筑，贼遁而寨成。②

"公父"，即指其父郭人镛。芳滨，即郭人镛之四子郭光泗之字，后继任郭氏族长。从这条材料可知，云顶寨是在咸丰庚申年的第二年，即咸丰十一年（1861年），郭光瀚奉其父郭人镛之命开始修筑的，咸丰九年郭人镛奉父命修筑之语，可能正源于对这条材料的错误理解。当同治元年（1862年）三月李永和驻兵天洋坪之时，云顶寨"工甫半"，即还在修筑过程中。至四月十三日，清军对李永和在天洋坪的营垒发动总攻，李永和大败而逃，其母及妻都被擒拿。这条记载言"贼遁而寨成"，可见云顶寨竣工时间当在同治元

---

① 同治《隆昌县志》卷10《关隘》，第63页。
② 《四川隆昌云顶郭氏族谱》，第354页。

年四月十三日之后。李永和盘踞天洋坪的一个多月时间里，隆昌兵勇、团练为防止其入境而集聚云顶寨，"一切供应俱系寨主郭光瀚备给，各团需食谷米亦皆由郭光瀚借发，铅弹火药之属偶不应用，光瀚亦概为应付"①，云顶寨郭氏财力之雄厚可见一斑。

光绪时期，郭书池是否曾对云顶寨进行过大规模扩建呢？从郭氏族谱的郭书池本传中，并没有发现任何记载。族谱传记的宗旨是宣扬主人公的德行功绩，进而勉励后代，像耗费两万两白银扩建寨堡以拱卫宗族此等大事，是绝对不可能被遗漏的，足以证明郭书池没有对云顶寨进行扩建。而两万两的数目，正是《十七祖人镛公传》所记修筑云顶寨花费的资金数目，可见这条错误也是将咸同年间筑寨之事附会到光绪年间而已。

隆昌郭氏以儒家教育为家学，儒学倡导的"修身齐家，治国平天下"之理念深入郭氏子孙骨髓。当李蓝之役波及隆昌之时，郭氏除了修筑云顶寨自卫乡里外，还积极参与县城的保护，并主动承担各种军费开支，体现了士绅阶层在中国传统社会中的作用。从原始史料可知，云顶寨当是咸丰十一年六月开始动工修造，同治元年四月以后筑成的。

四　云顶寨的选址及其空间布局

清代四川寨堡的大规模修筑，始于嘉庆白莲教之乱。时龚景瀚针对叛军流动性强，掳掠乡村以补充兵员、粮秣的特点，提出"并小村入大村，移平地就险处，深沟高垒，积谷缮兵，移百姓所有积聚实于其中"②之法，即筑寨堡以自卫。正如陈寅恪先生所言："凡聚众据险者，欲久支岁月，及给养能自足之故，必择险阻而又可以耕种，及有水源之地。其具备此二者之地，必为山顶平原及溪涧水源之地，此又自然之理。"③寨堡的选址，须遵循两个原则，一是险要，即"须极险峻以凭固守"，二是有足够的空间以供栖息，即"择宽广之地以壮声势"④。李蓝之役兴，川中寨堡亦多遵循此法，云顶寨即选址于四周险要而顶平旷之地。其址位于隆昌县最南端，距县城20公里，地处隆昌、富顺、泸县三县交界之云顶山上。《隆昌县志》载："云顶山，与

---

① 同治《隆昌县志》卷43《武功》，第454页。
② 《澹静斋文钞》外篇卷1《坚壁清野议》，第629—633页。
③ 陈寅恪：《桃花源记旁证》，《清华大学学报》（自然科学版）1936年第1期。
④ 《澹静斋文钞》外篇卷2《遵旨拟就款条晓谕官民绅士人等告示》，第657页。

玉屏山连峰叠嶂，顶摩霄汉。"① 《叙州府志》称："云顶寨，县南六十里，界隆、泸之交，可容数千人，山名云顶，寨名因之。"②《隆昌县志》载："云顶寨，县南六十里，界隆、泸之交。前隆地势稍夷，后泸地陡绝，右连玉屏山，左连梭椤垭，山之坳即中峰古刹。"③ 从地形上来看，云顶山为隆昌、泸县的天然界岭，其两侧地形平旷，唯此山居中凸起，呈西南—东北走势。云顶寨位于云顶山之顶峰，其西南侧为云顶场。云顶场在清代、民国时期是川南著名的集市，因夜晚开市而有"鬼市"之称。

寨堡最重要的设施是寨墙和寨门。同治《隆昌县志》称云顶寨"四围石砌墙垣，前高二丈许，后丈许，计垛口七百余，炮台三，碉楼一"④。今石砌墙垣保存较好，平面呈椭圆形，周长约1640米，墙底宽6米，上底宽4.2米，最高处残存5.2米，外砌条石，中夯泥土。墙上之垛口、炮台等设施今已不存。云顶寨的寨门数量，说法不一，同治《隆昌县志》与今县志皆称寨有门4道，《中国文物地图集·四川分册》却称"墙周原设6道拱门，分别为通永门、日升门、月恒门、小东门、小北门等"⑤，新修《云顶郭氏族谱》中也称云顶寨有大小寨门6处，即通永门、日升门、月恒门、小东门、小北门、烂寨门。⑥ 经过实地走访勘察，云顶寨实有寨门4道，正门朝西，上镌"通永门"三字，平面呈圆拱形，门洞高3.6米、宽1.55米，进深0.7米。门道进深4米。门道两侧各有拴门洞两个，椭圆形，长径0.22米、短径0.15米。日升门为寨之东门，平面呈圆拱形，额刻"日升门"字样，门洞呈方形，高2.5米、宽1.33米，进深0.77米，有一道厚0.3米的石条门槛。门道高3.8米、宽2.04米，进深3.8米。月恒门位于寨之西侧，与日升门相对，形制亦相同。月恒门之东又有门1道，形制与日升、月恒二门相同，但未刻寨门之名，应即文献所言之小北门。"小东门"与"烂寨门"并不存在，如所谓"烂寨门"之处，现为一段依崖砌筑的墙垣，其下为悬崖，根本不可能筑有寨门。访问当地居民，亦均称此寨只有寨门4道。

寨内原有兵棚、马厩6个，弹药库数处，设有寨务局、演武厅，还有作为寨丁训练地的大操场。新中国成立前，寨内原有庄院54座，房屋共1877间，

---

① 同治《隆昌县志》卷5《山川》，第50页。
② 光绪《叙州府志》卷13《关梁》，第390页。
③ 同治《隆昌县志》卷10《关隘》，第63页。
④ 同治《隆昌县志》卷10《关隘》，第63页。
⑤ 《中国文物地图集·四川分册（中）》，第470页。
⑥ 《四川隆昌云顶郭氏族谱》，第9页。

总建筑面积约42000平方米。新中国成立后，住户逐渐迁居寨外，至1985年10月房地产普查统计时，寨内仅存房屋面积共10928平方米，为原寨内住房面积的26%，常住人口51户174人。① 今日云顶寨建筑更显凋零，只剩十余户。

"寨中柴、水两项最为紧要"，故"寨上须有林木、水泉，以备樵汲也"②，云顶山多林木自不必忧，为了保存足够水源，曾挖水塘1个、水井1口，水洞一个，今水塘尤存，即"如意池"，平面呈不规则弯月形，长约100米，宽8—12米，其上有石桥一座，名"落虹桥"。

五 小结

综上所述，我们可以得到以下几点认识：其一，云顶寨位于四川省隆昌县西南云顶镇之云顶山上，是家族寨堡的典型。其二，云顶寨于咸丰十一年（1861年）六月起工修筑，同治元年（1862年）四月以后落成，由于郭人镛时为云顶郭氏族长，云顶寨又是由宗族决议修筑，故可以说由郭人镛修筑，实际上则是由其子郭光瀚具体负责，筑成之后也由郭光瀚担任首位寨长。其三，云顶寨寨墙、寨门等防御设施保存较好，寨门为4道，而不是某些文献所说的5道或6道。云顶寨是目前保存最好的寨堡之一，是研究清代寨堡形制的"活化石"。由于其修筑者云顶郭氏明清以来在川南具有重要影响，因此它是理解清代时期家族与社会的重要遗产；又由于郭氏广泛参与当时的社会管理，云顶寨又可反映士绅阶层在社会动荡之时所发挥的作用。

从云顶寨的修筑与管理亦可知，在家族寨堡的修筑过程中，筑寨的资金来源、筑寨过程的领导组织、寨堡修成后的领导组织，主要由家族商议决定，具有浓厚的家族色彩。同时我们也注意到，许多家族寨堡的居住人员并不一定来源于某个单一家族，即使是单一家族独资修筑的寨堡，也会允许其他乡邻入寨居住，这样可以充实寨堡的防御力量（战时的资金、人力来源），客观上也为保护乡村人民财产安全、维系地方稳定发挥了重要作用。

第五节 巨资推动下的大型堡垒：盐商寨堡

自贡市位于今四川盆地南部沱江流域内，包括自贡市辖区、富顺县、荣

---

① 《云顶镇基本情况》，隆昌县云顶镇人民政府内部资料。
② 《澹静斋文钞》外篇卷2《遵旨拟就条款晓谕官民绅士人等告示》，第657页。

县一市两县，自古以产盐而著名。自贡即因历史上该区域的两大盐井"自流井""贡井"而得名。自贡地区的盐井，以富义井、大公井开发最早，《华阳国志》载，江阳县"有富义盐井"①。《元和郡县志》载："公井县，中下，西北至荣州九十里，本汉江阳县地，属犍为郡。周武帝于此置公井镇，隋因之，武德元年于镇置荣州，因改镇为公井县……县有盐井十所，又有大公井，故县、镇因取为名。"②《太平寰宇记》云："富顺监，晋富世县，以县下有监井，人获厚利，故曰富世，贞观二十三年改为富义县。按：井深二十五尺，凿石以达盐泉口，俗谓之'玉女泉'。《华阳国志》云：江阳有富义盐井，以其出盐最多，商旅辐辏，言百姓得其富饶，故名也。"③宋代以前，四川地区以云安场、大宁厂产盐最盛，自北宋庆历年间成都平原发明卓筒井技术之后，逐渐形成了射蓬（今遂宁射洪、蓬溪）、犍乐（今乐山市、犍为县）、富荣（今自贡市）三大产盐中心。④明清以来，凿井技术进一步提高，自流井、贡井一带成为四川产盐中心。清代的自流井与贡井，以釜溪河为界，东属富顺，称东厂或下场，西属荣县，称西厂或上厂，合称富义厂或富荣厂。⑤厂区盐业生产的繁荣，促使自贡地区涌现一批富商巨贾，如李氏、王氏、颜氏等。在社会动荡之时，他们往往为了保护自身财富，一掷千金，积极主导寨堡的修筑与管理，客观上保卫了地方的安宁。大安寨、九安寨、三多寨、集生寨等都属于此类寨堡。

一 盐商堡寨修筑的历史背景

四川乡民筑寨的历史可追溯到西晋末年，宋蒙战争时期与自流井、贡井相近的地区也修筑有著名的虎头城。嘉庆白莲教之役兴起后，川东、川北一带广泛修筑寨堡，自贡一带由于没有受到战乱波及，并没有出现筑寨浪潮。鉴于嘉庆年间寨堡体系的成功，此后但凡出现叛乱，清廷都将筑寨练勇作为重要举措。当咸丰元年（1851年）洪秀全于广西金田村起兵之时，咸丰帝即下诏令广西修筑寨堡：

> 有人奏请力行坚壁清野一折，历陈从前川、陕、楚教匪滋事，堡寨

---

① 《华阳国志校注》卷3《蜀志》，第291页。
② 《元和郡县志》卷34《剑南道·荣州》。
③ 《太平寰宇记》卷88《富顺监》，第1745页。
④ 《蜀中广记》卷66《方物记第八·川西盐井》。
⑤ 自贡市地名领导小组编印《自贡市地名录》，1982，第2页。

告成，然后殄灭。现在广西剿匪，亦惟深沟高垒，人自为兵，各保藩篱，守望相助。俾良民不至胁从，匪徒一无接济，贼势穷蹙，而后捣穴擒渠，算操必胜。又片奏团练成效，如嘉庆年间明亮所称"各州县于大镇市劝民修筑土堡，环以深沟，其余或十余村为一堡，或数十村为一堡"，长麟所称"守我有粮有民之区，逼贼归入无食无人之地，党孤食尽，自然窜出，以逸兵待困贼，不难一举扑灭"等语，均著该大臣等，悉心酌度现在贼势众寡，水陆险隘情形，一面相机剿捕，一面剀切劝谕绅耆，广募练勇，互相保卫，事易功倍。庶殄灭之后，不致再留余孽。昨周天爵奏，大营不可为所诱动，严饬州县处处团聚，联络坚守，意亦大概相同。并据称，避贼良民多据形胜自守，若官为倡导保护，民志自必更坚，兵气亦可大振矣。将此由四百里谕知李星沅、周天爵、向荣，并传谕劳崇光、吴鼎昌知之。①

从《清实录》等相关文献的记载来看，自广西到湖南、湖北、江西、江苏、安徽，太平军每打到一处，咸丰帝皆下诏令当地筑寨练团，地方各级官员中的有识之士也纷纷下令辖区内的士绅阶层兴团筑寨。当太平军进入两湖之时，毗邻的四川各州县官吏亦遵诏劝谕百姓修筑寨堡。咸丰三年（1853年），自流井著名盐商李振亨、颜昌英、王克家等为保卫由盐井带来的巨大财富，与众人筹建三多寨，意指"多福、多寿、多德"②。三多寨建成后，李振亨之子李春霖任寨长，三家分别修筑了"李陶淑堂""颜桂馨堂""王敦睦堂"等宅第。随后，远近富户陆续来寨造屋定居，三多寨成为远近闻名的坚固堡垒。③

咸丰九年（1859年）九月初八，李永和、蓝朝鼎等在云南省盐津县牛皮寨举兵反清，率军北上攻占叙州府各县。为了进一步壮大力量，顺天军决定向富庶的川南盐场进攻。十一月，李永和率军克犍为盐场。次年正月，占领自流井盐场，并于犍为、井研、荣县、威远县之间建立铁山根据地，"令纳米者给门帖无犯"④，以图久据。李蓝反清斗争中，以叙州府为大本营，其策略是占据犍为、富顺等地的盐场，以筹措粮饷，因而整个李蓝反清斗争的过程中，犍为、富顺两地遭到的破坏最大，特别是以自流井为中心的地区，交

---

① 《文宗显皇帝实录》卷27，咸丰元年二月辛酉，《清实录》第40册，第379页。
② 《自贡市地名录》，1982，第60页。一说三多寨，取"多福、多寿、多子嗣"之意。
③ 李一喧：《自贡大盐商李振亨家族史料》（上），1984。
④ 民国《犍为县志》卷8《武备志》，第317页。

战双方往来频繁。

早在战争初期的咸丰九年九月二十日，李蓝军队渡金沙江，占据真武山，俯攻叙州府城，令蓝大顺分兵据吊黄楼以拒援兵，就引起了富顺官民的恐慌，"（叙府）去富顺程不二日，知县胡汝开闻警，急集士民为守御计"①。作为清代四川地区产盐重镇，富庶的自流井自然成为李蓝军队窥伺的目标。为了避免遭到劫掠，井地居民请求调重庆府兵勇入盐场保护。此时的清军纪律很差，入自流井后不仅不能保护百姓，还觊觎盐井之富，乃借口饷银不足，"大肆焚掠"。②当地居民盼望清军保护，哪知却因此遭劫。更糟糕的是，李蓝军队也趁乱大举入境，沿途并没有遭到抵抗，轻松攻占自流井，盘踞月余，自流井一带"商民骇惧奔逃，烧杀掳掠，惨难言状"。③而身负保卫之责的重庆兵勇，却"溃据邑西陶桥，肆行掳掠"④。乡绅萧博等筹款600余两，兵勇才散去。盐井之居民与财富遭到清军与反政府武装的双重劫掠。

自流井盐场商民经过这场浩劫，认识到清军并不能够保卫自己，必须自行组织武装以自卫。富裕的盐场商绅阶层纷纷散金招勇，筑寨练团以应对李蓝军及清军的劫掠。其中最著名的当属井地著名盐号"王三畏堂"当家王余照等人倡修的大安寨和久安寨，以及另一位著名盐商颜昌英修筑的集生寨。

二 大安寨、九安寨历史面貌与遗存状况

（一）寨堡的修筑与攻防

大安寨位于今自贡市大安区东郊外，建于咸丰十年（1860年），是清代自流井地区最著名的寨堡之一。咸丰九年，李蓝军队围攻叙州府，威胁自贡盐场，清军无力抵抗，招募来护场的兵勇反而到处焚掠，盐商们认识到战乱之时只能依靠自己，故决定自行组织武力，筑寨以自卫。咸丰十年四月，在"川盐济楚"的背景下成长为自流井盐场最大的盐商集团"王三畏堂"的首领王余照，与厂绅陈南、黄怀璸等人商议，集众于自流井附近修寨自卫，取名"大安寨"，王余照为寨长，并招募练丁千人进行守御。这座寨堡"土垣

---

① 民国《富顺县志》卷8《历代兵事》，第340页。今自贡市、富顺县，清代皆为叙州府富顺县地。
② 民国《富顺县志》卷8《历代兵事》，第340页。
③ 同治《富顺县志》卷29《城防纪略》。
④ 民国《富顺县志》卷8《历代兵事》，第340页。

高二丈许，下砌石脚墙，宽可一丈，上覆瓦屋，周约二三里"①。

寨修成后，多次遭到李蓝军队进攻。咸丰十年七月初，蓝朝鼎率军进攻自流井，此时大安寨初创，战守之具未备，幸而清军紧随而至，蓝朝鼎不敢攻寨。是年冬，李蓝军又以数万众攻大安寨南门，时寨已修成，居民两千余户，井厂工人寄居者数万，军械齐备，李蓝军攻寨不下，又遭到寨兵出奇偷袭，遂遁。咸丰十一年（1861年）六月，李蓝部将周绍勇率众犯境，于大安寨的东面修筑营垒，决心攻下这座财货丰饶的寨堡。大安寨防御严密，攻取不易，但地居山巅，取水不易，且寨内人众，用水量很大，周绍勇乃以重兵控扼大安寨取水之道，王余照令监生王余坨领众出争，与周绍勇战，伤重而死。幸次日大雨如注，水源缺乏的问题得以缓解，合寨欢声动地，守御之心愈加坚决。为了防止寨内贫民因饥饿发生内乱，王余照与厂绅黄怀璛、王宝龄、王培信、陈宅泗、颜怀孔等协商，发仓粟赈济。七月十一日初更，周绍勇率众对大安寨发动总攻，以"敢死队"千余人拥云梯，顶板桶、方桌迫抵墙角仰攻，寨上以炮石、火弹、喷筒、灰罐星飞掷下，双方激战一夜，至黎明方各自收兵。十二日夜晚，周兵再次四面围攻，仍被寨勇以枪炮轰退。十三日夜，周兵准备用地雷炸寨墙，因大雨而未果。二十一日，隆昌举人耿光祺、耿光秥带团练来援。二十二日，都司徐璋又带叙州府练勇入境保厂。周绍勇乃烧大安寨东门对山营垒，移扎阮家坟一带。耿光祺等于周军旧垒扎营，徐璋则率军进入大安寨。周绍勇乘耿军初到率众来攻，耿军在徐军的接应下与之接仗，连战两日，周绍勇大挫，乃向大山铺（今自贡市北）方向遁去。②为了加强大安寨防御，王余照等又于周绍勇故垒筑寨，名九安寨，该寨"距城九十五里，在大安寨东门对山上。咸丰辛酉，周逆攻大安寨，解围后大安寨寨长王余照同陈南、陈大彰、黄怀璛等筑寨于此以固唇齿而通樵汲"③。寨成之后，因王余照已任大安寨寨长，就推举陈南为久安寨寨长。

（二）遗存状况

大安寨位于今自贡市大安区东郊。2014年10月25日，笔者借参加自贡盐业博物馆举办的四川盐业文化研讨会之际，对该寨进行了考察。笔者所居

---

① 民国《富顺县志》卷8《寨堡》，第355页。
② 同治《富顺县志》卷29《城防纪略》。
③ 民国《富顺县志》卷8《寨堡》，第356页。

住的汇东大酒店位于自贡市大安区釜溪河南岸的汇东路，距大安寨不远，由寨西部的环山公路而上，首先就看到了"大安寨石灰岩地名命名地"的标识。据介绍，1933年，中国著名地质学家谭锡畴、李春昱以此地石灰岩命名"自流井层"中的一个岩性地层，后称大安寨段，为下侏罗统自流井组最上部的一个岩性段，厚45米，下部为黄灰、紫灰色泥质、砂屑、介壳灰岩与灰绿色泥质粉砂岩、粉砂质页岩互层，上部为紫红色钙质泥岩，属浅湖—湖泊浅滩环境形成的沉积地层。无论是大安区，还是大安寨岩层，名称都与"大安"相合，可见此寨后来已经成为当地的著名文化标识。由此地标而上，则到四川省盐业学校。该校创办于1958年，1996年增设了"四川省轻工工程学校"校名，同时是全国井矿（湖）盐培训中心和国家级加碘盐培训中心，学校占地约7万平方米，大致与原来的大安寨相当。

现在大安寨之上的建筑以四川省盐业学校为主，其旁有一条小吃街，食客以学校学生为主。沿小吃街往东行，则有民居十余户。原来大安寨的建筑，已经难寻其迹。由于大安寨距离自贡市区很近，大多数居民已经搬入城内，百余年沧海桑田，当地居民对大安寨的历史以及山寨的结构多不知情，只知该地原来是一座著名寨堡。从寨内仍依稀可以看出古寨的一些痕迹。寨内的民居，不少是用巨大条石垒砌，这些条石很可能就是原来寨墙的组成部分。在盐校东部与九安寨相对的位置，据传即大安寨东门处，有墙面一段，长约6米、高2米、面阔1.5米，为条石垒砌，可能即东门城墙的一段。①

自贡市区地势较为平坦，周边唯有大安寨一带地势稍高。从大安寨俯瞰，自贡市区尽收眼底，山寨实为自贡形胜之地。九安寨位于大安寨东的一个山包上，地形较大安寨低。民国修纂《富顺县志》之时，九安寨即已无存。此时九安寨仅作为一个普通村落存在，内有民居十余户，但已难觅古寨影踪。

三 三多寨历史面貌与遗存状况

（一）筑寨历史

三多寨位于自贡市北部的三多镇，距自贡市区18公里，地处自贡市与

---

① 口述资料，采访对象李云生，男，现年76岁，大安寨人，采访地点为大安寨内。笔者于寨内采访4人，年龄为60—80岁，皆不知道寨门毁于何时。李云生曾听其父辈说东门在此，却不知寨门原有几个。查此地正对九安寨，其方位与文献记载相符，故谓大安寨东门于此应是正确的，谓此段即城墙却不知确否，但这块土下即高坎，并没有修筑栅栏的必要，说是城墙也并非无稽之谈。

内江市、威远县三县（市）交界处，始建于咸丰三年（1853 年），是现存的自贡盐区修筑时间较早的寨堡。全寨占地面积约 1.25 平方公里，寨墙残长约 4330 米，是四川地区规模较大、保存较好的寨堡之一。

咸丰二年（1852 年），太平军北上两湖地区，克武昌、南京，造成淮盐不能上运两湖地区，清朝决定调川盐入楚，规定"凡川、粤盐斤入楚，无论商民，均许自行贩鬻，不必由官借运"。① 据统计，运销楚省的川盐年销售额在 8640 万斤左右，这还不包括数量更多的私盐。② 在川盐销售繁荣的大背景下，小盐贩却遭到更严厉的打压，促使他们结为团体对抗官府。③ 重庆府小三峡地区就发生了张大童等人反清的事变，四川省各地私盐贩子集聚，滋扰地方，各地"沿河一带多有匪徒，成群结队，率众登船劫夺，行旅深受其害"④，导致社会动荡不安。咸丰三年，自流井著名盐商李振亨为保卫自家财富，乃与颜昌英、王克家等筹建三多寨。同治《富顺县志》载：

> 三多寨，富顺北郭外百二十里，有石岖崎历落跃起数十丈，踞地作奇峰，曰佛子寺，广三百丈，长四百丈，周一千三百丈，即今所称三多寨者。有田四百亩。井绅李振亨首倡筑寨之议，谋于颜昌英、王克家，卜得佛子寺，即山伐石，斩荆棘，凿峭壁，垒石为墙，高约三丈，广八九尺有差。为门四，各有楼，楼有炮台，垛口二千五百五十。傍西筑内墙三百六十丈，高广如之，皆以石。计工一百十余万有奇。经始咸丰三年十月，落成于九年八月，费金七万余。李、颜、王三人分任之。而七年监修，李独任之。九年，滇逆李永和、蓝大顺乱，直薄叙郡城，官军玩寇，贼焰益张。明年正月，窜自流井，远近居民先后携扶至者千余家。贼声言甘心于寨，卒不敢犯者二。九月，贼据牛佛渡，分党四出抄掠，淫杀之虐无地蔑有，而寨独无恙，寨中保全凡二十余万人。⑤

民国《富顺县志》载：

> 三多寨，距城百二十里，连内江界，地名佛子寺，一名牛口山。吕志，咸丰三年厂绅李振亨倡筑，同颜昌英、王克家建，咸丰九年己未落

---

① （清）丁宝桢：《四川盐法志》卷 11《转运六·济楚上》。
② 张学君、冉光荣：《明清四川井盐史稿》，四川人民出版社，1984，第 120 页。
③ 鲁子健：《封建垄断下的私盐抗争》，《盐业史研究》2009 年第 3 期。
④ 巴县档案 6 - 18 - 209：《江北移巴县会营认真查拿匪徒沿江抢劫》。
⑤ 同治《富顺县志》卷 29《寨堡》。

成，费七万余金，振亨一人独任监修。内江孝廉刘景伯《枕经堂稆著》又作"费十余万金"。咸丰十一年工竣。《吕志》："寨长李春霖"，即振亨子。《枕经堂稆著》作"周十三里"。《吕志》云："广三百丈，长四百丈，周一千三百丈，内有田四百亩，石墙高约三丈，广八九尺，寨门四，门各有楼，楼有炮台，垛口二千五百五十，傍西筑内墙三百六十丈，高广如之，皆以石，共费工一百十余万有奇。"咸丰十年正月，李逆窜自流井，远近居民先后扶携至者千余家，贼不敢犯。九月，踞牛佛渡，四出钞掠淫杀，寨独无恙。辛酉八月，贼经寨下，惮险不敢攻。先后保全士女以二十万计，捍卫资粮以数百万计，为全县寨堡之魁。①

由上文可知，三多寨于咸丰三年（1853年）开始修筑，至咸丰十一年（1861年）才最终完成，历时九年之久，耗费资金达到7万余两白银，刘景伯的书中甚至称耗资十余万两，这么高的费用在西南地区寨堡中也属罕见。以城寨的规模言之，三多寨所在的叙州府的清代各城池中，叙州府城周长1087丈、高2丈、厚1丈8尺，南溪县城周长1108丈、高1丈7尺5寸，庆符县城周550丈、高2丈、厚1丈6尺，富顺县城周长1053丈4尺、高1丈5尺、厚1丈3尺，高县城周长360丈、高1丈5尺，兴文县城周长199丈、高1丈。② 对比发现，三多寨无论是城墙的长度、高度还是厚度，都要比这些州县城池更胜一筹。寨中还修筑了耗资不菲的大量经堂、楼阁，在整个清代的四川寨堡中也是极为罕见的。

（二）墙门与寨墙

经实地考察及访谈可知，三多寨在东、西、南、北四个方位各有寨门1道，西门外还筑有外墙1道，立外西门，故三多寨共有寨门5道。其中，南寨门为自流井入寨的大门，其规模也比其他三门略大，城门外原来有石梯300余级通往山下。寨门原为铁皮包裹的硬木门，上有铁钉，寨门楼之上筑有炮台，全寨共计24座，南大门两侧各有一名寨丁持械站岗，城门楼上也有寨丁把守。③ 现在南、北、外西寨门皆已不存，唯东、西两门仍存。

---

① 民国《富顺县志》卷8《寨堡》，第356页。查同治《富顺县志》及本书之人物志，颜昌珽应为"颜昌英"之误。
② 光绪《叙州府志》卷8《城池》，第175—185页。
③ 口述资料，采访对象为李铁生，三多镇居民，曾长期担任三多镇李家岩村支书，退休后居住在镇上，2014年接受笔者访谈时80岁，采访地点为三多寨内。

第五章 明清时期西南地区寨堡的类型

作为三多寨规模最大的南门，在1958年修筑公路进寨之时就被拆毁，现存的南寨门实为最近开发旅游而复建，其宽度已是原来南门的两倍，高度也远高于原来的南门。据李云生介绍，南寨门原高约3米，宽约1.5米，进深与现在相当（约2米）。南门外原来的道路是石梯，与南门同时被毁，现被改造成水泥公路。三多寨的南寨墙除了南门处为旅游需要，在上部新修垛口略加修饰外，大致保存了原貌，可以看出，南寨墙高约10米，厚约2米，门上原修有垛口，设炮台、敌楼，现已不存。

三多寨的南北街，是寨堡的主干道，自南门而入，约行1公里即到达今三多镇中学，中学之北侧，即为原北门遗址。北门入门处地形稍缓，两侧则为高约10米的悬崖，人工堑山的痕迹明显，应是修寨之时所为。北门东侧的寨墙，随地势而行，呈"U"字状，由于此处山崖陡峭，故有"肖岩滴翠"之名，为三多寨八景之一。由于山势陡峭，并不需要修筑连贯的寨墙，仅在一些缺口处用条石垒砌，一些不够陡峭之处则人工削峭之。在寨墙之上，垒砌了一条宽约1米的条石路，以防泥土下流影响寨墙陡峭的形势。北寨墙西侧的寨墙也是依山势而行，高度在10米左右，其与东侧寨墙同，并没有修筑高大寨墙，而是将山崖削陡，缺口处辅以条石。从遗存状况来看，人工削平的痕迹更为明显。寨墙之上，以条石修筑保坎，中间贯以土石，宽度1米左右，现在已经被高约1米的杂草覆盖。

自北门沿南北街回行，约行300米，即为东街。沿着东街前行，有李振亨的老宅——退思堂旧址，再前行约150米，就到达东门。东门以条石垒砌，平面呈拱形，宽1.4米，高3.8米，进深0.8米，门洞深1.9米。寨门内侧有3个洞孔上下排列，呈椭圆形，短径0.12米，长径0.18米，为栓门之用。门道内现标有"大安区重点文物保护单位，三多寨遗址，自贡市大安区人民政府，一九九五年二月公布十月立"字样。此门上原亦设炮台、敌楼、垛口，今已不存。东门外有石梯一道通往山下，宽约2米，以条石铺就。东门两侧有高约4米的寨墙，以条石垒砌。自东门而入，有石梯西行数步而后偏北转而上，原为第二道卡门，今已不存。东寨门北侧的寨墙也呈"U"字形，其突出部分，即为三多寨八景之一的"峻岭横烟"，此处墙体高近20米，窥之眩目，起雾之时云雾缭绕，故有是名。峻岭与东门之间，有几处地形稍缓，则以条石垒砌修补之，上建敌楼垛口。但现在此段城墙上的垛口为后人增修，清代垛口因缺乏保护多已不存。

自东门沿东街回到南北街，向南行约200米，即为西街，沿西街行约600米就到达西门。西门以条石垒砌，平面呈圆拱形，宽1.3米，高3.8米，

209

进深 0.95 米，门洞长 1.8 米，左右各有 3 个栓门洞上下排列，下面两个呈圆拱形，最上一个呈方形。西门处地形稍平，故两侧皆以条石垒砌寨墙，墙高 4 米左右，上宽 3 米，原设垛口、敌楼，现已不存。西门外原还有外西门及寨墙，今已不存。

（三）寨内空间

寨内交通主要有南北街连接南北两门，为寨内主干道，其东侧又分出东街，通往东门；西侧分出西街，通往西门。进南门处沿城墙还有老街两条，分别通向南北两门，南门往东门的老街中央又分出一条，直插南北街，与西街相连（见图 5-1）。

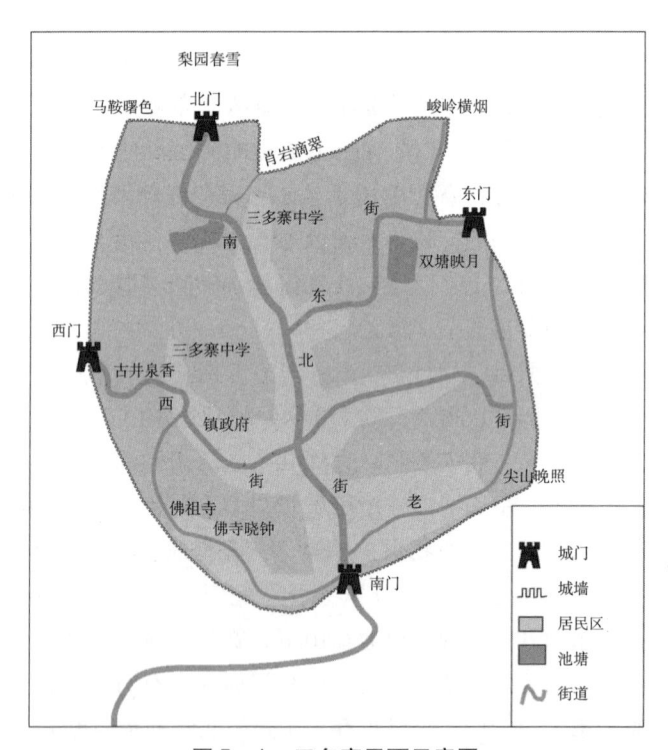

图 5-1 三多寨平面示意图

据李铁生介绍，三多寨自清末建寨以来成为自流井地区人民躲避战乱的重要据点。抗战爆发后，富庶的自流井成为日机轰炸的重要区域，富商巨贾纷纷逃入寨内躲避，寨内住户数千家，人口近万人。三多寨原来有著名民居三百余处，以"堂"命名，如颜辉山的"福善堂"、李振亨的"退思堂"等。可惜，这些建筑由于社会动荡，都被拆毁无遗。现在我们所看到的退思堂，乃是后来复建，其形状与之前的退思堂类似，但建筑材料已与前迥异，原先各种美妙的雕梁画栋也都难以复原了。

水源是寨堡能够坚持长期防御的重要保证。在三多寨内部，水体范围很大。在北门处，有池塘数处，水体面积共约1300平方米。这里的池塘蓄水量很大，下雨时能形成一条小溪，沿北门东侧寨墙的"U"形缺口飞溅而下，形成三多寨八景中的"肖岩滴翠"景观。沿东街向东门前行，其间有池塘两个，水体面积约600平方米，即八景中的"双塘映月"所在。除此之外，寨内还分布古井数处。在东街北侧，有一古井与"双塘"隔路相对。至今，这个水井仍为附近寨民的主要饮用水来源。从东街水井可以看到，居民修的水管伸入井内，靠置于水井内的水泵抽水饮用。在西街距西门不远处也有一个水井，即八景中的"古井泉香"所在，可惜这口井现在水量不大，已经不能满足居民饮水所需。

三多寨内面积较大，不仅能够满足居民居住需要，还有剩余土地供村民耕种。据观察，寨内目前供种植的田土面积占寨内面积的4/5以上，包括旱地、水田等，种植作物包括水稻、玉米、红薯、马铃薯以及各种蔬菜。这些田土基本能够满足寨内居民生活所需。在寨墙之外，还有面积更大的水田、旱地，其中较大部分的所有权也为三多寨民所有。寨民于此据守，有警情则入寨据守，无事则出寨耕作。

四　集生寨历史面貌与遗存状况

（一）寨堡概况

集生寨位于荣县墨林乡吕仙村，又名吕仙寨、李家寨。光绪《威远县志》载："（咸丰十年）十月，王兆俊谕范昭等练团，筑集生寨，在西乡吕仙岩。"[①] 今墨林乡位于荣县东北，北与威远县新场镇，东与威远县镇西镇、庆东镇接壤。吕仙村位于墨林乡东部，与威远县接壤，故该区域在清代属于威远县，不知何时划入荣县。《荣县地名录》载："仙岩寺，在吕仙岩，本李家岩，清咸同时建有寨，祀吕仙得名。"[②]

根据《中国文物地图集》记载，集生寨为"咸丰年间自流井大盐商颜应

---

① 光绪《威远县志》卷2《团练寨堡》，第943页。
② 四川省荣县地名领导小组编印《四川省荣县地名录》，1982，第326页。

昌兄弟出资修建"①。但实际上，出资修筑集生寨的，是与李振亨共同修筑三多寨的大盐商颜昌英，而非谓颜应昌。民国《富顺县志》载：

>   颜昌英，号鹤龄，孝友性成，敬礼师儒，多济人利物，费金巨万无吝。修筑三多寨，捍卫井厂，出力斡旋，群推厚德。复修集生寨于威远之吕仙岩，保全凡万余人。②

2014年10月26日晨，笔者于自贡乘大巴前往荣县，在荣县车站再换乘发往东兴镇的车即可到达墨林乡。墨林乡政府驻地距县城16公里，地处龙脉山褶断带及青藏高原冰川漂砾层所形成的丘陵、低山带，镇域内地质地貌复杂，㵲江、甘溪河、麻柳河、白鹿河构成的"一江三河"贯穿域内，高山、深谷构成了域内的主要景观。此地交通不便，主要干道虽筑有水泥路，但已年久失修，损坏严重，加之前一天夜里刚下大雨，更难通行，仅16公里的路程费时约40分钟。墨林乡经济较为落后，加之路况很差，乡政府驻地没有摩托车师傅招揽生意，笔者只好央求一名茶馆老板作为向导骑车载笔者前往。集生寨距墨林乡政府并不远，约4公里。我们骑车通过一条通往高山镇正安乡的新修道路，由于路面松散，骑行十分困难，约行1公里后进入一条宽仅2米的村道，经过一个山谷，集生寨即映入眼帘。

集生寨北面是荣县最著名的山——荣德山。荣德山，又名老君山，海拔800米左右。《元和郡县志》载："武德元年，割资州大牢、威远二县，于公井镇置荣州，取荣德山为名也。"③ 可知古荣州、今荣县的得名，皆源于此山。《太平寰宇记》又载："荣德山，在州东北四十二里。其山在川谷之中，独拔五百余尺。中有老君祠，刻石为像。有小路至山顶，以木为梯。"④《大明一统志》载："荣德山，在荣县东北四十二里，其高插天，一名老君山，山有仙人修道石室二十四所，其半有唐刺史薛高磨崖碑。"⑤ 荣德山垂直高度约100米，有名人题刻多处，其中清末翰林赵熙的《游荣德山》最为精彩，其诗云："一念前生堕世间，飘然人外御风还。秋来化鹤三千岁，独立荣州第一山。"荣德山、吕仙山两山相距仅600米，皆为荣县与威远之界山，山之西为荣县界，东则为威远县界。

---

① 《中国文物地图集·四川分册（中）》，第175页。
② 民国《富顺县志》卷12《人物》，第513页。
③ 《元和郡县志》卷34《荣州》。
④ 《太平寰宇记》卷85《荣州》，第1700页。
⑤ 《大明一统志》卷72《嘉定州》。

（二）遗存状况

集生寨位于吕仙崖顶，平面呈椭圆形，南北长，东西短。山崖的南、北、西三面皆为悬崖，石壁天成，高 50—80 米，无法攀登，所以并没有修筑寨墙。东面地形较缓，故筑有寨门及寨墙，门额刻"集生寨"三字。寨门以巨型条石垒砌，其中较大的一块长 1.66 米、宽 1.12 米、高 0.38 米，这等巨石在山寨中较为罕见。门洞宽 2.5 米、高 3.8 米、进深 1.1 米，门道宽 2.8 米、高 4.2 米、进深 8.2 米。无论从条石的大小，门洞的高、阔还是门道进深等来看，寨门的规模在四川地区寨堡遗存中都是比较罕见的。南门两侧筑有寨墙，残长 70 米、残高 4—7 米、厚 5 米，还残存有部分垛口。

祠庙建筑是此寨的一大特点。据住户介绍，吕仙岩在清代和民国时期是荣县著名的佛教胜地，山上的仙岩寺有天井 44 个，占地面积约 2000 平方米，可惜此寺在"破四旧"时被拆毁，其址被改造为民房，而今这些民房也多已破败不堪。[①] 吕仙山还有唐宋时期的摩崖造像群，分布于山之北崖，2007 年 6 月 1 日被公布为四川省文物保护单位，现存 4 龛唐代佛教造像，分别是观音、大势至菩萨、释迦牟尼和弥勒说法图，崖壁有造像记，龛内有南宋绍兴年间维修记。这些造像为浅浮雕，造型简约大方，线条流畅，分布面积约 50 平方米。造像之下，建有庙宇一间及民房两间。此处的摩崖造像，原也远不止现存的 4 尊，在现在四川省文保部分划定的 250 平方米保护的区域内，原来有佛教大小造像近 30 个，可惜在"破四旧"时遭到严重破坏，以前规模更大、造型逼真的几尊佛像都被切割毁坏，荡然无存。

集生寨水源丰富，内有水塘、水井，其北崖有山泉一处。在南门外，有一个以条石垒砌的池塘，平面呈长方形，面积约 300 平方米。网上有不少人士发帖称此池塘为集生寨的护寨河，原来河上还建有吊桥，平时收起，有人进出确认身份后方可放下，当地居民也持此说。[②] 但通过实地探查可知，这个水塘距离寨门处尚有约 10 米的空地，现还开辟了一块菜地，说明池塘不可能是所谓的"护寨河"，仅是寨外为方便附近田土浇灌而修筑的一个蓄水塘而已。寨内地势平缓，可供居住的区域较多。据陈春云介绍，寨内原来民居栉比，其中以颜氏老屋最为著名。颜氏为附近著名商贾，其房屋规模较

[①] 口述资料，采访对象陈春云，女，2014 年接受笔者采访时 85 岁，身体健康，为吕仙崖下住户，采访地点为集生寨内。

[②] 口述资料，采访对象杨兴刚，男，2014 年接受笔者采访时 54 岁，吕仙村民，采访地点为集生寨内。

大，为四合院结构，门前有石狮、石鼓等物，可惜颜氏在新中国成立后遭到批斗，其老屋也遭到破坏、拆除，今已不存。20世纪八九十年代，寨内还有居民40多家，年壮者多出门务工，或迁往他处，只剩下老弱十余家还在山上坚守家园。笔者走访发现，这十几家的居民年龄多在50岁以上，每户仅有一两个老人，但每家的建筑面积都很大，皆修有宽大的庭院，围墙多以条石垒砌，材料直接取自原来的老寨墙。

四　盐商堡寨的特点与作用

清代寨堡以性质论，大致可分为官寨、民寨及"贼寨"三种类型。民寨之中，盐商堡寨无疑是一种重要的类型。盐商之富是蜀中从事其他行业的百姓所无法相比的，其所筑堡寨的一大特点是规模宏大、耗资甚巨，如三多寨。三多寨占地面积约1.25平方公里，石砌寨墙宽3米，周长约4330米，高10米，有的地段加上堑山，高达30—50米，在东、南、西、北山势缺凹处修建4门，有炮楼24座，垛口约2555个，寨内馆第楼堂达300余座，现可查堂名的有110多处。① 这样的建筑规模，比同时期的富顺县城乃至于叙州府城都要大，没有盐商雄厚的财力，是难以实现的。集生寨也以规模宏大著称。虽然该寨的大部分设施被毁，但从现存高大的寨门、寨墙以及遗址的范围来看，亦能看出寨堡原貌之伟岸。正因为三多寨、集生寨的坚固，李蓝军队虽然屡经寨下，却始终惮而不攻，寨中数十万生灵得以免遭涂炭。

从寨堡修筑所耗经费而言，三多寨耗资7万余两白银，堪称寨堡之魁。安岳县清代最出名的高山寺寨，周长9里，居民1700余户，工程历经年余，耗资2460余缗。② 一缗即一串，合一千文钱，约折合一两白银，也就是说高山寺寨约花费了2460两白银。云阳望族涂氏于民国初年重修的磐石城，是川东著名寨堡，虽称"工艰而费巨，中经困阻，作而几辍者数矣"③，也仅费资3000余两。比三多寨建成晚数年的隆昌云顶寨，由川南巨族云顶郭氏修筑。郭氏曾是隆昌最大的家族，田产跨隆、富、泸三地，所筑云顶寨也是川中著名大寨，其"四围石砌墙垣，前高二丈许，后丈许，计垛口七百余，炮台

---

① 《中国文物地图集·四川分册（中）》，第171页。
② 道光《续修安岳县志》卷2《寺观》，第792页。
③ 民国《云阳县志》卷43《杂文》，第541页。

三，碉楼一"①。同治元年（1862年）三月，李永和驻兵天洋坪，隆昌兵勇、团练为防止其入境而集聚云顶寨，"一切供应俱系寨主郭光瀚备给，各团需食谷米亦皆由郭光瀚借发，铅弹火药之属偶不应用，光瀚亦概为应付"②，可见其财力之雄。这样著名的寨堡，耗资也才2万两。与同处于富顺县的其他寨堡相比，也可看出三多寨耗资之巨。同治二年怀德镇田氏合族修建的人和寨，周长2里，耗资7000余串；同治三年（1864年）怀德镇王、章、浦合族共建的均安寨，周长3里，耗资7000余串。③ 以此观之，三多寨耗资基本是普通寨堡的10倍，也远远高于四川省其他著名寨堡。

盐商堡寨的另一特点是，经费充足，器械精良，人员齐整。一个寨堡要能够成功组织防御，除了要有坚固的寨墙作为依托外，兵精粮足也是必不可少，否则当敌人进犯之时，必将溃散。④ 盐商以其雄厚的财力招兵屯粮，奠定了寨堡稳定的基础。这种情形，在大安寨的防御过程中显而易见。大安寨的修筑较为仓促，以速成的方式垒筑夯土墙体。也正由于寨墙不够坚固，内拥巨大财富的大安寨就成为敌人觊觎的目标。支持其成功防御的因素，主要是充足的兵员、粮秣以及精良的器械。大安寨建寨之初即招募练丁1000余人，组成了防御的骨干。寨成之后，又容纳了居民2000余户，井厂工人寄居者数万，囤积粮食，购置了大量的火枪、火炮、火弹、喷筒、灰罐、大刀、长矛、弓箭等防御设备，故而虽遭李蓝军数万人多次围攻，仍能力保不失。而且，进攻大安寨的是战斗力很强的周绍勇部。周绍勇是李蓝军中的著名首领，攻大安寨不克后，他率军东向，连陷荣昌、永川等县城池，还攻克了清军重兵把守的鹤游坪。鹤游坪位于涪州与垫江交界之地，"形如天船，四周轮廓皆堑岩削壁，路绕羊肠，盘之字而上，居人于扼塞处设卡寨，坪外东西山缭绕曲屈，拱护如莲瓣……为州北第一屏障"⑤，易守难攻。嘉庆七年（1802年）后，清廷在此设涪州分州衙署，建保和寨，至咸同时期已经发展为"烟火万家"的繁茂之地。尽管寨险兵多，但也没能抵挡周绍勇的锋镝。此役，大安寨被周绍勇数万大军围困围攻40日，仅付出死7人、伤40余人的代价，相比之下，战果更加难能可贵。

---

① 同治《隆昌县志》卷10《关隘》，第63页。
② 同治《隆昌县志》卷43《武功》，第454页。
③ 民国《富顺县志》卷8《寨堡》，第351页。
④ 因人少粮食不足而溃散的寨堡不在少数，见同治《直隶绵州志》卷12《关隘》，第124页。
⑤ 同治《重修涪州志》卷1《山川》。

除了筑寨自卫外，盐商们也积极以其他方式力求尽快结束战乱。咸丰十一年（1861年）冬，李振亨、颜怀德等盐商劝说李蓝军头目郭安邦率所部四万余人投降，寨长王余照则同九安寨寨长陈南及黄怀瓛、李仁瑞、黄嵩山等集众捐资给路费遣散归籍，为消弭战乱作出了进一步贡献。

五 小结

四川盐商堡寨主要集中于自流井、贡井一带，修筑时间主要是咸同年间，这一时期社会动荡。盐商雄厚的资本，为他们快速修筑大型寨堡奠定了坚实的基础。盐商堡寨具有规模大、经费充足、器械精良、人力充足等特色，故而在战争之中能让敌人不敢贸然进攻，当面对敌人重兵围攻之时，能成功防御。盐商的筑寨行为，对维护地方稳定起到了一定的积极作用。

第六节 入净土以求安宁：以寺为寨

寺庙、道观是出家人修行之所。出家人在战乱中多希望能够置身事外，不与战斗的双方发生直接联系，所以寺庙、道观在漫长的历史长河中很少与具有明显军事性特征的寨堡发生关联。但战乱之时，哪有净土？即使是深处大山之中的佛寺道观，亦不能免，仍需组织武力以自卫。白莲教虽有佛教净土宗的成分，但融合了许多其他宗教的成分，以及大量民间信仰要素，故而在真正的佛教徒看来是异端，佛、道各宗教人士对它采取的也是敌视和恐惧的复杂态度。所以当嘉庆时期白莲教起义爆发后，白莲教武装四处与清军对抗、劫掠乡村的同时，也伴随有焚毁寺庙的行动，佛道人士迅速与民间百姓结合，促成了寨堡与寺观的融合。寺庙、道观一般选择在高山之巅进行营建，这些地带地势险峻，与寨堡的选址要求相符，而寺庙、道观高大的院墙也可以作为防御屏障，故以寺为寨是寨堡选址的一种重要类型，占据了较大比重。

一 静观塔坪寺寨

（一）寨堡修筑的历史背景

塔坪寺寨在今重庆市北碚区静观镇，距北碚城区约25公里，距重庆市区约55公里。清时属江北厅礼里静观场,距厅城120里,地处嘉陵江小三峡地区。由于独特的地理环境与行政区位,这一地区成为川东最难以治理的区域之一。对此情形,重庆府曾向四川总督府汇报道:"三峡地方上至合州、璧山,下至巴县、理民,道路绵长百有余里,两岸悬崖陡壁,深林密箐,各界又复犬牙交错,而开煤厂、炭厂、纸厂错落其间,藏匿奸匪由来已久……实为川东第一大害。"① 理民,即江北理民厅。嘉陵江小三峡地区地处合川、璧山、重庆、江北交界之地,山高林深,防御困难,加上许多流民进入其间的厂矿之中谋生,流动性大,常发生械斗,又是哥老会、白莲教等民间秘密组织盛行之地,故而是清代重庆府的一大隐患之地。

嘉庆二年(1797年),湖北、四川白莲教武装于达州会师后,王三槐、徐天德、王聪儿等连兵南下,掠重庆府东部的江北、长寿、涪州等地。嘉庆三年(1798年),白莲教再次进入江北厅,占领静观场,到处战火纷扰,百姓流离失所,天全寨却得以保全,促成了江北厅寨堡的大规模修筑。陈橡《天全寨碑记》载:

> 天全寨者,远近诸寨之倡首也。当嘉庆三年冬,贼匪云集静观场,乌合十余万,游骑数百千,斩刈人民,焚烧庐舍,炮声震地,火光烛天。此时各境尚未有寨也,即有欲作寨者,又未知果能坚守否也。于是仓皇失措,不得已而或藏密箐,或渡大江以侥幸于万一。然往往为贼所得,遭掳被害者比比矣。独此寨周围不过一二里,男妇不满三百人,而且墙垣未完,枪矛无几。乃首事诸人,毅然以蚁漏一拳之区,当蜂拥众贼之势,昼则忘餐,夜则废寝,守望不足则权以妇人充丁,器械不齐则假以竹木作炮,随方设计,委曲求全,与贼相拒者十余日,率毙贼数人,贼乃敛威以去。于是远近闻之,作寨者遂踵相接矣。②

道光《江北厅志》亦载:"天全寨,(礼里)四甲油榨岩,四面陡壁峻绝,无路可通,惟两头置有城门。嘉庆时贼匪扰境,已逼寨下,有捕猎者黄姓兄弟数人,颇有胆略,急用竹席染墨裹作大炮形状以张声势,贼遂疑畏不前,合寨人民保全者甚众,故曰天全焉,各处修寨自此始。"③ 天全寨在静观东,现已不存,其在战乱中得以幸免,对附近区域寨堡的修筑起到了极大的

---

① 巴县档案6-18-208:《重庆府巴县札严拿峡匪张大童卷》。
② 道光《江北厅志》卷8《艺文志》,第581页。
③ 道光《江北厅志》卷2《寨》,第465页。

促进作用。通过《江北厅志》的记载和实地考察发现,这一地区所筑寨堡多集中于嘉庆三年,修筑的背景就是这一年白莲教武装曾到此活动。

(二) 寨堡概况

塔坪寨在今静观镇塔坪村,北纬29°53′43.5″、东经106°35′18.7″,海拔高程482.7米(东寨门前数据),因寨内有川东名寺——塔坪寺而得名。塔坪寺位于静观镇东,寺庙所处的山岭,清代时称为"古藏山"。《江北厅志》载:"古藏山,(仁里)六甲,厅西北百二十里,高一里,四壁陡削,上有七级石塔,宋乾道时建,寺即名塔坪。"[1] 塔坪寺内的七级石塔至今尚存,据寺内碑刻记载,石塔始建于南宋绍兴十六年(1146年),建成于乾道三年(1167年),可知寺庙距今至少已有八百余年的历史。寨内有一经幢石,其文曰:

> 特授四川重庆江北理民府加三级纪录八次福,为恩赏示禁事:案据礼里塔坪寺山值、书约、客僧等禀称,该寺于嘉庆年间被贼焚毁,片瓦无存,结草为庐。苦僧积丝成缕,计今数十年,修建庙宇,焕然一新,并未募化分文。惟寺路当孔道,恐后有不法匪徒或籍捕贼入庙吊拷,或插身进步管理庙事,甚有远方僧道估住估宿,难于阻止,为此恩赏示禁等情到府。据此除禀批示外,合行出示严禁。为此示,仰该约客居民等知悉,尔等俱各安守恒业,倘有前项不法匪徒入庙生事,许该寺主持指名启禀,以凭重究,绝不稍宽,各宜凛遵毋违。特示。
>
> 道光十六年十二月二十八日

据此可知,塔坪寺在嘉庆初年因战乱而遭到严重毁坏,后寺僧经过数十年的努力,才将其重建,并未向寺外百姓募捐,则现存寺外寨墙、寨门等设施,也应为寺僧所建。塔坪寨的寨墙、寨门等防御设施,有部分依托寺庙,与寺墙连为一体,部分则在寺外加筑,从而将寺庙及其周边建筑、田地包裹入内,占地面积约6000平方米,立有寨门两个,至今尚存,并存有寨墙一段。寨内地势较为平坦,有宋塔、明牌坊、清塔、清庙等遗迹。南寨门上有"大清嘉庆……"字样,可见此寨建于嘉庆年间,可能是在塔坪寺被白莲教烧毁后不久就开始动工修筑。

尽管塔坪寺是今重庆市较著名的寺庙,寺内建筑美观大方,保存良好,

---

[1] 道光《江北厅志》卷1《山川》,第452页。

但除了像春节这样大型的节日附近居民会集中前来拜佛外，平时甚少有人光顾。同时，近人游览塔坪寺寨，多半是被塔坪寺内雕廊画栋的各式建筑所吸引，却对这个寺庙曾经作为保卫附近乡村居民的山寨的历史知之甚少，导致寺庙以外的许多防御性设施遭到破坏，不少湮没于草丛之中。

（二）寨门与寨墙

除了引人注目的寺庙景观外，寨门与寨墙构成的防御性工事是塔坪寺寨的一大特色景观，也是其区别于其他寺庙的一个重要特征。寨墙是寨堡防御的重要设施，寨门则是进出寨堡的通道。塔坪寨现存寨墙长约200米，均用长约0.7米、宽约0.2米的条石垒砌，中间灌以沙土，墙高2.5—6米，厚约4米。南寨门右侧的寨墙，直接倚靠在塔坪寺后殿外墙进行修筑，残高约2.6—5米；左侧寨墙残高为3—6米，面阔约4米。据当地居民介绍，此寨墙之上原建有垛口、敌楼等设施，敌楼高约3米，当敌人进攻之时，兵丁可驻于敌楼内部向下射击、投掷石块等。现在寨墙上部的建筑都已经被毁，上面长出了三株直径约0.7米的高大泡桐树，其中两株南北并排而立，寨墙是相当厚的。

根据清代的寨堡条例，一般寨堡应在东、南、西、北四面各修筑寨门1道。塔坪寨由于西、北两面为悬崖，所以只在寨堡的东、南两面修筑寨门2道。其中南寨门位于塔坪寺后部右侧，为石券拱顶结构，门高2.6米、宽1.4米，进深4.15米，大门之上有刻字，虽已风化，仍依稀可辨"大清嘉庆"字样。寨门内侧有两个圆形拴门孔，方便在夜间或敌人进攻之时从寨内封锁寨门。寨门顶部，有几根木头并排分布，上面再以条石修砌。寨门内侧，通过一条长约5米的走廊，进入第二道寨门，可惜，此寨门已毁。寨门之外有石梯数十级，说明这里曾经是塔坪寺寨出入的一个重要通道，只是后来景观改造，在石梯下建造堰塘，这条入寨通道才被废弃。寨门外，还种植了许多高大的柏树、楠树、银杏等树木，部分树木已经有百余年树龄。这座寨堡一面为寨墙，另一面则直接为寺庙一座大殿的建筑墙体，这种寨墙形制也较为少见。

东寨门距南寨门约200米，位于乡村小道旁，亦为石券拱形结构，高3.1米、进深4.8米、面阔1.8米，寨门内结构与南寨门相同。值得注意的是，东寨门旁还有一座被人为堵塞的寨门，其大小、形制都与东门相当，这么近的距离修筑两道寨门看似不合理，但蕴含了古代的寨堡的风水设计，类似重庆城门"九开八闭"之制。

（三）祠庙空间

塔坪寺是塔坪寺寨内的主要建筑群，其大门为砖石结构，左侧为接引殿，殿旁有长方形华表石柱一对，高约5米，其底部为鱼盘，顶则为威武的雄狮。在大殿之前，是明代修建的仿木结构石质牌坊，高12米、宽7米。牌坊为二重歇山顶四柱三门结构，其顶部雕刻凤凰、孔雀造型，正中刻"沧龙福地"四个横批大字，其两侧有对联"山名古藏遗波□饰旧，寺号塔坪景色气象新"，对联之下则为石狮。横批之下，有佛教人物浮雕，共雕刻彩色人物12个，造型栩栩如生。对联两侧分别有"因古""成今"，两旁原还有对联一副，但字已漫灭。牌坊背面正中刻"第一胜境"四字，两侧刻对联"空中胜境此处勘屈指，天下名山于今亦栖禅"。横匾之下，是《西游记》故事浮雕，可以看出孙悟空、沙悟净、猪悟能三人脚踏七彩祥云而来，右旁则是唐僧盘腿而坐，正在讲经，旁有两名侍者，下侧则坐着两名听佛之人。对联两侧，分别横刻"相忘""彼我"，两旁又刻对联一副——"谁独出大千世界，守固之不二法门"，每联之下，皆雕有石狮。

明牌坊两侧，以条石垒砌围墙，入内则为大雄宝殿。大雄宝殿为木质结构，悬山顶，面阔七间35米、进深四间12米、高8.1米。大雄宝殿之后为三宝塔，其后为藏经楼，木质重檐歇山式顶，面阔三间15米、进深三间12.5米、高13米。藏经楼之后，还有后殿。大殿左右各有厢房，右侧厢房连接南寨门入口，左侧厢房之后有六角棱碑和石碑亭，上刻碑文，记载塔坪寺重建始末及清代示禁官文。

塔坪寺内有宋代石塔和清代铁塔。石塔位于大殿与藏经楼之间，始建于南宋绍兴十六年（1146年），1984年曾维修，是重庆市文物保护单位。其形制为方型楼阁式砖结构空心塔，共分七层，高14.4米、底部周长6.2米，塔身以金黄琉璃瓦覆盖，用彩色碎瓷片镶成各种花草、佛像、动物等图案，造型生动，塔内有17尊浮雕神像以及历代文人墨迹，并有一条斜式石梯通往塔的顶部。铁塔位于后殿，为六角七层空心楼阁式铁塔，高6.38米、底周长5.22米，外壁镀金，每层每面或辟窗，或设佛教像龛，造像或站或坐，形象逼真，是中国少有的古代铁塔遗存。

（四）民居空间及其他

除了占据寨内三分之一空间的塔坪寺建筑群外，寨内还有其他建筑，其中大部分为民居。但由于当地交通不便，在寺庙重新开发的背景下，大部分住户在拿到安迁费后已经将寨内宅基出售给寺庙，许多房屋已经遭到拆迁，只留下一些长满杂草的建筑基址，仅在东门内还有居民数户。水源问题是寨堡修筑时必须考虑的问题，除了南寨门外有一个面积约 1000 平方米的水塘外，寨内亦有一个较大的池塘，位于寺庙的左侧，面积约 300 平方米。

二 三圣马脑观寨

（一）寨堡概况

马脑观寨位于重庆市北碚区三圣镇德胜村，海拔高 392 米。三圣镇毗邻静观镇，清代亦属江北厅仁里，故该寨修筑的历史背景与塔坪寺寨相同。该寨因寨内有马脑观（又写作"玛瑙观"）而得名。《江北厅志》载："玛瑙寨，（礼里）四甲，孤峰耸秀，陡险异常。嘉庆年间里人曾避兵于此，旧垒犹存。"[1] 其地东接渝北区兴隆镇，西连静观镇，北临柳荫镇。该寨地处马脑山巅，四面皆险，除了北面、西面稍缓，有小道可盘旋而上外，东、南两面皆为万丈悬崖，自上而下望之眩目。该山古名中峰山，关于此山形势，《江北厅志》载："中峰山，（礼里）六甲，去厅百三十里，高二里，周三里，脉出大华銮中支，孤峰峻绝，俯瞰流川，有山羊、苦竹、天眼、走壁、乾沥诸洞，上建有玛瑙观，乔松古柏，云林蓊蔚，与凤翅、白云、石岗诸峰对峙。"[2]

该寨平面呈椭圆形，占地面积约 15000 平方米，现存寨门 1 个，寨墙残长约 20 米。寨内马脑观原本规模较大，有大量佛、道两教的石雕塑像、石碑、建筑等，现在毁坏严重，仅存完整碑刻 1 处、残碑 1 处，观门仅存两石柱，建筑石料多被搬往山下建设堰塘，或被当地村民用于民房营建。寨内现仅有住户 3 家，人口凋零。现在欲上马脑寨，有两条小道可通，东边原有一条小道，因久无人行，已经湮没于草丛之中。西寨门外有一条石阶可行，但杂草丛生。

（二）寨门与寨墙

据当地住户介绍，马脑寨原有寨门 3 个，其中两门在"文化大革命"时

---

[1] 道光《江北厅志》卷 2《寨》，第 465 页。
[2] 道光《江北厅志》卷 1《山川》，第 452 页。

期遭到毁坏,仅存西寨门(又称小寨门)。① 小寨门外有石板小道一条,山路曲折陡峭,较难攀爬。寨门两侧皆较为陡峭,左边用条石垒砌寨墙,右边不仅陡峭难攀,更是各种树木密布,下面覆盖着各种蕨类植物,其中还夹杂大量的荨麻。荨麻,又称"蜇人草",是一种多年生草本植物,在西南地区较为常见。其茎叶密布的蜇毛具有毒性,人一旦触碰到就会如蜂蜇般疼痛难忍,它的毒性能使皮肤接触后立刻引起刺激性皮炎,如瘙痒、严重烧伤、红肿等,现在,它还会用作某些庭院及果园、鱼塘的防盗设施。因此,由寨门右边上寨也是非常困难的。

小寨门呈拱形,用巨大条石垒砌,高2.6米、宽1.77米、进深1.2米。寨门内存有拴门洞。寨门内侧顶部用木头铺设,宽约5米,上面再盖以条石。一旦遇到敌人攻寨,可以在寨门上安置炮台进行防御。

寨墙分为两部分,东、西、北三面不如南面陡峭,设立三道寨门及寨墙进行防御,此段寨墙主要用条石垒砌,墙中灌以泥土砂石,现残高2—4米、残长约20米。马脑观南面为高数十米的悬崖,但在悬崖之间的较低矮的缺口处还垒砌了一段墙体,这样就使南面的防御更加坚固。

(三) 祠庙空间

马脑寨是依托寺观修筑的山寨,其中祠庙建筑占据了较大空间。由东寨门而入约行20米,就到了马脑观门之前。据寺内原有石碑记载,马脑观最早建于明洪武八年(1375年),此后陆续得到扩建。至中华人民共和国成立之初,观内共有殿宇七座及观音楼一栋,而静观塔坪寺古钟上记载的"东有马脑,西有回龙,南有歌乐,北有华蓥"进一步说明马脑观曾是当地有名的寺庙。可惜在"文化大革命"期间寨内寺庙遭到严重破坏,建筑全部被毁,各种佛、道雕塑全部被打碎,现仅存马脑观大门的两根石柱,高约5米、间隔2.5米,可见此观原来的规模是比较大的。据谭清芬介绍,她1985年嫁到马脑观时,山上还有住户十余家,当时山上各处都是散落的石质雕塑残块,依稀可以辨认出各种菩萨的形状,而记述寺观历史的巨大石碑已经被寨内住户分割用作建筑石材,并为了美观而将文字打磨掉,甚为可惜。现在马脑寨仍随处可见散落的石雕、残碑。在一个水泥坝子上,原来寺观的菩萨底座被村

---

① 口述资料,采访对象杨世明,男,马脑观内住户,2014年接受笔者采访时67岁;谭清芬,女,马脑观内住户,2014年接受笔者采访时47岁,采访地点为马脑寨内,下文所言寨民皆指此二人。

民作为休闲的石凳使用。2009年，附近村民集资于马脑寨山巅新建了一座新庙，但新庙只是一座占地面积约110平方米的两层大雄宝殿，墙面用水泥简单装饰，实在难以和当年雄伟的马脑观相比。

在马脑观右上方、大雄宝殿左下方，还有与大雄宝殿同期修筑的玉皇宝殿，此殿形制与大雄宝殿类似，只是规模略小。大雄宝殿是供奉释迦牟尼的佛寺主体建筑，玉皇宝殿是供奉玉皇大帝的道观主体建筑。在中国民间社会中，多有兼信佛、道各路神祇的，一山之内同时捐建佛、道庙宇，正说明了这一现象。在玉皇宝殿之前，有一块石碑，碑文有"康熙三十年岁在辛未……主持僧照园立"等文字，讲述了明末战乱导致马脑山上寺庙遭到毁坏、清初僧人筹资将其重建之事。在东寨门之前、西寨门之内，建有两个供奉土地神的石龛。据寨民介绍，这两处石龛在"文化大革命"时被毁坏，现为2006年在原址复建而成。

（四）生活与居住空间

马脑寨是一个以庙宇为主体的寨堡，加之寨内地势崎岖，民居数量较少。据当地居民介绍，此寨自民国以来，仅有居民十余户，集中分布于马脑观之外、寨墙之内的空间中。由于居于山巅，交通不便，当时的乡民主要居住于山下，仅在战乱爆发时方上山躲避。经勘察，现存民居有16处，部分仅余房屋基址。这些房屋以瓦房为主，房基为巨型条石垒砌而成，上部则垒以乱石，较为简陋。

水源是寨堡居民赖以生存的重要资源，马脑寨所处的中峰山巅没有水源，山脚的小河距离山巅步行要近1个小时，取水十分不便。目前，山上的居民修筑了3个堰塘以蓄降雨作为牲畜饮用水，并于旁山置有自来水管道以获取饮用水。马脑寨内原有1个面积约30平方米、深约3.5米的水池，由一块巨石开凿而成。在没有通自来水之时，寨民平日须从寨下挑水到此贮存，存满则可供一寨居民用十余日。

三 庙坝葛仙寺寨

（一）寨堡概况

葛仙寺寨位于今自贡市东北庙坝镇黄荆村东南1.5公里的葛仙山上。葛仙山，当地村民称为"脚仙山"，故寨又名"大脚仙寨"。庙坝乡位于自贡市东北角，北与内江、东与隆昌接壤，自清代以来为三县交界之地。对于庙坝之得名，《地名录》载："清初，当地山上建有一庙，山下为平坝，后商旅增多，逐渐形势集市。"① 而据当地老人介绍，庙坝之得名，并不是因某一座庙，而是因该地寺庙数量众多，其中不乏规模宏敞者，连牛佛镇也不及，故得此名。关于葛仙山，民国《富顺县志》载：

> 大葛仙山，距县九十里，发脉隆昌之天峰诸山，蜿蜒入县境东岳坝，少折而西，顿起诸峰，峥嵘磅礴，如狻猊蹲踞，昂首而赴于江，江为之曲绕其三面，四围峭壁削立，几于无径可跻登。其上则旷土平田，豁然开朗。峰顶有泉泠泠出石间。古干虬枝，嘉花翠条，履綦所至，令人心目俱清。相传为晋葛洪炼丹处，因以得名。上有葛仙寺，一名崇果寺。石壁刻葛仙山三字，颇似宋人书法，或云唐刻，字径三尺许，深二三寸。以与内江小葛山对峙，故别名大葛，在前代最为名胜，高三里许，袤长如之。②

关于葛仙寺寨，民国《富顺县志》载：

> 葛仙寨，距城九十里，在庙坝场保内，沱江之左，界连内江、隆昌。咸丰末李逆之变，里人郭纯孝创建，太平门外寨则郭洪兴建，惟地基为寺僧所有。吕志载，寨长郭正明、杨太丰。峻峭特起，高数十丈，周二三里，削壁悬岩，一方倚为天险。山之首曰崇果门，山之腰曰中华门、太平门。③

从文献可以看出，咸丰李蓝之役时，郭纯孝于葛仙山上建寨，立寨门3个，其中"崇果门"由葛仙寺之别名"崇果寺"而得名。葛仙寨四周陡峭，寨子四周大多数地方并没有修筑寨墙，而仅将山崖削峭。寨上不仅平缓，面积比三多寨还要大，平面呈不规则多边形，占地面积约2.45平方公里。④

（二）寨门和寨墙

笔者骑车自小道到达葛仙山东侧，只见此处山崖高10余米，天然险阻，

---

① 富顺县地名领导小组编印《富顺县地名录》，1982，第74页。
② 民国《富顺县志》卷3《山川》，第199页。
③ 民国《富顺县志》卷8《寨堡》，第348页。
④ 《中国文物地图集·四川分册（中）》，第170页。

不用再筑寨墙保护。在悬崖之间，现修筑了一条通往山顶的道路，宽约 2 米，泥质路面，由于刚下过大雨，道路泥泞，于是舍车步行上山。上山不远，就见"葛仙山"题刻，即《县志》所云者。自此而入内，行 20 分钟不见人烟，寨上虽很平坦，但几乎全被杂草覆盖。沿路到达山之西端，发现人户两家。经询问，目前整个山寨被一名程姓老板承包，雇夫妻二人看守，另有山庙住持一名，原来寨内居民均已搬出。[1]《富顺县志》载，葛仙山寨有"崇果门""中华门""太平门"三座寨门。据《四川省文物地图集》载，崇果门门额刻的是"保和门"三字，平顶，高 2.4 米、宽 1.6 米、进深 1.2 米。[2] 目前位于东北方向的保和门因长期无人前往，路上已经布满高近 2 米的杂草、荆棘，无路可往，故笔者只得前往西门、南门一探究竟。

经过实地考察，西、南两门并非如《富顺县志》所言在山腰，而是在葛仙山的西端，两寨门相隔约 200 米。西寨门位于葛仙山寨最西角，由条石垒砌，平面呈圆拱形，宽 1.6 米、高 2.4 米、进深 1.3 米。有石门槛一道，高约 0.1 米、宽 0.25 米。门道进深 2.1 米，两侧各有拴门洞 2 个，一对位于门道正中，另一对位于门道上方，皆呈方形。西寨门外，有一条石阶梯由山下之沱江河滨通往寨内，这条阶梯由条石垒砌，宽约 1.5 米。西寨门北侧为悬崖，不需要修筑寨墙，南侧地形较缓，用条石垒砌了一道寨墙，高约 3 米、宽约 2 米，直接与南寨门连接。南门的形制与西门完全相同，由于地形稍缓，两侧皆筑有寨墙。

（三）祠庙空间

葛仙山寨的民居大多已毁，大量的宗教建筑依然得以保留，皆集中于寨西部及西寨门之外。西寨门外，有佛教石窟四龛，其中三龛位于寨门右侧，另一龛位于正对西门的一块独立岩石上。第一龛高 0.4 米、宽 0.7 米，居中位置为观音大士造像，右上方有两个小童子，风化严重。第二龛为千佛石窟造像，呈方形，分三重，最里部居中为佛像三尊，旁有若干罗汉；中间层雕刻祥云、如意、罗汉等造型；最外层右侧有菩萨像三尊，上方与左侧则已经风化。第三龛呈拱形，内有佛像一尊，坐姿，两旁站立两位使者，面部已经风化难识，近人用颜料将其涂抹。与西寨门相对的石龛，为四大菩萨造型，

---

[1] 口述资料，采访对象释宗绪，女，2014 年接受笔者采访时 77 岁，葛仙庙住持，采访地点为葛仙寺寨内。

[2] 《中国文物地图集·四川分册（中）》，第 170 页。

也已经风化难识，近人用颜料涂抹，石龛两侧有阶梯可上，已残断。在西门右侧第三龛石窟接连处，还有一摩崖石刻，似为七言绝句，但已看不清。

寨内部有佛寺两座。其中一座位于西门内右侧，面对沱江。据住持介绍，此庙原来规模较大，为三层楼阁，"文化大革命"时被毁，现在能看到的佛寺为20世纪90年代重筑，后门有木匾刻对联——"诸佛降临千佛岩观太平，众生求祈赐甘露保平安"，此庙现也已破败。另一座是位于南门的"大葛仙庙"。葛仙指葛洪，字雅川，自号抱朴子，东晋江苏句容人，少好神仙寻养生之法，习炼丹之术，是东晋著名的医药学家、炼丹术家，著有《抱朴子》一书。葛洪曾封关内侯，后辞官不做，专事修道炼丹。据住持介绍，此庙被毁之前规模很大，占地面积约3000平方米，有大殿3间、小殿10余间，天井20个左右，"破四旧"时被毁。目前的庙宇为20世纪80年代由附近居民集资修筑，虽以葛仙命名，却是一个纯正的佛教寺庙。此庙为木质结构，庙外侧柱子有"但愿众生得离苦，不为自己求安乐"等佛教对联，为20世纪80年代修庙时立。庙中唯一的古物是大门前的一口铁钟，高约0.7米，口部直径0.5米，年代不详。据住持介绍，原来的葛仙庙被毁后，此钟是其唯一遗存。

四 小结

地形险要是寨堡选址的重要考量，寺庙、道观等建筑亦多选择形胜之地，故作为寨堡非常合适。战乱之时，即使寺观也难以幸免，仍需筑寨防卫。故此，以寺为寨在明清时期四川寨堡之中占据一定比重。寺观寨堡的修筑，多依托寺观地形，不仅需要将寺观包围在内，还要留有一定空间供其他百姓居住，故而寨堡的占地面积一般大于寺观。寺观寨堡，有寺观僧道独自修筑的，也有百姓与僧道共同修筑的。

第七节 筑寨以抗官军："反军"之寨

寨堡作为防御性军事设施，经常为交战双方所利用，"我凭之足以敌寇，寇扼之亦足以困我"[①]。战乱之时，一方面，政府组织军队筑寨以资屯戍，组织百姓筑寨以资守望，借以坚壁清野；另一方面，反抗武装、土匪亦往往占

---

① 同治《重修涪州志》卷1《山川》。

据山险，修筑寨堡作为防御之凭资。反抗武装、土匪修筑的寨堡，文献中一般称为"匪寨"或"贼寨"，这两种称谓并没有严格的区分，只是对敌对势力所筑寨堡的蔑称，本节以"反军"之寨称之，指游离于官府统治之外的寨堡。这种寨堡有两种，一种是反抗武装攻陷官民所筑的寨堡后据为己有，另一种则是他们为长期驻扎某地而自行修筑。

反抗武装、土匪为了避免遭到官府武装镇压，往往依据险要地形，筑寨作为据点。巴州长乐、太平二乡之东的黄城山，自元末后一直是"匪类"啸聚之地，明廪生向某于万历十二年（1584年）所作《云城关记》云，"云城关者，旧名黄城。是山峰起苍莽之中，奔驰云盖，连亘数十里，苍拱翠伏，绮绾绣错。而其东，贼之居其巢穴者，恃其林箐，劫掠巴民，盖百年于兹矣"。明巴州进士陈宗虞《云城、漏月二关记》亦称：

> 巴州治控大小二巴山，故多崭岩折阪，诡窒丛峰，望之屹藩西南，崔萃万状。中黄城者，益称峣屼嶕剌，四绝郁为贼薮，四方无赖亡命逋逃所归，盖时麻沸突出，掠我家园廪仓，系掠我子女，磔杀焚燎，殆至惨恶。捕至辄若鼠窜伏箐莽，乃其溪窔诘曲，人莫知其所向。若栅寨巢窟处，却又负固扼塞，居然凭陵，我不可辄得擒缚。即知蟆绒渺细，不足一扑；第其蛰人，不意求之既去，殊亦力不易加。嗟嗟黄城，苦累是矣。①

黄城山界巴、达二州之间，为高山密林之区。为了防止土匪盘踞，明初于其山之东端建龙船关，其西端却依然是土匪盘踞之所。万历年间，社会动荡更加严重，为了防止其进一步为害，官府又于其上修筑云城、漏月二关，修建城门、墙垣，内建公庭，驻扎士兵，以哨官苏九甫统之，并设社学、义仓等。明末清初战乱之时，黄城又为叛军所据，"贼骑往来飘忽，亦时以此为巢穴，如白蛟龙之败于张、王二贼，遵天王之退避献忠，如谭宏之归自保宁，盖不一而足也"②。

嘉庆年间白莲教起义、咸丰年间李蓝起义等大规模战乱之时，叛军据寨之事更加频繁，其中著名的有王三槐所据之云阳县安乐坪，罗其清所据之巴州方山坪、营山箕山寨、太鹏山寨，冉文俦所据之巴州麻坝寨，蓝号林亮功所据之开县白岩山，李永和所据之犍为铁山，周绍勇所据之涪州鹤游坪等。

---

① 民国《宣汉县志》卷10《寨洞》，第336页。
② 民国《宣汉县志》卷10《寨洞》，第336页。

下面，我们通过王三槐、罗其清两股白莲教武装的活动轨迹，来窥探"反军"之寨的大致面貌。

一　王三槐与金峨寺寨、安乐坪寨

王三槐，东乡县人，据其被捕时供称35岁，可知其当生于乾隆二十九年（1764年）。其人平日为巫师，为人禳灾治病度日。乾隆五十七年（1792年），襄阳人孙赐俸到四川省太平一带传白莲教，冷天禄习之，又将其传授予王三槐。嘉庆元年（1796年）二月，因清廷查拿白莲教，王三槐的族叔王元伯将其控告，促使其逃亡，父母妻儿被抓。嘉庆元年九月，徐天德于达州亭子铺举兵反清，王三槐于东乡莲池沟（在今桃花乡莲池村四社莲池沟）响应，成为四川省白莲教中的著名领袖，至嘉庆三年（1798年）七月被捕，领导反清活动近两年。

王三槐在反清活动中非常重视寨堡营造，起兵不久，就"于九月二十二日到丰城扎寨，就在附近地方焚抢掳人"①。此后，与徐天德合兵攻破东乡县城，救出母亲和妻子，面对清军四面围逼的局面，移兵攻取清溪场，并于附近的金峨寺、香炉坪、重石子一带扎寨据守。② 这几座寨堡中，以金峨寺寨地形最险，宜绵在奏折中称："金峨寺则南、北、西三面皆系危崖峭壁，惟东面冉家垭口稍觉平衍。稻田环绕，水深没膝。由小路盘旋而上，其顶宽广约有三十余里。周围树立木城。木城之内又有土墙一道，高有丈余，连包山峰十余座，寨势甚为险固。"③ 是年，川、楚白莲教各派会于东乡，立青、黄、蓝、白、线等号，分设掌柜、元帅、先锋、总兵等名目，王三槐是东乡白号的领导人。随后，王三槐率军与徐天德、罗其清、冉文俦、林亮功等各部忽分忽合，活动于川东、川北各处，次年初又与徐天德回到清溪场一带。嘉庆三年（1798年）四月初三日，清军进攻清溪场，擒徐天德的舅舅、军师王学礼，随后，五路会攻冉家垭口。冉家垭口为金峨寺的要害通道，清军攻

---

① 《王三槐供，嘉庆三年七月》，《清中期五省白莲教起义资料》第5册，第66页。
② 《四川省宣汉县地名录》第77页载，清溪因境内有清溪河和清溪寺得名，明朝为孔家场，场址在二重岩，其境内东有马伏山，北有四方山，西南地势较低，有金峨寺、三包印、二重岩三个起伏不平的丘陵。可知，清溪场，即今宣汉县东北的清溪镇。金峨寺，亦即镇内一山峰，因有金峨寺而得名；重石子，即位于清溪场后的二重岩，故宜绵在奏折中称，清军攻占清溪场后，白莲教翻山而入重石子。
③ 《陕甘总督宜绵等奏，嘉庆三年四月二十一日朱批》，《清中期五省白莲教起义资料》第1册，第337页。

取后连扎14座木城以控扼之,王三槐被迫撤离金峨寺。

嘉庆三年六月,王三槐率军到达云阳,选择了更为险峻的安乐坪作为屯聚之所。安乐坪形势高耸险峻,其上粮食、水源、林木足备,具备优良寨堡的选址条件。王三槐等认为,"安乐坪周围一百余里,四面全是悬岩,想来官兵不能打上寨来",乃扎寨自守,"修筑木城、石卡"。① 四川总督勒保督率征苗而归的常胜大军,围之月余竟不能克。对于安乐坪"贼寨"的防御工事,勒保称:"该处地方险峻,周围层叠皆山,该匪等复于要隘处所,修筑木城石卡,守御甚固";"安乐坪大山,周围八九十里,除修砌木城石卡之外,其余上山小路,概行挖断。"② 云阳本地士人对安乐坪亦多有记述,吴大权《安乐坪记》载:

> 云安之北七十里有山,层峦高耸,周遭壁立,上复平旷,名安乐坪。余常登览其上,良田数千顷,阡陌交通,屋舍错列,深篁密林,四塞障蔽,宛然别有天地,洵安乐胜境也。然而嘉庆初,教匪王三槐据此,官军数万,周匝四围,数年始获剿灭。居民多遭蹂躏者何哉?溺于承平之久,疏于预防之计,狃乎安乐之名,昧乎安乐之实也。夫坪之上下,居民不下千余户,设当教匪方萌,即搬运家粮,修设卡隘,共登其墟,相保相恤以守此一夫当关万夫莫开之险,群丑窥伺无从,亦且望而生畏,岂不共享安乐之实,而无负安乐之名哉!由是观之,设险守国之道,城郭必完,居安不忘讲武者,官司之责也。因地制宜,四野各守尔土者,人民之责也。则凡居斯坪与近斯坪者,常则讲信修睦,遵联保甲之规;变则勠力同心,行坚壁清野之法,斯安乐坪谓之安乐窝也可。③

民国《云阳县志》卷16《兵团》又载:

> (嘉庆三年)六月,王三槐、冷天禄等来踞县北安乐坪。其地高山矗立,三面斗峻,绝顶曰祖师观,雄视百里,诸山寨皆在其下,诚为天险。迤东平田数百亩,农谷岁入丰溢。田尽处,仍绝壁如削,惟线路可上。林木井泉,樵饮无匮。贼立石垒木城,收民租入,益聚粮造械,誓众坚守,为持久计。勒保督兵围之,驻高阳镇。县令梁敦怀助办军饷,

---

① 《王三槐供,嘉庆三年七月》,《清中期五省白莲教起义资料》第5册,第67页。
② 《总统军务、四川总督勒保奏,嘉庆三年七月初八日》,《清中期五省白莲教起义资料》第1册,第346页。
③ 民国《云阳县志》卷3《山水上》,第23页。

乡团供其刍荛，上下大困。勒保督同舒亮、百祥、富尔赛等冒险进攻，苦战夺隘，毙贼七八百人，贼弃寨溃走后山，官兵力战，生擒三槐，逮送京师。虏获三百六十余人，皆斩之。①

需要说明的是，清军围困安乐坪后，对于攻克这座险峻的山寨并没有太好的办法。七月，勒保让受到叛军敬仰的清官刘清以招安之名诱王三槐入大营，才得以将其捕获，并以阵前擒拿之名械送京师以邀功。王三槐被擒后，驻守安乐坪的白莲教武装推举冷天禄为首领，退守祖师观。祖师观即安乐坪之绝顶，地势最险，勒保称："祖师观与安乐坪中间，本隔山沟一道，而且西、北两面，山势陡峻，难于进攻。惟老观嘴迤南，有蛇皮峰一道山梁……中间有路可通祖师观。"② 据守蛇皮峰的白莲教因山寨险峻，夜间防御不严。清军千总罗思举率领乡勇，乘夜跳过壕沟，爬上哨卡，扳开木栅，向蛇皮峰的白莲教营卡内抛掷火弹，烧燃卡内草棚，清军大队乘势发动冲锋，一举占领蛇皮峰。然而，"蛇皮峰至祖师观，虽有小路可通，而中间沟坎层叠，两傍均系悬崖。贼匪垒石其上，一俟官兵攻扑，两傍即飞石如雨"，清军故伎重演，"乘夜潜行，进抵贼卡之下，密将竹梯排列。贼匪因该处均系峭壁，本来无路，是以夜间防范稍疏。兵勇乘其不备，缘梯登陟"③。这次白莲教武装已有防备，将清军击退。此后，清军虽多次出击，但并不能够攻上祖师观。直到十二月二十六日，因寨内粮尽，冷天禄才被迫放弃祖师观山寨，率军突围奔走新宁。

二　罗其清与方山坪寨、箕山寨、大鹏山寨

罗其清，巴州方山坪人，其被捕时供称39岁，则其当生于乾隆二十五年（1760年）。其兄弟三人，以织布为生，后又开酒店度日。嘉庆初，查拿白莲教，罗其清纠集了一千多人于方山坪扎寨抗清，后人数渐多，众至数万，东乡会盟后称巴州白号，成为四川省著名教首。

方山坪位于今四川省平昌县岩口乡方山坪村，西距平昌县城约70公里，

---

① 民国《云阳县志》卷16《兵团上》，第249页。
② 《总统军务、四川总督勒保奏，嘉庆三年八月二十三日》，《清中期五省白莲教起义资料》第1册，第357页。
③ 《总统军务、四川总督勒保奏，嘉庆三年八月十七日》，《清中期五省白莲教起义资料》第1册，第359页。

"山顶平旷，四周悬崖峭壁，自成金城"①。罗其清在方山坪营寨种地。他在坪上架设大炮十余尊，并在附近险要之地盖顶坪、多福山、毡帽山、深溪子、羊子洞、马渡关、鲊鱼洞等设关卡数十座，分派数万兵士各持鸟枪、刀矛、滚木、礌石等武器守卫。时冉文俦亦在距方山坪不远的王家岩扎寨，与罗其清互为掎角。

嘉庆二年（1797年）六月，重庆镇总兵百祥攻破王家岩寨，冉文俦退入方山坪与罗其清会合。八月，为了防止襄阳白莲教李全等部与罗、冉会合，清军决定全力攻下方山坪。刘清奉命率万余乡勇会合总兵百祥、朱射斗等会攻方山坪："刘清募勇由间道绕山顶压攻，火其寨，于是各隘齐破，合捣逆巢。"② 但此次所谓"大破方山坪"，可能只是清军的托词，罗其清可能是主动放弃，并没有损失多少兵马，其战略目的是"下方山坪，与襄阳贼合"③。下坪之后，罗其清与冉文俦等攻陷通江县城，复与樊人杰、徐天德、王三槐等部联军入巴州，与清军大战于朱垭、尖山坪等地，"官兵溃，游击王相龙死之，遂据州城，屠戮军民六百余人。于严公祠内演戏十日乃去，复陷仪陇县"④。

十月，罗其清来到营山县，在箕山扎住大营，又派手下于"简池坝、黄连垭、芙蓉寺一带山梁，负险屯聚"⑤。总兵富尔赛、百祥等人虽带领大军在营山县境，但名为围剿，实为拥兵自重，并不进攻，致使白莲教武装得以在乡村自由行军。十月二十二日，攻陷金银寨，寨首方宗耀等全部战死。不久，又于大垭口大败武生邓占魁所率的乡勇，遂横行无忌，营山乡场皆为残破，县城亦多次告警。十二月二十三日，西安将军恒瑞、直隶提督庆成等率大军17000余人由阆中而来，遭到伏击而败，阵亡官兵200余人，遂结营固守，不敢出击。罗其清在营山站稳脚跟后，其他各部也纷纷前来，徐天德、樊人杰、王登廷等至营山分屯插旗山、古战坪、凤凰寺等处，与之为掎角。直至嘉庆三年（1798年）八月，领队大臣惠龄、西安将军恒瑞、副都统德楞泰等合兵入境，才攻杀王登廷。而徐天德与冉文俦、樊人杰、龙绍周、龚建

---

① 四川省平昌县地方志编纂委员会编《平昌县志》，四川科学技术出版社，1990，第244页。平昌县，清属巴州，民国二年（1913年）设巴中县江口分县，1933年红军建江口县苏维埃政府，后仍属巴中县，1948年正式设平昌县。
② 《圣武记》卷9《嘉庆川湖陕靖寇记二》，第388页。
③ 道光《巴州志》卷10《杂纪》。
④ 道光《巴州志》卷10《杂纪》。
⑤ 《西安将军恒瑞、古北口提督庆成奏，嘉庆二年十二月二十九日》，《清中期五省白莲教起义资料》第1册，第306页。

等与罗其清会和，仍在箕山左右山梁扎营，一时"贼卡林立，各道山梁络绎不绝"①。直到是年十月初四，因粮草缺乏，箕山大寨才被清军合力攻破，罗其清又进入太鹏山寨屯踞。

太鹏山寨亦位于营山境内，"宽广一百余里，半属悬岩"，"险陡异常，向系民人札寨，木栅石墙极为坚固。且西北一带，又有观紫山、龙台山、马山溪三层山梁，均有贼人扎卡把守；东南一带，有郑家山梁遮蔽，中隔一沟为宝珠寺山；其东北双山子等处，亦极高峻，各有贼卡，多设炮石严防"②。寨内水泉、堰塘甚多，且有百姓屯聚的五千石粮食，饮水、食物都不缺乏，占领此山后罗其清势力大增，"因太鹏山寨险峻，四门俱有现成石墙木栅，派人日日添修坚固，四门均安大炮二位，各设礌石防守"，且将上山各路挖断，准备长期据守，并派兵四出骚扰清军粮道。③但是，由于长期被困，太鹏寨内粮食也逐渐耗尽。嘉庆三年（1798年）十一月初二、初三日，太鹏寨外的白莲教多次冲击清军营垒，企图运送粮食入寨，皆被清军击退。初七日傍晚，大雨如注，寨外的白莲教又纠集四五千人直扑总兵朱射斗营卡，罗其清也率4000余人下寨接应，清军乘此机会潜至南门发动冲锋，守寨白莲教没有防备，遂被攻克。罗其清之父罗从国被杀，"计此次攻克贼寨，杀贼男妇五千余人，生擒邓朝阳等四百余人，夺获骡马四百余匹，贼炮十四位，鸟枪一百三十一杆"④。失去这座大营后，罗其清率残众溃逃，势力不复，于当月被擒。

三 其他"反军"之寨

其他"反军"所据之寨还有很多，大宁县老木园亦是著名的"反军"之寨，其地山梁"绵亘三十余里，俱系陡壁巉岩"⑤，"叠岭层冈，下临绝涧，

---

① 《领队大臣理藩院尚书兼蒙古都统惠龄等奏，嘉庆三年九月二十三日》，《清中期五省白莲教起义资料》第1册，第370页。

② 《领队大臣理藩院尚书兼蒙古都统惠龄等奏，嘉庆三年十月十五日》，《清中期五省白莲教起义资料》第1册，第376页。太鹏山，位于今四川省营山县城北45公里的太鹏乡境内。

③ 《领队大臣理藩院尚书兼蒙古都统惠龄等奏，嘉庆三年十月二十六日》，《清中期五省白莲教起义资料》第1册，第381页。

④ 《领队大臣理藩院尚书兼蒙古都统惠龄等奏，嘉庆三年十一月初八日》，《清中期五省白莲教起义资料》第1册，第389页。

⑤ 《成都将军观成、湖北提督刘君辅奏，嘉庆二年十月十七》，《清中期五省白莲教起义资料》第1册，第290页。

树木深密，陡峭异常"。大宁教首陈崇德，"依山为险，于路通巢穴之飞沙岭、大竹溪、蜈蚣岭等处，安排木石，分驻贼匪，以逸待劳"①。成都将军观成、湖北提督刘君辅等自嘉庆二年（1797年）六月开始围攻，至三年三月仍未能克，嘉庆帝大怒，"以剿贼迟延，褫观成、刘君辅职"②。直到五月十四日，才被清军攻破。③ 东乡县有印心寨"在东林场东北，高四五里，嘉庆元年教匪喻大伦踞此，总兵袁某围之急，大伦潜引王三槐、徐天德等自山径夜袭袁营，袁败北，战殆于锁子山下，贼据如故，久始就擒"④。巴州嘶风寨，位于州东260里，"高峻危险，上有清泉，旱不干涸。嘉庆初为教匪所据，破贼后更名大胜寨"⑤。太平县金龟山王家寨，嘉庆元年（1796年）为白莲教通江蓝号冉文俦占据，次年重庆镇总兵百祥围攻，"数月不下"⑥；梁山石坝山"沿山筑有木寨石墙，贼匪即于寨上，并力据守"⑦；梁山兰芽场白莲教举兵后，于石垭子"修筑木栅，搭盖草棚"，修筑山寨。⑧ 东乡县香炉山绝顶之香炉山寨，"清初西乡流贼宁秉文据之"；南坝场十五里东溪沟内的小城寨，"明末流贼杨秉应盘踞十余年，与万县三谭互为声援。康熙八年始归版图，因改其山为平伏山云"⑨。合江县天宝寨，"在元兴场侧五六里，地势高峻，泉甘土沃，四面险阻，小径崎岖，周可七八里。清同治初黔匪毛步云据之，建忠义堂。事平，为官军所毁"⑩；南溪县有永安寨，"光绪十一年正月，土匪百余人猝起，据此寨。五十里内男女奔逃迁徙，越数日官率吏卒围之，缚数十人而乱平"⑪。以罗麻五为头目的土匪占据巴县智里马鞍、太平二山，修筑寨堡，屯聚十余年，"聚集百余人，身佩禁刀，日夜估抢肆窃，人

---

① 《成都将军观成奏，嘉庆二年闰六月初四日》，《清中期五省白莲教起义资料》第1册，第340页。
② 《清史稿》卷16《仁宗本纪》，第572页。
③ 《总统军务、四川总督侯勒保奏，嘉庆三年五月十四日》，《清中期五省白莲教起义资料》第1册，第340页。
④ 民国《宣汉县志》卷10《寨洞》，第334页。
⑤ 民国《巴中县志》第一编《关隘》，第828页。
⑥ 光绪《太平县志》卷2《寨洞》，第343页。
⑦ 《总统军务、湖广总督侯勒保等奏，嘉庆三年正月十三日》，《清中期五省白莲教起义资料》第1册，第309页。
⑧ 《总统军务、四川总督侯勒保奏，嘉庆三年六月二十八日》，《清中期五省白莲教起义资料》第1册，第344页。
⑨ 民国《宣汉县志》卷10《寨洞》，第332页。
⑩ 民国《合江县志》卷1《寨名》，第349页。
⑪ 民国《南溪县志》卷1《附堡寨》，第471页。

皆畏威，不敢指禀"①。

四 小结

明清时期各类反抗武装在条件许可的情况下，往往会占据山寨，直到受到官军围困、难以支持时，他们才会放弃对寨堡的占领，故而产生了"反军"之寨。其来源一般分为两种状况，一是叛军或土匪夺占民寨，另一种则是叛军或土匪自行修筑的。两者之中，反抗武装自行修筑的寨堡所占比例更大，即使是夺占民寨，一般也会根据需要对其进行改筑。在此情形之下，修筑寨堡的人力主要是叛军或土匪自身，及抓捕的当地民夫。筑寨所需的石材、木料多为就近取材，防御的火炮、鸟枪以及粮食、马骡等多为掳掠而来。

---

① 巴县档案6-3-132：《慈里二甲程飞鹏等为谢桃子等在马鞍太平两山聚众为匪贼势猖獗禀请严拿》。

第六章
川、陕寨堡对比研究

第一节 明清陕西省的地理环境

一 明清时期陕西省的疆域范围与地貌特点

四川的寨堡大致可以分为山险筑寨、平地设堡、以洞为寨三种类型，其中又以山寨的比重最大。在清代，清政府以寨堡限制反抗军队的流动，重塑乡村统治秩序，发轫于嘉庆年间白莲教起义的坚壁清野之策。龚景瀚提出坚壁清野之策，正是基于对四川山寨的考察。在川东、川北寨堡体系初具规模以后，出现"川东、川北各贼每思窜往他境"①的状况下，湖北、陕西、甘肃修筑寨堡，也参照了四川寨堡的成功经验。咸同年间，清廷为了对付捻军等势力，在河南、山东、直隶、山西、陕西各省再次进行坚壁清野的过程中，也参照了四川山寨的形制。同时我们也注意到，在不同的地貌环境下，寨堡的用材、形制、规模都是各不相同的，其防御效果也存在巨大差异。

陕西是中华文明的发源地之一，关中地区曾长期是中央政权所在，省城西安是我国著名的古都。自两宋以后，我国政治中心东移，陕西降为普通省份，但仍是西北地区的政治、经济、文化中心。明代陕西省疆域较大，包括今陕西全境和甘肃嘉峪关以东、宁夏及青海湖以东部分地区。清代，析陕西省临洮、巩昌、平凉、庆阳四府置甘肃省。此后，陕西省府厅州县之存废、升降不断，但境域基本没有发生变化。延至清末，陕西省辖七府（即西安、凤翔、同州、汉中、兴安、延安、榆林）五直隶厅（即商州、乾州、邠州、

---

① 《圣武记》卷9《嘉庆川湖陕靖寇记五》，第419页。

鄜州、绥德），下领州县86个，境域范围与今天大体相同。

陕西省的地貌大体分为六种类型：一为风沙高原区，该区位于陕西省北部，即长城沿线及其以北地区，为毛乌素沙漠的组成部分；二为黄土高原区，该区北接风沙高原区，南连关中平原区，构成陕北地貌大区的主体，也是中国黄土高原的中心地带，地表广覆厚层黄土，形成黄土塬、梁、峁及其间沟壑纵横的地形状态；三为关中平原区，位于陕西省中部，西起宝鸡、陇县，东至韩城—潼关黄河西岸，北以北山山前断裂带为界，南以秦岭北坡深大断裂带为界，东西长约360公里，西部宽约20公里，东部最宽处达70公里。此区域西高东低，盆地平面轮廓呈牛角形；四为秦岭山地区，北起秦岭北麓，南至汉江北侧的秦岭南坡，东西至省界，南北宽80—155公里，东西长约490公里，是一个以石质中山为主，兼有石质高山、土石低山丘陵的山地地貌区；五为汉中—安康低山丘陵盆地区，该区西起宁羌（今宁强），东至洵阳（今旬阳），包括汉江谷底两侧的低山丘陵区，东西长约360公里，南北宽约10—50公里；六为大巴山中山地区，处于汉中、安康低山丘陵宽谷盆地区以南，包括了省境以内的大巴山地区。[①]

陕西省秦岭、大巴山地区是嘉庆年间白莲教武装经常出没的区域，修筑寨堡的时间最早，与四川堡寨修筑的背景具有相似性，但其类型也具有差异。四川虽然也有成都平原，但在其范围内修筑寨堡是极少的；陕西则不然，咸同年间关中平原修筑了大量的寨堡，这些寨堡显然与四川寨堡具有较大差异，但与河南、直隶的寨堡具有相似性。陕西省的黄土高原地貌与四川存在明显差异，其堡寨的形制也不同。

选择陕西寨堡作为四川寨堡的比较对象，正是基于陕西地形地貌的典型性。首先，寨堡的选址，主要有平地和山地两大类，山地是在山巅修筑山寨，或因洞设寨，平地则主要是在村落、市镇原地挖掘壕沟，修筑护墙。四川修筑寨堡的区域，主要集中于川东、川北、川南，地形以山地为主，山寨、洞寨占据绝大多数，平地寨堡数量极少。陕西则不然，陕北黄土高原、关中平原地区因同治回民战争的爆发，皆修筑了大量寨堡，平地堡寨占据了非常大的比重。陕西与四川在清代发生战乱的时间相吻合，但战争的性质与背景既有共同点，也有较大差异，从地形上看则差异较大，也就决定了四川与陕西两地寨堡既有共同点，又有明显差异。因此，进行两地寨堡的对比研

---

① 陕西省地方志编纂委员会编《陕西省志》第3卷《地理志》，陕西人民出版社，2000，第292—304页。

究，对更加深入地了解寨堡具有重要意义。

二 陕西省军事地理特征

陕西省还有一个显著的特征，是其军事形势的复杂性。关中是中原文明的重要发祥地，这里有中国最著名的新石器时代文化之一的半坡文化，中国历史上强大的周王朝、秦帝国都是发祥于此。在宋代以前的漫长时代里，以长安为中心的关中地区，始终是中华文明的腹心之地。关中平原的周围，西有陇关之险，东有函谷关、潼关之固，北有萧关以通延安，南面有大散关、斜谷关、骆谷关、子午关、库谷关、峣关等关隘以控扼秦岭，故号"四塞之地"。明清时期，陕西省不仅是清政府经略西域的后方重镇，也与四川有着紧密的军事联系。

在陕西省的北端，即横山山脉北部的定边、靖边、衡山、榆林等地，及南部的吴旗、金汤、顺宁、志丹、万安、延安、安定、绥德等地，是农耕民族与游牧民族的分界，自古为民族交融之所，也是农耕民族修筑寨堡、屯驻大军的场所。战国时期，秦、赵两国就已经在今陕西北部修筑长城。《史记》载："（秦昭王）伐残义渠，于是秦有陇西、北地、上郡，筑长城以拒胡。而赵武灵王亦变俗，胡服，习骑射，北破林胡、楼烦，筑长城。"[1] 据考证，秦昭王长城起于今甘肃岷县，经陇西、固原、环县进入陕西省之定边、靖边等县，直至无定河之西岸。[2] 赵武灵王胡服骑射后，曾"西略胡地，至榆中"[3]，在黄河以西地区屯驻军队。秦始皇一统天下后，自靖边县向北筑长城，经横山县越过无定河、榆林河，经榆林、神木进入今内蒙古自治区，与赵长城相连。[4] 这段长城在后世被沿用，成为中原农耕区与北方游牧区的界线。北宋时期，宋朝管辖下的环州、定边军、保安军、延安府、绥德军等地是控制西夏内侵的边境地区。在北宋重文轻武的时代背景下，要应付尚武的西夏政权的进攻是很不容易的。为此，宋廷在这些地区建立了诸多寨堡，作为防御的据点。及至明代，为了防备鞑靼、瓦剌的进攻，明廷重筑长城，构建九边体系，其中陕西北部的榆林卫，亦是边墙横亘，堡寨林立。

---

[1] 《史记》卷110《匈奴列传》，第2885页。
[2] 景爱：《中国长城史》，上海人民出版社，2006，第150页。
[3] 《史记》卷43《赵世家》，第1811页。
[4] 景爱：《中国长城史》，第166页。

陕西省南部的秦巴地区，自古人烟稀少，但在明清两代，流民不断涌入，进行山地垦殖、采集山货，以及开设木厂、碳厂等活动。这些地区交通极为不便，对政府的管理造成严重困难，成为流民问题最为严重的地域之一，其中以兴安府情况最为显著，其地"五方杂处，良莠错居，迩来风俗刁悍，讼狱繁兴，命盗案件，甲于通省"[①]。这些流民问题得不到适时解决，必然汇集成为一股强大的破坏力量。明、清两代，这一区域都是流民大暴动的策源地与活动区，如嘉庆白莲教起义，不仅对地方造成了严重破坏，还对清王朝的统治造成严重冲击。为了解决该区域的流民问题，清政府一方面提高对区域的管控力，如采取兴安州升府、分设孝义厅、设置分县、设置巡检等举措，另一方面则加强民众的自卫能力，即提倡兴筑寨堡。

陕西省还是多民族聚居之地，在较长的历史时期里都是西北少数民族的重要分布区，从先秦时期的西戎，到后来的羌、回各族，特别是唐代以后逐渐形成的回族，在关中平原分布较多，清代关中的回族人口一度达到六七十万。这些民族因生活习惯、风俗等情况与内地汉族并不相同，在当时很难依照内地乡民的管理办法进行治理，采用"因其俗而治之"的方法。一旦管理不当，社会就会动荡。清代咸同年间，正是由于清政府对回民管理失当，陕甘地区才发生了回民反清斗争，给区域内各族人民酿成了严重灾难，这也是陕西各地修筑寨堡的直接诱因。

三　小结

陕西省地貌类型多样，包括风沙高原区、黄土高原区、关中平原区、秦岭山地区、汉中—安康低山丘陵盆地区、大巴山中山地区六大类，关中平原为华夏文明发源地之一，西、北两个方向则与游牧民族分布区接壤，军事形势复杂，与四川既有共同点，也有显著的差异。同时，明清时期的陕西也是寨堡修筑的主要区域，榆林镇是其中一个军事重镇。清代陕西战乱不少，动荡之下，乡民亦多筑寨防御。进行川、陕寨堡的对比研究，不仅可以窥探寨堡的南北方异同，亦可考量不同军事形势和地貌背景下寨堡的异同。

[①] 《三省边防备览》卷11《策略》，第399页。

第六章 川、陕寨堡对比研究

第二节 明清时期陕西省的寨堡

陕西修筑军寨的历史，可追溯到战国时期列国相争之时。秦汉时，多于要塞之处筑城以守。颜师古言："汉制，每塞要处别筑为城，置人镇守，谓之候城，此即障也。"[1] 秦汉长城之西段，有较长一段位于今陕西境内。这段长城作为阻止匈奴南下、拱卫三辅地区的重要防御工程，其间修筑的城障自然不少。[2] 陕西也是民间筑堡自卫最早的地区之一，早在两汉之际三辅遭乱之时，乡民即筑堡以自卫。明清时期，陕西省寨堡数量亦不少。

一 明代九边体系中的陕西堡寨

明灭元后，元朝势力并没有在历史舞台消失，只是退居长城以外。在陕西北部，北元势力一直对明朝的统治形成威胁，明军遂将宋夏战争时期的寨堡加以扩建，如怀远堡、清涧城、绥德城等，作为控制边疆的据点。明初，明军实力强大，不断对北元势力发起攻击。但随着明朝军事力量的逐渐削弱，及鞑靼、瓦剌两部的兴起，明王朝与草原部族之间的形势悄然逆转，正统十四年（1449年）的土木堡之变是其中的关键节点。此后，明军再也无力对蒙古发动大规模进攻，而蒙古骑兵则经常南下，抄掠明境。为了防止蒙古骑兵南下，明朝重修长城，于沿线广修城池、寨堡，逐渐形成以辽东镇、蓟州镇、宣府镇、大同镇、太原镇、延绥镇、宁夏镇、固原镇、甘肃镇构成的九边防御体系。其中，延绥镇位于明朝在陕西与蒙古交界处，对陕西各府起到了重要的屏障作用。

正统六年（1441年）九月，明都督金事王祯筑榆林城，并筑缘边堡寨24座，榆林遂为镇边之重地。[3] 天顺六年（1462年），蒙古鞑靼部占据河套后，开始频繁出入陕西。成化元年（1465年），河套蒙军大举入境，此后出现了"（蒙军）无岁不深入，杀掠人畜至数千百万，边将拥兵莫敢谁何"[4]

---

[1] （东汉）班固撰《汉书》卷6《武帝纪》，中华书局，1962，第202页。
[2] 汉之三辅地区，即指以都城长安为中心的京兆尹、左冯翊、右扶风三个行政区构成的京畿之地，其范围大致包括关中地区。
[3] 李大伟：《明代榆林镇沿边屯田与环境变化关系研究》，陕西师范大学，硕士学位论文，2006，第18页。
[4] 《明史纪事本末》卷58《议复河套》。

的局面，明朝边备整饬迫在眉睫。延绥巡抚王锐向朝廷建议，于沿边筑墙建堡，为久远计，不久王锐离任，其计未能施行。余子俊继任巡抚后，认为陕北地区地势平旷，利于骑兵冲突，蒙古占据河套后，局势更难以控制，应当"急宜于沿边筑墙置堡……依山形，随地势，或铲削，或垒筑，或挑堑，绵引相接，以成边墙"①，即主张修筑堡寨、边墙（即长城）相结合的防御体系。时任兵部尚书白圭认为陕民方困，主张延缓工程的兴筑，没有立即兴修。成化六年（1470年），索罗忽取代毛里孩占据河套，入陕掠夺更甚于前，明朝遂于榆林设卫，以加强边境管控。是时，为了阻止蒙古以河套为据点南下，明朝每年都要派遣大军出征，但没有取得战果。成化八年（1472年）秋，余子俊以大军出征徒费钱粮为由，再次奏请修筑榆林边墙，得到了明宪宗的许可。次年，明军乘蒙古大军远出之际，袭击蒙古根据地红盐池，烧其营帐，擒斩350人，蒙军回来见此情形只能相顾痛哭，"自是远徙北去，不敢复居河套，西陲息肩者数年"②。利用这一间歇期，余子俊迅速组织人力修筑边墙寨堡体系。对于这项工程，《明史》载：

> 东起清水营，西抵花马池，延袤千七百七十里，凿崖筑墙，掘堑其下，连比不绝。每二三里置敌台崖寨备巡警。又于崖寨空处筑短墙，横一斜二如箕状，以瞭敌、避射。凡筑城堡十一，边墩十五，小墩七十八，崖寨八百一十九，役军四万人，不三月而成。墙内之地悉分屯垦，岁得粮六万石有奇。③

同年，余子俊还将延绥镇治所由绥德迁往榆林，故此后延绥镇又称榆林镇。榆林边墙筑成后，虽然使明军有了抵御敌人的依托，却把一些耕作区限隔在外，这些耕地很容易遭到敌军破坏。为此，明朝又于弘治年间（1488—1505年）由延绥巡抚文贵组织修筑一道边墙，称为"大边"，而将余子俊修筑的边墙称为"二边"。④ 明朝在榆林修筑的这两道边墙主要采用土筑的方式，余子俊所修二边仅三个月即成，文贵所筑大边则居于平夷之地，不仅很容易被敌人破坏，且容易受风沙侵蚀从而倾颓。因此，到了嘉靖二十五年（1546年），陕西三边总督曾铣又对其进行了维修。而目前的榆林镇一段的长

---

① 《明史》卷178《余子俊》，第4737页。
② 《明史》卷171《王越列传》，第4573页。
③ 《明史》卷178《余子俊》，第4737页。
④ 《读史方舆纪要》卷61《榆林镇》，第2906页。

城，保存下来的已经不多了。但是，作为防御体系重要组成部分的寨堡，至今存留不少（见表6-1）。

表6-1 榆林市部分明代堡寨遗存情况

寨堡名	位置	修筑时间	遗存情况
建安堡	榆林市大河塌乡大河塌村西南1公里	成化十年筑，万历三十五年甃砖	长方形夯筑，东西南北各长398.2米、450.9米、185米、171米，高6.8米，基宽8.7米，有马面15座。东南北各有一门，均修瓮城，东北角呈半圆形，东南、西南、西北角各筑角台，东、西墙多筑一马面
双山堡	榆林市麻黄梁乡双山堡村北200米	成化十一年筑	位于山峁上，北距大边5公里。平面呈不规则长方形，城墙堑山而成，周长1600米，宽8米，高6米，四面辟门，南、北门筑瓮城，城门及瓮城包砖
常乐堡	榆林市牛家梁乡常乐堡村	弘治四年建，万历三十五年甃砖	北距大边400米，矩形，东南西北各长419米、426米、449米、450米，高10米，宽6.5米。现存东门高7.6米，宽3.2米，进深10.2米
归德堡	榆林市刘官寨乡归德堡村东侧	成化十一年	长方形夯筑，东墙长130米、宽7米，南墙长50米、宽5米，北墙长50米、宽5米，西墙呈半圆弧形，长200米、宽1米，寨墙残高5米
鱼河堡	榆林市鱼河镇鱼河堡村东100米	成化十一年	位于二边线上，平面呈方形，边长400米，城垣夯筑，高3米，宽2.5—4米，夯层厚40厘米
保宁堡	榆林市芹河乡前湾滩村西1公里	嘉靖四十五年	北距大边2.5公里，平面呈方形，边长280米，城垣夯筑，尚存南寨墙长280米，高3米，宽3米

资料来源：《中国文物地图集·陕西分册（下）》。

明代全国各州县城池迈入以砖、石筑城的新时期。但从陕北寨堡的遗存来看，这些军寨的城垣仍然以泥土夯筑为主，仅有少数堡寨在一些重要的防御位置以砖包砌。明代的九边体系不仅对宋夏战争时期的重要寨堡进行了修复、扩建，还修筑了不少新的寨堡，同时修筑了长城，形成点线结合的防御形态，防御能力比宋夏之战时期的单纯寨堡高。但实际效果是，长城筑成后，虽然一定程度上限制了敌军掳掠，蒙古骑兵入境掠夺却是常有的事。如嘉靖二十五年（1546年），"寇十万余骑由宁塞营入，大掠延安、庆阳境"[1]。

---

[1] 《明史》卷204《曾铣》，第5387页。

这主要是因为，宋朝的边防强调边地人民的主动性，时刻强调训练边地人民，并将其作为对付西夏的主力军。因此，宋朝在大城之外修筑了许多小型寨堡，坚壁清野的策略实施得非常彻底。而明朝主要在边地实行屯田，军屯之户与百姓严格区分。敌人入境之时，军户有规模庞大的堡寨可以据守，而民寨因寨小势弱，容易遭到敌人掳掠。因此，蒙古军队多采用直接越过明朝边境长城和军堡掳掠民寨及其财物的策略，常满载而归。

二 明末清初的战乱与陕西寨堡的修筑

明清易代之际，陕西省是战乱持续时间最长的地区之一。农民战争首先在旱灾严重的陕北地区爆发，该地区土地贫瘠，抗灾能力弱，百姓纷纷加入反抗武装。崇祯七年（1634年），李自成率军攻掠关中。关中平原粮食充足，百姓参与动乱的意愿不强，纷纷在乡绅的率领下修筑寨堡自卫。泾阳县，"邑之有堡，盖繁于明崇祯七年以后，即坚壁清野以御流寇之法"①。关中平原东部的大荔县，"乡间旧堡寨所在多有……耆老相传，为明季避流贼而筑"②。与之相邻的朝邑县有泰安堡，"明末流寇猖獗，邑孝廉雷于霖倡众并筑"③。淳化县通润镇也于此时创修了新寨。④

随着战乱向陕南发展，紫阳、旬阳、兴安、汉阴、石泉、山阳、洛南等地也开始修筑寨堡。紫阳县，"明季暨国初，邑境当川楚流寇之冲，居民筑寨自固"⑤。山阳县，"明季遭流寇之变，深山穷谷，非扼要据险结为栅寨，余民真无孑遗矣"⑥。洛南县，"流寇之祸，重以杆贼，蹂躏二十余年……乡落人民终得保聚山寨者，惟乡勇之力"⑦。顺治二年（1645年）正月，清军进入陕西。李自成死后，余部盘踞于川、楚交界地区，与当地武装联合对抗清军，号"夔东十三家"。这时，驻防陕南兴安的清军参将康安国采取"破

---

① （清）刘懋官修，周斯億纂：宣统《泾阳县志》卷2《建置志·堡寨》，《中国方志丛书·华北地方》第236册，第123页。
② 民国《续陕西通志》卷9《堡寨》，第25页。
③ （清）王兆鳌纂修：康熙《朝邑县志》卷2《建置》，《中国方志丛书·华北地方》第241册，第95页。今朝邑县已划归大荔县。
④ 民国《续陕西通志》卷9《堡寨》，第24页。
⑤ 民国《续陕西通志》卷9《堡寨》，第48页。
⑥ （清）何树滋修：嘉庆《山阳县志》卷4《关寨》，国家图书馆藏民国抄本。
⑦ （清）范启源修：同治《洛南县志》卷9《乡兵》，国家图书馆藏清同治七年刻本。洛南在清代写作"雒南"，《中国历史地图集》等一些史学研究的书籍较多沿用清代写法。为前后统一起见，本书中统一使用"洛南"。

寨杀良"的残酷手段以邀军功，最终导致附近各县寨民纷纷与"夔东十三家"联络，"自旬阳抵汉一带寨民，俱已助贼，声势相倚，不下数万"①。一些乡民虽未与反清武装联络，为求自保也修筑了寨堡，如刘弘才于延绥北山修筑的营安寨、孙守法在秦岭腹地修筑的五郎山寨等。总体来看，这些寨堡都带有浓郁的自发性质，从组织到管理都由寨民自主决定，故战乱平息以后，寨堡本身也就难免遭毁坏或被废弃的命运。

三 嘉庆年间白莲教起义——清代陕西寨堡修筑的第一次高潮

陕西南部横亘有秦岭、大巴山两座大山脉，明清之际成为流民的聚集地。特别是处于秦巴腹地的兴安州"自乾隆三十七年以后……五方杂处，良莠错居，迩来风俗刁悍，讼狱繁兴，命盗案件，甲于通省"②，官府管控十分困难。为此，清政府在乾隆四十七年（1782年）将兴安州升为兴安府以加强控制，但流民问题依然是令清政府地方官吏头疼的问题。

嘉庆元年（1796年）正月，湖北枝江、宜都地区的白莲教在聂杰人、张正谟的率领下举兵反清，揭开了嘉庆时期白莲教起义的序幕。是年十一月，四川白莲教北上攻打兴安府各县，得到当地白莲教的响应，冯得仕等人于兴安城北拥众三千而起。彼时，虽然陕西白莲教没有形成气候，但湖北、四川的白莲教经常窜入陕境，于南部的秦巴山地活动。嘉庆二年（1797年）十一月，王聪儿、姚之富率领的襄阳教团主力两万余人曾渡汉水北上，翻越秦岭，进攻眉县、周至，直逼西安，引起关中各地的恐慌，陕西巡抚秦承恩"日夕哭泣，目皆肿"③。

白莲教武装行踪飘忽，无法追击，也难以阻截，声势日大。一些重要的集镇开始在当地官员的率领下修筑寨堡，衡口堡就是典型的例子。董诏《衡口堡记》载：

> 衡口镇，在郡西七十里。东临衡水，南带月谷。澄流灌注，饶水田。粳稻所出，一邑仰食。地当邮中，宾旅所税，委积所输，有馆候焉，有廒贮焉。丁巳夏，邻匪触藩，焚掠所震，民用荡析。走险栖岩，

---

① 中国人民大学历史系、中国第一历史档案馆编《清代农民战争史料选编》第一册上，中国人民大学出版社，1984，第75页。
② 《三省边防备览》卷11《策略》，第399页。
③ （清）昭梿：《啸亭杂录》卷4《王文雄》，《清中期五省白莲教资料》第5册，第316页。

经旬始定。时则藩宪温公直指,训戎关南,驰驱所历,谓聚民建堡,此地为急。规画甫兴,疑信且半。公曰:"易与乐成,难与更始。"于是躬率邑侯赵君,相其阴阳,定以茅蕝。经营既成,比具而待。邑侯慨然曰:"此令事也!"即捐千金以为众劝,于是饶者输财,贫者献力,事以就绪。藩宪因择邑绅史明经等巡其版筑,司其出纳,饬以程工赋食,勿靡勿刻。复命汉中从事陈少府监之,以赏罚其力不力。役既经年,隍堑甫周,狂氛复炽,西北皆警,环堡数千之氓襁负争门而入,守备既戒,蚁结蜂屯而至者,睥睨巨墉,凶焰顿沮。官兵驰击,各鸟兽散。民乐更生,输作倍力,遂于堡中西偏更建重闉。邑侯亦喜民之得庆于安全也,复捐金六百以为增埤之费,而衡口堡于是告成。是举也,起于嘉庆三年冬,竣于六年夏。堡周以丈计,凡六百四十有奇。高以寻计,凡二,女墙半之。隍周于基广常有二尺,深缩广三之一。为门五。邑侯共捐银一千六百两,民输银三千七百两有奇,义助夫二千余名。凡工之始终,侯月省府宪周公再造,迨藩宪四至,而乐观厥成,特置堡长,以一事权。而是地为郡西巨障,生斯地者感未雨之彻土,乐春台之共登。谋勒贞珉,传之奕世。属予载笔。①

衡口镇即今陕西省安康市恒口镇,地处衡水(今恒河)、月河之间的平川上,是紫阳、汉阴两县东入兴安府(今安康市)的要道,明清时期商旅繁盛。嘉庆二年(1797年)四月,襄阳白莲教主力于镇安会师后,兴安府所属之安康、汉阴、石泉、紫阳各县所在告警,富庶的衡口镇自然成为白莲教觊觎的目标。这个寨堡,筹集经费、工程管理人员的选择、寨堡的修筑、堡长的任命,都由地方官员主导,士绅阶层在其中发挥了重要作用。衡口堡不仅修筑寨墙,还修筑重闉、女墙等设施。闉,即瓮城之门,《说文解字》言:"闉,城曲重门也。"女墙,是在城墙顶部修筑的呈凹凸状的小墙。瓮城、垛口等设施在明清城池中常见,但在寨堡中较少采用,由此可以看出衡口堡形制的复杂性和地位的重要性。

这种集镇所筑之堡,数量很少,无法对地居僻壤而又数量众多的民众提供保护。嘉庆四年(1799年),面对白莲教"越剿越多"的局面,嘉庆帝决定采用龚景瀚之策,筑寨练团、坚壁清野,诏谕川、陕、甘、楚各省施行,并将其作为地方督抚的"第一要务"。陕甘总督长麟认为,"若不亲身劝喻,

---

① 民国《续陕西通志》卷9《堡寨》,第42页。

以为倡导，不惟各州县未必实心任事，即各百姓亦未必一律心齐"，前往甘肃平凉、静宁、固原、隆德、会宁、安定、陇西各州县，对当地教职、绅士、乡约、百姓，亲加劝喻。百姓顾念乡里，"靡不共知厉害，倾心乐从"①。长麟又遣兵部额外主事奇明至陕西，令其会同各州县，仿其亲身劝喻之法。清政府将修筑寨堡作为考察地方官吏的一项重要指标，自然激发了州县官员筑寨的热情。认识到寨堡对于消弭战乱的重要作用后，陕西各地修筑寨堡的热情高涨。终南山横亘关中南面，西起秦陇，东至蓝田，其间大谷有五，小谷过百，道路纷繁，白莲教武装时常以此为基地，不时出山大掠，败则入山躲藏，清军不敢深入穷追。为了改变这一局面，嘉庆帝特别指示将南山各州县作为陕西寨堡修筑的重点区域。南山寨堡自嘉庆四年（1799年）中期开始兴修，至嘉庆五年（1800年）正月基本修筑完竣，计551处，其中得到官府资助的有93处，民间自行捐修的有448处。在此过程中，士绅阶层发挥了重要作用，在修寨发起、经费筹集、工程管理等方面都起到带头作用，如生员潘大康一人就独自捐修了山寨十座，成为士绅的典范，从而受到皇帝的褒奖。② 经过半年多时间，陕西修筑寨堡的厅州县已达37个，即留坝厅、孝义厅、五郎厅、汉阴厅、宁羌州、商州、陇州、华州、南郑县、凤县、略阳县、西乡县、沔县、褒城县、城固县、洋县、安康县、紫阳县、石泉县、白河县、平利县、洵阳县、山阳县、镇安县、洛南县、商南县、鄠县、咸宁县、宝鸡县、华阴县、长安县、岐山县、临潼县、蓝田县、周至县、眉县、渭南县。③

南山各州县寨堡修成后，白莲教武装在陕、甘两省的活动受到极大限制。自嘉庆五年（1800年）六月冉学胜等被额勒登保从南山逼退后，白莲教武装就再也无法突破到栈道以西、汉水以北的区域，活动范围大幅缩小。是年，清军攻打屯驻紫阳、安康一带的白莲教武装，一直追击至湖北竹溪一带。在此，白莲教武装又遭到湖北清军的夹击，被迫折回陕西，遁入川陕交界的巴山老林。嘉庆六年（1801年），白莲教各部多次冲出大巴山，试图突

---

① 《陕甘总督长麟奏，嘉庆五年二月十八日》，《清中期五省白莲教起义资料》第2册，第16页。
② 《军机大臣字寄陕甘总督长麟、陕西巡抚台布，嘉庆五年正月二十日》，《清中期五省白莲教起义资料》第2册，第293页。
③ 《陕甘总督长麟奏片，将陕甘应办筑堡团勇各厅州县开缮清单，恭呈御览，嘉庆五年二月十八日》，《清中期五省白莲教起义资料》第2册，第17页。周至县建县至今有两千余年历史，因"山曲为盩，水曲为厔"而得名，在清代写作"盩厔"，《中国历史地图集》等一些史学研究的书籍较多沿用清代写法。为前后统一起见，本书中统一使用"周至"。

破清军的汉水防线，但都失利了。到了年底，白莲教"惟汤、刘、李、苟、樊、戴六贼尚称大队，每队不过千余，均逼入四川境内，并其余窜匿陕楚无名之贼，统计不过一万有奇"①，已经对清政府构不成威胁。嘉庆九年（1804年），对川、陕、楚三省社会造成极大破坏的白莲教起义最终以白莲教的失败告终。在这场战争中，陕西南部寨堡的修筑对清军的最终获胜起到了重要作用。

四 咸同年间回民反清斗争——清代陕西寨堡修筑的第二次高潮

同治元年（1862年）五月，在四川战斗中失利的李蓝余部蓝朝柱、郭刀刀、曹灿章等率军北上陕西，清廷急命刘蓉率湘军14000余人追击入陕，并下令陕西各州县派员"分道董劝，复行坚壁清野之法"②。次年八月，刘蓉升任陕西巡抚，积极筹划寨堡事宜，"遍阅秦中地势，饬各州县坚壁清野，野设堡寨局，委大员督办，严定章程，以为奖劝"。③在刘蓉的推动下，各地纷纷修筑寨堡。

但是，同治年间修寨弥乱的进程远不如嘉庆时顺利，主要原因是同治时陕西战事复杂。此时，反清武装也修筑了大量的寨堡，其中主要是回民寨堡。清代陕西的回民所占人口比重较大，有"民七回三"之说，他们大多相聚而居，与其他民族的村庄犬牙相错。同治元年（1862年），部分地区回汉之间械斗，地方官吏处置不当导致矛盾迅速升温，陕西巡抚瑛棨甚至提出"回系匪，宜剿灭，汉系团，宜协同官兵剿回"的错误口号，张贴对所有回民"格杀勿论"的告示④，"欲一举芟而殄绝之也"⑤，给陕西地方带来空前浩劫。清廷鼓励地方办团练、修寨堡，压缩回民生存空间。回民为求自保，也修筑堡寨进行防御，如大荔县的王阁村、羌白镇，渭南的仓头镇，宜君县的马栏镇，中部县的吉子岘寨，咸阳的马家堡、苏家沟寨等回民聚居之地，寨堡颇具规模。中部县的吉子岘寨，在清军进攻时能够集结万余人列阵以

---

① 《圣武记》卷10《嘉庆川湖陕靖寇记七》，第439页。
② 《穆宗毅皇帝实录》卷55，同治二年正月乙丑，《清实录》第46册，第40页。
③ （民国）杨虎城、邵力子修《续陕西通志》卷9《堡寨》，第7页。
④ （清）东阿居士：《秦难见闻录》，载邵宏谟、韩敏编《陕西回民起义资料》，陕西省地方志编纂委员会，1987，第123、135页。
⑤ （民国）杨虎城、邵力子修《续修陕西通志》卷173《平定回匪》，第2页。

待，至同治八年（1869年）二月始为清军攻陷，可见规模之大。① 作为回民另一重要据点的大荔县羌白镇，"为荔邑镇堡之首，县丞公署在焉。皮货作坊会萃于斯，繁富亚于县城。同治元年回叛夺得之，据为窟穴"②，规模也不小。苏家沟寨也是"堞高湟深，外布蒺藜、木栅，围以荆棘，几如蛟窟虎峒，莫之敢撄"③。这样就出现了以寨攻寨的寨堡战。团练武装修筑堡寨，并配合清军对回民展开攻击；回民亦修筑堡寨，组织武装，伺机攻击团练堡寨。回民与白莲教不同，为当地土著，拥有财产和粮秣，清军不分青红皂白的屠杀，激发了回民的反抗。在此情形下，无法清野，也难以坚壁，因而团练寨堡无法发挥如嘉庆年间对付白莲教时的作用。由于各民族杂居已久，"回寨、汉庄衡宇咫尺，朝攻夜袭，防不胜防"④，团练寨堡难以组织有效的防御，回民军队"一日而破数十堡至百余堡不等"⑤。

同治元年十一月，多隆阿率军入陕，随后一年时间里在羌白镇、王阁村、渭城、苏家沟、凤翔府等地击败回军，迫使其退入甘肃。同治五年（1866年）底，西捻军进入陕西，于十里坡击溃湘军，围困西安城，巡抚刘蓉被革职。次年，回军乘势由甘返陕，联合捻军对抗清军。清廷急以左宗棠为陕甘总督，命其率部入陕作战。同治七年（1868年），左宗棠追击捻军入晋，将刘典升任陕西巡抚留陕平乱。此时陕西仍有捻军余部、回民军队及饥民溃勇组成的反清武装，局势仍然严峻。御史郭从矩乃上《请饬陕甘等省修筑堡寨坚壁清野》折，清廷以其折付地方官令遵照办理。刘典也认为，陕西战乱旷日持久，"实缘未得困贼之法，人民资其裹挟，故贼日剿而众日多；粮食被其抢掠，故民日饥而粮日少。欲求困贼保民之计，当以坚壁清野为先"⑥。此时，由甘回陕的回军、捻军余部等反清武装在当地已没有产业和根据地，故寨堡开始发挥坚壁清野的作用："同治时回捻各逆窜扰，（富平县）乡镇始终完守者西乡惟庄里镇、陵李沟堡、胡家陵怀堡、侯家堡四处而已。然考回乱之起，乡民猝不及防，临时多避匿地窖，近深沟者或启高窑，北山

---

① （民国）杨虎城、邵力子修《续陕西通志》卷9《堡寨》，第15页。
② （民国）聂雨润修《续修大荔县旧志存稿》卷4《土地志》，国家图书馆藏民国二十六年本，第59页。
③ （清）雷正绾辑《多忠勇公（隆阿）勤劳录》，沈云龙《近代中国史料丛刊续编第九十五辑》，文海出版社，1996，第252页
④ （清）余涛：《秦陇回务纪略》卷1，白寿彝编《中国近代史资料丛刊·回民起义》（第四册），上海人民出版社，1952，第219页。
⑤ 民国《续陕西通志》卷9《堡寨》，第3页。
⑥ 民国《续陕西通志》卷9《堡寨》，第3页。

则依石洞以藏身。及捻匪至，事又相反，凡匿地窖、高窑者多被熏烧毙命，而乡堡城稍可守者，捻望之即去。其后，乡民始多筑堡，缮完守御。"①

需要指出的是，同治年间寨堡所发挥的作用，已无法与嘉庆年间相比。嘉庆时清廷国力仍强，军队虽然已较腐败，但仍能与白莲教武装正面对垒，故在拱卫城市的同时能给予乡村较多支援。寨堡一般只需坚守数日即可得到支援，使白莲教在清军与寨堡武装的夹击中逐渐失败。同治年间，清军八旗、绿营的战斗力几乎丧失，在回军、李蓝军、太平军、西捻军的联合打击下非常狼狈，而湘、淮各军兵力有限，许多城池陷于敌手，省城西安长期被困，无法给予乡村支援，寨堡多陷入孤立无援的状态而被攻陷。可见，乡村的防御不仅需要修筑寨堡，还要有官方军事力量作为支援，两者互相配合，方能发挥作用。

在风雨飘摇的清朝晚期，清政府疲于应付风起云涌的反抗斗争而无法保证乡村百姓的安全，筑寨成为乡民自保的唯一手段。每当社会不宁，清廷都不忘奖劝地方重修。光绪二十一年（1895年）春，甘肃河湟地区回民再度举兵，清廷立即"札饬以甘回构逆，陕省需加意严防。防堵之法，以坚壁清野为要务"②。就连一些西方传教士也寄希望于寨堡的保护。光绪九年（1883年），甘肃回民起义再发，近甘省的陕西靖边县天主教传教士马文明等即修筑了一座寨堡来拱卫教堂，其寨有土墙160丈，墙高2丈，底宽1丈5尺，收顶6尺，影墙5尺，并有垛口。③ 这种乡村筑寨的行为一直持续到了民国时期。清代陕西各厅州县修筑寨堡情况如表6-2所示。

表6-2　清代陕西各厅州县寨堡修筑情况

厅州县名称	修筑情况
安定县	明末清初时建，有瓦窑堡、黑水堡、柳榆堡等3堡
安康县	嘉庆时修，著名的有双峰镇、王家寨、衡口堡等12寨
安塞县	著名的有云台山寺寨、阴山茆寨、香林寺寨等15寨
白河县	嘉庆间居民因山险筑寨
白水县	著名的有西固镇寨、冯雷镇寨、雷村寨等9寨
褒城县	有邹寨、东范寨、东张寨等30寨

---

① 民国《续陕西通志》卷9《堡寨》，第12页。
② 民国《续陕西通志》卷9《堡寨》，第11页。
③ 民国《续陕西通志》卷9《堡寨》，第56页。

续表

厅州县名称	修筑情况
宝鸡县	著名的有敦仁堡、双泉堡、南城堡等53寨堡
保安县	著名的有金汤镇、园林寨、杏子城等8寨
邠州	有卧龙堡、世店镇寨、龙高镇寨等11寨
长安县	同治时筑,主要分布于县西、西南,著名的有姜仁寨、后卫寨等32寨
长武县	著名的有新丰堡、马儿堡、隆头堡等18堡
朝邑县	著名的有泰安堡、全中寨、金龙堡等26个寨堡
城固县	著名的有小河口、五郎坪2寨
澄城县	著名的有学城、韦庄寨、寺前寨、崖畔寨等4寨
淳化县	有通润新寨,创于明季,同治元年扩充兴筑,至七年工竣,光绪初年增修房舍
大荔县	主要筑于同治年间,有长安屯堡、常家寨、王马村寨等32寨
定边县	乾隆时修复4边堡
定远厅	境有95寨,主要筑于嘉庆、同治年间,以东乡万全寨、龙洞尖寨、南乡马鞍寨、人和寨、躬弓台寨、红岩洞寨、北极寨、西乡马家寨、钻天寨、凤凰寨、康佳寨、白岩寨,北乡明月洞、九龙寨为著名险要之区
凤县	著名的有嵩坪堡、黄牛铺、安民寨等9寨
凤翔县	著名的有王家堡、迎恩堡、新堡等135堡
佛坪厅	道光二十二年筑寨
鄜州	著名的有龟山寨、钳儿村寨、伏龙村寨、姚家塬、羊圈镇寨、张村驿寨、黑水寺寨、小河石崖窑等寨
肤施县	著名的有嘉岭山寨、川口寨、王庄寨等26寨
扶风县	著名的有杏林镇、官务寺堡、田家堡等35个寨堡
府谷县	著名的有阎家寨、赵家寨、刘家寨等32寨
富平县	同治时筑41寨堡
韩城县	芝川城、赳赳寨、石门寨、玉峰桥寨
汉阴厅	嘉庆二年奉令民间坚壁清野,时厅境依山据水筑堡寨至89座
郃阳县	有夏村正东寨、灵皋村东北寨、坊镇西街寨等108个寨堡
横山县	响水堡、波罗堡
鄠县	同治时各重要村镇皆修筑寨堡,著名的有秦渡镇、大王镇、曹家堡等20堡
华阴县	有西关堡、长厫堡、洪崖堡等165寨
华州	著名的有岔口堡、党家寨、高家堡等29堡
怀远县	同治初、宣统末新修石湾寨、沙家梁寨等十余寨堡

249

续表

厅州县名称	修筑情况
葭州	同治时筑，著名的有石嘴峰寨、叶则坪寨、笔架山寨等9寨
泾阳县	桥镇堡、成村堡、高寨子、社树堡、马家堡、安吴堡
靖边县	乾隆时修复2边堡
蓝田县	著名的有张家堡、十里堡、清泉堡等18寨
醴泉县	著名的有阡东镇堡、金家堡、南阳官寨等22处
临潼县	同治时各重要村镇皆修筑寨堡，著名的有马额镇、斜口镇、继丰堡等62堡
麟游县	著名的有杜阳堡、天堂镇堡、卧牛穴等
留坝厅	有太平寨、吴仁寨、铁炉川寨、包山湾寨等4寨
陇州	金兜兜堡、永信堡
略阳县	著名的有青关树庄、九条岭庄、腰庄等26寨
洛川县	皆同治战乱时乡民筑以避患，著名的有甘石寨、兴平寨、路村寨等16寨
洛南县	著名的有焦家寨、火烧寨、三要司镇寨、景村镇寨等4寨
米脂县	有吴儿寨、贺家寨、窦家寨、扶风寨、崧峰寨、土门寨等6寨
沔县	嘉庆五年，寨堡议行，民尽倚险结寨，平原之中亦挖壕作堡；至咸同年间，土堡无存，县城被攻破，但山寨皆获保全，故后又兴修山寨。17堡，32寨
南郑县	著名的有吴起庄、大寨、小寨等8寨
宁羌州	著名的有老兵洞、白崖洞、寨子山洞等3寨
宁陕厅	嘉庆时始筑，著名的有小寨、青岩寨、杨家寨、宝莲寨、西峰寨、黄土寨、百禄寨、旧关寨、青山寨、石羊寨、得胜寨、葫芦寨
平利县	县境堡寨122，镇坪分县堡寨30，多嘉庆时筑
蒲城县	有常乐村寨、马家沟寨、刘家沟寨等10寨
岐山县	嘉庆时有48堡，同治初年以小并大，联为18团
汧阳县	有龙泉堡、长兴堡、天池堡等41堡，皆同治初筑
乾州	杨洪店、杨家庄、三十里铺、白乐寨、樊家堡、新堡、崔家堡、韩家堡、全家饱、夹嘴堡、铁佛寺堡
三水县	清初即于各重要市镇修筑堡寨，著名的有织田镇寨、张洪镇寨、底庙镇寨、太峪镇寨
三原县	多同治时筑，战乱时县境各村堡完守者唯东里菜、王二堡守御未失，余悉残破
山阳县	著名的有龙洞寨、赵家湾寨、高八店寨等19寨
商南县	著名的有森龙寨、迎生寨、富水堡等19寨
商州	著名的有高山寨、万安寨、张村寨等27寨

续表

厅州县名称	修筑情况
神木县	有卧虎寨、永兴堡、大柏油堡等30堡寨
石泉县	始设于嘉庆五年以后，各乡处处有之
石泉县	著名的有天心寨、天保寨、黄金寨等48寨
绥德州	同治六年时所筑，有神童寨、焦石堡、张家寨等11寨
同官县	有济阳寨、永宁寨、西梁堡、南古寨、黄堡寨
渭南县	同治初筑靖安、信义、北焦等35处，同治十年县令陈西庚又续修寨堡28处
吴堡县	同治时筑，有下山寨、杨家寨、红龙寨、尚家寨、君家山寨、寺沟寨、穆家寨等7寨
西乡县	著名的有土城堡、午子寨、李家寨等8寨
咸宁县	同治时修筑堡寨，境土多沙砾，旋筑旋毁，成堡甚少，仅筑成马家寨、郝口寨、桃溪寨、安居坊寨、王曲南堡寨等寨
咸阳县	多咸丰、同治时筑，著名的有北槐树寨、社树寨、马家寨、康佳寨、尹家寨、勒里村寨、三旐村寨、三义村寨、渭城湾寨、龚家湾寨、天阁村堡
孝义厅	南山之民散处零星，不能成聚落，无村堡可资障卫。嘉庆白莲教之役，居民或数家或一家于附近悬崖危峰之上砌石为寨，或于峭壁之间凿石成洞
兴平县	同治时各重要村镇皆修筑寨堡，著名的有马嵬镇堡、武家寨、张耳寨等24寨
洵阳县	著名的有蜀河石头堡、焦山寨、三坐庵寨等35寨，多始修于嘉庆年间
延长县	有马蹄寨、张家山寨、史家沟寨、黑龙寨、姚家寨、石家寨等7寨
延川县	共9寨，当同治战乱时，唯大木源、冯家坪寨失守，余七寨皆赖守者得人，乡民幸以保全
洋县	著名的有雍家寨、白石寨、华阳镇寨等8寨
耀州	有天活堡、桃儿堡
宜川县	著名的有白云洞寨、莲花寨、古土寨等38寨
宜君县	各寨均同治二年回变时筑，著名的有仓村寨、石家寨、马栏镇等7寨
永寿县	主要筑于同治初年，著名的有安家官寨、上营城寨、南关寨等数十堡寨（《县志》载16寨，今调查有21堡，仅少数寨名相同）
榆林县	著名的有关西寨、凤凰堡、止戈寨等8寨
镇安县	著名的有青绥寨、草庙寨、黄龙寨等28寨

251

续表

厅州县名称	修筑情况
中部县	著名的有谷镇寨、田庄镇寨、贾家原寨等7寨
周至县	皆咸丰时筑,迭经兵燹,风雨之后修葺,尚称完全者只东南区栗园头等十数堡
砖坪厅	著名的有保安寨、忠心寨、柴垭寨等33寨,小寨数量更繁
紫阳县	著名的有红岩寨、黑虎寨、双宾寨等54寨

资料来源:乾隆《延长县志》卷2《建置·镇堡》;宣统《长武县志》卷2《县境桥亭镇堡寺庙表》;康熙《朝邑县志》卷2《建置·堡寨》;光绪《定远厅志》卷4《地理志·寨堡》;光绪《富平县志稿》卷2《建置志·堡寨》;宣统《泾阳县志》卷2《建置志·堡寨》;民国《横山县志》卷2《建置·堡镇》;民国《韩城县续志》卷2《兵防·堡寨》;民国《洛川县志》卷15《军警志·防御工程》;乾隆《临潼县志》卷1《建置·寨堡》;乾隆《陇州续志》卷1《方舆·村堡》;光绪《沔县志》卷1《地理志·堡寨》;光绪《蒲城县志》卷2《建置志堡寨》;民国《岐山县志》卷1《建置·堡寨》;道光《石泉县志》卷1《建置·寨堡》;光绪《绥德州志》卷二《建置·堡寨》;清代抄本《神木县志》卷3《洞寨》;光绪《洵阳县志》卷4《建置·堡寨》;乾隆《三水县志》卷1《乡镇亭堡》;光绪《新续渭南县志》卷3《建置志·堡寨》;光绪《孝义厅志》卷4《建置志·寨洞》;民国《兴平县志》卷1《地理·里堡》;民国《续陕西通志》卷9《堡寨》等。

五 清代陕西寨堡的类型

筑寨自卫者,当以山险天成为首要选址条件。这种地形,可以节省修寨的人力物力,防御效果也比平原筑堡要好得多。陕南兴安府、汉中府、商州直隶州,以及西安府南端之宁陕厅、孝义厅,凤翔府南端之宝鸡县等地,有秦岭、巴山之险,修筑山寨者比比皆是。商州洛南县各乡村当清初之时,多"保聚山寨"[1]。兴安府山阳县百姓,当清初战乱之时于深山穷谷之中"扼要据险,结为栅寨"[2]。紫阳县永乐寨"在五朵云山,势极高……周围数百余里一览毕悉";真武寨"在真武峰顶,险固可守";牛头寨"四面悬崖,惟一小径可升";天星寨"孤峰特出,峻削摩天"[3]。白河县所筑堡寨亦多为山寨,仅与楚地接壤之圣母山上的就有飞云寨、东岳寨、胜水寨、玉葵寨等联络。从县境之龙泉寨亦可窥其山寨之险。董诏《新修龙泉寨记》载:

---

[1] (清)范启源修:乾隆《洛南县志》卷9《乡兵》,清同治七年刻本,第5页。
[2] (清)何树滋修:嘉庆《山阳县志》卷4《关寨》,国家图书馆藏民国抄本。
[3] (清)陈仅修,吴纯纂:光绪《紫阳县志》卷2《寨堡》,国家图书馆藏清光绪八年刻本,第20页。

第六章　川、陕寨堡对比研究

  寨居邑南百二十里，踞南岔五龙峰之麓，两崖旁削，中盘一径，逦迤而下，二水环之。巅有旧址，盖昔人已经卜筑，因郭为城，倚北达南，疏为二门，中作通衢，屋居鳞次，望衡对宇，无俟越阡度陌，而有互为主客之乐。南下里余，地饶平敞，东西抱崖，扩为大寨，会于丁方而建门焉。而上寨之门，遂为重扃。更扼水置关，而外寨更峻固矣！其内寨周二百二十丈，高一丈八尺，女墙三尺。其外寨周五百丈有奇，高减上之半，女墙同之。关之外则二水交流，俨巨津焉。①

  龙泉寨于嘉庆三年（1798年）夏动工，于嘉庆六年（1801年）修成，由白河士绅马骥德等组织修建，其势或环水，或抱崖，内外双寨互为掎角，又于水道设关护卫，可谓固若金汤。

  关中平原边缘州县，地形起伏较大，存在不少山峰，故所筑寨堡也以山寨为主。关中平原西段的汧阳县就有不少山寨，如龙泉堡即修筑在"巍然而上峙"的龙泉山上，是"借崖筑堡"的典型。关中平原东端的大荔、朝邑等地，也多有山寨。朝邑县寨堡"皆依山建筑，遇世变时，附近居民多迁避其中"②。大荔县的圣山堡位于距西北城35里的商原山北，"三面深沟，孤峰特起。一门南开，门外昔年惟通鸟道，后因多难，亦掘为沟。南面一阜屏蔽，敌弹不得及门，入门者惟栈道，过讫抽栈"③，形势相当险峻。陕北地区地势起伏，山寨亦多有之，如保安县永宁山寨：

  寨在县南八十里，山质如赭，峭崖飞壁，兀然孤挺，遥望如钟之在□，洛水萦绕其三面。居民凿石成宇，旷如奥如足，容千人。势分三层，螺旋而上，上层踞山，顶如人之髻，中层微洼而斗峻，下层有井通洛，供取汲焉。三层各自为寨，寨南各有旁道，架木石为栈道以通往来。贼至，撤栈截险，无阶可升。回乱时，居民避此者数百家，每遇贼过，辄抄其尾，夺取马匹粮械，贼痛恨而无如何，盖天险也。④

  然而，在平地设堡才是陕西寨堡的主要类型，它不仅分布于关中平原，

---

① （清）严一青修，朱斗南纂：嘉庆《白河县志》卷7《寨堡》，国家图书馆藏清嘉庆六年刻本，第9页。
② 民国《续陕西通志》卷9《堡寨》，第25页。
③ （民国）陈少先修，聂雨润纂《续修大荔县旧志存稿》卷4《土地志》，国家图书馆藏民国二十六年本，第60页。
④ 民国《续陕西通志》卷9《堡寨》，第52页。

汉中盆地、陕北高原也分布较多。其法主要是包村筑堡，或在村落附近择地筑堡。这种平地堡寨，墙体主要为泥土夯筑，中间灌以砂石、卵石等材料，或直接以泥夹砂石、卵石夯筑。平地设堡与据险筑寨不同，山寨依据地势，对寨下形成俯瞰之势，有利于防守，故一般只需要修筑3—5米的寨墙即可。平地则不然，寨堡内外皆处于同一高度，进攻者不再有仰攻之累，防御起来更加困难。且山寨一般因山采石，寨墙以坚固的石质材料为主；平堡则一般以泥土为材料，其坚固程度自然无法与石城相比，防御效果也大打折扣。因此，平堡墙体必须要高大，从现留存的遗址来看，许多堡寨仍保留着5—10米的夯筑寨墙。而且，寨墙之外一般都要挖掘壕沟，其宽度一般为5米以上，深度一般为3米以上。山寨受地形限制较大，故平面形状随山势呈不规则形状。平堡则一般较为规则。一地筑寨，会对附近乡村造成影响，从而在该区域形成集中分布的态势，如今彬县龙高乡现存有老户城、杨家村城、高村堡、太盘堡、甘池堡等，一乡即占据整个县城现存堡寨总数的四分之一。永寿县甘井乡现存有东淡堡、北曹德堡、王家咀堡、北甘井堡、南邵堡、延村堡、周家村堡、北庄堡、王家村堡，占县境寨堡总数的43%。[1] 上文提到的洋人修寨一事，也造成"蒙民震动"的情况。而华阴县居民因修寨众多，与临近的华州形成两种不同景象，故民间有"华阴修寨、华州修庙"之谚。[2]

同治时期，火炮、鸟铳等火器已经普遍运用于寨堡防御中，以富平县南社寨为例：

> 南社寨，坐落西乡，距城十里，周围三百八十丈，高二丈五尺，顶宽八尺，根宽二丈。城上外有砖垛，墙五尺，高连城，共三丈。上有更房五座。四角炮台上各楼房一座，一丈二尺，一间三面，留有枪眼，东北炮台身周用砖砌，上用石平。城外间护身一丈，壕二丈五尺，深二丈五尺。四角炮台与城齐，各见方二丈。南城门两层，楼房一座，东西阔二丈七尺，南北深二丈六尺，砖捲门洞，铁叶包门。又前闸门一道，两旁俱有围墙，留有枪眼三十个。[3]

不仅守寨一方以火器为防御重器，攻寨一方也必须用其来扩大杀伤力。

---

[1] 国家文物局主编《中国文物地图集·陕西分册（下）》，文物出版社，1998，第397页。
[2] 民国《续陕西通志》卷9《堡寨》，第31页。
[3] （清）樊增祥等修，谭麐纂：光绪《富平县志稿》卷2《堡寨》，丛书第239册，第249页。

第六章 川、陕寨堡对比研究

在攻守双方的对抗中，火器已经成为重要武器。从富平县的陵李沟寨来看：

> 东、北、南距地深十五丈，惟西有城。回逆初起，村人李克信、李光培倡为修补。旧城一丈五尺，加倍增筑，堞近四丈。保正李振伦赴金锁营购枪炮药丸。邻村避难居此者六千余人。同治二年二月二十六日，贼三千众围攻一日，村人设法下击，毙贼三十余人，伤者亦数百。堡内受伤七人，李克修为枪所殒。贼退，仅存火药三斤。李振伦复连夜走金锁镇营，都司阿扬阿送火药八百斤，天未明即抵寨。四月初八日贼又至，击毙贼百五十余，伤者数百人，寨民蒙遇与儿为贼炮击死。①

陵李沟寨的寨墙高度达到四丈，约为 13.3 米，故当敌人进攻之时，寨民可以居高临下射击。第一仗毙敌 30 余人，寨民仅死 1 人、伤数人，第二仗毙敌 150 余人，仅 2 人被敌人的大炮轰死，虽难免有夸大战果之嫌，但仍可看到凭借高大寨墙掩蔽，这些平堡的防御效果也是相当不错的，成功击退了敌人的进攻。在同治时期的战乱中，陵李沟寨是富平仅有的四个没有被敌攻陷的寨堡之一，寨中预先购置的枪炮以及火药的及时补给，也发挥了至关重要的作用。除了山寨与平堡之外，窑寨是陕西堡寨的一种重要形式。窑洞本来是黄土高原百姓常有的民居形式，在修筑寨堡的过程中，不少地方将窑洞与寨堡相结合，形成了独具特色的窑寨。这种寨堡形式以靠崖式窑寨为主，如富平县的米家高窑寨：

> 在西八联岭南米家沟。耆老米玉振、李天祥择村百余步之深沟，同李永成、米连魁等倡筑高窑，深三十余丈，内分小窑数十，米、赵二堡男女家资牲畜容焉。窑据悬崖，距地四丈，距原顶六七丈，又与沟南别营一窑相对，各置枪炮互卫。②

这个窑寨建在悬崖之内，上、下皆不接地面，敌人来时无法直接对其发动攻击。其形制，是筑一高窑，内分数十小窑，既可合力守御，又便于平时以家庭为单位分居；与大窑相对，还建有一小窑，分别布置枪炮以形成交叉火力。在悬崖修筑窑寨的例子还很多，如蒲城县南庙底村窑寨，"倚高崖，穿洞避贼。回乱时，匪力攻数十日，不能克，居民赖焉"③，葭州北部的王家

---

① 光绪《富平县志稿》卷 2《堡寨》，第 254 页。
② 光绪《富平县志稿》卷 2《堡寨》，第 255 页。
③ 民国《续陕西通志》卷 9《堡寨》，第 32 页。

川崖窑、大会坪崖窑，绥德州的石崖窑寨，鄜州的小河石崖窑，凤翔县的南光窑堡，保安县的老崖窑寨，等等，在此不再列举。一些窑寨取得了较好的防御效果，如老崖窑寨，"捻匪袁某曾据之，久攻不克，后募死士缘铁链掷火弹，相持多日，偶中火药箱，始歼灭。其险可知矣"①。

一些寨堡之内还挖掘下沉式窑洞或地窨院以资保卫，如大荔县圣山堡的堡墙系从内掘土所筑，"其四围陶穴深邃，容人畜器用，地面除巡房外，无筑室"。这样的结构，不仅能够防止民居遭到敌人火器的直接攻击，还可增加居住面积，"（寨之）面积仅三十亩，而容量则能加倍。天成险阻，附近居民历浩劫而得免，诚福地也"②。亦有不筑寨而只挖地窨避祸者，如咸阳县"县寨多在治城南以限于渭水，贼至时渡以入城，多不及也。余三乡皆土厚水深，贼至，恃掘地为窨以避其中，一人守口，贼无如何。即以烟熏穴，亦有防御之法"③。目前陕西寨堡遗存亦不少，据《中国文物地图集·陕西分册》，陕西每市、县遗存的寨堡多的有20余个，少者数个。从这些寨堡遗存可以看出，陕北黄土高原地区和关中平原地区基本都以夯筑土堡为主。这些地区地形稍平，故所筑堡寨多呈较规则的矩形、椭圆形等形状。一些有条件的地方，其寨堡的选址也充分利用地利优势，建在临崖、临沟、临河处，以增强防御能力；一些则通过堑山的方式修筑城墙，以减少筑墙成本。因为土寨防御能力无法和石寨相比，一些寨堡还在墙体外部以砖甃之，或在重要位置修筑马面，护壕则是寨墙外部较为常见的防御工事。陕南汉中、安康、商洛地区，土堡、石寨兼有之，其中石筑寨堡的材料又以块石、卵石为主，条石所占的比例很小，如镇巴县普安寨是条石筑，云雾山寨、狮子垭寨皆块石。岚皋县天星寨以条石垒砌，桂山寨以条石、块石混用，羊角寨、药王寨、邹梁寨、真武寨以块石垒砌，堡子寨则以卵石垒砌。④其他县域，少有以条石为主要筑寨材料的，仅在寨门部分采用条石。

六 小结

明代的陕西省北临蒙古诸部，时刻面临蒙古骑兵的威胁，故修筑不少军

---

① 民国《续陕西通志》卷9《堡寨》，第52页。
② （民国）陈少先修，聂雨润纂《续修大荔县旧志存稿》卷4《土地志》，国家图书馆藏民国二十六年本，第60页。
③ 民国《续陕西通志》卷9《堡寨》，第6页。
④ 国家文物局主编《中国文物地图集·陕西分册（下）》，文物出版社，1998，第1019、1130页。

寨，设置榆林镇以资控御，这一时期的寨堡主要修筑于陕北地区。明末战乱爆发后，关中、陕南一带乡民也开始筑寨自卫。清嘉庆时期，陕南一带是白莲教的主要活动区域，为控制流动作战的白莲教武装，清廷力行坚壁清野之策，在陕南地区有组织地修筑了大量寨堡。同治年间，反清斗争的战火在陕西全境燃烧，清廷仿照对付白莲教的办法，号召陕西全省乡民筑寨自保，寨堡遂在陕西全境陆续兴修。与此同时，反清武装也修筑了不少寨堡，寨堡攻防成为战争的一大特色。明清时期，陕西寨堡以平堡为主，也有不少山寨、洞寨，窑寨则是其一大特色。

第三节　四川与陕西寨堡之比较

一　川陕寨堡的共性

（一）筑寨以平乱——修筑原因之共性

抵抗战争威胁是寨堡修筑的直接原因。明代中前期，陕西寨堡主要集中于陕北地区，明廷构筑九边体系，以防范游牧民族的骑兵南下，体现了明廷"备边"的战争抉择，寨堡主要为军寨。四川的情况与之相似，明代中前期的寨堡主要集中于川西羌、藏分布地区，川南都掌蛮分布区，以及川东南与土司界临之地，基本也都是军寨，川中腹地则基本没有筑寨。至明中后期，随着蓝廷瑞、鄢本恕等流民发动反明斗争，明廷一时难以平乱，四川被战争波及的地区开始出现乡民筑寨屯聚的情形。明末陕北农民发动反明斗争后，陕西各个受到战争波及之地开始修筑寨堡。

嘉庆初年，清廷耗费了大量军力及钱粮，却无法改变越来越多的百姓加入白莲教的状况，战争波及的范围也越来越大。自采用"坚壁清野"之策后，战争的形势才逐渐逆转。自此以后，兴团练、筑寨堡成为清廷镇压内部叛乱的必然选择。故当咸丰元年（1851年）洪秀全于广西金田村起兵后，咸丰帝即下诏令广西修筑寨堡。[1]

可以看到，战争推进的区域，也是寨堡修筑的范围，没有战争威胁的地区，一般不会出现大规模筑寨的浪潮，这种情形在川、陕两地是相同的。嘉

---

[1]《文宗显皇帝实录》卷27，《清实录》第40册，第379页。

庆五年（1800年）之前，四川省白莲教主要活动于嘉陵江以东、长江以北区域，故寨堡修筑的区域也主要在这些地区。而绵州、潼川府等地，则在嘉庆五年冉天元越过嘉陵江后迅速出现筑寨的浪潮。咸同年间，李蓝之役后，原本没有寨堡或寨堡数量很少的叙州府、泸州直隶州、嘉定府等地也掀起了寨堡修筑的高潮。石达开入蜀后，所经过的涪陵、綦江、南川等地纷纷筑寨自卫。陕西的寨堡，清初主要分布于陕南，这与这些地区的战乱持续时间长、战祸惨有关。白莲教之役，寨堡修筑的范围也主要集中于白莲教活动的陕南地区，而战火波及较少的关中腹地基本没有修筑。同治战乱爆发后，不仅原有寨堡的陕南一带重修、新修了许多寨堡，关中、陕北地区作为战争波及区，也迅速涌现大量寨堡。

（二）制度、主体与经费筹措方式之共性

作为"备边"之用而筑的明代川、陕寨堡，纳入了明廷军事戍防体系，自然按照明廷统一制定的修寨章程进行。清代，寨堡不再是民间自发修筑以避祸的零散行为，而是官府维持地方安定的乡村控制体系。在此情形下，官府对寨堡的兴修与管理制定了一系列规章制度。这种制度是清朝在嘉庆年间对付白莲教的过程中形成的，并在此后历次战争中得以沿用。官府决定修寨之时，在行省设置寨堡局，由其制定寨堡兴筑、管理的一系列规章制度，将省域划分为若干区域，由局委派各委员分赴这些区域，协同域内州县官员会同办理寨堡事宜。地方如要修寨，需要向官府报告并登记在册，寨堡修建完工后还要请官员前来检验是否合格。在寨堡的管理上，寨长虽由寨民自行推选，但必须向州县衙门报告，寨内人口多少、枪械弹药几何，都必须向官府如实禀告。为了加强寨堡的防御，官府还会将一个区域的寨堡连为一团，选择其中德高望重者充当寨总，寨堡之间有互相援助的职责，并承担配合官府军队进行防御甚至作战的义务。若发现寨堡有通敌行为，寨长要受到极为严厉的处分。这些寨堡兴修与管理的制度，川、陕两省是相同的。

虽然清廷将寨堡作为消弭战乱、维持统治的重要手段，但因官员数量少，无法面面俱到，故而并不全部承担寨堡兴筑与内部管控的职责，而主张由民间自发兴筑及自治管理，官府在其中只发挥宏观管控、倡议、劝导、辅助的作用，经费筹措与日常管理主要依靠民间力量。咸丰皇帝就指出："（修筑寨堡）自是良法，但须因地制宜，未便强民以所难行。惟在守土官吏，相机劝导，筑堡立寨，使民自为守卫。若必官为给帑，无论无此巨款，且恐有

名无实，转滋扰累。"① 在此情形下，士绅阶层成为政府推行寨堡策略的主要执行者。这些士绅在地方上拥有财富与名望，作为既得利益者，他们自然害怕在战乱之时所有财富付之东流。在战乱到来之时，一般贫民无财产可被掳掠，只是人口可能被裹挟入反清武装；士绅阶层拥有一定财富，如果是短期战乱尚且可以逃入城中避祸，但若战争持久，则必须回乡兼顾产业。为防反清武装和散兵游勇掳掠，士绅阶层往往在修寨过程中积极倡议，在筹集资金以筑寨、购买兵器之时往往"慷慨解囊"，在战斗过程中还能够拿出粮食提供给守寨的贫民，并拿出钱粮抚恤伤亡，以巩固筑寨力量。虽然不能否认少数士绅是出于慷慨和乐善好施的本意，但更多的原因是恐惧社会动荡，渴望保卫既得利益。基于这种心理，士绅阶层成为寨堡修筑与管理的中坚力量，其情形在川、陕两地并无差异。护城寨对于州县城池的安危至关重要，扼要位置的寨堡对控制敌人流动具有重要战略意义，重要市镇则关乎政府的财政税收，对于这些寨堡，官府也显得格外"慷慨"，不仅提供部分修筑资金，一些官员也乐于捐饷资助，其情形川、陕也无二致。总而言之，官员、士绅与百姓各个阶层，在寨堡修筑与管理之时，并不存在地域差异。

二　川陕寨堡的差异

（一）寨堡选址的差异

四川、陕西两地地理环境的差异，决定了两地寨堡的选址也存在不同。由于明代四川周边潜在的反明势力都不甚强大，大多只是活动于本境，没有长驱直入四川腹地的状况，故而不需构筑防线，只要在他们的活动区占据险要之地，防止抄掠即可。四川盆地四周皆山，作为"备边"而兴的明代寨堡，既然位于四川四周，自然会选取险要的山峰构筑寨堡。

清代四川省寨堡的修筑，主要集中于嘉庆与咸同两个历史时期。嘉庆年间，白莲教武装在四川的活动集中于川北、川东一带，依靠这一地区多山、地形复杂的形势与清军周旋。也正因为这些地区地形多山，有险可守，民众自然也就首先选择在险要可守之处修山寨，或直接选择一些险要的溶洞据守，这样不仅能够节约筑寨成本，还可以增强防守的功效。咸同年间李蓝之役，战事首先集中于川南，而后向川东蔓延，这些地区寨堡的修筑，同样以

---

① 《文宗显皇帝实录》卷71，《清实录》第40册，第926页。

山寨与洞寨为主，而平地修筑的堡寨数量不多。以开县寨堡为例，可以看出四川山寨的选址特征（见表6-3）。

表6-3 清代开县部分寨堡形势

寨名	位置	形势
安吉寨	治东	迎仙山为之，缘山为寨
火峰寨	县南20里	背山阻河，雄峙开江。水自东北绕流至山南，舟行三面，看山巍峨高插，土人列墙为寨
观音寨	县南30里	逼近大道，为县城咽喉。嘉庆初，教匪经过，屡被团勇截杀，七年二月，贼糜至，寨首陈鸣岐督同团勇张彪等要击之，生擒数百人，自是无敢窥城者
保临寨	县西60里	嘉庆五年，临市居人筑以避贼，广40余丈
雷洞寨	县东	就仙女洞为之，可容2000余人
毁基寨	县东200里	山形如城寨，实天地造设，非筑成者。孤峰高矗，下临万仞，周围刀削，无基可阶，故名毁基
金埔寨	县东，马家营东南50里	凡三层，势皆险峻，俗讹为忠贤寨
飞龙寨	县东300里	岩壁森列，莫敢近，上有泉井，经年不干。嘉庆五年（1800年），教匪龙绍周入境，土人避难百数十家，贼围月余，不能破。职员周正子率义勇奋击之，贼遂解去
上方寨	与飞龙寨遥望	壁立万仞，土人依为长城，贼不能扰
金城寨	县东200里	圆如车轮，四围险峻，唯正南一径可通，其逼窄处仅容一人
莲峰寨	东里小浪坝后	嘉庆四年（1799年）修寨，两峰对峙，地甚险要
营安寨	县东	嘉庆三年（1798年），剿贼大兵常于此屯营，故以营安名之。山势委延，而中独高耸
珍珠寨	县西北100里	寨凡二层，上有泉不竭，可容万余人
华岩寨	浦里，距县100里	又相近有福星、华峰、华叶、太峰等寨势相联络
石锣寨	江里金山寺	两峰并峙，登高远眺，可望云、万、新、东诸邑
牛首寨	江里临江市	险要为诸寨最，可容万余人
中峰寨	治西80里	下有田数亩，池塘十余区，薪柴不乏，可容万余人
金山寨	治西100里	四面悬崖千仞，仅留一门以通往来，可容四五百人
当阳寨	治西龙王潭上	三面临江，最为高耸，可容百余家
方城寨	治西120里	平地突起一峰，周围石岩峻削，可容万余人

续表

寨名	位置	形势
大池山寨	治西20里	四面陡峻,上纵横五六十里,稻田数万亩。嘉庆初,居人曾据此以御贼。可容十万余人。现大寨内复修小寨八,各容千人、二三千人不等
风云寨	治东20里	明季,献贼蹂躏川省,城寨无不破者,而此寨独完全
双河口寨	治东渠口	嘉庆四年,贼首王三槐屯营白岩山,遣贼数百人来攻。守寨者以炮轰之,贼受伤死者数十人。明年八月,贼首冷天禄复屯营开州坪,使狡贼数十人乘夜来袭,刚及寨下,江水突鸣,满寨惊寤,木石尽下,贼被创死者数人,由是贼人胆落。时邑令张有本闻其事,月给丸弹火药以供寨内之用
鹦鹉城寨	治南110里	下临垫江,险倍他寨
瓦子坪寨	治西130里	贡生尹怀伊独力创修。高据山巅,能容万人,一名"永安寨"
鸦城寨	治南100里	天生巉岩,四面陡峭
平安寨	治西100里	水薪不乏,可容八千余人。寨左右与长寿、天成二寨近,互为唇齿
猫儿寨	治东	云、开两县交界处。上有两井,在山尾者属云邑,水浊,在山头者属开邑,水清
青龙寨	县东60里	嘉庆时,白莲贼过其下,寨上炮矢俱发,立毙十余人,贼惮之,改从他道遁,因曰"命运穷,遇青龙"
普贤寨	江里九龙山,即普贤观	山高万丈,缥缈云端,可容千余人
三合寨	江里九龙山	突起三峰,四面峥嵘,可容万余人
人和寨	江里九龙山	高耸半空,四面斩绝,可容万余人
五通观寨	江里九龙山	四面壁立千寻,只有一路可通,最为险峻,可容万余人
王爷寨	至西100里	寨内有池五,田二百余亩,可容万余人
黄陵城	县东3里	周城峭险,下临溪谷
天自城	县东	四面皆壁立不可上
岫岷城	县南120里,新浦县曾治此	壁立江浦,四围峭削,纵横里许,常履云气,天造地设,常变可居之地,土著八姓历数百年无恙
总兵洞	县东50里温汤井	洞开岩半,俯临清江,缘壁凿路,攀援而上,可容四五百人
罗汉洞	县东温汤井	嘉庆初,居民高垒洞壁,上为女墙以避教匪之乱,内容数百人
长崖洞	县西	深十余丈,宽两丈余。洞开山腹,横通小径

续表

寨名	位置	形势
七洞	县西	洞口极狭，内特宏敞。教匪逼境，居民数千人挈家裹粮避其中，贼果而不知
鸡公洞	县南	岩峻而洞敞，内石塌几皆天成。教匪肆扰时，中居百余家无患
庆云洞	县东马家营2里许	乾隆末常见五色瑞云，及教匪作乱，居人隐其中。乱平，不复见。又相近有三元、天元、传家诸洞
秀才洞	县东240里	明末，陈、周、王、罗四秀才避献贼之乱，倚洞架屋而居。今屋败，梁柱犹支撑不仆，梁上隐隐有字，不可辨
罗家洞	治西大海溪	内石缝出甘泉一道，味极甘美，可容六七百人
雷家洞	治西周家岩	四面高险，以绳引之乃得上，能容百余人
潘家洞	治西潘家营	径极险阻，可容百余人
老鹰洞	治西搭沟崖	进洞者必用木板支之乃得过，能容四百人。又相近有余家、涂家、谭家、漆家、易家诸洞
成德洞	在闪风岩	洞内有泉，能容百余人
万家洞		路极险阻，洞内极宽，大可立仓库，能容三四百人
闪峰崖洞	在三汇口下15里	左右皆高峰，中有沟如巫峡，崖间多石洞，可以避患。又有百家洞、谭家洞、涂家洞、潘家洞、张家洞。嘉庆初贼来攻，俱未能破
胡家洞	治西三台山上	洞有三层，可容数百人
鲤鱼城	治南140里	巉岩壁立，四面悬绝，上可住千余家
吴家湾硝洞	治南150里	其地巉岩峭壁，突生一洞，洞有石楼数层，执炬攀援而进，内有阴河，积成深潭，可容数万人
栖云洞	县东70里	洞前有潭，莫测其深。嘉庆初，土人避贼于中，贼遥望不敢近，可容千人
晓洞沟	在东坝溪，距治东75里	横列十余洞，每洞相去不过数百步，均可容百余人，凡入洞者皆缘木梯而上。嘉庆初，土人避贼其间，贼至即将木梯撤去，贼不敢近
甘沟诸洞	在温汤井东20里	两岸峭石壁立，沟右一岭突起，高不可涉。其间有自生石桥一所，下临深潭，俯视心悸。沟左有石门，仅容一人，其径直通岩腹。中有石洞数处，下平旷，田数百顷。耕种者三千余家，鸡鸣犬吠相闻，复前行则峭石嶙峋，路自此穷矣。大约此沟有十余里，可容万人，且粮糗薪水皆足，不必外运，诚古之桃源也，人以为居之甚甘，因名曰"甘沟"

续表

寨名	位置	形势
祖师洞	在温汤井	高百丈，深百丈，阔稍逊之，嘉庆初土人多居此洞以避贼
竚月洞	治东80里	嘉庆初，土人于洞内建楼三层以居，可容数百人
白崖洞	江里九龙山	可容百数十人，今岁居民于洞外别凿一洞，守望可以相助
莲花洞	县西北100余里	相近有永安洞、三合洞、太平洞、谭家洞，每洞容二三百人、四五百人不等

资料来源：咸丰《开县志》卷21《寨洞》。

陕西寨堡的选址情况则与四川存在不小差异。作为明代九边体系的寨堡，是防止敌人进攻的线性防御，目的是把敌人挡在防线外部，防止其长驱直入，故而不仅需要考虑据险，还要考虑冲要地带的防御。北方的蒙古骑兵实力强大，常常以大股骑兵南下犯边，明廷防线上地势较平坦之地，更容易成为骑兵的突破口。故此，明廷九边寨堡考虑的不仅是避敌、防止抄掠，而更多是防止其越过防线南下，寨堡在选址之时则更多考虑要冲之地，通过在平地修筑大型寨堡的方式屯兵设防。

清代陕西寨堡修筑的主要时段与四川省类似，集中于嘉庆、同治两个时期。白莲教之役主要波及陕南地区。这些区域虽然也有秦岭、大巴山两座大型山脉，其中修筑了数量庞大的山寨，但选址于平地的堡寨数量也不少。这些堡寨，主要位于秦岭—大巴山之间的汉中平原。汉中平原地势平坦，汉水及其支流的纵横交错使得这一地区成为水稻种植的优良场所。同时，陕南地区是四川、湖北通往关中平原的重要通道，秦巴地区的山货也要在这里聚集，然后得以转运，从而使一些乡村、市镇兴起。当战争爆发之时，这些市镇居民无法迁入荒无人烟的秦岭、巴山，只能就地掘壕筑堡。同治年间的战争，主要发生于富庶的关中平原。无论是被迫反清的回民，还是无辜卷入战争的汉族百姓，大多选择在原有村落、市镇的基址上修筑寨堡。可以说，平地设堡是清代陕西寨堡的一个重要特点。如沔县"（嘉庆）五年寨堡议行，民尽倚险结寨，平原之中亦挖壕作堡，牲畜、粮米尽皆收藏其中……即平地所筑之堡盖数十焉"[1]。蒲城县"按吾邑旧时堡寨寥寥无几。同治六年回捻扰攘，知县李正心奉文劝民营筑，各市镇及大村堡寨林立"[2]。渭南县光绪年间

---

[1] （清）孙铭钟等修，彭龄纂：光绪《沔县志》卷1《堡寨》，丛书第261册，第56页。
[2] （清）李体仁修，王学礼纂：光绪《蒲城县志》卷2《堡寨》，丛书第249册，第110页。

有大村大镇98个，小村645个，乃"俱以小村附入大村之内"，包村筑堡。①郃阳县地处关中平原东北部，虽地处中山地形区，但一般寨堡都不会远离村庄、市镇。其寨堡情况如下：

县中区夏村正东有寨、灵皋村东北有寨；县东坊镇西街有寨、和阳村西北寨、中蒙村西北寨、澱下村正东寨、灵井村寨（住人）及村东寨、伏六村西北寨、中雷村西北寨、东蒙村东北寨、坤龙村正北寨、行家庄东北寨、宋家庄东北寨、岳庄西南有寨、灵村包村筑堡又村东有寨、南沟洫村东北有寨（住人）、新池村西南寨、西王庄北寨、田家河村北寨、张家庄村东寨；县东南黑池镇东南有寨、油汪村正南寨、棋南村包村筑堡又村东北寨、廉庄村东寨、保宁村东南寨、乌龙洼村寨、申庄东南寨、韩庄村寨、牛庄东南寨、窦庄西北寨；县东北百良镇东村包村筑堡、侯卒村正东寨、安子村村东包村筑堡又村北有寨、马家庄包村筑堡又西北有寨、乌池村包村堡寨、李家庄西南寨、三汲村正东寨、东宫城村包村筑堡又西南有寨、西宫城村正东寨、东铜鞮村东北寨、东伏蒙村西南寨、榆林村西南寨、大枣村正西寨、白眉村正南寨、同家庄东南寨、南长益村筑堡又西北有寨、北长益村正东东南有两寨、旧堡村东南寨、西铜鞮村正东西北有两寨、西如意村西南有寨、东如意村东有寨、汉村河正东寨、上洼里筑堡、杨家庄西南寨、后尾河村西寨、西新庄西北寨、南庄村正东寨、木坪村西北寨、太册村正南有寨、文王村正南寨、安坪村西北寨、乐庄村东南有寨、百苗坡东北寨、县西南王村正南寨、中王村正西有寨、北王村正西寨、渠西砠正东寨、管家河东南寨、东井溢村东南寨、南蔡庄东北寨、良石村正东寨、故池村正东寨、秦城村正西寨；县西南露井镇筑堡、岱堡东村筑堡、赤城西村筑堡、范家洼城有两寨、吴庄赵社东北寨、北党家两寨、紫光村筑堡、雷庄东南有寨；县西北同扫坊西南寨、麻阳村正东寨、万年村西南有寨、南村正西有寨、皇甫庄正南寨、防房寨正北寨、护难村筑堡、孟村筑堡、白家河包村筑堡、牛庄正北有寨、杨村正西有寨、解庄正西有寨、浪石村正西有寨、念吉村正东有寨、朱家河村西寨、拔丁村正东寨、北永宁村正东有寨。②

郃阳县主要是在村镇附近择地筑堡寨，或直接原地包村、包镇筑堡，或

---

① 民国《续陕西通志》卷9《堡寨》，第10页。
② 民国《续陕西通志》卷9《堡寨》，第27页。

以包村筑寨的同时于附近筑堡以为犄角之法。这种情况，在关中平原地区是较为普遍的现象，这从现在陕西堡寨的遗存情况也可明显看出。

综上所述，四川修筑寨堡的选址类型以山寨、洞寨为主，平地修建的堡寨数量很少。陕西则不同，不仅地形平坦的汉中平原、关中平原多出现平地筑堡的情况，就连山势起伏较大的秦巴山地、陕北地区，也有大量平地筑堡的行为。对于四川而言，主要是另择险地筑寨，利用山险以自卫；而对于陕西堡寨而言，主要是依托村堡、市镇筑堡，构筑屏障以保民。

（二）寨堡命名方式的差异

在四川寨堡中，除了少量市镇直接筑堡拱卫外，其他绝大多数都选择倚险筑寨。这些寨堡的位置，与原来的聚落不相吻合，也并不一定以原有聚落为单位组织兴筑，属于新址新建之聚落。在新聚落建成之际，需要重新命名。寨堡之建，其本义是保境安民，故一般会选择一些祥瑞之名作为寨名，如以"永""长""平""安"等字命名以祈求寨堡长治久安；以天保、天生、天宝、天成、天顺、天申、天星、天佑、天缘、天全、天恩等命名以祈求上苍庇佑；以各路神仙法号命名以图神灵保佑；以"忠""义""仁""和"等字命名以激励寨民保卫山寨、团结互助。陕西寨堡大多是在原有聚落基址上或其附近修筑的，故直接以原有聚落之名作为寨名的情况更为普遍。表6-4中为陕西、四川几个州县寨堡名称对比。

表6-4 川陕部分州县寨堡名称对比

县名	寨名
陕西临潼县	继丰堡、东西段村、马额镇、斜口镇、姚村寨、椿李村、北田镇、刚子堡、两金镇、普陀寨、马家寨、亨利屯、南口寨、怀德堡、李家堡、安阳屯、北栎阳镇、西寨村、卷子堡、安庆堡、胡张堡、川心堡、东芦堡、继原寨、任贤堡、贤孙城、刑家老堡、郭家庄、康家庄、交口镇、长城寨、双寨堡、火巷堡、桂刘堡、曹李堡、南巷堡、宋家寨、桃园堡、相桥镇、孙家堡、周陵堡、炮张堡、油房镇、昌家寨、槐里镇、南赵堡、北傅村、田市镇、张巴寨、铁刘堡、察李堡、野起堡、房家堡、陈家堡、东丁堡、周家堡、任张堡、菩萨坡
陕西岐山县	顾家堡、北寨堡、底寺堡、县东侯家湾堡、张家沟堡、益店西堡、太平庄堡、范家营堡、孙家河堡、孙家河堡、太方堡、县南麦禾营堡、永乐堡、独店头堡、楼底堡、令狐堡、酸枣林堡、苗家堡、蔡家镇东堡、西堡、处士沟堡、高店镇、大西堡、小西堡、南堡、北堡、团庄楼子堡、嘴头堡、五星堡、县东南新安堡、蔡官堡、王旗堡、姚旗寨堡、华家寨堡、唐家岭堡、巩寺堡、北庄徐家堡、岐阳堡、双桥堡、姜家沟堡、范家营堡、师家庄堡、孙家堡、县西南谢家河堡、姚家堡、徐家堡、朱家原堡、县西北陵头堡、周公庙堡

续表

县名	寨名
陕西孝义厅	天心寨、安化寨、安乐寨、安福寨、美容寨、禹王寨、娘娘寨、木园寨、五华寨、天生寨、兴隆寨、白鹤寨、保安寨、万福寨、天保寨、灵官寨、二郎寨、硝洞、安乐洞、张家洞、陈二相公洞、朝阳典薄洞、平安洞、泰山洞、长春洞、厅北娘娘洞
四川永川县	狮山寨、官禄寨、五灵寨、生佛寨、西正寨、汪坡寨、经藏寨、中和寨、云雾寨、青紫寨、永清寨、太平寨、均安寨、治平寨、万安寨、福申寨、石宝寨、大佛寨、三合寨、八角寨、太平寨、鹰武寨、松柏寨、朝阳寨、天保寨、鹿子寨
四川南充县	金城寨、猫儿寨、老鹰寨、凌云寨、北山寨、龙仙寨、磨盘寨、玄真寨、马鞍寨、八仙寨、凤凰寨、图山寨、颜家寨、田家寨、佛现寨、青居寨、天福寨、五福寨、平安寨、关圣寨、巴城寨、清平寨、四面山寨、大贤寨、临江寨、磨盘寨、伏虎寨、天生寨、石牛寨、平安寨、大方山寨、紫云寨、普安寨、双合寨、桓侯寨、三圣寨、麒麟寨、平成寨、黄龙寨、老君寨、谢家寨、孝义寨、青狮寨、仁和寨、蒙山寨、洪福寨、天生寨、文武寨、宝台寨、顺天寨、洪武寨、蟆颐寨、平安寨、尧封寨、万全寨、龙城寨、灵应寨、汤家寨、人和寨、万古寨、仁义寨、二郎寨、观音寨、宝龙寨、大佛寨、四方寨、鼓楼寨、梅子寨、龙泉寨、惠民寨、庆云寨、顺天寨、烟墩寨、老君寨、复古寨、斗山寨、龙山寨、太平寨、五面山寨、重仙寨、天全寨、人和寨、鹤皋寨、临江寨、大贤寨、金刚寨
四川宜宾县	万全寨、天全寨、保安寨、保和寨、天保屯、金城寨、少峨山寨、柏林沟寨、麻蓝寨、龙川寨、八角寨、鸡冠寨、仁和寨

表6-4选取了川南宜宾县、川北南充县及川东永川县，从各县寨堡的名称特点来看，祥瑞之名是寨堡命名的主要诉求。陕西孝义厅地处秦岭深处，人烟稀少，清乾隆四十七年（1782年）为加强控制而分咸宁、镇安、蓝田等县设立，此地筑寨堡，主要是控制白莲教武装在南山的自由出入，皆为新建，故命名方式与四川相类。临潼、岐山两地则大不相同，临潼地处关中平原腹地，修筑堡寨多以村镇为单位，故多直接以村镇命名。岐山虽亦属秦岭山区，但与孝义厅初置郡县不同，设县历史悠久，其经济已远较孝义发达，城镇、村落密度也远非孝义可比，修筑寨堡多以村镇为单位原地或就近进行，以原村落命名也就在情理之中。

（三）寨堡形制、用材与规模的差异

四川的寨堡，山寨、洞寨占据绝大多数，陕西则多村镇堡寨，这决定了两地寨堡在形制上有着巨大的差异。从平面形状来看，四川山寨、洞寨因山势而建，受地形影响很大，多随山势起伏而呈不规则形状。陕西村镇所筑堡寨，由于修于平地，可以随心而筑，一般呈方形、圆形等较为规则的形状。

掘壕沟、筑瓮城、修马面等方式在中国古代筑城过程中较为常见，这些手段在陕西寨堡中存在不少，特别是堡外筑壕，几乎是所有村镇堡寨都有的。四川山寨则不然，崎岖的地形条件使山寨并没有足够的空间挖掘壕沟，而山形险要的情况下挖护壕并不必要，所以在山寨遗存中难有壕沟出现。

在寨垣修筑的方式与材料取用上，两地也存在较大差异。四川寨堡多筑于山区，这些地区石材分布广，取用方便。因此，寨垣用材以石材为主，修筑方法是以巨型条石垒砌而成。关中平原地形平坦，石材取用不便，而陕北地居黄土高原，也没有石材可用。同时，这两个地区土壤黏稠度较高，所以这些地区堡寨的墙垣用材多选用泥土，以夯土修筑作为主要筑寨方式。陕南汉中地区南郑、城固、洋县、西乡等地，泥土的黏稠度不如关中，而石脉处处有之，取石甚便，故墙垣材料也多用石头，"但其石性本酥，巨石砌根基五尺以上，只可石片加高，决不可用巨石，恐其质重压碎也"①，故而以石片为主，这与四川各地以条石垒砌的方法也有较大不同。

由于用材不同，寨堡的保存情况也存在较大差异。民国《续修陕西通志》即指出："盖堡寨有高山、平地之不同。踞高临险，积石成垒，形势既固，工力亦省。山外平地则沙土虚浮，筑土为垣，风雨剥蚀，不数十年颓败不堪。故南山之险寨，今尚如故；而西、同各属之堡寨建筑，问之乡民，半属渺茫。"② 因此，四川寨堡多以巨型条石垒砌，只要稍加维护，即可很好地保存下来；而多以土筑或片石垒砌的陕西寨堡，更容易遭到风雨侵蚀，难以保存。

陕省秦岭腹地的陇州、孝义厅、定远厅、留坝厅、洛南等地，山寨同样是堡寨的主要类型，因人烟稀少，其寨堡规模与四川山寨存在较大差异。陕西巡抚陆有仁曾言：

> 筑堡团勇之事，川、陕情形不同。四川地居天险，如大成寨、大团包、方山坪等寨，每处可数万人，其小者亦数千人，贼据之则可抗官兵，而百姓守之亦可拒贼。蜀山多膏腴稻田，居民稠密，其势易合。

---

① 《三省边防备览》卷11《策略》，第374页。
② 民国《续陕西通志》卷9《寨堡》，第1页。

陕西老林惟棚民流寓，零散垦种，隔十余里数十里始有居民十数户。若纠合数村共筑一堡，则南村之人欲近南修筑，北村之人欲近北修筑。①

《孝义厅志》亦载：

> 南山之民散处零星，不能成聚落，无村堡可资障卫。又疆界辽阔，去厅城多远，即近者犹数十里，贼至趋避无及。避乱之法，或数家，或一家，于附近悬崖危峰之上，砌石为寨。或于峭壁之间，凿石成洞，皆一夫守之，万夫莫前。②

由于这些地区处于深山僻壤，人烟稀少，其山寨多以小寨为主，与四川山寨多大寨的情形大不相同。

（四）防御效果差异

四川寨堡因山险而筑寨，不需要耗费太多人力而收地利之功，能够取得良好的防御效果。敌人面对这些形势险峻的山寨，往往没有太好的攻击办法。江津县南70里的骆驮山寨，"山势险峻，最易防守，故里人仅修隘门数处"，尽管没有修筑太多人工设施，但"同治元年发逆叠次攻扑，终不能破"③；江北厅天保寨，"周围悬崖截壁，上有粮田百余亩。嘉庆年间教匪入境，邑民避难于此，安堵无惊"④；垫江中嘴寨，"山甚险峻，明末张献忠之乱，程征吉纠合义士十七人于其上，附者三百家，男女千余口。巨寇余大海李鹞子围之，三月不下，卒保无恙"⑤；广安州乐山寨"势极险峻，□邑之雄。咸丰辛酉冬，周贼围之三日，寨人约三台寨长林春锦率勇百余夹击之，贼溃"⑥。类似的记载十分丰富，恕不再列举。

同治年间回民战争，关中平原各地亦仿嘉庆白莲教之役修筑寨堡以图自固，但寨堡所达到的效果十分有限：保安县寨堡，"或处偏鄙，或乏水源，当回乱时，贼每断其汲道，积薪薰灼，山骨俱燃，往往俯首乞降，以延残

---

① 《圣武记》卷10《嘉庆川湖陕靖寇记六》，第435页。
② 光绪《孝义厅志》卷4《寨洞》，第171页。
③ 光绪《江津县志》卷5《堡寨》，第8页。
④ 道光《江北厅志》卷2《寨》，第464页。
⑤ 光绪《垫江县志》卷2《关寨》，第270页。
⑥ 宣统《广安州新志》卷6《岩险志》，第671页。

喘，惟永宁山一寨巍然独存"①；富平县堡寨，"始终完守者西乡惟庄里镇、陵李沟堡、胡家陵怀堡、侯家堡四处而已"②；乾州"同治初，回逆、捻匪往来境内，镇堡悉遭残破，其中以夹嘴堡居两河汊，北倚五峰山，有警则守险断路，贼不能入，地利使然也，余则无一完者"③；三原县"回乱时，县境各村堡完守者惟东里堡、王二堡守御未失，余悉残破。东里堡刘氏以家资捐饷，给军驻守，始得保守，然则民力守御亦难矣"④；汉中各属堡寨，"至同治之乱，收效无闻"⑤；大荔县"同治壬戌回乱，时有逃走不及，相率入而藏焉，冀以免祸于万一。及贼攻堡破聚而歼旃，其罹祸转甚，闻者憾焉。厥后捻回又历次窜扰，乡民入堡邀免者，卒难"⑥；怀远县"同治六、七年，回匪入境，惟响水堡民团力守未失"⑦；延长县"咸同时县境多寨，多以当时寨内乏食，不能固守，为贼所陷"⑧；吴堡县，"县中区有仁和、霍家二寨。同治中，回匪破毁，难民死者数百人，今残破矣"⑨。

究其原因，两场战争形式的差异是最重要的。嘉庆时期，白莲教采取游击战术，避免与清军正面冲突。清朝在各地组织团练、修筑寨堡之后，白莲教无人可以裹挟，无粮食可以掠夺，自然不战自溃。寨堡的主要功效是坚壁清野，主要针对的是行动飘忽的流动敌人。同治初年回民战争的情形与嘉庆白莲教之役的情形明显不同，回民为陕西土著，拥有属于自己的田产、房屋、粮食、村落，在战乱中也修筑寨堡以利攻防，"汉、回杂处已久，我有堡寨，彼亦有堡寨，而可毁我之堡寨。我有积粮，彼亦有积粮，而可掠我之积粮。回寨、汉庄衡宇咫尺，朝攻夜袭，防不胜防"⑩。回民有兵有粮，在清政府决定对他们不加区别地展开屠杀之时，激起了他们战斗的决心，因而在士气上占据上风，众志成城。汉族寨堡则不然，主张血洗回民的只是部分官吏及团练上层，普通民众对这种做法并不认同，导致寨堡的防御也不能够齐心协力。在此情形下，坚壁并不能够清野，寨堡的作用不仅难以

---

① 民国《续陕西通志》卷9《堡寨》，第52页。
② 民国《续陕西通志》卷9《堡寨》，第11页。
③ 民国《续陕西通志》卷9《堡寨》，第13页。
④ 民国《续陕西通志》卷9《堡寨》，第9页。
⑤ 民国《续陕西通志》卷9《堡寨》，第39页。
⑥ 民国《续陕西通志》卷9《堡寨》，第25页。
⑦ 民国《续陕西通志》卷9《堡寨》，第50页。
⑧ 民国《续陕西通志》卷9《堡寨》，第54页。
⑨ 民国《续陕西通志》卷9《堡寨》，第57页。
⑩ （清）余涛：《秦陇回务纪略》卷1，白寿彝编《中国近代史资料丛刊·回民起义》第四册，上海人民出版社，1952，第219页。

实现，反而成为回民发泄仇恨的目标而遭到攻击。同时，清军主力当时在长江中下游地区与太平天国军作战，无力抽身，陕西的兵力都无法保证州县城池的安全，更难以对各乡村寨堡提供支援。这些寨堡孤立无援，势必难以幸存。

同时，寨堡形制的差异对防御效果也是极为重要的。嘉庆初年的战争中，由于清军将帅只图享乐，很少敢于与白莲教正面作战，川东、川北修筑起来的寨堡实际上也是处于孤立无援的境地。那时白莲教武装亦于各地扎寨屯聚，如罗其清"在方山坪屯扎一年，带兵之朱大人、百大人，总未与之打仗，得以扎住营寨，从容种地"①，也形成以寨攻寨之势。但大多数四川山寨仍得以保全，其中山寨倚天险而易于防御的特点，也不容忽视。与之类似，同治战乱之时，陕西的一些堡寨依靠山险，也得以保全。夹嘴堡"居两河汊，北倚五峰山，有警则守险断路，贼不能入"，成为乾州境内唯一幸免的寨堡。② 蒲城县南庙底村窑寨，"倚高崖，穿洞避贼。回乱时，匪力攻数十日，不能克，居民赖焉"③。永宁县唯一保全的永宁山寨也堪称险峻，"峭崖飞壁，兀然孤挺，遥望如钟之在□。洛水萦绕其三面，居民凿石成宇，旷如奥如足，容千人，势分三层，螺旋而上，上层踞山，顶如人之髻。中层微洼而斗峻，下层有井通洛，供取汲焉。三层各自为寨，寨南各有旁道，架木石为栈道以通往来。贼至，撤栈截险，无阶可升。回乱时，居民避此者数百家，每遇贼过，辄抄其尾，夺取马匹粮械，贼痛恨而无如何，盖天险也"。④ 由此观之，山寨的防御效果要比村镇堡寨要好。川陕寨堡类型的差异，也是导致其防御效果不同的一个重要原因。

三 小结

明代陕西寨堡以军寨为主，是明廷用以备边的重要凭借，这与四川寨堡大致相同。清代陕西寨堡的修筑主要集中于清初、嘉庆、同治三个时期，而以后两个时段最为集中。嘉庆时期，清廷将筑寨作为消弭战乱、重塑乡村秩序的重要手段，官方力量广泛渗透于寨堡的修筑与管理中，体现为高度重视

---

① 《军机大臣字寄经略大臣四川总督公勒保》，《清中期五省白莲教起义资料》第2册，第272页。
② 民国《续陕西通志》卷9《堡寨》，第13页。
③ 民国《续陕西通志》卷9《堡寨》，第32页。
④ 民国《续陕西通志》卷9《堡寨》，第52页。

它所发挥的作用，将筑寨的成效作为奖惩地方长官的指标，制定了细致的寨堡章程，进行系统规划，地方长官躬亲倡率，并且官方给予经费支持等，这在川陕两地也并无二致。川、陕两省寨堡也存在明显差异，选址上四川以山险为主，陕西则以平堡为主；命名上，四川寨多新址另建，以祥瑞之名为主，陕西则多包村而筑，多以村寨为名；形制上，四川寨堡多因山势而呈不规则形状，陕西则多呈规则的方形或圆形；用材上，四川多以条石砌筑，陕西则多夯土而筑，其石寨亦以块石为主；防御效果上，四川寨多险要，防御效果更好，陕西寨堡未占地利，防御困难。之所以有这些差异，主要是受到地理环境与军事形势的交互影响。

参考文献

一 历史文献

[1]（明）李贤、彭时等纂修：《大明一统志》，三秦出版社，1990。

[2]（明）官修：《明实录》，中研院历史语言研究所，1962。

[3]（明）曹学佺：《蜀中广记》，文渊阁四库全书，（台北）商务印书馆，1982。

[4]（清）顾祖禹：《读史方舆纪要》，中华书局，2005。

[5]（清）张廷玉等：《明史》，中华书局，1974。

[6]（清）和珅等修：《大清一统志》，文渊阁四库全书，（台北）商务印书馆，1982。

[7]（清）石香居士：《勘靖教匪述编》，京都琉璃厂道光六年本。

[8]（清）吴伟业：《绥寇纪略（附补遗）》，《丛书集成初编》，商务印书馆，1985。

[9]（清）谷应泰：《明史纪事本末》，中华书局，1977。

[10]（清）官修：《清实录》，中华书局，1986。

[11]（清）魏源：《圣武记》，中华书局，1984。

[12]（清）王先谦：《东华录》、《东华续录》，续修四库全书第369—385册，上海古籍出版社，2002。

[13]（清）阿桂等：《钦定平定两金川方略》，（台北）商务印书馆，1986。

[14]（清）彭遵泗：《蜀碧》，续修四库全书第442册。

[15]（清）李馥荣：《滟滪囊》，道光二十七年梅花书屋刊本。

[16]（清）祝介：《蜀乱述闻》，国家图书馆藏昌福公司民国六年铅印本。

[17]（清）王培荀著，魏尧西点校：《听雨楼随笔》，巴蜀书社，1987。

[18]（清）龚景瀚：《澹静斋文钞》，续修四库全书第1474册。

[19]（清）严如熤：《三省边防备览》，蓝勇主编《稀见重庆地方文献汇点》

（上），重庆大学出版社，2013。

[20] （清）骆秉章：《骆秉章先生自叙年谱》，王云五主编《新编中国名人年谱集成》第 4 辑，（台北）商务印书馆，1978。

[21] （清）王定安著，朱纯点校：《湘军记》，岳麓书社，1983。

[22] （清）王闿运：《湘军志》，齐豫生、夏于全主编《中国古典文学宝库》第四十三辑，延边人民出版社，1999。

[23] （清）沈衍庆辑：《团练乡守备要》，清咸丰二年刻本，茅海建主编《清代兵事典籍档册汇览》（以下简称汇览）第 49 册，学苑出版社，2005。

[24] （清）闫汉璞辑：《团练实纪》，清同治四年刻本，汇览第 50 册。

[25] （清）易堂辑：《保甲团练辑要》，清抄本，汇览第 50 册。

[26] （清）张正椿：《川东捐输团练志》，清咸丰三年刻本，汇览第 50 册。

[27] （清）冯卓怀编：《万县团练战守图示》，清咸丰十年刻本，汇览第 50 册。

[28] （民国）赵尔巽等：《清史稿》，中华书局，1977。

[29] （明）江朝宗修：成化《重庆郡志》，国家图书馆藏本。

[30] （明）吴潜修，傅如舟纂：正德《夔州府志》，（台北）新文丰出版社，1985。

[31] （明）杨鸾修：嘉靖《云阳县志》，嘉靖二十年刻本。

[32] （明）张文耀修，邹廷彦纂：万历《重庆府志》，上海图书馆藏本。

[33] （明）刘芳声修，田九垓撰：万历《合州志》，《中国地方志集成·重庆府县志辑⑨》，巴蜀书社，2016。

[34] （清）黄廷桂等修纂：雍正《四川通志》，文渊阁四库全书版。

[35] （清）常明修：嘉庆《四川通志》，巴蜀书社，1984。

[36] （清）王梦庚修，寇宗纂：道光《重庆府志》，《中国地方志集成·四川府县志辑》（以下简称"四川集成"）第 5 册，巴蜀书社，1995。

[37] （清）福珠朗阿修，宋煊等纂：道光《江北厅志》，四川集成 5。

[38] （民国）朱之洪等修，向楚等纂：《巴县志》，四川集成 6。

[39] （清）宋灏修，罗星等纂：道光《綦江县志》，四川集成 7。

[40] （清）阿麟修，王龙勋等纂：光绪《新修潼川府志》，四川集成 15。

[41] （清）文榮、董贻清修，伍肇龄、何天祥纂：同治《直隶绵州志》，四川集成 16。

[42] （民国）林志茂等纂修：《三台县志》，四川集成 17。

[43]（清）武丕文修，欧培槐等纂：光绪《江油县志》，四川集成 18。

[44]（清）刑锡晋修，赵宗藩等纂：光绪《盐亭县志续编》，四川集成 20。

[45]（清）张松孙、李培垣修，寇赉言等纂：乾隆《遂宁县志》，国家图书馆藏乾隆五十二年刻本。

[46]（民国）甘煮等修，王懋昭等纂：《遂宁县志》，四川集成 21。

[47]（清）杨英灿纂修，余天鹏续修，陈嘉绣续纂：嘉庆《安县志》，四川集成 23。

[48]（清）濮瑗修，周国颐纂：道光《安岳县志》，四川集成 24。

[49]（清）吴增辉修，吴容纂：光绪《威远县志》，四川集成 24。

[50]（清）陈其宽修，邹宗垣等纂：光绪《续修安岳县志》，四川集成 24。

[51]（清）王麟祥修，邱晋成等纂：光绪《叙州府志》，四川集成 28、29。

[52]（清）罗廷权修，吕上珍纂：同治《富顺县志》，国家图书馆藏本。

[53]（民国）彭文治、李永成修，卢庆家、高光照纂：《富顺县志》，四川集成 30。

[54]（清）魏元燮、花映均修，耿光祜纂：同治《隆昌县志》，四川集成 31。

[55]（民国）李凌霄等修，钟朝煦纂：《南溪县志》，四川集成 31。

[56]（清）田秀栗修，华国清、施泽久纂：光绪《泸州直隶州志》，四川集成 32。

[57]（民国）赖佐唐等修，宋曙等纂：《叙永县志》，四川集成 33。

[58]（民国）王玉璋修，刘天锡等纂：《合江县志》，四川集成 33。

[59]（民国）陈谦、陈世虞修，罗绶香等纂：《犍为县志》，四川集成 41。

[60]（清）许曾荫等修，马慎修等纂：光绪《永川县志》，四川集成 42。

[61]（清）韩清桂等修，陈昌等纂：光绪《铜梁县志》，四川集成 42。

[62]（民国）郑贤书等修，张森楷纂：《新修合川县志》，四川集成 43、44。

[63]（清）寇用平修，陈锦堂、卢有徽纂：同治《璧山县志》，四川集成 45。

[64]（清）文康原本，施学煌续修，敖册贤续纂：光绪《荣昌县志》，四川集成 46。

[65]（清）王玉鲸、张琴修，范泰衡纂：同治《万县志》，四川集成 51。

[66]（清）刘绍文修，洪锡畴纂：道光《城口厅志》，四川集成 51。

[67]（清）李肇奎等纂修：咸丰《开县志》，四川集成 51。

[68]（清）曾秀翘修，杨德坤纂：光绪《奉节县志》，四川集成 52。

[69]（清）高维岳修，魏远猷等纂：光绪《大宁县志》，四川集成 52。

[70]（清）连山等修，李友梁等纂：光绪《巫山县志》，四川集成 52。

[71]（清）候若源、庆征修，柳福培纂：同治《忠州直隶州志》，四川集成 53。

[72]（清）朱言诗等纂修：光绪《梁山县志》，四川集成 54。

[73]（民国）岳永武修，郑钟灵等纂：《阆中县志》，四川集成 56。

[74]（清）黎学锦等修，史观等纂：道光《保宁府志》，四川集成 56。

[75]（清）曾绍樾、胡晋熙修，胡辑瑞等纂：同治《仪陇县志》，四川集成 57。

[76]（清）王瑞庆等修，徐畅达等纂：道光《南部县志》，四川集成 57。

[77]（民国）熊道球等修，李灵椿等纂：《苍溪县志》，四川集成 57。

[78]（清）翁道均修，熊毓藩等纂：同治《营山县志》，四川集成 58。

[79]（清）周克堃等纂：宣统《广安州新志》，四川集成 58。

[80]（清）方旭修，张礼杰等纂：光绪《蓬州志》，四川集成 58。

[81]（清）高陪谷修，刘藻纂：光绪《西充县志》，四川集成 58。

[82]（民国）罗兴志等修，杨葆田等纂：《新修武胜县志》，四川集成 59。

[83]（清）何其泰等修，吴新德纂：光绪《岳池县志》，四川集成 59。

[84]（清）杨汝偕纂：光绪《太平县志》，光绪十九年刻本。

[85]（民国）刘子敬修，贺维翰等纂：《万源县志》，四川集成 60。

[86]（清）复成修，周绍銮、胡元翔纂：同治《新宁县志》，四川集成 60。

[87]（清）曾灿奎、刘光第修，甘家斌等纂：道光《邻水县志》，四川集成 61。

[88]（清）白如柏修，苏炳奎等纂：《东乡县志》，光绪二十八年刻本。

[89]（民国）汪承烈修，邓方达等纂：《宣汉县志》，四川集成 61。

[90]（清）胡炳修，彭暎纂：道光《南江县志》，道光七年刻本。

[91]（民国）董珩修，岳永武等纂：《南江县志》，四川集成 62。

[92]（清）何庆恩等纂：同治《渠县志》，同治三年刻本。

[93]（民国）杨维中等修，钟正懋等纂，郭奎铨续纂：《渠县志》，四川集成 62。

[94]（清）朱锡谷修纂：道光《巴州志》，国家图书馆藏道光十三年本。

[95]（民国）张仲孝等修，马文灿等纂，余震等续纂：《巴中县志》，四川集成 62。

[96]（民国）郑国翰、曾瀛藻修，陈步武、江三乘纂：《大竹县志》，四川集成 62。

[97]（清）锡檀修，陈瑞生、邓范之纂：道光《通江县志》，四川集成 63。

[98]（清）杨迦怿、刘辅廷纂：道光《茂州志》，四川集成 66。

[99]（清）吴羹梅修，周祚峄纂：同治《直隶理番厅志》，四川集成 66。

[100]（民国）祝世德纂修：《汶川县志》，四川集成 66。

[101]（清）何东铭纂：（咸丰）《邛嶲野录》，四川集成 68。

[102] （清）邓仁垣等修，吴钟伦等纂：同治《会理州志》，四川集成70。

[103] （清）马忠良修，马湘等纂，孙锵等续修：光绪《越嶲厅全志》，四川集成70。

[104] （清）辜培源等修，曹永贤等纂：光绪《盐源县志》，四川集成70。

[105] （清）江锡麒修，邓向明等纂：咸丰《云阳县志》，咸丰四年刻本。

[106] （清）罗廷权等修，马凡若纂：同治《仁寿县志》，同治五年刻本。

[107] （清）吕绍衣等修，王应元等纂：同治《重修涪州志》，国家图书馆藏同治八年刻本。

[108] （清）王煌修，袁方城纂：光绪《江津县志》，国家图书馆藏光绪元年刻本。

[109] （清）周厚光等纂：光绪《南川县志》，国家图书馆藏清光绪二年刻本。

[110] （清）谢必铿修，李炳灵纂：光绪《垫江县志》，光绪二十六年刻本。

[111] （民国）杨虎城、邵力子修：《续陕西通志》，国家图书馆藏民国二十三年铅印本。

[112] （民国）朱世镛修，刘贞安等纂：《云阳县志》，云阳地方志编纂委员会2002年整理重印版。

[113] （民国）王铭新等修，杨卫星、郭庆琳纂：《眉山县志》，国家图书馆藏本。

二 现代文献

（一）资料

[1] 蒋维明：《川湖陕白莲教起义辑录》，四川人民出版社，1980。

[2] 中国社会科学院历史研究所清史室、资料室编《清中期五省白莲教起义资料》全5册，江苏人民出版社，1981。

[3] 中国人民大学历史系、中国第一历史档案馆编《清代农民战争史资料选编》全6册，中国人民大学出版社，1984。

[4] 四川省政协文史资料委员会：《四川文史资料集萃》，四川人民出版社，1996。

[5] 四川省地方志编纂委员会：《四川省志·文物志》，四川人民出版社，1999。

［6］四川省文物管理局编《四川文物志》，巴蜀书社，2005。
［7］国家文物局主编《中国文物地图集·四川分册》，文物出版社，2009。
［8］四川隆昌云顶郭氏族谱续修委员会编《云顶郭氏族谱》，2009。
［9］国家文物局主编《中国文物地图集·重庆分册》，文物出版社，2010。
［10］国家文物局编《中华人民共和国不可移动文物目录（重庆卷）》全2册，内部资料，2011。
［11］国家文物局编《中华人民共和国不可移动文物目录（四川卷）》全4册，内部资料，2011。

（二）专著

［1］胡汉生：《李蓝起义史稿》，重庆出版社，1983。
［2］罗尔纲：《绿营兵志》，中华书局，1984。
［3］〔美〕孔飞力：《中华帝国晚期的叛乱及其敌人》，中国社会科学出版社，1990。
［4］史念海：《河山集·四集》，陕西师范大学出版社，1991。
［5］张仲礼：《中国绅士——关于其在19世纪中国社会中作用的研究》，李荣昌译，上海社会科学院出版社，1991。
［6］罗尔纲：《晚清兵志》，中华书局，1997。
［7］黄宽重：《南宋地方武力——地方军与民间自卫武力的探讨》，（台北）东大图书公司，2002。
［8］蓝勇主编《长江三峡历史地理》，四川人民出版社，2003。
［9］杨国安：《明清两湖地区基层组织与乡村社会研究》，武汉大学出版社，2004。
［10］胡昭曦：《巴蜀历史考察研究》，巴蜀书社，2007。
［11］陈世松：《大迁徙："湖广填四川"历史解读》，四川人民出版社，2010。
［12］王绚：《传统堡寨聚落研究——兼以秦晋地区为例》，东南大学出版社，2010。
［13］程光、薛占儒、梁小明编著《晋商寨堡》，山西经济出版社，2010。
［14］张建民、鲁西奇主编《历史时期长江中游地区人类活动与环境变迁专题研究》，武汉大学出版社，2011。
［15］〔日〕山田贤：《移民的秩序——清代四川地域社会史研究》，曲建文译，中央编译出版社，2011。
［16］〔美〕萧公权：《中国乡村——论十九世纪的帝国控制》，中国人民出

版社，2014。

[17] 罗长安：《犍为古代山寨调查》，内部印刷，2016。

（三）学位论文

[1] 李蕾：《晋陕、闽赣地域传统堡寨聚落比较研究》，天津大学，硕士学位论文，2004。

[2] 李忠：《四川盆地的寨堡式民居》，重庆大学，硕士学位论文，2004。

[3] 邓群：《明清陕西乡村寨堡研究》，西北农林科技大学，硕士学位论文，2005。

[4] 孙伟：《北宋时期黄土高原地区城寨堡体系演变研究》，陕西师范大学，硕士学位论文，2005。

[5] 李哲：《山西省雁北地区明代军事防御性聚落探析》，天津大学，硕士学位论文，2005。

[6] 石峰：《湖北南漳地区堡寨聚落防御性研究》，华中科技大学，硕士学位论文，2007。

[7] 谭立峰：《河北传统堡寨聚落演进机制研究》，天津大学，博士学位论文，2007。

[8] 张月琴：《清末民初大同北部堡寨聚落的民间信仰》，山西大学，硕士学位论文，2008。

[9] 裴洞亳：《宋代夔州路寨堡地理考》，西南大学，硕士学位论文，2009。

[10] 张祖群：《清代以来咸阳村落的分布变化和社会之考察》，陕西师范大学，博士学位论文，2009。

[11] 潘凯华：《福建土堡探析》，清华大学，硕士学位论文，2010。

[12] 王天强：《明代延绥镇堡寨经济功能研究》，延安大学，硕士学位论文，2010。

[13] 王巍：《河西走廊地区寨堡建筑——民勤瑞安堡建筑空间形态与建筑特色研究》，西安建筑科技大学，硕士学位论文，2010。

[14] 晏菲：《榆林军事防御体系资源的整合及保护》，西安建筑科技大学，硕士学位论文，2010。

[15] 杨瑾：《晋北堡寨与明至清初边地社会变迁》，山西大学，硕士学位论文，2010。

[16] 许娟：《秦巴山区乡村聚落规划与建设策略研究》，西安建筑科技大学，博士学位论文，2011。

[17] 李晴：《宋明两代军事堡寨研究——以陕北地区为例》，天津大学，硕士学位论文，2011。
[18] 罗权：《三峡地区历史军事地理研究》，西南大学，硕士学位论文，2012。
[19] 高晓阳：《清代嘉陵江流域历史军事地理初步研究》，西南大学，硕士学位论文，2013。

（四）期刊论文

[1] 陈寅恪：《桃花源记旁证》，《清华大学学报》（自然科学版）1936年第1期。
[2] 李文治：《明末的寨堡与义军》，《文史杂志》1944年第7、8合期。
[3] 金发根：《坞堡溯源及两汉的坞堡》，《中央研究院史语所集刊》1967年上卷。
[4] 赵克尧：《论魏晋南北朝的坞壁》，《历史研究》1980年第6期。
[5] 刘华祝：《试论两汉豪强地主坞壁》，《历史研究》1985年第5期。
[6] 杜正胜：《城垣发展与国家性质的转变——从亭障到坞壁：以军事防卫性为主的山城》。
[7] 《高晓梅先生八秩大庆论文集》，（台北）正中书局，1991。
[8] 王德君：《剑阁青虚山寨及双松庙》，《四川文物》1991年第3期。
[9] 钟利戡：《绵阳天生寨遗址考察记》，《四川文物》1991年第5期。
[10] 龙腾：《〈蜀王睿制天生城碑记〉探讨》，《四川文物》1992年第5期。
[11] 腾新才：《宋末万州天生城抗元保卫战》，《四川文物》，1993年第1期。
[12] 贾大泉：《钓鱼城与南宋政权》，《中华文化论坛》1994年第2期。
[13] 刘建丽：《北宋的秦州蕃部与堡寨》，《西北史地》1995年第1期。
[14] 蓝勇：《关于〈汉白帝城位置探讨〉有关问题的补充》，《四川文物》1996年第3期。
[15] 刘基灿：《钓鱼城碑刻初探》，《西南师范大学学报》（哲学社会科学版）1997年第4期。
[16] 吕卓民：《简论北宋在西北近边地区修筑城寨的历史作用》，《西北大学学报》（哲学社会科学）1998年第3期。
[17] 晨曲：《〈天生城碑记〉辨》，《四川大学学报》（哲学社会科学版）1998年第1期。

[18] 滕新才：《〈天城石壁记〉的文献价值》，《四川师范大学学报》（社会科学版）2000年第3期。

[19] 杨国安：《社会动荡与清代湖北乡村中的寨堡》，《武汉大学学报》（人文科学版）2001年第5期。

[20] 欧颖清、谢兴保：《闽清寨堡初探》，《武汉大学学报》（工学版）2001年第5期。

[21] 黄为隽、王绚、侯鑫：《古寨亦卓荦——山西传统聚落"砥洎城"防御性规划探析》，《城市规划》2002年第10期。

[22] 王绚：《传统堡寨聚落防御性空间探析》，《建筑师》2003年第4期。

[23] 王绚、黄为隽、侯鑫：《山西传统堡寨聚落研究》，《建筑学报》2003年第8期。

[24] 顾建娣：《咸同年间河南的圩寨》，《近代史研究》2004年第1期。

[25] 周琳：《白莲教起事与巴山老林附近地区乡村防御体系》，《佳木斯大学社会科学学报》2004年第1期。

[26] 郑东军、张玉坤：《河南地区传统聚落与堡寨建筑》，《建筑师》2005年第3期。

[27] 邓群、谷小勇、蒋颖：《韩城古寨堡的起因、选址、分布、构造及功能》，《西北农林科技大学学报》（社会科学版）2005年第3期。

[28] 王杰瑜：《明代山西北部聚落变迁》，《中国历史地理论丛》2006年第1期。

[29] 谢璇：《钓鱼城山地城池构筑特征》，《广州大学学报》（自然科学版）2007年第3期。

[30] 杜林渊、张小兵：《陕北宋代堡寨分布的特点》，《延安大学学报》（社会科学版）2008年第3期。

[31] 马剑：《夔州城市形态与空间结构的演变》，《中国历史地理论丛》2008年第3期。

[32] 何依、李锦生：《明代堡寨聚落砥洎城保护研究》，《城市规划》2008年第6期。

[33] 李昕泽、任军：《传统堡寨聚落形成演变的社会文化渊源——以晋陕、闽赣地区为例》，《哈尔滨工业大学学报》（社会科学版）2008年第6期。

[34] 张建民：《环境、社会动荡与山区寨堡——明清川陕楚交边山区寨堡研究之一》，《江汉论坛》2008年第12期。

[35] 李新贵：《北宋陕西安抚使路协同作战法探析》，《军事历史研究》2009年第2期。

[36] 周燕来、刘缙：《北宋西北堡寨职官管理体制初探》，《求索》2009年第8期。

[37] 袁东山：《白帝城遗址：瞿塘天险 战略要地》，《中国三峡》2010年第10期。

[38] 王绚、侯鑫：《堡寨聚落形态源流研究》，《西北工业大学》（社会科学版）2010年第2期。

[39] 陈德鹏：《晚清王权的衰落与地方势力的崛起——从郏县临沣寨和汝州半扎寨谈起》，《文史知识》2010年第11期。

[40] 谭立峰：《明代河北军事堡寨体系探微》，《天津大学学报》（社会科学版）2010年第6期。

[41] 王倩倩：《青海乐都境内堡寨与明清土司制度》，《青海师范大学学报》（哲学社会科学）2010年第1期。

[42] 张传勇：《明清陕西城隍考——堡寨与村镇城隍庙的建置》，《中国社会历史评论》2010年第11辑。

[43] 葛业文：《钓鱼城防御战的历史经验及启示》，《军事历史》2012年第5期。

[44] 罗威廉：《乾嘉变革在清史上的重要性》，《清史研究》2012年第3期。

[45] 荀平、孙刘涛、吴镝锋、王正刚：《南宋钓鱼城城池防御初探》，《后勤工程学院学报》2012年第3期。

[46] 王杰瑜、王尚义：《明代大同镇建设与生态环境变迁》，《地理研究》2012年第11期。

[47] 符永利、蒋晓春、罗洪彬、曹建军、熊小洪：《重庆合川龙多山寨遗址调查简报》，《长江文明》2015年第2辑。

[48] 符永利、罗洪彬、唐鹏：《四川南充青居城遗址调查与初步研究》，《西华师范大学学报》（哲学社会科学版）2015年第2期。

[49] 符永利、景俊鑫：《四川大竹县黄城寨遗址调查纪略》，《赤峰学院学报》（汉文哲学社会科学版）2016年第10期。

[50] 符永利、于瑞琴、蒋九菊：《广安大良城寨堡聚落浅析》，《西华师范大学学报》（哲学社会科学版）2016年第1期。

[51] 凌富亚：《清代四川寨堡的修建与管理》，《西华师范大学学报》（哲学社会科学版）2016年第1期。

［52］蒋晓春、林邱：《泸州神臂城宋代城防设施调查简报》，《西华师范大学学报》（哲学社会科学版）2017年第4期。

［53］蒋晓春、林邱：《宋代泸州神臂城城防体系分析》，《中国国家博物馆馆刊》2017年第9期。

［54］罗洪彬、王杰：《宋蒙战争中的青居城》，《西华师范大学学报》（哲学社会科学版）2018年第5期。

［55］刘禄山等：《四川平昌县小宁城遗址调查简报》，《四川文物》2019年第1期。

［56］罗洪彬、赵敏：《四川富顺虎头城遗址调查及初步研究》，《西华师范大学学报》（哲学社会科学版）2019年第4期。

［57］符永利、周南西、付蓉：《云顶城军事遗迹的调查与初步认识》，《长江文明》2021年第1辑。

［58］蒋晓春：《礼义城与宋蒙战争》，《长江文明》2021年第1辑。

［59］罗洪彬、李修正：《四川巴州平梁城城防设施调查简报》，《西华师范大学学报》（哲学社会科学版）2021年第2期。

［60］陈骏：《清前期团练问题研究》，《清史研究》2021年第5期。

后　记

我对历史最早的兴趣来源于父亲,他虽然是个普通农民,但在偏远落后的苗岭山区也算是半个"读书人"。村民每每谈到我这个从偏僻乡村走出的博士,都认为是承袭了父亲的基因:那时家里藏了不少书,父亲上山砍柴,有时还会带上一本《三国演义》,他言谈中总有讲不完的历史故事,这在当时的村里算是"异类"。上小学时,因为贫困,小伙伴们手头可见的文字就是学校发放的教科书以及暑假作业、寒假作业,我家里的这些书就成为大家艳羡的宝贝。父亲非常珍惜这些书,把它们锁在珍藏的小书柜里。仅他有闲时,在他的监督下大家才可翻阅。小伙伴们大多喜欢连环画,但我那时已对《五虎平西演义》《薛丁山征西》等历史小说产生了兴趣,那是一段让人怀念的童年时光。

我12岁时,父亲因病早逝。彼时大姐、二姐已经出嫁远方,三姐在一年后也外出打工,四姐在外读书,家里的劳作就只能依靠母亲和我。母亲由于腿部残疾,行动不便,为了能够完成家务、喂养牲口以及忙不完的农活,经常需要忙到半夜,凌晨三四点就起床忙碌,农忙时则经常无法入睡,这严重加剧了她的身体负担,几年后母亲不幸瘫痪了。母亲是个倔强的人,我至今难以忘怀已经无法站立的她仍坚持用两个凳子交替挪动到屋旁种菜的情景。为了尽量减轻母亲的负担,我在放学后即投入劳动,犁田打耙、挑粪砍柴,曾不知多少次劳累中因牛不听使唤而坐在水田里痛哭。我的个子仅比犁耙高一点,沉重的劳作本不该是那个年龄段的小孩子所能承受的,那时我每晚睡觉时都能听到每一节骨头咔咔作响,这也是我想走出深山的动力!

初三时,逢大旱,粮食大幅减产,我连100多元的学杂费都交不出来,只好辍学在家。好在每每困苦之时,总有贵人相助,罗正金、杨光明、杨林等校领导免去了我的学杂费,还悄然帮我支付了中考的各项费用,班主任陈朝兴老师也带着同学到家里劝我返校。在他们的帮助下,我才能够重返校园。尤其令我感动的是,农忙之时,同学们还相约到我家里帮忙劳作,让劳动力不足又雇不起人的寒门能够顺利完成耕种。

高中阶段，感谢刘翠兰、陈培兵、邵幸明三位班主任帮我向学校申请免去了大部分学杂费，并在学习和生活中给我提供了无微不至的帮助，让我能够坚持到考上大学。高中时，三姐负担了我和四姐的全部学杂费及生活费，照顾弟弟妹妹的负担也使她耽误了寻找个人的幸福。大学及研究生的十年求学时光里，也有赖于三姐回家照顾母亲。后来，二姐和四姐接母亲到河北照顾了三年，让我心无旁骛地专心求学。没有家庭的帮助，我难以走出大山。

高考填报志愿，我根据自己的爱好，选择了历史专业。在大学的大部分时间里，我广泛阅读各类"闲书"，主要是各类通史、断代史、专题史、名人传记和历史小说，对史学研究还缺乏基本的概念。直到大三时上了蓝勇老师的"中国历史地理学"课程，我才开始重新审视以前看过的"历史"，开始学着用批判的眼光看待各种史书。在此之前，我一直认为这些史书就是真实的历史，从来没有怀疑过它们是否会存在对历史的误读。课堂之上，蓝老师传授知识之余，还经常分享他治学的经历。他在充分涉猎史料的基础上，花费大量时间只身探访巴山蜀水，徜徉于古道野径，就是为了验证文献记载的正讹，补充传世文献的缺失，回归历史本真。他以"读万卷书、行万里路"的治学精神和严谨的治学态度，拉近了我们和历史的距离，历史不再是以前印象中早已盖棺论定而又虚无缥缈的另一个世界，而是与你我息息相关。当时我就下定决心，一定要跟随老师好好学习，去探寻历史的奥秘。为此，我开始阅读各类历史地理学论著，常对先辈们的研究成果拍案叫绝。2009年，我终于如愿考上西南大学历史地理研究所，成为蓝老师的学生。

在硕博阶段的六年时光里，蓝老师让我充分参与了他的研究，从《巴蜀文化通史丛书》《"西三角"历史发展溯源》《稀见重庆地方文献汇点》，到《长江三峡历史地图集》《重庆古旧地图研究》《重庆历史地图集》，他特别注重在研究中培养学生的治学能力，锤炼学术品格，掌握治学方法，养成学术素养，从而具备独立开展学术研究的能力。我生性愚钝，老师的教导常不能领悟，但老师自始至终没有对我有半点苛责，只是循循善诱、谆谆教导，以鼓励为主，使得原本极不自信的我能够慢慢成长起来。

在学术成长的过程中，历史文化学院和历史地理研究所的老师对我的帮助很大，如马强教授、朱圣钟教授、马剑教授、徐松岩教授、张文教授、黎小龙教授等。特别是杨光华教授，不仅指导我撰写本科毕业论文，在研究生阶段仍然给我无尽的帮助。记得刚入学参与的第一个项目，因不懂学术规范，写的初稿里通篇没有注释，被蓝老师画了一个大叉，旁批："抄自何方？？？"杨老师知道后，把我叫到他的办公室，逐句问我文献来源，教导我怎么表述更合适，从注释规范、语法到断句一一梳理，一篇几千字的小文花了整整一下午时间打磨。至此我才知道学术论文应该怎么写。在生活上，杨老师也给予了我很多帮助。

历史地理所是一个温暖的大家庭，在这里，大家一起做研究，一起娱乐，在学习进步的同时，心情也一直很舒畅。感谢姜立刚、杨林军、栾成斌、钱璐、李鹏、陈俊梁、王毅、姜海涛、张铭、曾潍嘉、刘静、周妮、秦春艳、张亮、牟旭平等同窗的帮助与陪伴。特别感谢黄权生师兄，我入学时师兄早已毕业，但第一次宜昌相见，师兄就古道热肠地为我提供了大量资料，传授了许多田野调查的方法，后来又多次带我进行野外考察、拜访名贤，让我受益匪浅。我的第一张历史地图的完成，得益于师兄带着我去搜集资料；第一篇论文的发表，有赖于师兄的大力帮助；第一份课题申报书，师兄帮我认真审阅，并主动打了两个多小时的电话向我传授经验，后来课题顺利获批……我的成长，离不开师兄的无私帮助。

毕业之后，作为单位领导的大师兄杨斌教授给予了我巨大帮助。他是一位思维活跃、逻辑严密、做事严谨、方法多样的学者。在他的帮助下，我受益良多，做事力求勤奋、严谨、有担当，这些年来取得的所有成绩，都与他的亲切指导密不可分。另一位师兄严奇岩教授，是我校中国史学科带头人，他的学问一直为我钦佩和学习，在学术发展上他也给予了我巨大帮助。在本书完成的过程中，中国三峡博物馆彭学斌研究员、成都市金牛区文物保护管理所文博馆员陆韵羽提供了大量资料，中国社会科学院李大龙研究员、复旦大学杨伟兵教授、陕西师范大学侯甬坚教授、贵州师范大学欧阳恩良教授、中共贵州省委党校伍小涛教授、贵州省博物馆李飞研究员等提出了许多珍贵的建议。书中一些内容已在期刊上发表，包括《中华文化论坛》、《云南大学学报》（社会科学版）、《长江文明》、《西华师范大学学报》（哲学社会科学版）、《西南交通大学学报》（社会科学版）、《乐山师范学院学报》、《重庆三峡学院学报》等，编辑部老师为此做了大量工作；社会科学文献出版社刘荣、单远举、韩晓婵、姬登杰等编辑老师在本书编辑出版过程中付出了大量心血，在此一并致谢。

这些年来，岳父霍兴汉、岳母任秀梅及妻子霍姝颖承担了所有家务及抚养幼子的责任，使我能够全心全意投入工作。我对家庭一直有亏欠，希望在今后能够更好地平衡工作与家庭的关系，更多地陪伴家人。

罗 权

2022年7月8日于花溪